中华现代学术名著丛书

贞元六书

（上卷）

冯友兰 著

创于1897 商务印书馆 The Commercial Press

图书在版编目(CIP)数据

贞元六书/冯友兰著. —北京:商务印书馆,2023
(中华现代学术名著丛书)
ISBN 978-7-100-20507-8

Ⅰ.①贞… Ⅱ.①冯… Ⅲ.①哲学理论-–中国—
现代 Ⅳ.①B261.1

中国版本图书馆 CIP 数据核字(2021)第 236843 号

《新理学》以商务印书馆 1939 年本为底本
《新事论》以商务印书馆 1940 年本为底本
《新世训》以开明书店 1940 年本为底本
《新原人》以商务印书馆 1943 年本为底本
《新原道》以商务印书馆 1945 年本为底本
《新知言》以商务印书馆 1946 年本为底本
参考了已有的简体字版。

中华现代学术名著丛书

贞元六书
(上下卷)

冯友兰 著

商 务 印 书 馆 出 版
(北京王府井大街 36 号 邮政编码 100710)
商 务 印 书 馆 发 行
北京通州皇家印刷厂印刷
ISBN 978-7-100-20507-8

2023 年 8 月第 1 版　　开本 880×1240　1/32
2023 年 8 月北京第 1 次印刷　印张 30⅛ 插页 1
定价:148.00 元

冯 友 兰

（1895—1990）

新原道 一名中国哲学之精神

绪论

有各种底人。对於一种底人，都有那一种人所不能有底最高底

就。例如从事於政治工作底人，所不能有底最高底成

就，是成为大政治家。从事於作诗底人，所不能有底 艺术

成就，是成为大艺术家。人虽有各种底人，但各种底人，都是人。专

就一个人是人说，他的最高底成就，是成为圣人。

这就是说，他的最高底成就，是成为人。

但是得到我们所谓天地境界。（関於境界及人生

中，所可能有底四种境界，看新原人第三章）

人如欲得到天地境界，是不是必须离开（接下页）

作者手迹

出版说明

　　百年前，张之洞尝劝学曰："世运之明晦，人才之盛衰，其表在政，其里在学。"是时，国势颓危，列强环伺，传统频遭质疑，西学新知亟亟而入。一时间，中西学并立，文史哲分家，经济、政治、社会等新学科勃兴，令国人乱花迷眼。然而，淆乱之中，自有元气淋漓之象。中华现代学术之转型正是完成于这一混沌时期，于切磋琢磨、交锋碰撞中不断前行，涌现了一大批学术名家与经典之作。而学术与思想之新变，亦带动了社会各领域的全面转型，为中华复兴奠定了坚实基础。

　　时至今日，中华现代学术已走过百余年，其间百家林立、论辩蜂起，沉浮消长瞬息万变，情势之复杂自不待言。温故而知新，述往事而思来者。"中华现代学术名著丛书"之编纂，其意正在于此，冀辨章学术，考镜源流，收纳各学科学派名家名作，以展现中华传统文化之新变，探求中华现代学术之根基。

　　"中华现代学术名著丛书"收录上自晚清下至20世纪80年代末中国大陆及港澳台地区、海外华人学者的原创学术名著（包括外文著作），以人文社会科学为主体兼及其他，涵盖文学、历史、哲学、政治、经济、法律和社会学等众多学科。

　　出版"中华现代学术名著丛书",为本馆一大夙愿。自 1897 年始创起,本馆以"昌明教育,开启民智"为己任,有幸首刊了中华现代学术史上诸多开山之著、扛鼎之作;于中华现代学术之建立与变迁而言,既为参与者,也是见证者。作为对前人出版成绩与文化理念的承续,本馆倾力谋划,经学界通人擘画,并得国家出版基金支持,终以此丛书呈现于读者面前。唯望无论多少年,皆能傲立于书架,并希冀其能与"汉译世界学术名著丛书"共相辉映。如此宏愿,难免汲深绠短之忧,诚盼专家学者和广大读者共襄助之。

商务印书馆编辑部

2010 年 12 月

凡　　例

一、"中华现代学术名著丛书"收录晚清以迄20世纪80年代末，为中华学人所著，成就斐然、泽被学林之学术著作。入选著作以名著为主，酌量选录名篇合集。

二、入选著作内容、编次一仍其旧，唯各书卷首冠以作者照片、手迹等。卷末附作者学术年表和题解文章，诚邀专家学者撰写而成，意在介绍作者学术成就，著作成书背景、学术价值及版本流变等情况。

三、入选著作率以原刊或作者修订、校阅本为底本，参校他本，正其讹误。前人引书，时有省略更改，倘不失原意，则不以原书文字改动引文；如确需校改，则出脚注说明版本依据，以"编者注"或"校者注"形式说明。

四、作者自有其文字风格，各时代均有其语言习惯，故不按现行用法、写法及表现手法改动原文；原书专名（人名、地名、术语）及译名与今不统一者，亦不作改动。如确系作者笔误、排印舛误、数据计算与外文拼写错误等，则予径改。

五、原书为直（横）排繁体者，除个别特殊情况，均改作横排简体。其中原书无标点或仅有简单断句者，一律改为新式标点,专名号从略。

六、除特殊情况外,原书篇后注移作脚注,双行夹注改为单行夹注。文献著录则从其原貌,稍加统一。

七、原书因年代久远而字迹模糊或纸页残缺者,据所缺字数用"□"表示;字数难以确定者,则用"(下缺)"表示。

目　　录

（上）

新理学

新事论（中国到自由之路）

新世训（生活方法新论）

目　录

新　理　学

自　序

　　数年来即拟写《新理学》一书，因杂事多未果。去年中日战起，随学校南来，居于南岳。所见胜迹，多与哲学史有关者。怀昔贤之高风，对当世之巨变，心中感发，不能自已。又以山居，除授课外无杂事，每日皆写数千字。积二月余之力，遂成此书。数年积思，得有寄托，亦一快也。稿成之后，即离南岳赴滇，到蒙自后，又加写鬼神一章，第四章、第七章亦大修改，其余各章字句亦有修正。值战时，深恐稿或散失。故于正式印行前，先在蒙自石印若干部，分送同好。甫印成，即又从蒙自至昆明。到昆明后，又就蒙自石印本加以修正，成为此本。此书虽"不着实际"，而当前有许多实际问题，其解决与此书所论，不无关系。故虽知其中必仍有须修正之处，亦决及早印行，以期对于当前之大时代，即有涓埃之贡献，且以自珍其敝帚焉。金龙荪岳霖、汤锡予用彤、钱宾四穆、贺自昭麟、郑秉璧昕、沈公武有鼎诸先生均阅原稿全部；叶公超崇智、闻一多、朱佩弦自清诸先生均阅原稿第八章，有所指正，谨此致谢。民国二十七年八月序于昆明，冯友兰。

3

绪　　论

（一）新理学与哲学

本书名为新理学。何以名为新理学？其理由有二点可说。

就第一点说，照我们的看法，宋明以后底道学，有理学心学二派。我们现在所讲之系统，大体上是承接宋明道学中之理学一派。我们说"大体上"，因为在许多点，我们亦有与宋明以来底理学，大不相同之处。我们说"承接"，因为我们是"接着"宋明以来底理学讲底，而不是"照着"宋明以来底理学讲底。因此我们自号我们的系统为新理学。

就第二点说，我们以为理学即讲理之学。普通人常说某某人"讲理"，或某某人"不讲理"。我们此所说之讲理，与普通人所说之讲理，虽不必有种类上底不同，而却有深浅上底大分别。我们所说之理，究竟是什么？现在我们不论。我们现在只说：理学即是讲我们所说之理之学。若理学即是讲我们所说之理之学，则理学可以说是最哲学底哲学。但这或非以前所谓理学之意义，所以我们自号我们的系统为新理学。

（二）哲学与科学

我们现在先要说明者,即哲学与科学之分别。所谓科学,其意义亦很不定。有人以为凡是依逻辑讲底确切底学问,都是科学。如果所谓科学是如此底意义,则哲学亦是科学。本书所谓科学,不是取其如此底广义。本书所谓科学或科学底,均指普通所谓自然科学。就自然科学说,哲学与科学完全是两种底学问。

就西洋历史说,各种科学都是从古人所谓哲学中分出来者。因此有人以为,若现在所谓哲学者,或现在所谓哲学中之某部分,亦充分进步,则亦将成为科学。此即是说:哲学是未成熟底科学,或坏底科学。照这种说法,哲学与科学是一类底学问,其分别在于其是否成熟,是好是坏。若现在所谓哲学,完全成熟,则将只有科学而无哲学。若其将来永不能成熟,则适足以证明哲学是坏底科学。其中之问题是不当有者。这种说法,我们以为是不对底。我们承认有上所说之历史底事实,但以为古人所谓哲学,可以是一切学问之总名。各种科学自古人所谓哲学中分出,即是哲学一名的外延之缩小。现在所谓哲学一名的外延,或仍可缩小,但其中有一部分可始终称为哲学者,是与科学有种类上底不同。

一种科学所讲,只关于宇宙间一部分之事物;哲学所讲,则系关于宇宙全体者。因此有人以为哲学是诸科学之综合。照这种说法,哲学与科学亦是一类底学问,其分别在其所讲之对象,是全或分。这种说法,我们亦以为是不对底。所谓诸科学之综合,不外将诸科学于一时所得,关于宇宙间各部分事物之结论,聚在一处,加以排比整齐,或至多加以和会。但我们对于某种学问之了解,决不能靠只看其结论。若哲学之工作，不过排比或和会诸科学之结论，则对于诸科学，既已生吞活剥，其成就不过是一科学大纲。科学大纲，并不足称为哲学，亦不足称为科学。

又有一种说法，以为哲学之工作，在于批评科学所用之方法及其所依之根本假定。一种科学有其根本假定；假定既立，此种科学，即以之为出发点。至于此假定之性质若何，此种科学不问。例如几何学假定有空间；以此为出发点，即进而讲各种关于空间之性质。但空间本身之性质，几何学不讲。又科学很少有意地考虑其所用之方法。其所用之方法，经其有意地考虑者，多系关于实验之程序及仪器之使用等，而非关于推理之程序。但一种科学所用方法之此方面，及其所依之根本底假定，与其所得知识之全体，有很大底关系。哲学可于此等处作批评、考虑，以决定一种科学所得之知识，有无错误。这种说法，固然已看出哲学与科学是有种类上底不同。但照此种说法，哲学之工作，只是批评底，而不是建设底。我们以为这种说法，只说出哲学之一部分底工作，即批评底工作。以批评工作为主之哲学，亦是哲学之一部分，但照我们的看法，非其最哲学底之一部分。

（三）思与辩

照我们的看法，哲学乃自纯思之观点，对于经验作理智底分析、总括及解释，而又以名言说出之者。哲学之有靠人之思与辩。

思与感相对。在西洋很早底时候，希腊哲学家已看清楚思与感之分别，在中国哲学家中，孟子说："心之官则思。"（《孟子·告子》上）他把心与耳目之官相对待。心能思，而耳目则不能思，耳目只能感。孟子说这段话的时候，他说及心，只注重其能思，他说及思，亦只注意于其道德底意义。照我们的看法，思是心之一重要底活动，但心不止能思，心亦能感。不过思与感之对比，就知识方面说，是极重要底。我们的知识之官能可分为两种，即能思者，与能感者。能思者是我们的理智，能感者所谓耳目之官，即其一种。

　　普通说到思字，总容易联想到所谓胡思乱想之思。我们常有幻想，或所谓昼梦，在其中我们似见有许多事物，连续出现，如在心中演电影然。普通亦以此为思，然非此所谓思。幻想或昼梦，可名为想，不可名为思。思与普通所谓想像亦不同。我们于不见一方底物之时，我们可想像一方底物。但"方"则不可想像，不可感，只可思。反过来说，一方底物，只可为我们所感，所想像，而不可为我们所思。譬如我们见一方底物，我们说："这是方底。""这"是这个物，是可感底，是可想像底，但"方"则只可思，而不可感，亦不可想像。在我们普通底言语中，我们亦常说：某某事不可想像，例如我们说：战争所予人之苦痛是不可想像底。这不过是说：战争所予人之苦痛，是我们所从未曾经验过者；凡想像皆根据过去经验，我们对于战争之苦痛，既无经验，所以它对于我们，亦是不可想像底。但我们所从未经验过者，并不一定是不可经验底。而"方"则是不可经验底。可经验者是这个或那个方底物，而不是"方"。

　　思之活动，为对于经验，作理智底分析、总括及解释。例如我们见一方底物，我们说："这是方底。"此一命题，可有两种解释。一种是普通逻辑中所说对于命题之内涵底解释。照这一种解释，我们说"这是方底",即是说"这"有"方"之性;或是说"这"是依照"方"之理者。我们刚才所说之"方"即是指"方"之理说。关于"方"之理或其他理,我们以后详说。现只说,我们说"这是方底"之时,我们的意思,若是说"这"有方之性,则我们所以能得此命题者,即因我们的思之官能,将"这"加以分析,而见其有许多性,并于其许多性中,特提出其"方"之性,于是我们乃得到"这是方底"之命题,于是我们乃能说"这是方底"。此即所谓作理智底分析。何以谓为理智底分析?因为这种分析,只于思中行之。思是理智底,所以说这种分析,是理智底分析。

"这是方底"之命题之另一种解释,是普通逻辑中所谓对于命题之外延底解释。照这种解释,我们说"这是方底",即是说"这"是属于方底物之类中。依此解释,则我们所以有此命题,乃我们知有一方底物之类。我们不知在实际中果有方底物若干,但我们可思一方底物之类,将所有方底物,一概包括。我们并可思及一类,其类中并没有实际底分子。此即逻辑中所谓零类或空类。例如我们可思及一绝对地方底物之类。但绝对地方底物,实际中是没有底。我们并可思一类,其中底分子,实际中有否,我们并不知之。例如我们可思及"火星上底人"之类。我们并不知火星上果有人否,但我们可思及此类,如火星上有人,则此类即将其一概包括。此即所谓作理智底总括。何以谓为理智底总括?因为这种总括,亦惟于思中行之。

如此看来,我们的思,分析则细入毫芒;总括则贯通各时各地。程明道的诗"心通天地有形外,思入风云变态中",可以为我们的思咏了。因我们的思对于经验作理智底分析及总括,我们因之对于真际有一番理智底了解,此即所谓作理智底解释。何以谓为理智底解释？因此解释亦只于思中行之，而且亦只思能领会之。

　　上文说：哲学之存在，靠人之思与辩。辩是以名言辩论。哲学是说出或写出之道理。此说出或写出即是辩，而所以得到此道理，则由于思。有人谓：哲学所讲者中，有些是不可思议，不可言说者。此点我们亦承认之。例如本书第二章中所说之"真元之气"，即绝对底料，即是不可思议、不可言说者。第一章中所说之"大一"，亦是不可思议、不可言说者。但真元之气、大一，并不是哲学，并不是一种学问。真元之气只是真元之气，大一只是大一。主有不可思议，不可言说者，对于不可思议者，仍有思议，对于不可言说者，仍有言说。若无思议言说，则虽对于不可思议、不可言说者，有完全底了解，亦无哲学。不可思议、不可言说者，不是哲学，对于不可思议者之思议，对于不可言说者之言说，方是哲学。佛教之全部哲学，即是对于不可思议者之思议，对于不可言说者之言说。若无此，则即只有佛教而无佛教哲学。

（四）最哲学底哲学

　　照上所说，我们可知哲学中之观念、命题，及其推论，多是形式底，逻辑底，而不是事实底，经验底。此言非一时所能解释清楚，读者须看下文方可明白。我们现在暂先举普通逻辑中所常举之推论之例，以明此点。普通逻辑中常说：凡人皆有死，甲是人，甲有死。有人以为形式底演绎底逻辑何以能知"凡人皆死"？何以能知"甲是人"？如欲知"凡人皆有死"则必须靠归纳法，如欲知"甲是人"则必须靠历史底知识。因此可见形式底、演绎底逻辑,是无用底,至少亦是无大用底。其实这种说法,完全是由于不了解形式逻辑。于此所举推论中,形式逻辑对于凡人是否皆有死,及甲是否是人,皆无肯定。于此推论中,形式逻辑所肯定者只是:若果凡人皆有死,若果甲是人,则甲必是有死底。于此推论中,逻辑所肯定者,可以离开实际而仍是真底。假令实际中没有人,实际中没有是人之甲,这个推论,所肯定者,还是真底。不过若使实际中没有人时,没有人说它而已。不仅推论如此,即逻辑中之普通命题,亦皆不肯定其主词之存在。不过旧逻辑中,未明白表示此点,所以易引起误会。新逻辑中普通命题之形式与旧逻辑中不同。例如"凡人皆有死"之命题,在新逻辑中之形式为:"对于所有底甲,如果甲是人,甲是有死底。"此对于实际中有否是人之甲,并不作肯定,但肯定:如果有是人之甲,此是人之甲是有死底。上文说:哲学中之观念、命题及其推论,多为形式底、逻辑底,而不是事实底、经验底。我们必了解上所说逻辑之特点,然后可了解此言之意义。

哲学对于真际,只形式地有所肯定,而不事实地有所肯定。换言之,哲学只对于真际有所肯定,而不特别对于实际有所肯定。真际与实际不同,真际是指凡可称为有者,亦可名为本然;实际是指有事实底存在者,亦可名为自然。真者,言其无妄;实者,言其不虚;本然者,本来即然;自然者,自己而然。实际又与实际底事物不同。实际底事物是指有事实底存在底事事物物,例如这个桌子,那个椅子等。实际是指所有底有事实底存在者。有某一件有事实底存在底事物,必有实际,但有实际不必有某一件有事实底存在底事物。属于实际中者亦属于真际中;但属于真际中者不必属于实际中。我们可以说:有实者必有真,但有真者不必有实;是实者必是无妄,但是真者未必不虚。其只属于真际中而不属于实际中者,即只是无妄而不是不虚者,我们说它是属于纯真际中,或是纯真际底。如以图表示此诸分别,其图如下:

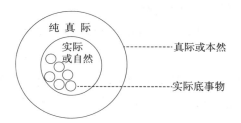

就此图所示者说,则对于真际有所肯定者,亦对于实际有所肯定。但其对于实际所肯定者,仅其"是真际底"之方面,而不及于其"是真际底"外之他方面。例如对于动物有所肯定者,亦对于人有所肯定。但其对于人所肯定者,只其"是动物"之方面,而不及于其"是动物"外之他方面。我们说哲学对于真际有所肯定,而不特别对于实际有所肯定,特别二字所表示者即此。

如有人说:哲学中有些派别或有些部分不是如此。我们仍说,虽其不是如此者亦是哲学,但其是如此者,乃哲学中之最哲学底。凡哲学中之派别或部分对于实际有所肯定者,即近于科学。其对于实际所肯定者愈多,即愈近于科学。科学与哲学之根本不同在此。所以我们说,哲学与科学之不同,是种类底不同。

然因有上所述之误解,故有以物理学讲形上学者,以为如此可得一科学底形上学。又有以心理学讲知识论者,以为如此可得一科学底知识论。其实如果需以物理学讲形上学,则不如直讲物理学。如果需以心理学讲知识论,则不如直讲心理学。此其所讲,必非哲学,至少非最哲学底哲学。

（五）哲学与经验

照以上所说，哲学可以说是不切实际，不管事实。就哲学之本身说，诚是如此，但就我们之所以得到哲学之程序说，我们仍是以事实或实际底事物，为出发点。我们是人，人的知识，都是从经验中得来底。我们经验中所有者，都是有事实底存在底事物，即实际底事物。哲学始于分析、解释经验，换言之，即分析、解释经验中之实际底事物。由分析实际底事物而知实际。由知实际而知真际。

哲学中之观念、命题，及推论，之系形式底，逻辑底者，其本身虽系形式底，逻辑底，但我们之所以得之，则靠经验。我们之所以得之虽靠经验，但我们既已得之之后，即见其并不另需经验以为证明。其所以如此者，因此种观念、命题，及推论，对于实际并无所主张、无所肯定，或最少主张，最少肯定。例如三加二等于五之命题，在我们未得之之时，必靠经验以得之。小儿不知三加二等于五，必以三个手指与两个手指，排在一起数之，正是其例。但我们于既知三加二等于五之时，则见其并不另需实际底例以为证明。其所以如此者，因此命题对于实际并无肯定。它并不肯定有三个桌子或两个椅子，所以亦不需要关于此诸物之存在之证明。

为说明此点，我们再举普通所谓唯心论或唯物论，以与本书所讲之哲学比较。普通所谓唯心论，或唯物论，以心或物为宇宙诸事物中之最根本底，一切皆可归纳于心或物。其所谓心或物，不必即是普通言语中所谓心或物，但与之是属于一类者。因其如此，所以普通所谓唯心论或唯物论，对于实际，即有所主张，有所肯定。因其如此，所以唯心论或唯物论，皆须举经验中许多事例，以证明其

所立之命题，即其对于实际所主张、所肯定者。因实际之范围，甚
为广大，故无论举若干事例，其证明皆终不能谓为已足。对于实际
有所主张、有所肯定者如此。若本书所讲之哲学，即所谓最哲学底
哲学，虽亦有所说，如说：一切事物之成，均靠理与气。但此命题并
不需许多经验中底事例，以为证明。对于不了解此命题者，固须举
一二经验中底事例，以为解释，但既经解释之后，了解此命题者，即
见其不需更多经验中底事例以为证明。其所以如此者，因此所举
之命题是形式底，逻辑底。了解此命题者，不待经验中许多事例，
即见其为实际底一切事物所不能逃。因其为形式底，逻辑底，其中
并无，或甚少，实际底内容，故对于实际，并无所主张，无所肯定，或
甚少主张，甚少肯定。

（六）哲学之用处

　　哲学或最哲学底哲学，所有之观念、命题、推论，多系形式底，
逻辑底，其中并无，或甚少，实际底内容，故不能与科学中之命题，有
同等之实用底效力。科学中之命题，我们可用之以统治自然，统治实
际，而哲学中之命题，尤其所谓最哲学底哲学中之命题，则不能有此
用，因其对于实际，并无主张，并无肯定，或甚少主张，甚少肯定。
　　哲学对于真际，有所肯定，而不特别对于实际，有所肯定。离开
实际之真际，并非可统治者，亦非可变革者。可统治可变革者，是实
际，而哲学，或最哲学底哲学，对之无所肯定，或甚少肯定。哲学，或
最哲学底哲学，对之有所肯定者，又不可统治，不可变革。所以哲学，
或最哲学底哲学，就一方面说，真正可以说是不切实际，不合实用。

就一方面说,哲学所以不切实际者,因其本不注重讲实际也。其所以不合实用,因其所讲之真际,本非我们所能用也。一个方底桌子,我们可以用之,但"方"则非我们所能用。哲学对于其所讲之真际,不用之而只观之。就其只观而不用说,哲学可以说是无用。如其有用,亦是无用之用。

"观"之一字,我们得之于邵康节。邵康节有《观物篇》。他说:"夫所以谓之观物者,非以目观之也。非观之以目,而观之以心也;非观之以心,而观之以理也。"以目观物,即以感官观物,其所得为感。以心观物,即以心思物。然实际底物,非心所能思。心所能思者,是实际底物之性,或其所依照之理。此点上文已详。知物之理,又从理之观点以观物,即所谓以理观物。此所解释,或非康节之本意,不过无论如何,心观二字甚好。又有所谓静观者,程明道诗:"万物静观皆自得,四时佳兴与人同。"静观二字亦好。心观乃就我们所以观说;静观乃就我们观之态度说。

就一方面说,以心静观真际,可使我们对于真际,有一番理智底、同情底了解。对于真际之理智底了解,可以作为讲"人道"之根据。对于真际之同情底了解,可以作为入"圣域"之门路。如下第五章、第十章中所说。就此方面说,哲学又有大用,其详看下第五章、第十章可知。

(七) 哲学之新与旧

我们既知哲学与科学,完全有种类上底不同,我们即可知哲学,或最哲学底哲学,并不以科学为根据。哲学之出发点,乃我们日常之经验，并非科学之理论。科学之出发点，亦是我们日常之经验，但其对于事物之看法，完全与哲学之看法不同。

哲学，或最哲学底哲学，不以科学为根据，所以亦不随科学中理论之改变而失其存在之价值。在哲学史中，凡以科学理论为出发点或根据之哲学，皆不久即失其存在之价值。如亚力士多德，如海格尔，如朱熹，其哲学中所谓自然哲学之部分，现只有历史底兴趣。独其形上学，即其哲学中之最哲学底部分，则永久有其存在之价值。其所以如此者，盖其形上学并不以当时之科学的理论为根据，故亦不受科学理论变动之影响也。

在中国哲学史中，先秦哲学，派别甚多，未可一概而论。自秦以降，汉人最富于科学底精神。所谓最富于科学底精神者，即其所有之知识，多系对于实际之肯定。当时所流行之哲学，为阴阳五行家。此派哲学，与其说是哲学，不如说是我们的原始底科学。其所主张，如五行之相生相胜，以及天人交感之说，皆系对于实际之肯定。凡先秦哲学中所有之逻辑底观念，此时人均予以事实底解释，使之变为科学底观念。详见第二章。所以汉人的哲学，至今只有历史底兴趣。

晋人则最富于哲学底精神。先秦哲学中所有之逻辑底观念，此时人又恢复其逻辑底意义。我们常见此时历史中说，某某善谈名理。所谓名理，即是对于实际无所肯定之理论，亦可说是"不着实际"之理论。因其"不着实际"，所以其理论亦不随人对于实际之知识之变动而变动。因此晋人的哲学至今仍有哲学底兴趣。

哲学对于实际虽无所肯定，而对于真际则有所肯定。晋人虽有"不着实际"之倾向，而对于真际并未作有系统底肯定。所以晋人虽善谈名理，而未能有伟大底哲学系统。在中国哲学史中，对于所谓真际或纯真际,有充分底知识者,在先秦推公孙龙,在以后推程朱。他们对于此方面之知识,不是以当时之科学底理论为根据,亦不需用任何时代之科学底理论为根据,所以不随科学理论之变动而变动。

哲学,或最哲学底哲学,不随各时代之科学的理论之变动而变动,其情形已如上述。然各种学问,其本身亦应有进步,哲学,或最哲学底哲学,其本身是否可能有日新月异底发现,如现在科学所有者? 又是否可能有一种进步,使其以前哲学家的哲学,皆只有历史底兴趣,一如现代底科学与以前底科学之比?

就一方面说,这恐怕是不可能底。其理由可分两点说。

就第一点说,科学是对于实际有所肯定者。他对于一类事物之理,即一类事物之所以为一类事物者,必知其内容,然后可对于此类事物有所肯定。他对于一类事物之理,并不以其为真际底而研究之,而系因欲对于其类事物有所肯定而研究之。哲学只对于真际有所肯定,但肯定真际有某理,而不必肯定其理之内容。例如树一类之物,哲学只须说:树一类之物必有其所以为树者,即必有树之理。但讲植物学者,则必对于树之所以为树者,即树之理之内容,加以研究,然后对于实际底树,可以有许多肯定,可以利用之,统治之。事物之类之数量,是无尽底。一类事物之理之内容,亦是很富底。科学家向此方面研究,可以说是"仰之弥高,钻之弥坚"。他的工作可以说是"今日格一物,明日格一物"。他不断地"格",即不断地有新知识得到,所以科学可有日新月异底进步。哲学家以心观大全(大全解释见下),他并不要取真际之理,一一知之,更不必将一理之内容,详加研究。所以哲学不能有科学之日新月异底进步。

　　就第二点说，哲学中之道理由思得来。在历史中，人之思之能力，及其运用所依之工具，如言语文字等，如已达到相当程度，则即能建立哲学之大体轮廓，并知其中之主要道理。此后哲学家之所见，可更完备精密，但不易完全出前人之轮廓。在此点哲学又与科学不同。科学大部分是试验底，其研究大部分靠试验工具。因试验工具可以有甚多甚速底革新与进步，科学亦可有甚多甚速底革新与进步。哲学不是试验底，其研究不靠试验工具，而靠人之思之能力。人之思之能力是古今如一，至少亦可说是很少有显著底变化。思之运用所依之工具，如言语文字等，亦不能有甚多甚新底进步。数理逻辑以符号辅助文字，即欲将思之运用所依之工具，加以改进，然其所改进者，比于科学实验所用工具之进步，可以说是微乎其微。今人之所以能超过前人者，大部分靠今人有新工具。例如今人能飞行，古人不能飞行，此非因今人之体质在生理方面，与古人有何不同，而乃因今人有飞机之工具，古人则无此工具也。哲学既只靠思，思之能力，古今人无大差异，其运用所依之工具，又不能或未能有大改进，所以自古代以后，即无全新底哲学。古代底哲学，其最哲学底部分，到现在仍是哲学，不是历史中底哲学。

　　然全新底哲学虽不能有，或不易有，而较新底哲学则能有，而且事实上各时代皆有。较新底哲学所以可能有之理由，可分三点言之。

　　就第一点说，人之思之能力，虽古今无大异，然各时代之物质底环境，及其所有别方面之知识，则可有改变。如其有改变，则言语亦随之改变。如现在我们所常用之言语中，有许多所谓新名词，新文法，五十年前之人，如死而复生，听我们现在所说之话，读我们现在所写之书，当有大半不知所谓。因此往往有相同，或大致相同底道理,而各时代之哲学家,各以其时代之言语说之,即成为其时代之新底哲学系统。此非是将古代底言语译成现代底言语之一种翻译工作。此种翻译,亦是一种工作;做此种工作者即注疏家。但注疏家不能成为一时代的哲学家。

哲学家是自己真有见者;注疏家是自己无见,而专转述别人之见者。上文说自古以来,无全新底哲学,但虽无全新底哲学,而却有全新底哲学家。例如柏拉图以后,不能有一全新底柏拉图哲学,但非不能有人,不籍读柏拉图之书,而与柏拉图有同样,或大体同样底见解。此人是一全新底哲学家,但其哲学则并非一全新底哲学。一时代的哲学家,必是将其自己所见,以当时底言语说出或写出者。因其所见,不能完全与前人不同,所以其哲学不是全新底哲学,但其所说或所写,是其自己所见,所以虽有与前人同者,但并非转述前人,所以异于注疏家。

例如最初游南岳者,将其所见写一游记。此后虽再有游者,即难写一全新底游记。但虽无全新底游记,非无全新底游者。各时代之游者,各以其所见写为游记,其所写游记,不能是全新底,但与未到南岳,仅转述他人所记者,自有大不相同之处。此喻只是一喻,因游人所见之南岳,其本身尚可有变动,而哲学所讲之真际,则是无变动底。总之凡对于某事物亲自有所见到者,其所叙述,与道听途说者之叙述,自然不同。所谓"实见得者自别也"(朱子语,见《语类》卷一百)。一亲自见南岳者,其叙述纵与前人同,而听之者,自觉有一种力量,为仅转述前人之言所不能有者。若其所用之言语,与前人不同,其所用之言语,本乎当时人之经验,合乎当时人之趣味,则其对于当时人之力量可以说是全新底。由此之故,一时代不能有全新底哲学,而可有全新底哲学家。

就第二点说，真际之本身，虽是不变底，但我们之知真际，乃由分析解释我们的经验。古今人之环境，及其在别方面所有之知识，可有不同，则古今人之经验，可有广狭之不同。今人之新经验之尚未经哲学分析解释者，一时代之新哲学家，可分析解释之，其结果或有对于真际之新见。即或无新见，而经此分析解释，新经验可与原有底哲学连接起来。一时代新经验之分析解释，亦即可成为一时代之新哲学。以前喻譬之，假令南岳是不变底，但上南岳之路，则可随时增加，若由新路上南岳，则对于南岳，或可有新见。

就第三点说，人之思之能力，虽古今如一，而人对于思之能力之训练，则可有进步。逻辑为训练人之思之能力之主要学问。今人对于逻辑之研究，比之古人，实大有进步。故对于思之能力之训练，今人可谓优于古人。用训练较精底思之能力，则古人所见不到者，今人可以见到，古人所有观念之不清楚者，今人可使之清楚。以前喻譬之，若今人之上南岳者，其目力因特殊底训练，可较前人为好，则其所见或可较前人为多。

由此之故，一时代虽不能有全新底哲学，而可有全新底哲学家、较新底哲学。一时代之哲学家之哲学，不是全新底，所以是"上继往圣"。但其哲学是较新底，其力量是全新底，所以可"下开来学"。

以上所说，是站在哲学之内，说实际底哲学之实际底发展。若站在哲学之外，以看实际底哲学与本然底哲学之关系，及哲学中各派别与哲学之关系，则另有一套理论，现在我们不能讲。因为那一套理论，亦是我们所讲底哲学之一部分，必须对于我们所讲底哲学，已有相当底了解，方可了解之。所以其详在第七章中。

第一章　理　太极

（一）实际与真际

每一平常人，每日皆有许多经验，质言之，即每日必有许多知识，作许多判断，说许多命题。所谓每日皆有许多知识者，如我今日上午见此桌子，即是一知识，下午又见此桌子，即又是一知识。我今日上午说"这是桌子"，即是作一判断，说一命题。下午又说"这是桌子"，即是又作一判断，说一命题。此诸知识、判断，及命题，乃平常人每日所常有、常作、常说者，不过其中所涵蕴之意义如何，则平常人不追问。追问此诸意义，即是哲学之开始。

我们说，哲学开始于追问此诸意义，而不说，哲学即仅是追问此诸意义。若哲学仅是追问此诸意义，则哲学即与逻辑无大差别。近来虽有一部分哲学家如此说，但我们并不如此主张。我们所以不如此主张者，因为我们认为，我们平日所有底知识，不是空底。所谓不是空底者，即我们的知识，有其对象，有其所知。我们的判断、命题，在客观方面均有与之相当者。如其不然，则我们的知识，即与幻觉无别，而我们对于任何事物，皆可作任何判断，说任何命题，如此则任何判断，任何命题，对于任何事物，即无是真或是假之可言。但这是说不通底。我们的知识及由此而起之判断、命题，皆系关于其所知者。例如我们说："这是方底。""这"是所知，亦即实际底事物。"这是方底"之命题，表示我们对于"这"有知识，有判断。如果说这个命题，说这句话之时，我们并不是随便开玩笑，随便作所谓戏论，如果这个命题，这句话，是有意义，是可真可假，则这个命题，这句话，不是一句空话，是及于实际底事物者，即系对于实际底事物有所肯定。我们日常生活中所作之命题，大都此类。

说"这是方底"，即是说"这"有方性，或是说"这"是属于方底事物之类。此点我们于上章已说。因"这是方底"，我们可思及凡有方性底物，即凡属于方底物之类底物。我们亦可对于凡属于方底事物之类底物，作许多肯定，例如说："凡方底物皆有四隅。"我们作这个判断，说这个命题时，如果我们是思及所有，有事实底存在底、方底物，虽然我们并不知其数目果有若干，但我们是将其总括而一律思之，如此，则这个判断，这个命题，即是及于实际者，即对于实际，有所肯定。科学中之命题，大都此类。

如我们更进一步而离开一切方底物，即属于方底物之类之实际底物，而只思及方底物之所以为方者，我们亦可作许多肯定。例如我们可说"方有四隅"或"方是四隅底"。于作此判断，说此命题时，我们可不管事实上果有实际底，方底物存在否。我们可以为，事实上可以无实际底方底物之存在，但如其有之，则必有四隅。如此，则这个判断，这个命题，即不是及于实际而是及于真际者，即不是对于实际特别有所肯定，而是对于真际有所肯定。哲学中之命题，大都此类。

方底物之所以为方者即"方"。照上所说，"方"可以是真而不实。如果事实上无实际底方底物之存在，"方"即不实。但如果事实上有实际底方底物之存在,则它必有四隅。实际底方底物,必依照方之所以为方者而不能逃。于此可见"方"是真。如果"方"是真而不实,则"方"即是纯真际底。

实际底事物涵蕴实际;实际涵蕴真际。此所谓涵蕴,即"如果——则"之关系。有实际底事物必有实际;有实际必有真际。但有实际不必有某一实际底事物;有真际不必有实际。我们平常日用所有之知识、判断,及命题,大部分皆有关于实际底事物。哲学由此开始,由知实际底事物而知实际,由知实际而知真际。宋儒所谓"由著知微",正可说此。及知真际,我们即可离开实际而对于真际作形式底肯定。所谓形式底肯定者,即其所肯定,仅是对于真际,而不是对于实际。换言之,即其肯定是逻辑底,而不是经验底。如上所说"方有四隅",即其例。

我们说"有方",即对于真际作一形式底肯定。"有方"并不涵蕴"有实际底方底物",更不涵蕴"有这个实际底方底物"。故说"有方",并不对于实际有所肯定,即只是对于真际,作一形式底肯定。就我们的知识之获得说,我们必需在经验中见有实际底方底物,我们才能说"有方"。但我们既说"有方"之后,我们可见即使事实上无实际底方底物,我们仍可说"有方"。

(二) 类

上文举"这是方底"一命题以为例,以见哲学开始于追问此等命题所涵蕴之意义。专就"这"说,"这"就是"这"。就对于人之知识说,"这"是一个未经分析底混沌,是一个"漆黑一团"。能思之心,将其加以分析,于是发现其有许多性。依其每一性,皆可以"这"为主辞而作一命题,例如这是方底,这是木底,这是桌子等。

人之所以高于其他动物者,至少可以说是人之所以异于其他动物者,其一点即在于人能对于"这"作分析而其他动物不能。一狗看见一张桌子,这桌子对于它大概只是个"这"。它固然不能说"这是方底"、"这是木底"、"这是桌子"等命题,它大概亦不能有此思。它可以把一张桌子弄倒弄破,但将桌子弄破,只是分割而不是分析。分割是把一物分成许多部分;分析是把一物化为构成它之原素。

分析有二种:一种是物质底,一种是理智底。科学在实验室中对于物之分析,如将其分析为原子电子等,是物质底分析。哲学中所说之分析,如将"这"分析而知其有"方"性,是理智底分析。物质底分析,可于实验室中行之;理智底分析,则只可于思中行之。物质底分析,需将所分析者实际拆开;理智底分析则不需将所分析者实际拆开,且依其分析方法,亦不能将其所分析者实际拆开。例如我们分析"这"而知其有"方"性,但并不需将"方"性从"这"中拆开提出,亦不能将其拆开提出。依物质底分析所得之原素及观念是科学底。依理智底分析所得之原素及观念是哲学底。例如原子电子等是科学底原素及观念;"方"性等是哲学底原素及观念。

总括是与分析相对者。总括与普通所谓综合不同。综合是把不同底事物或观念,合而为一。总括是把相同底事物,即事物之有同性者,作为一类而观之。综合是一种工作,一种手续;总括是一种看法。

就我们用思之程序说,总括在分析之后。例如有一方底物,我们的思将其分析,见其有方性。再将所有有方性底物,总括思之,即得方底物之类之观念。我们不知,亦不能知,实际上方底物,果有多少,但我们可将其一概总括而思之。此阶段之思是及于实际者。此即我们于上文所说,由分析实际底事物而及实际。

于有类之观念后,我们又可见,我们于思及某类,或说及某类时,并不必肯定某类即有实际底分子。如果我们只思及某类或说及某类,而并不肯定其中有实际底分子,则我们所思,即不是某种实际底物之类而是某之类。例如我们如不肯定实际上果有方底物而但思及"方"类,则我们所思,即不是实际底方底物之类,而是方之类。所谓某之类,究极言之,即是某之理。例如方之类,究极言之,即是方之理。关于理,我们以下详说。现系从类之观点讨论,所以我们不称为某之理,而称为某之类。

有某理即可有某种事物之类。我们说它可有,因为它不必有。某理可以只有真而无实。如其只有真而无实,则其可有之某种事物之类,只是可有底,而不是实有底。如此则此某种事物之类,即是一空类。上文说"方"可以只有真而无实;"方"可以只是纯真际底。如果"方"只有真而无实,则方底物之类,即仅只是一可有底类,一空类。

我们的思,在此阶段,即只对于真际有所肯定,而不对于实际,有所肯定。我们说有方之类,即只对于真际有一形式底肯定;但我们并不肯定方之类必有实际底分子,此即不对于实际有所肯定。此阶段之思,是及于真际者,此即我们于上文所说,由知实际而知真际。

每一类之实际底分子,在任何时之实际底数目,我们不能依逻辑知之。多数底类之实际底分子,在任何时之实际底数目,我们即在事实上,亦不能知之。例如地上底草,在某一时共有若干棵,人的头发在某一时共有若干根,在事实上是无从知底。有些类之实际底分子,在某一时之实际底数目,在事实上是可以知底。例如地球上在某一时共有若干兵,注意军备之人,大概皆可知之。不过这已牵入事实问题。就哲学说,我们说及类时,其类之果有实际底分子存在否,及其实际底分子,如其有之,果有多少,除一二例外外,非哲学依逻辑所能知。但诸类之比较地共别,则可依逻辑知之。共与别系《荀子·正名》篇中所有之名词。动物类,对于猫类或狗类,是共类;动物之名,对于猫或狗之名,是共名。猫类或狗类,对于动物类,是别类;猫或狗之名,对于动物之名是别名。猫类或狗类,果均有实际底分子否,如其有之,在某一时其实际底分子孰多,不能依逻辑知之。但动物类,共于猫类或狗类,则只须我们能了解所谓猫或狗之意义,即可依逻辑知之。共类所有之分子,即是其所属之别类所有之分子。别类之实际底分子,亦可为共类之实际底分子。所以一共类所有之实际底分子,必不少于其所属之别类之实际底分子;此亦可依逻辑知之。

　　普通多依一类之名之外延,称共类为高类,别类为低类。但我们亦可依一类之名之内涵,称共类为低类,别类为高类。依内涵说,猫类或狗类之有,无论在实际方面,或在真际方面,均涵蕴动物之有。但动物之有,无论在实际方面,或在真际方面,均不涵蕴猫或狗之有。有猫或狗,则必有动物,但有动物,不必有猫或狗。依此观点,我们说,猫类或狗类是高类,动物类是低类。

　　所谓真际,可以从类之观点看,亦可从全之观点看。关于全,下文详说。今先说,若从类之观点,以看真际,则真际是一大共名,其类是一大共类,亦即是一分子最多之类。依本书所谓真际之意义,凡可称为有者皆属真际。故其类包括一切。

有亦是一大共名，其类亦是一大共类，亦即是一分子最多之类。有之观念为道家所常用。不过道家仅说及实际，其所谓有，系指一件一件底实际底事物而言，亦或指实际而言。但我们不妨用之以指一切底有。

无亦是道家所常用之观念。不过先秦道家，如老、庄，所谓无，系指其所谓道。依他们的所见，一件一件底实际底事物是有；道不是一件一件底实际底事物，所以称为无。其所以称为无，乃所以别于他们所谓有，并不是真正底无。惟郭象所说有，并不是指一件一件底实际底事物，而是指实际，其所谓无，亦是真正底无。郭象说："非惟无不得化而为有也，有亦不得化而为无矣。是以有之为物，虽千变万化，而不得一为无也。"（《庄子·知北游》注）由此可知，其所谓有，并非一件一件底事物之有，而是有，亦即是实际。其所谓无，亦系真正底无。不过郭象亦只讲及实际，而未及真际。其所谓无亦系与实际底有相对者。照我们的看法，从理之方面说，可以说是无无。真际有有之理而无无之理。所谓无者，即不有或非有，乃是与有相对之负观念，正如非方乃与方相对之负观念。就我们的知识说，负观念因正观念而起，但就真际方面说，则只有与正观念相应之理，而并无与负观念相应之理。例如非方之观念，乃因方之观念而起，但真际只有方之理，而并无非方之理。

从类之方面说，我们可以说，无之类是所有底空类之类，凡无实际底分子之类均属之。不过所谓无之类是一负观念之类，犹如凡不方底物可以入于不方之类，但不方之类是一负观念之类，并无与之相应之理。

物亦是一大共类，亦即是一分子最多之类。荀子说："万物虽众，有时而欲遍举之，故谓之物；物也者，大共名也。"（《正名》）《墨经》分名为达、类、私三种,达名即大共名。《经说》所谓:"有实也必待之名也。"(《经说》上)《墨经》亦以物为大共名。物,就其字之广义说,不仅指普通所谓东西。郭象说:"有之为物。"《老子》说:"道之为物。"《易·系辞》说:"乾,阳物也;坤,阴物也。"道及阴阳均可谓之物。我们可用以指一切底有。不过本书中于别处所谓物,皆用其字之狭义,即专指普通所谓东西。

以上所说真际、有,及广义底物,均是一大共类,亦即均是一类。我们不知宇宙间底事物,共有若干,亦不知其间之类,共有若干。但我们可知其有一大共类。我们所谓真际、有,及广义底物,均指此类说。我们又可知此类必有实际底分子。因其如无实际底分子,即无实际,亦即无"我",一切经验,均不可能。公孙龙说:"使天下无物指,谁径谓非指? 天下无物,谁径谓指? 天下有指无物指,谁径谓非指,径谓无物非指?"(《公孙龙子·指物论》)照他所用底名词,指是纯真际底理,物或物指是实际底物。若使仅有纯真际底理,则讲说指之人亦无,现讲说指者其谁耶? 故因有讲说指之人,即可知大共类必有实际底分子。

公孙龙讲名实,《墨经》亦讲名实。实即一件一件底实际底事物。名即所以谓实者。公孙龙说:"天地与其所产焉,物也。物以物其所物而不过焉,实也。""夫名,实谓也。"(《公孙龙子·名实论》)例如我们说:"这是马。""这"即一实;"马"即所以谓此实者。我们说"这是马",我们即将"这"归入于马类。马是《墨经》所谓类名,所谓"若实也者,必以是名也"。我们说"马是物",即将马类归入物类。物是大共类,其名即《墨经》所谓达名。凡实际底事物,皆可归入此类或彼类,有此名或彼名。所以实际底事物,皆是"有名"。道家以有名与无名相对。实际底事物是有名;其所说道是无名。

（三）全

上文说：真际，可从类之观点看，亦可从全之观点看。所谓从全之观点看者，即我们将真际作一整个而思之。此整个即所谓全或大全。我们将一切凡可称为有者，作为一整个而思之，则即得西洋哲学中所谓宇宙之观念。在中国哲学中，有时亦以天地指此观念。如郭象说："天地者，万物之总名也。"（《庄子·逍遥游》注）总名与类名不同。如上所说物类，是从类之观点以观万物，"物"是其类名。此说天地或宇宙，是从全之观点以观万物，天地或宇宙是其总名。"万物"亦可用以指此大全之观念，如孟子说："万物皆备于我矣。"（《孟子·尽心》上），此万物即是说一切物。有时为清楚起见，我们亦常用"天地万物"以指此大全之观念。惠施所谓大一，亦是指此观念之很好底名词。惠施说："至大无外，谓之大一；至小无内，谓之小一。"（《庄子·天下》）所谓大全或宇宙，正是至大无外者。如其有外，则其外必仍有所有，而此所谓整个即非整个，此所谓大全即非大全。

大一、小一是两个纯粹哲学底观念，因为它完全是逻辑底。《庄子·秋水》对于此点，有很好底辩论。在《秋水》中，河伯问："然则吾大天地而小毫末可乎？"此天地指普通所谓天地，在普通经验中，天地为大，毫末为小。天地是大底，毫末是小底；这两个命题是经验底，是对于实际有所肯定者。但人的经验是有限底。其中所有大小，不是绝对底。所以在《秋水》中，海若答河伯此问说："计人之所知，不若其所未知。其生之时，不若未生之时。""又何以知毫末之足以定至细之倪，又何以知天地之足以穷至大之域？"所以只有至大无外者,方可谓之大一;此大一惟大全或宇宙可以当之。惟至小无内者,可以谓之小一。但什么是至小无内底,我们不能说。大一、小一,皆只对于真际有所肯定。大全或宇宙可以为大一者,因大全或宇宙亦是逻辑底观念,照定义它是至大无外底。若指定什么是小一,则即为对于实际有所肯定,其命题是经验底,其真假总是可疑问底。有人说:电子是最小底物。对于作此类肯定者,我们总可引海若之话问之。

如用一名以谓大全,使人见之可起一种情感者,则可用天之名。向秀说:"天者何? 万物之总名。人者何? 天中之一物。"(罗含《更生论》引,《全晋文》卷一百三十一)我们亦可说:天者,万有之总名也。万有者,若将有作一大共类看,则曰有。若将有作一大全看,则其中包罗一切,名曰万有。天有本然自然之义。真际是本然而有;实际是自然而有。真际是本然;实际是自然。天兼本然自然,即是大全,即是宇宙。斯宾诺莎所谓上帝,即是我们所谓大全,但他名之曰上帝者,以上帝之名,可使人见之起一种情感也。本书所谓天,均用此所说天之意义。

严格地说,大全,宇宙,或大一,是不可言说底。因其既是至大无外底,若对之有所言说,则此有所言说即似在其外。庄子说:"既已为一矣,且得有言乎? 既已谓之一矣,且得无言乎? 一与言为二。"(《齐物论》)郭象说:"夫以言言一,而一非言也,则一与言为二矣。一既一矣,言又二之。"二即非一,故对于大一,只有无言。如有言,其言亦等于无言。

严格地说,大全,宇宙,或大一,亦是不可思议底。其理由与其是不可言说同。但我们于上文说,将万有作一整个而思之,则是对之有所思。盖我们若不有如此之思,则即不能得大全之观念,即不能知大全。既已用如此之思而知大全,则即又可知大全是不可思议底。

于此我们可见逻辑底或哲学底观念,与经验底或科学底观念之不同。物理学及天文学中所谓宇宙是物质底,正如上文所说物质底天地。此宇宙之观念,是经验底,科学底。所以科学中所说宇宙,与哲学中所说不同。物理学及天文学中所说宇宙,可以不是"至大无外"底;而哲学中所说宇宙,则必是"至大无外"底。有物理学家以为宇宙能扩大。此所说宇宙若是哲学中所说宇宙,则此命题是不通底。若用《墨经》的话,我们可以说:"此言悖。"

以物为一类而思之,与以一切物为一整个而思之,其所思不同。盖以物为一类而思之,其所思只及一切物所公共有之性。而以一切物为一整个而思之,其所思乃及一切物及其所有之一切性。此大全或大一之所以为"至大无外"也。我们不知一切物都是什么,又不知其共有若干,亦不知其所有之一切性都是什么及共有若干,但我们不妨将其作一整个而思之。此所以大全,大一,或宇宙,不是经验底观念,而只是逻辑底观念。

我们以类为对象而思之,或以大全之一整个为对象而思之,我们可超乎经验,而又不离乎经验而对于实际有所肯定。超乎经验,因为所思之中可有经验所不及者。不离乎经验而对于实际有所肯定,因为对于经验所不及者,在实际上并无所肯定。我们只对于真际作形式底肯定,而不对于实际有事实底肯定。故于作此思时,一方面可以说是"智周万物","范围天地",一方面还是"不离宇中"。

我们于上文说,我们因分析实际底事物而知实际,因知实际而知真际。我们的知愈进,我们即愈能超经验。我们于上文说,"这"对于狗只是"这";而人则因分析"这"而知"这"是什么。能知"这"

是什么,即已超乎"这"。

我们又知类,我们知凡属一类之事物,皆有其"有以同",如《墨经》所说者。我们如从经验知一类中之许多"这"是如此如此,即可知其类中之别底"这",虽为我们经验所不及者,亦是这般这般。我们如从经验知一"这"有某类事物所同有之某性,则某类事物所同有之别底性,此"这"亦有,虽我们或并未注意及之。我们说"这是桌子",即是知"这"属于桌子之类中,我们虽未深考"这"所有之性,但可知凡桌子所有之性,此"这"亦必有之。

科学即利用此等知识以统治自然,利用自然。培根说:上帝说,宇宙间事物,人若能叫出它的名字,即可使用之。能叫出它的名字者,即知其属于何类也。知其属于何类,即可用人已有对于此类之知识,以统治之,利用之。

若人之知,更由知实际而知真际,则其超经验之程度更大。详在第十章中。

(四) 理

上文已说到方之理。所谓方之理,即方之所以为方者,亦即一切方底物之所以然之理也。凡方底物必有其所以为方者,必皆依照方之所以为方者。此方之所以为方,为凡方底物所皆依照而因以成其为方者,即方之理。凡方底物依照方之理而为方,其所依照于方之理者即其性。凡依照某所以然之理而成为某种物之某,即实现某理,即有某性。理之实现于物者为性。关于性,第四章中,另有详说。若仅有方之理而无实现之之实际底物,则方之理即只有真而无实。"方"即是纯真际底。方底物之类,即仅是一可有之类,一空类。

就我们得到知识之程序说,我们已知属于每一类之事物皆有同性,例如属于方底物之类之物皆有方性。每类物所同有之性,我们可将其离开此类之实际底物而单独思之。在中国哲学史中,公孙龙最先注意此点。公孙龙所主张之"离坚白",即将坚或白离开坚白石而单独思之也。此单独为思之对象之坚或白,即坚或白之所以为坚或白者,即坚底物或白底物之所以然之理也。离坚白石之坚或白,公孙龙名之曰指。指之为纯真际底,公孙龙名之曰藏。指之实现于实际底物者,公孙龙名之曰与物之指或物指。

有人以为,所谓方者,不过人用归纳法,自其所见之许多方底物中,所抽象而得之概念,在客观方面,并无与之相当者。真际即是实际;实际之外,别无真际。

对于此主张,我们说:我们对于此所谓理之知识,可以名曰概念。自知识之得到方面说,我们对于方底物,必须有若干知识,然后可得方之概念。但既得方之概念之后,则见方,即所谓方之理,亦即方之所以为方者,并不只是一概念。此如我们初学算学时,先数三个桌子,三个椅子,然后可以知"三"。三个桌子,三个椅子等,是"三"之实际底例,即实际底三。实际底三是可感底,但"三"则不可感而只可思。我们自经验底实际底三中,得三之概念。既得三之概念,知三之所以为三者之后,即见三有自可为三者,"三"不只是一概念。"三"是一客观底有。实际底三,必依照三之所以为三者,然后可成为三。故有实际底三,必有三之所以为三者,但有三之所以为三者,不必即有实际底三。三如此,其他数目,亦系如此。因其均系客观底,所以数学中有一定底原则公式,不能随人意为改动。如数目仅为人之概念,则数学可随人意编排,而大家所公认之数学,即为不可能。

如问:我们的思,何以能知"三"或"方"?此正如问:我们的眼,何以能见红色?此二问题,同一不可解答。我们固可就生理学方面,将我们的眼之结构作一研究,以为如此结构,遇某种刺激,我们即有红色之感觉。但此不过说明我们有红色感觉时所需要之条件,及其所经过之程序。但在此条件之下,经此程序之后,我们何以有红色之感觉,仍未说明。于有红色之感觉之时我们不但有此感觉,而并且知所感觉者是红色;知所感觉者是红色,则即可作"这是红色"之判断,说"这是红色"之命题。我们若将"这是红色"之判断,"这是红色"之命题,加以分析,我们即见,我们于作此判断,说此命题时,我们已有红色之概念。我们若再将此概念,加以分析,我们即见我们所有红色之概念,实是我们所有对于红色之概念。有红色之所以为红色者,我们对之之知识,即所谓红色之概念,所以红色之概念,实是对于红色之概念。此红之所以为红者,并不在我们心中,我们心中所有者,不过对此之知识,即所谓对于红色之概念。红之所以为红者,虽亦为红底物所依照,但不即在红底物中,亦不即是红底物。因为假使实际上无红底物,还可有红之所以为红者。此红之所以为红者即是红之理,我们对之之知识,即是我们所有对于红色之概念。若问:我们何以能有此知识?若此问是问:什么是此知识所需要之条件,及其所经之程序?则生理学或心理学可以答复此问题。若此问题是问:在此条件之下,经此程序之后,我们何以能有此知识?此问题,与问我们何以能有红色之感觉,同是不可答底。我们只可说:我们有能感之官能,对于实际底物,能有感觉。我们有能思之官能,对于真际中之理,能有概念。

我们的主张,可以说是一种纯客观论。照常识的看法,一件一件底实际底事物是客观底,但言语中之普通名词如人、马等,形容词,如红底、方底等,所代表者,均不是客观底,或不能离开一件一件底实际底事物而独有。纯主观论以为即一件一件底实际底事物亦是主观底,或可归于主观底。但这种说法是说不通底。因为照它的逻辑推下去,一个人只能知道他自己于一时间所有之感觉,一切言语、历史均不可能。在常识与纯主观论中间,还有或可有种种不同底派别,在常识与我们的纯客观论中间,亦有或可有种种不同底派别。但这些均不在我们讨论之列。我们只说我们的主张,是纯客观论。中国的旧日底理学,亦是纯客观论。中国人的精神为旧日理学所陶养者,亦是纯客观论底。此点于第四章以下有详细底说明。

一种(即一类)物有一种物之理。一种事有一种事之理,一种关系有一种关系之理。此所谓物是狭义底,如宋明人语录中所说事事物物或事物之物。本书所谓物,除本章第二节第三节外,均是就狭义底物说。如桌子是一物,桌子动是一事。就事说,每种事,亦皆有其所以为此种事者;此即其理,为其类之事,所必依照者。依照某理之事,即其理之实际底例,亦即其事之类之实际底分子也。例如动之一种事,必有其所以为动者,此即动之所以然之理,为一切动之事所必依照者。依照动之理之实际底动之事,即动之理之实际底例,亦即动之事之类之实际底分子也。物与物之间,事与事之间,有互相交涉之关系。就关系说,每种关系,亦必有其所以为此种关系者。例如此物在彼物之上,在上乃一种关系。在上之关系,必有其所以为在上者,其所以为在上,即在上之所以然之理也。一实际底在上之关系,例如此砚在此桌子之上,即系依照在上之理,而为其实际底例,为实际底在上之关系之类中之实际底分子。又如此事为彼事之因,彼事为此事之果,因果乃一种关系。因果之关系,必有其所以为因果者。此所以为因果者,即因果之所以然之理也。

理,宋儒亦称为天理。我们亦可称理为天理。我们于上文说,天兼本然自然二义。理是本然而有,本来已有,故是本然,故可称为天理。

(五) 形上形下

《易·系辞》说:"形而上者谓之道,形而下者谓之器。"《易·系辞》所谓形而上与形而下之意义原来若何,我们现不讨论。我们现只说本书所谓形上形下之意义。此意义大体是取自程朱者。

我们所谓形上形下,相当于西洋哲学中所谓抽象具体。上文所说之理是形而上者,是抽象底;其实际底例是形而下者,是具体底。抽象者是思之对象,具体者是感之对象。例如"方"是思之对象,是抽象底;这个方底桌子是感之对象,是具体底。不过抽象者虽是思之对象,而思之对象不一定是抽象者。例如上所说之类及全,虽非抽象底,而亦是思之对象。具体者是感之对象,不过此所谓感不只限于耳目之官之感,例如某人之心或精神,虽不为其本人或他人之耳目之官之对象,而亦是具体底。

有一点我们须注意者,即西洋哲学中,英文所谓"买特非昔可司"之部分,现在我们亦称为形上学。因此凡可称为"买特非昔可"底者,亦有人称为形上底。但此形上底,非我们所谓形上底。可称为"买特非昔可"底者,应该称为形上学底,不应该称为形上底。照我们所谓形而上者之意义,有些可称为形上学底者,并不是形上底。例如唯心论者所说宇宙底心,或宇宙底精神,虽是形上学底,而是形下底,并不是形上底。照我们的系统,我们说它是形下底,但这不是说它价值低。我们此所说形上形下之分,纯是逻辑底,并不是价值底。形而下者,如其是有价值底,其价值并不因其是形而下而低。如宗教中所说上帝能创造作为。此上帝,如其有之,亦是形下底。

就我们之知识言,我们之知形而上者,必始于知形而下者。我们的知识,始于感觉。感觉之对象,事事物物,皆是形而下者。我们对于感觉之对象,事事物物,加以理智底分析,因而知形而上者。对于事物之分析,可以说是"格物"。因对于事物之分析,而知形上,可以说是"致知"。

就真际之本然言,形而上者之有,不待形而下者,惟形而上者之实现,则有待于形而下者。例如"圆",圆之所以为圆者,或圆之所以然之理,之有,不待于形而下者,而其实现,即在实际上有一事实底圆,则必待于形而下者,如一粉笔画底圆,必待粉笔所画之线。

实际底事物,中国哲学中名之谓器。朱子说:"形而上者,无形无影是此理。形而下者,有情有状是此器。"(《语类》卷九十五)在中国哲学中,相当于形上形下之分,又有未发与已发,微与显,体与用之分别。就真际之本然说,有理始可有性,有性始可有实际底事物。如必有圆之理始可有圆之性,必有圆之性始可有圆底物,所以圆之理是体,实现圆之理之实际底圆底物是用。理,就其本身说,真而不实,故为微,为未发。实际底事物是实现理者,故为显,为已发。某理即是某种事物之所以为某种事物者,某种事物即是所以实现某理者。由此观点以说理与事物之关系,即程朱所谓"体用一源,显微无间"。

上文说,照常识的看法,一件一件底实际底事物,是客观底,但言语中之普通名词,如人、马等,形容词,如红底、方底等,所代表者,均不是客观底,或不能离开一件一件底实际底事物而独有。我们的纯客观论则主张不独一件一件底实际底事物是客观底,即言语中之普通名词或形容词所代表者,亦是客观底,可离一件一件底实际底事物而独有。不过此所谓有,只是就真际说,不是就实际说。我们说"人""马""方""红"等可离开实际底一个人、一个马、一个方底物、一个红底物而有。此有并不是实际底。举"方"以为例。普通人多以想像具体底方者想像抽象底方,其实抽象底方是不能为我们所想像底。照普通人之错误底想像,似于许多方底物之外,另有一方底物。此方底物与别底方底物之区别,只在其是完全地方,此似乎是完全地方底物,与别底方底物可并排在一处,如一画家可将其所临写之真本,与其许多摹本并排在一处。如用此看法,则不独是体用两橛,显微有间,而且我们所主张"方"可离开方底物而独有之说,直是不通,直是悖。普通以此说为不通者,大多系用此种看法看。其实这种看法是完全错误底。

我们于上文已说,"方"是思之对象,不是可以想像底。朱子说:"无极而太极,不是说有个物事光辉辉地在那里。"(《语类》九十四)我们所谓"方",亦不是"一个物事光辉辉地在那里"。所谓方者,只是方底物之所以为方者,方底物之所以然之理。此理不是我们所能随便改动,因此可见其不是主观底,然亦不即是实际底方底物。我们即实际底方底物而见其所以为方者,其所以为方者即方之理。此理不是主观底,而亦不即是实际底方底物。所以我们说它是真际底。它不即是实际底方底物，但实际底方底物必须依照它才可成为实际底方底物。它不能为我们所想像，亦不能与实际底方底物在一处。它若能为我们所想像，能与实际底方底物在一处，它亦成为一个实际底方底物，而不仅只是方之所以为方者，不仅只是方之理。

若知上所说错误底看法之为错误，则所谓一与多之问题，不难解决。"圆"是一，许多圆底物是多。"圆"之一何以能有许多圆底物之多？中国的哲学家多借用佛学中"月印万川"之说，以为比喻。一月可印于万川，而并不害月之为一。然此不过是一比喻，比喻并不能替代解释。正当底解释是如上所说。盖一与多之问题之所以起，亦由于误以想象形下底圆者想象形上底圆。但形上底圆，即"圆"，不过是圆之所以为圆，圆之所以然之理，凡具体底物，合乎此理者，或有合乎此理者，即成为实际底圆。知此则可见圆之理之一，并不妨依照之者之多。

明清以来，反对理学者，皆系为上述之错误底看法所误。李恕谷说：理学家以为"理在事上"，而其自己则以为理"即在事中"。若所谓在是存在之义，则理是无所在底。理既不能"在"事上，亦不能"在"事中。理对于实际底事，不能有"在上""在中"等关系。真际中有"在上"之理，但"在上"之理并不在上，有"在中"之理，但"在中"之理并不在中。所以理不能在事"上"，亦不能在事"中"。此等误解，皆由于以理为一"物事光辉辉地在那里"。戴东原以为宋儒说理"视之如有物焉"，以理为"如有物焉"，正是以理为"一个物事光辉辉地在那里"，正是用上所说之错误底看法看理。

然宋儒对于理之为非实际底亦有看不清楚，或说不清楚者。例如宋儒常说"理之在物者为性"，"心具众理而应万事"。此等话是可解释为以理为"如有物焉"。此错误有时即朱子亦不能免。若不能免此错误,则讲理自有种种不通之处。后来反朱子者对于朱子之攻击,有些是攻击者之错误,有些是朱子自己未看清或未说清所致。

(六) 太极

朱子以为理是实际底事物之所以然之故,及其当然之则,我们所说理亦是如此。方底物必依照方之理,始可是方底,又必完全依照方之理,始可是完全地方底。一方底物之是否完全地方,视其是否完全依照方之理。由此义说,方之理即是一切方底物之标准,即是其当然之则。《诗》说:"天生蒸民,有物有则。"宋儒多引用此语。程伊川说:"有物必有则,一物须有一理。"一类物之理,亦即一类物之则。我们常说"某方底物比某方底物更方"或"不如其方",皆依此标准说。若无此标准,则一切批评,皆不可能。凡不承认有理者,对于此点,均未注意。

所谓极有两义,一是标准之义,如《洪范》所谓"惟皇作极",及从前庙堂颂圣,所谓"建中立极",皆用极之标准之义。一是极限之义。郭象说:"物各有性,性各有极。"(《庄子·逍遥游》注)此极是极限之义。每理对于依照之之事物,无论就极之任何一义说,皆是其极。方之理是方底物之标准,亦是其极限。方底物,必须至此标准,始是完全地方。但若至此标准,亦即至方之极限,所谓方之无可再方,即就此极限说也。

所有之理之全体,我们亦可以之为一全而思之。此全即是太极。所有众理之全,即是所有众极之全,总括众极,故曰太极。朱子说:"事事物物皆有个极,是道理极致。""总天地万物之理,便是太极。"(《语类》卷九十四)

太极之名,先见于《易·系辞》。《易·系辞》说:"易有太极。"后周濂溪《太极图》中亦说"无极而太极"。《易·系辞》中"易有太极"一段,及周濂溪之《太极图》,为后来中国哲学中宇宙论之纲领。但《易·系辞》及周濂溪所谓太极,与朱子及本书所谓太极,并不相同。此点第二章中另有详论。

所有底理,如其有之,俱是本来即有,而且本来是如此底。实际中有依照某理之事物之存在否,对于某理本身之有,并无关系。程子说:"百理俱在平铺放着,几时道尧尽君道,添得些君道多;舜尽子道,添得些孝道多? 元来依旧。"(《遗书》中二先生语)百理不可说平铺放着,但可作为一种譬喻说。实际上有依照某理之实际底事物,某理不因之而始有;无依照某理之实际底事物,某理不因之而即无。实际上依照某理之实际底事物多,某理不因之而增;依照某理之实际底事物少,某理不因之而减。程子说:"这上头更怎生说得存亡加减? 是佗元无少欠,百理俱备。"(《遗书》中二先生语)一切底理,本来即有,本来如此,因某种实际底事物之有,我们可知某理之有,但某种实际底事物之无,我们不能因此即说某理之无。反过来说,如无某理,我们可断定必无某种实际底事物,但有某理,我们不能断定即有某种实际底事物。无某理即不能有某种实际底事物,此可以说是理之尊严。有某理不必即有某种实际底事物,此可以说是理之无能。程朱说:理是无妄,理是主宰。是就理之真及其尊严说。朱子说"理是虚"(《语类》卷七十四),是就理之不实,理之无能说。

太极即是众理之全，所以其中是万理具备。从万理具备之观点以观太极，则太极是"冲漠无朕，万象森然"。"冲漠无朕"，以言其非实际底；"万象森然"，以言其万理具备。万理不生不灭，不增不减，亦可用佛家所说真如名之。真者一切众理，皆是真有，并不虚妄；如者，一切众理，各如其性。不过此真如中万理具备，并不是空。朱子以此区别儒释。朱子说："太极是五行阴阳之理皆有，不是空底物事。若是空时，如释氏说性相似。"（《语类》卷九十四）又说："天命之谓性。此句谓空无一法耶？谓万理毕具耶？若空，则浮屠胜；果实，则儒者是。"（《文集》卷三十一）

（七）"物物有一太极"

朱子又说："太极，形而上之道也；阴阳，形而下之器也。是以自其著者而观之，则动静不同时，阴阳不同位，而太极无不在焉。自其微者而观之，则冲漠无朕，而阴阳五行之理，已悉具于其中矣。"（《太极图说》注）照朱子所说，太极中万理具备，此亦是我们所主张者。朱子又以为太极无所不在，"人人有一太极，物物有一太极"（《语类》卷九十四）。此说是否可以成立，我们可以讨论。

道家中，如郭象，主张实际中每件事物，皆与整个底宇宙有关系。郭象说："人之生也，形虽七尺，而五常必具。故虽区区之身，乃举天地以奉之。故天地万物，凡所有者，不可一日而相无也。一物不具，则生者无由而生；一理不至，则天年无缘得终。"（《庄子·大宗师》注）照此所说，一件事物，与宇宙间其他事物，俱有关系，而且有所谓内在底关系。佛家之华严宗讲所谓因陀罗网境界。照其所说，每一事物，皆是真心全体所现。真心包罗一切事物，故每一事物，亦包罗一切事物。其所包罗之一切事物中之每一事物，又复包罗一切事物；其所包罗之一切事物中之每一事物所包罗之一切事物中之每一事物，又复包罗一切事物。所谓"一一毛中，皆有无边师子；又复一一毛带此无边师子，还入一毛中"（法藏《金师子论》）。

郭象所说，乃系对于事实之肯定，其是否是真，非哲学所能证明，至少非逻辑所能证明。若说一实际底事物，对于实际中所有其他事物均有关系，其关系若是所谓外在底关系，则此可为逻辑所证明。因为所谓外在底关系，非常广泛。例如这张桌子离美国一万里远，此桌子即与美国有外在底关系。但若就内在底关系说，则非此桌子之本身受到美国的什么影响，不能说它与美国有关系。所以若说一件事物与宇宙间其他事物均有内在底关系，是对于事实，有很大底肯定，不是容易主张者。

华严宗之说，从其唯心论出发。我们于此，可以不论。朱子"人人有一太极，物物有一太极"之说，颇似受此说之影响。朱子"人人有一太极，物物有一太极"之说，若推至其逻辑底结论，则每一事物，皆有众理之全。朱子于此，未有十分明白底说明，但朱子至少以为每人皆有众理之全。因每人皆有众理之全，所以人之心"具众理而应万事"（《孟子·尽心上》注）。朱子不以为每一实际底事物与宇宙中其他事物，均有关系，亦不以为每一实际底事物，皆反映一切实际底事物，但以为一实际底事物中，有众理之全。此似对于实际所肯定者已较少，但所谓"有"者，系何意义，"人人有一太极，物物有一太极"，如何"有"法，乃一可讨论之问题。

说事物"具""有"理或太极，"具""有"等字，最易引起误会，以为理或太极，"如一物焉"，可以在于事物之中，或在其上。照我们的说法,一类事物,皆依照一理。事物对于理,可依照之,而不能有之。理对于事物,可规定之而不能在之。用如此看法,我们只能说,一某事物依照某理,而不能说一事物依照一切理。用如此看法,则所谓"人人有一太极,物物有一太极"者,是一种神秘主义底说法,我们现在不能持之。

某类之理,涵蕴其共类之理,一某事物于依照其类之理时,并其类之共类之理亦依照之。例如猫类之理涵蕴动物类之理,依照猫之理而成为猫之物,亦必依照动物之理而成为动物。照此方面说,一事物于依照一理时,亦可依照众理,并且亦必需依照众理。其所依照之众理,且可以是很众。我们说依照猫之理而成为猫之物,亦必依照动物之理而成为动物。此是一简单底说法。猫与动物之间,尚有许多小共类,例如脊椎动物、哺乳动物等,其理,猫均须依照之。动物又不过是物之一别类。自动物至物,又有许多小共类,其理,猫亦均须依照之。由此推之,猫所依照之理,已是很众。但其所依照之理,无论如何众,究竟与一切理相差尚远。依照众理与依照一切理不同。事实上没有只纯依照一理之实际底事物,若一事物只纯依照一理,则只能是一秃头底空洞底"物",但秃头底空洞底"物",事实上是没有底。事实上所有者是什么物,不是只"物"。但依照一切理之事物,事实上亦是没有底。不但事实上没有,而且逻辑上亦不可能,因为有些理,不能同时为一物所依照。例如方与圆,一物不能同时依照方之理,又依照圆之理。

照以上所说,一切事物,所依照之理,皆是很众底;我们可以说一切事物皆依照众理,但不能说一切事物皆依照一切理。照我们的看法,没有事物能依照一切理,亦没有事物只依照一理。

（八）"理一分殊"

宋儒又有"理一分殊"之说，朱子亦持之。但朱子于说"理一分殊"时，其所谓理，与其在别处专讲理时所说之理，已不相同。朱子论张横渠《西铭》云："《西铭》之作，意盖如此。程子以为明理一而分殊，可谓一言以蔽之矣。盖以乾为父，以坤为母，有生之类，无物不然，此所谓理一也。而人物之生，血脉之属，各亲其亲，各子其子，则其分亦安得而不殊哉。一统而万殊，则虽天下一家，中国一人，而不流于兼爱之弊。万殊而一贯，则虽亲疏异情，贵贱异等，而不牿于为我之私。"（《西铭》注）此所说理一，是就形下方面说，是对于实际有所肯定者。依此所说，则各个实际底物之间，皆有一种内部底关联。但此系一实际问题。说其必有关联，即为对于实际之肯定。

在我们的系统中，我们仍可说"理一分殊"，不过我们说"理一分殊"时，所说之理，仍即是我们讲理时所说之理。先就一类中之事物说，此一类之事物，皆依照一理。虽皆依照一理，而又各有其个体。此一类之事物，就其彼此在本类中之关系说，可以说是理一分殊。照我们上面所说，一类之理涵蕴其共类之理。就一共类之各别类说，各别类皆属于共类，而又各有其所以为别类者，此一共类中诸别类之关系，亦可说是理一分殊。属于诸别类之实际底事物，依照诸别类之理者，亦依照其共类之理。所以若以属于诸别类之诸实际底事物直属于其共类，此诸实际底事物间之关系，亦是理一分殊。如此上推，以至在实际方面之大共类，即"实际"或"实际底事物"。此"实际"或"实际底事物"之大共类属有所有底实际底事物之诸小共类。就此诸小共类说，是理一分殊。若以所有实际底事物，直属于"实际底事物"之类，则此诸实际底事物，亦是理一分殊。

此是我们所说之理一分殊。此理一分殊之说，是就逻辑方面说，只对于真际有所肯定。此说并不涵蕴实际底事物中间有内部底关联，所以对于实际无所肯定。

第二章　气　两仪　四象

（一）气及真元之气

我们说及一类事物之所以然之理时,我们只说及此类事物之所以为此类事物。例如我们说及方底物之所以然之理时,我们只说及方底物之所以是方,而未说及何以有方底物之存在。上文我们说:一类事物之理只规定,如有此类事物时,它必须如何如何,始可为此类的事物,但如此类无实际底分子,此理不能使此类有实际底分子。这一方面可见理之尊严,又一方面可见理之无能。对于理之无能,朱子看得很清楚。朱子说:"理无情意,无计度,无造作。""理是个洁净空阔底世界,无形迹,他却不会造作。"(《语类》卷一)这说得清楚,不过所谓"洁净空阔底世界"只可认为系一种比喻。

再进一步说,理不但是无能,而且说不上无能,不但"无形迹,不会造作",而且说不上"无形迹,不会造作"。所谓说不上者,即理并不是可以有能而事实上无能,可以有形迹而事实上无形迹,可以会造作而事实上不曾造作,而是本来说不上这些底。恐有人误以为理有能,所以我们说它是无能。既说理是无能,我们又须说理是无所谓有能或无能,有能或无能,对于它都是不可说底。

上文说太极是"冲漠无朕",因我们说及太极时,只说及理,未说及有实际底存在之物也。凡实际底存在底物皆有两所依,即其所依照,及其所依据。其所依照即其类之理,上章已详说,其所依据,则本章所讨论。换言之,实际底存在底物,皆有其两方面,即其"是什么",及其所依据以存在,即所依据以成为实际底"是什么"者。例如一圆底物有两方面,一方面是其"是圆",一方面是其所依据以存在,即其所依据以成为实际的圆者。其"是什么",即此物有此类之要素,即性,其所以存在,即此物存在之基础。其"是什么"靠其所依照之理;其所依据以存在,即实现其理之料。

宇宙所有实际底事物,虽各不相同,然我们的思,若对之加以分析,则见其皆有此两方面。所谓料,有绝对相对之分。相对底料即仍有上述之两方面者。绝对底料,即只有上述之一方面,即只可为料者。例如一房屋,有其所以为房屋者;此即其房屋性,其是房屋之要素。此房屋又有其所依据以存在之基础,如砖瓦等。然砖瓦虽对于房屋为料,而其本身仍有上述之两方面。砖及瓦有砖性及瓦性;又有其料,如泥土等。故砖瓦虽对于房屋为料,然只是相对底料,而非绝对底料。泥土虽对于砖瓦为料,然仍是相对底料,而非绝对底料,因泥土仍有上述之两方面。

我们于上章说,哲学开始于分析实际底事物。此分析是完全在思中行者。今试随便取一物,用思将其所有之性,一一分析,又试用思将其所有之性,一一抽去。其所余不能抽去者,即其绝对底料。例如自一房屋,将其房屋性抽去,则此房屋即不成其为房屋,只是一堆砖瓦。复自砖及瓦,将其砖性及瓦性抽去,则砖瓦即不成其为砖瓦,只是一堆泥土。自泥土中复可抽去其泥土性。如此逐次抽去,抽至无可再抽,即得绝对底料矣。

　　绝对底料,在柏拉图、亚力士多德哲学中,谓之"买特"。此"买特"并非科学中及唯物论中所谓"买特"。科学中及唯物论中所谓"买特"即物质。此所谓"买特"则并非物质。若欲自彼所谓"买特"得此所谓"买特",则至少须从其中抽去其物质性。我们说至少,因为或者还有别底性,须自彼所谓"买特"中抽去。此所谓"买特",本身无性。因其无一切性,故不可名状,不可言说,不可思议。科学中及唯物论中所谓"买特"至少有物质性,是可名状、可言说、可思议者。如有性即有上所说之两方面;有上所说之两方面即非绝对底料。科学及唯物论所谓"买特",是科学底观念。此所谓"买特",是哲学底、逻辑底观念。

　　或有谓:一实际底物,即其所有诸性所合成。若抽去其一切性,则即成为无,更无有可以为绝对底料者。然若无绝对底料,则无以说明何以实际底物之能成为实际。若专靠所以然之理,不能有实际,上文已说。朱子说:"理无气则无挂搭处。"即说此义。

　　此所谓料,我们名之曰气;此所谓绝对底料,我们名之曰真元之气,有时亦简称曰气。上文谓绝对底料,不可名状,不可言说,不可思议,今何以又名之为"买特",名之为气? 对于此问我们答:气所以不可名状、不可言说、不可思议者,因其无性也。我们对一件事物,若有所思议,即是对之作判断,若对之有所言说,则即是对之作命题;对之作判断或命题,即是将此事物作为主辞,而将其所有之性,提出一个或数个,以为客辞。气既无性,故不能对之作任何判断,说任何命题,亦即不能对之有任何思议,任何名状,任何言说。但我们虽不能对之作判断,作命题,却不妨为起一名,如为一件事物起一《墨经》所谓私名然。与一件事物一《墨经》所谓类名,即是对之作一判断，作一命题。但与一件事物一私名则不是如此。例如我们与衡山以山名，我们即对之作一判断，作一命题。我们与衡山以山名，即是说："衡山是山，衡山是属于山之类者，或是有山性者。"但与衡山以衡名，则并不是说："衡山是衡，衡山是属于衡之类者；或是有衡性者。"我们对于气，虽不能有何判断，作何命题，但不妨与之以私名。气之名应该视为私名，不可视为与云气、烟气等气之气，有相同或相似底意义。

在我们的系统中，气完全是一逻辑底观念，其所指既不是理，亦不是一种实际底事物。一种实际底事物，是我们所谓气依照理而成者。主张所谓理气说者，其所说气，应该是如此。但在中国哲学史中，已往主理气说者，对于气，皆未能有如此清楚底见解。在张横渠哲学中，气完全是一科学底观念，其所说气，如其有之，是一种实际底物。此点我们于以下另有详论。即程朱所谓气，亦不似一完全逻辑底观念。如程朱常说及清气、浊气等。照我们的看法，气之有清浊可说者，即不是气，而是气之依照清之理或浊之理者。究竟程朱说及清气、浊气时，他们是说气，或是说气之得清之理或浊之理者，他们均未说明。至于气之名之必需作为私名看，程朱更似均未看到。

伊川说所谓真元之气。伊川以为形下底事物之成毁，由于气之聚散。已散之气，已散即归无有。其再聚之气，乃新生者。新生之气，生于真元之气。伊川说："真元之气，气之所由生。"（《遗书》卷十五）伊川此说，照我们的看法，其所谓气，如其有之，确是一种实际底物，并不是我们所谓气。其所谓真元之气，是何所指，伊川未有说明。不过这个名词，我们可借用之。我们说气，普通言语中常说气，中国哲学中亦常说气。其所谓气，非我们所谓气，或不完全同于我们所谓气。为避免混乱起见,我们名我们所谓绝对底料为真元之气。我们同时仍须记住,所谓真元之气,亦是其所指者之私名。我们名它为真元之气,并不涵蕴,说它有"真元"之性。

(二) 道家所说之道

道家所说道,有时兼包"有名""无名"说。但于多数时,他们以为道是无,是无名。如《老子》三十二章说:"道常无名。"四十一章又说:"道隐无名。"《庄子》说:"太初有无,无有无名。一之所起,有一而未形。"(《天地》)照道家的说法,具体底事物是有,是有名,道非一件一件底具体底事物,所以是无,是无名。若就道是无名说,则道家所说之道,颇有似于我们所说真元之气。

我们只说,道家所说道,有似于我们所谓真元之气,而不说它即是我们所谓真元之气。因为道家所说之道,靠其自身,即能生万物,而我们所说真元之气,若无可依照之理,则不能成实际底事物。道家所说之道,自身无性,而能使物有性,持有此道者,亦是对于实际有所肯定。

道家不讲我们所谓形上者。若不讲形上,而只就形下者之形下方面,追求下去,则其所得,必是我们所谓真元之气,或与之类似者。道家即是如此。故其所谓道虽不必即是我们所谓真元之气,然系与之类似者。《老子》说及道之名时,说:"吾不知其名,字之曰道。"(二十五章)道亦是不可名状、不可言说、不可思议者,故不可以普通底名名之。然必须与之以名,故"字之曰道"。"字之"二字很好。其意正如我们于以上所说:我们以气或真元之气,名气或真元之气;此名只是私名。此名只是私名,故曰"字之",正如与人以名字,其名字只是私名也。

何晏《道论》云:"夫道之而无语,名之而无名,视之而无形,听之而无声,则道之全焉。故能昭音响而出气物,包形神而彰光影。玄以之黑,素以之白,矩以之方,规以之圆,圆方得形而此无形,白黑得名而此无名也。"(《列子·天瑞》篇注引)此所说完全可以说我们所谓真元之气。"玄以之黑"云云,照我们的说法可以说,真元之气依照"玄"之理而实际中即有实际底黑底物,依照"素"之理而实际中即有实际底白底物。真元之气,其本身不依照任何理,惟其不依照任何理,故可以依照任何理;其本身无任何名,惟其无任何名,故可为任何物,有任何名。何晏《无名论》云:"夫惟无名,故可得遍以天下之名名之,然岂其名也哉?"(《列子·仲尼》篇注引)

道家亦说气,如《庄子》云:"人之生,气之聚也。聚则为生,散则为死。""通天下一气耳。"(《知北游》)不过此所谓气,乃道所生者,如其有之,亦是一种实际底物,不是我们所谓真元之气。

在我们的系统中,太极是极端地清晰,真元之气是极端地混沌。道家崇尚其所谓道,其道又似我们所谓真元之气,所以道家亦崇尚混沌。《老子》喜欢"朴"。《老子》说:"道常无名朴。"(三十二章)朴亦可以说道。又说:"朴散则为器。"(二十八章)朴即混沌,或近乎混沌者。《庄子·应帝王》痛惜混沌之死。然混沌若不死,则即无实际底世界。《老子》知混沌之不可不死,朴之不可不散而为器,但以为我们亦不可太不混沌。所以说:"始制有名,名亦既有,夫亦将知止,知止可以不殆。"(三十二章)

《韩非子·解老》云:"万物各异理,而道尽稽万物之理。"若照字面讲,《老子》所谓道,正是我们所谓太极。不过这不是可以照字面讲者。《韩非子》所谓理，其意义如何，今不论。但可确说，他所谓理，并非我们所说之理。

　　道家所说之道，近乎是一逻辑底观念。其所说"有""无"等，均是逻辑底观念。道家哲学中，逻辑底观念较多，所以在先秦哲学中，除名家外，道家哲学可以说是最哲学底。《淮南子》中解释道家之处甚多。但《淮南子》于解释道家之处，常将道家原来底逻辑底观念，予以事实底解释。如《庄子·齐物论》说"有始者，有未始有有始者，有未始有夫未始有有始者"云云，本均系逻辑底观念。而经《淮南子》之解释，则"有始者"是指"将欲生兴，而未成物类"；"有未始有有始者"是指"天气始下，地气始上……欲与物接，而未成兆朕"；"有未始有夫未始有有始者"是指"天含和而未降，地怀气而未扬……气遂而大通冥冥者也"（《俶真训》）。经此解释，则"有始者"云云，系对于事实之肯定，均系肯定实际者。如此则"有始者"等，即不是逻辑底、哲学底观念，而是科学底观念。绪论中谓汉人最富于科学精神即指此。于上所引《俶真训》中，可见《淮南子》所谓气，如其有之，完全是一种实际底物。一般说及中国哲学中所谓气时，大都以为是《淮南子》所说之气之类。此完全与我们所说真元之气不同。所以我们于此，特引《淮南子》所说以明之。

（三）"无极而太极"

　　周濂溪《太极图》中有"无极而太极"之语，朱陆间有许多争辩，关于此语之争辩，亦是其一。陆象山以为此语本于《老》。朱子则以为所谓"无极而太极"，即是说"无形而有理"。朱陆间之争辩，由于二人之哲学系统,根本不同。就此争辩说,象山是而朱子非。盖周濂溪之系统,本与朱子不同。朱子不觉,而欲以其自己之系统为濂溪辩护,所以有说不通处。例如濂溪说:"太极动而生阳,动极而静,静而生阴。"在濂溪之系统中,太极能动,能静,能生,故濂溪之太极是形下底,而不是形上底,此其与朱子之系统根本不同之处。濂溪此图实是老学。其所说,无极而太极,太极生阴阳,即《老子》所说"道生一,一生二"之说。道是无极,一是太极,二是阴阳。《老子》说:"复归于无极。"(二十三章)无极即道。《庄子》说:"太初有无,无有无名,一之所起,有一而未形。"无有无名底无即无极,一即太极。《庄子·天下》篇谓老子"建之以常无有,主之以太一"。常无有即无极,太一即太极。我们于上文说,道家所说之道,与我们所说之真元之气相似。所以我们所说之气,亦可以无极名之。我们于第一章中说,所谓极有两义:一是标准之义,一是极限之义。无论自极之何义说,我们所谓真元之气,均是无极。我们所谓真元之气,自身不为任何标准,而必须依理为标准,自身无极限,而必须依理为极限。

不过我们所谓太极,与道家之太一,及濂溪之太极,完全不同。在我们的系统中,太极与无极,正是两个相对底观念。我们的系统所讲之宇宙,有两个相反底极,一个是太极,一个是无极。一个是极端地清晰,一个是极端地混沌。一个是有名,一个是无名。每一普通底名词皆代表一类,代表一理。太极是所有之理,所以所有之名,无论事实上已有或未有,皆为太极所涵蕴。所以太极是有名而无极是无名。由无极至太极中间之过程,即我们的事实底实际底世界。此过程我们名之曰"无极而太极"。

无极不可言说,不可思议;太极无存在而有。自常识之观点看,无极太极,皆可以说是玄。我们可以用《老子》第一章中之话,说此两者，"同谓之玄，玄之又玄，众妙之门"。众妙即实际底世界中之一切事物。无极而太极之"而"，即众妙之门。太极是极端地清楚，无极是极端地混沌。此"而"是半清楚半混沌，是由混沌达于清楚，但永不能十分清楚。

朱子说：理是"生物之本"，"气是生物之具"，"人物之生，必禀此理，然后有性；必禀此气，然后有形"（《答黄道夫书》，《文集》卷五十八）。此正是我们于上文所说，一具体底物必有两所依，一是其所依照，一是其所依据。其所依照是理，其所依据是气。朱子又说："未有无理之气，亦未有无气之理。"（《语类》卷一）此点我们于下文加以讨论证明。

先说"未有无理之气"，这是很易证明者。我们所说真元之气，无一切性，这是完全就逻辑方面说。就事实方面说，气至少必有"存在"之性。若无存在之性，它根本即不存在。气若不存在，则一切实际底物，俱无有矣。气若有存在之性，它即依照"存在"之理，它至少须依照存在之理，所以"未有无理之气"。

"未有无气之理"，此语不能解释为凡理皆有气。如此则凡理皆有实际底例，即无只有真而无实之理。此语只是说"必有些理有气"或"未有所有底理皆无气"。此上文亦已证明。因至少"存在"之理，是常为气所依照者。

（四）所谓气一元论

讲中国哲学者，有谓中国哲学中，有所谓气一元论。中国哲学家中，有特别注意气者，但所谓气一元论，在逻辑上是否可以成立,在中国哲学史中,是否有真正持所谓气一元论者,此是可讨论之问题。

假使有主张所谓气一元论者,我们须先问:其所谓气是否我们所谓真元之气?若是我们所谓真元之气,则所谓气一元论者,根本即是不通。因我们所谓真元之气,乃是绝对底料,料只是料,若无所依照之理,料根本不能为实际底物。譬如砖瓦一堆,如成为房子,则必依照房子之理,若无所依照之房子之理,则砖瓦一堆,终是一堆砖瓦而已。道家所说之道,有似于我们所谓真元之气,不过究竟不同,此点我们已于上文说过。

假使主张所谓气一元论者,其所谓气,是一种实际底物,则其主张即近于所谓唯物论。如上文所举《淮南子·俶真训》中所说之气,如其有之,是一种实际底物。又如张横渠所说之气,能"升降飞扬,未尝止息;《易》所谓絪缊,庄生所谓生物以息相吹,野马者欤"(《正蒙·太和》)。此气,如其有之,亦是一种实际底物。主张此说者,多以为一件一件底实际底物之成毁,由于其所谓气之聚散。即近代西洋之唯物论,亦以一件一件底实际底物之成毁,乃由于物质之聚散。不过持此说者须答一问题。此问题即所谓气或物质之聚为一件一件底实际底物,系依一定底法则,照一定底形式,抑系随便乱聚?科学即可证明,所谓物质之聚为一件一件底实际底物,必依一定法则,照一定形式。说至此即仍不得不讲理。张横渠虽讲所谓气而亦讲理。他说:"天地之气,虽聚散攻取百途,然其为理也,顺而不妄。"(《正蒙·太和》)又说:"天之生物也有序;物之既形也有秩。"(《正蒙·动物》)

明清诸反程朱者,如王船山、颜习斋等,虽反程朱之理学,而仍亦讲理,其所讲之理,亦即程朱所讲者。他们所以反对程朱者,即以为程朱所讲之理,"如有物焉",在于"事上",而他们则以为理即事物之理,不在"事上"而在"事中"。此点我们于第一章中已论到。今须指出者,即此等反理学之人,亦并非不讲理。

有一真正底问题,即王船山所提出关于所谓道器先后之问题。王船山以为"无其器则无其道"。他说:"洪荒无揖让之道,唐虞无吊伐之道,汉唐无今日之道,则今日无他年之道者多矣。未有弓矢而无射道,未有车马而无御道。"(《周易外传》卷五)船山此言,如系谓未有弓矢,即无射事,则自无可争论,如系谓未有弓矢,即无射道,而所谓道,若是就理之实现说,则亦是我们所主张者。未有弓矢,则射之理未得实现,自然无射道。但如所谓道,乃指理之本身说,则无其器即无其道之说,是我们所不能承认者。照无其器则无其道之说,则无弓矢即无弓矢之道。如此则创制弓矢者,不但创制实际底弓矢,并弓矢之所以为弓矢之理亦创制之。然理若何可以创制?若谓创制弓矢者,不管弓矢之理,而随便创制,然弓矢之理即弓矢之所以为弓矢者,若随便创制之物,不合乎弓矢之理者,则即非弓矢。所以我们主张,弓矢之理,是本有底。创制弓矢者,发现其理,依照之以制弓矢。有弓矢之理,不必有弓矢,因可无创制弓矢者发现之。但有弓矢则必本有弓矢之理,因创制弓矢者,必有所依照方可以制弓矢。

(五) 时空及理气先后问题

旧理学之讲理,对于理与时空有无关系之问题未有讨论。盖旧日中国哲学,未尝离事物而分别看时空,因亦未将时空单独作讨论之对象。旧理学未看出理系超时空者，所以他们说理常用关于时间之观念。例如朱子说："若论道之常存，却又初非人所能预。只是此个，自是亘古亘今，常存不灭之物，虽千五百年被人作坏，终殄灭他不得耳。"（《答陈同甫书》）此所说道即理。以亘古亘今说理之长存，其实理之常存，是不能以古今说底。古今是关于时间之观念，而理是超时间底。在时间者，可有时存，有时不存，或无时不存。但理既非有时存，有时不存，亦非无时不存。它之有是不能用关于时间之观念说底。欲明此点，我们须先说明时间及空间之性质。

有人以为若将时间空间中所有之事物抽去，仍有空底时间，空底空间。空底时间好像一本空白底日记本，其本身是空白底，以预备我们将我们的历史放进去。空底空间，好像一片空无所有底空场，其本身是空无所有，以预备我们将东西在内排列。又有人以为这些空底时间及空底空间，并不是外界所实有，而是我们的知识之一种形式。我们的心，有这些形式，我们知识之所知，都须经过这些形式，方能为我们所知。所以我们的所知，都是在空间时间中者。此虽以为时间与空间是主观底，在内底，但亦以为若将时间空间中所有事物抽去，仍有空底空间时间。

照我们的看法，时间空间是两种关系之类，而并不是两个实际底物。我们于第一章中说，物与物之间，事与事之间，可有关系。物与物之间，可有在上、在下、并排等类关系。此等类关系之共类，即是空间。事与事之间，可有在先、在后、同时等类关系。此等类关系之共类，即是时间。此说法固然仍需要空间性时间性之概念。在上、在下、并排等类关系俱有空间性，所以俱属于空间关系之共类。在先、在后、同时等类关系俱有时间性，所以俱属于时间关系之共类。人或可问：何谓空间性时间性？这是我们所不能答，或不必答者。此正如我们说，方底物有方性。但若问何为方性，则我们不能答，亦不必答。

照如上所说之看法，普通所谓空间，即所有底物间之各种有空间性底、实际底关系，即所有底物间之实际底排列。普通所谓时间，即所有底事间之各种有时间性底、实际底关系，即所有底事间之实际底联续。所以若自普通所谓空间中抽去所有底物，则即无有各种实际底、有空间性底关系，即无空间。若自时间中抽去所有底事，则即无有各种实际底、有时间性底关系，即无时间。所以以为抽去所有底事物，而仍有空底空间、时间之说，如上文所说者，照我们的看法，是不对底。

实际上若无有各种实际底、有空间性底，或有时间性底关系，各种有空间性底，或有时间性底关系之理，即空间或时间之理，仍不是无有，不过它们只是纯真际底。但此与说有空无所有之空间或时间不同。上文所说，以为有空无所有之空间或时间者，其空空间或空时间是实际底。

有人以为有所谓真时间。此真时间不是钟表所计之时间，而是我们所能感觉之绵延。我们若自己反省我们的意识之流，我们感觉一种绵延，此是真时间。不过此所谓绵延，正即是我们心中各种感觉或思虑之联续，亦即是一种事之联续。若没有我们的心，或虽有我们的心，而无各种感觉或思虑之联续，则即不感觉所谓绵延，亦无所谓绵延。坐禅入定之人，若能完全无感觉或思虑，大概可得一英文所谓"一特尼特"之感觉。"一特尼特"即是无时间，普通译此为永恒。

空间时间之性质，既已说明，我们即可见何以理是超时空底。

时或空是两种实际底关系,而理不是实际底,所以不能入实际底关系之中。有"在上"之理,但"在上"之理,并不在上,不过物与物间之关系,如有依照"在上"之理者,则其一物即在其他物之上。有"在先"之理,但"在先"之理,并不在先,不过事与事间之关系,如有依照"在先"之理者,其一事即在其他事之先。此正如有"动"之理,但动之理并不动。有"变"之理,但变之理并不变。不过实际底事物如有依照"动"之理或"变"之理者,此实际底事物,是动底或变底。

我们所谓真元之气,亦是不在时空者。照上文所说,在时空者,必需是能有实际底关系之实际底事物。我们所谓真元之气,不是实际底事物,不能有任何实际底关系,所以它亦是不在时空底。

由此我们可知,在旧理学中所有理气先后之问题,是一个不成问题底问题,亦可说是一不通底问题。若问一理与其实际底例之间之先后,这个问题,是可问底,因为一类事物,即一理之例,之实际地有,可以是有始底。例如飞机一类之物,即飞机之理之实例,之实际地有,是有始底。对于此问题,我们答以理先于其实际底例而有。这并不是说理与其实际底例之间,可有在先之关系,亦不是说理之有是有始底,而只是说,即于未有此类事物,即此理之实际底例时,此理已本来如此。本来如此即所谓本然。但若问及理与气间之先后,则此问题,是不通底。因为此问题若成为问题,则须先假定理与气皆是在时间底,或其一是在时间底。又须假定,理与气是可有在先或在后之关系底,或其一是可有此等关系底。又须假定理与气是有始底,或其一是有始底。但这些假定俱是错底。所以理气先后之问题,根本不成问题。

我们说理与气是有始底之假定是错底,但我们亦并不说理与气是无始底。气与理俱是无所谓有始或无始底。因为始终亦是关于时间之观念。理气既均不在时空，所以关于时间空间之观念，对于它们，俱是不能用底。有关于时间空间底话，对于它们，俱是不能说底。

（六）两仪

可以始终说者，是我们的实际底世界。所谓实际底世界，即是一切实际底事物之总名。实际底世界是在时空中底，所以可以始终说。说它可以始终说，并不是说它有始有终，而是说，我们可以问它是否有始，是否有终。问实际底世界是否有始，是否有终，此问是有意义底；问理或气之是否有始，是否有终，此问是无意义底。若有人问：实际底世界是否有始，是否有终。我们的答是：实际底世界无始亦无终。

科学与人以印象，以为实际底世界是有始底。例如生物学说，人是如何有底；地质学说，地是如何有底；天文学说，天上星球是如何有底。此与人以印象，以为以前有一无人、无生物、无地球、无星球之时。邵康节、朱子亦说我们现在所处之世界是有始有终底。照他们所说，我们现在所处之世界之寿命，是十二万九千六百年，合乎邵康节所谓一元之数。此年数既满，此世界即毁坏。此后即另有一新世界。此说以及科学所予人之印象，是否有错，我们现俱不论。我们只说：我们所谓实际底世界，并不是指我们现在所处之物质底世界，我们现在所有之天地。我们现在所处之物质底世界，虽亦是实际底世界，但我们所谓实际底世界，则并不止此。我们现在所处之物质底世界之是有始有终底，是可能底，但我们所谓实际底世界，若是有始有终底，或是虽无始而有终底，或是虽有始而无终底，若是其一，则须假定，有无理之气或无气之理，始可，但这些假定之不可能，在上文已经证明。在上文我们说，气至少须依"存在"之理。气之依照存在之理，是无始底。因为如其有始，则在此始以前，气即不存在，气即是无，无变为有是不可能底。气之依照存在之理，亦是无终底，因为如其有终，则有须变为无，此亦是不可能底。郭象说："非惟无不能化而为有也，有亦不能化而为无矣。"（《庄子·知北游》注）我们于此，正可引用此话。依照存在之理之气，即是实际底。有实际底即有实际底世界。气之是实际底是无始无终底，所以实际底世界亦是无始无终底。

气又至少必依照动之理。我们于上文说，气之依照理者，即成为实际底事物，依照某理，即成为某种实际底事物。"依照"是一事，亦即是一动。故气于依照任何理之先，必须依照动之理，然后方能动而有"依照"之事。否则气若不动，即不能有"依照"之事。

有依照动之理之气，即有依照静之理之气。因为动静是对待底，若无静即无所谓动，犹如有依照"在上"之理为在上者，必有依照"在下"之理为在下者。有依照"夫"之理为夫者，必有依照"妻"之理为妻者。气若不依照动之理，固然是不动，但此不动亦不是静。此是无所谓动静。动与静是对待底；若无所谓动，亦无所谓静，若无所谓静，亦无所谓动。

以上所说，皆是就逻辑说，不是就事实说。就事实说，是"动静无端，阴阳无始"（《朱子语类》卷一）。程朱如此说，我们亦如此说。哲学中之宇宙论，如讲及所谓世界之原始等，皆是就逻辑方面说，不是就事实方面说。换句话说，皆是将我们所说"无极而太极"之过程,于中间随意切断一处,就此切断之处,看实际底事物,是如何有底。此或与人以印象,以为其所说乃系自实际底世界之开始说起。其实实际底世界是无始底,已如上文所证明。

因此我们不能问:气于未依照动之理之先,应是未动,未动何以能依照动之理?又何能依照"存在"之理?在事实上,气自无始以来,本来即依照存在之理而存在,依照动之理而动。我们以上所说,不过从所谓切断之处,将事物之变化,加以分析,而见其如此。犹如一连环,就环说环,我们说它是两个环。但是我们不能问:它们是什么时候连起来及如何连起来?因为事实上它们是本来连起来底。我们于上文说先、后等,皆是就逻辑说。例如我们说,气于依照动之理之先,必依照"存在"之理;这只是说气之依照动之理,涵蕴其依照"存在"之理;并不是说,有一时候,气只存在而不动。

依照动之理之气,是气之动者;依照静之理之气,是气之静者。我们说有依照动之理之气,有依照静之理之气,亦只是就逻辑说。仅依照动之理之气,或仅依照静之理之气,事实上是没有底。犹之仅依照"动物"之理之动物,事实上是没有底。事实上有某种动物,没有空头底动物。事实上有依照某理以成某物之气之动者,没有空头底气之动者。气之静者,亦复如是。事实上有相对于"依照某理以成某物之气之动者"之气之静者,没有空头底气之静者。依照某理以成某物之气之动者,对于其所成之一某物说,名曰阳。与此气之动者相对之气之静者,对于此物说,名曰阴。"对于此物说"这几个字是很重要底。我们不只说气之动者是阳,气之静者是阴,而要加上这几个字,此是我们讲阴阳与前人大不同底地方。照我们的说法,所谓阴阳,是对于一物说底。若不对于一物说,则气之动者,只是气之动者,气之静者,只是气之静者。但事实上既没有空头底气之动者或气之静者，所以气之动者或气之静者，在事实上，没有不是可以阴阳说底。

旧说常离一件一件底事物，而讲普通底阴阳；照我们的看法，此是不能讲底。但我们若将实际底世界作为一物，或一事看，则实际底世界，亦可有其气之动者，有其气之静者，有其阳，有其阴。此阴阳有似于旧说所讲之普通底阴阳。

我们所谓动、静、阴、阳，在事实上统是对于一物说。由此方面看，则所有动、静、阴、阳，统是相对底。大多数底物，其所依据之料，亦是一件一件底实际底物。从这些物看，我们便可明白此点。例如此房子所依据以成此房子者，有亚力士多德所谓质因及力因；质因，如砖瓦等，力因，如工程师及工匠之努力等。此二者虽有分别，但皆是依照房子之理以使此房子成为房子者，所以对于此房子皆是其气之动者，皆是其阳。凡是使此房子能存在者，无论在其本身之内或其外，对于此房子，均是其气之动者。对于此房子说，其气之静者，即是与其气之动者相对而阻碍之者，例如风雨之消蚀等。风雨之本身，虽亦是动底，但对于此房子说，它是阻碍此房子之存在者，所以对于此房子说，它亦是其气之静者。我们说它是静底，是从房子存在之受阻碍之观点看。若从风雨能破坏此房子说，则是从风雨之本身之观点看，如此看则风雨是动底。一切底事物，若从其本身看，皆是一动。若从受其影响之事物看，则或是一动，或是一静，视其所与其所影响之事物之影响，是助成其存在，或阻碍其存在而定。

如此，则岂非任何物皆依照动之理与静之理？正是如此。此亦如此物在一物之上，又在另一物之下，此物即亦依照在上之理，亦依照在下之理，而并不冲突；其所以不冲突者，因其在上在下，并非自一个观点看也。此物对于在其下之物，它是在上底，它是有其所以为在上者；此物对于在其上之物，它是在下底，它是有其所以为在下者。一物亦依照动之理，亦依照静之理，而无冲突，其所以不冲突者，亦因其是动底或静底，不是自一观点看也。

我们可举在空间之动静以为喻。空间底动静与我们上所谓动静，意义不同，不过我们可举以为喻。一火车上之人，对于其火车说，即从其火车之观点看，是静底；对于路上之房子说，即从路上之房子之观点看，则是动底。此人亦依照动之理，亦依照静之理。因所谓空间底动者，即一物常改变其对于别物之空间底关系。所谓空间底静者，即一物常保持其对于别物之空间底关系。若此物对于一物之此种关系不改变，则对于此一物，即是静底，虽此物对于另一物，可是动底。

依照某理以成某物之气之动者，对于此物说，名曰阳，其名曰阳是对于此物说底，所以即是此物之阳。与此相对之阴，亦是对于此物说底，所以亦即是此物之阴。我们说，依照某理以成某物，亦只是就逻辑说。事实上所有一件一件底事物，即所谓个体或器者，没有只依照一理者。空头底"物"，即亦非只依一理，但空头底物，已是事实上所没有底。一个个体，即所谓此物或彼物者，其所依照之理，可以说是不知有许多。它有许多性，即依照许多理。不但此也，它并有许多与他物之关系。此诸关系，即所以决定此物之为"此"物，彼物之为"彼"物者。例如此物在彼物之上，彼物在此物之下等。它有许多种关系，即依照许多种关系之理。所有依照其所依照之理之气之动者，统是此物之阳，与之相反之气之静者，统是此物之阴。所有依照此物所依照之理之气之动者，既依照即继续依照，此所以每一个体均可有相当底继续存在。继续依照，即是继续底动。静是动之阻碍，有继续底动即有继续底阻碍。由此方面看，一物之阳即其物之建设底、积极底成分；一物之阴，即其物之破坏底、消极底成分。

我们所说一物之建设底、积极底成分，及其破坏底、消极底成分，并非专限于其本身内部所有者。因为一物之能存在，并不仅靠其本身内部所有之成分。例如就一房子说，不仅砖瓦等是"依照其所依照之理之气之动者"，即工程师及工匠之努力，以及以后之修补等，均是"依照其所依照之理之气之动者"，即均是其阳。与此相反之气之静者，如风雨之消蚀、人力之毁坏等，均是其阴。从此方面看，一物之阴阳，可包罗极广。每一物皆有其阴圈与其阳圈，两圈中之物，又各有其阴圈阳圈。如此重重无尽，颇有似华严宗所谓因陀罗网境界。我们虽不必赞同郭象所说，一物之存在，与所有实际底事物均有内在底关系；但其与别底实际底事物之内在底关系之多，是远出乎我们常识所能想像者。

《老子》说："万物负阴而抱阳。"老子此话之本意如何，现且不论，不过我们可以借用他这句话，以说明我们上述之意思。照我们上面所说者，每一事物都是负阴而抱阳。一事物之阳，即是其气之动者，其阴则是对于其气之动者之阻碍。就此事物之观点说，它对于其阳是抱之，对于其阴是负之。

我们所谓阴阳，都是对于一事物说。只有某一事物之阴阳，没有离开任何事物之空头底阴阳。旧说所谓阴阳，大都就人之观点说。如说春夏是阳，秋冬是阴；昼是阳，夜是阴；日是阳，月是阴；生是阳，死是阴。从人之观点，或从生物之观点看，此是不错底。因为此所谓阳，皆是人或生物之存在所需要者；此所谓阴，皆人或生物之存在之阻碍。不过若谓此所谓是阴阳之事物，如春夏秋冬等,离开人或生物之观点,其本身即如此是阴是阳,则是不对底。照我们的说法,每一事物皆有其阴阳。旧说谓"物物有一太极",我们以为不能说。但我们可用旧说"无一物无阴阳者"(张横渠《正蒙·太和》)。任何一事物,皆有其阴阳;亦皆可为他事物之阳,或他事物之阴。

《易·系辞》说:"易有太极,是生两仪。"周濂溪说:"分阴分阳,两仪立焉。"他们所谓太极,并不是我们所谓太极,我们所谓太极是不能生者。但我们不妨仍用两仪之名,以谓我们所谓阴阳。

前人所说阴阳,予人以印象,以为阴阳是两种实际底物,不过特别细微,如科学中所说原子电子之类,一切实际底物,都为其配合所成。又有人以为阴阳是两种实际底力量,可以支配实际底世界者,如阴阳家及汉人所说者。我们所谓阴阳,不是如此。即《易传》及程朱所谓阴阳,亦不是如此。我们所谓阴阳,如上文所说者,完全是两个逻辑底观念。所以说此观念是逻辑底者,因此观念并不确指任何实际底事物,而却可指任何实际底事物。

照以上所说,我们可以了解,何以实际底事物之存在,皆不是永久底。一事物之阳包括许多成分,其中固有许多不是必需底,但其大部分则是必需底。虽都是必需底,而却都不是充足底。此即是说,此诸成分,对于此事物,皆是《墨经》所说"有之不必然,无之必不然"者。所以必需此诸成分会合无阙,然后此事物方能成为实际底有。佛家说,一切事物,都是缘生,必诸缘和合,方得成就,正即谓此。若此诸成分中,有不备者,则此事物即不能成就,其已成就者,即归毁坏,佛家所谓缘阙不具也。就一事物之阴说,则不必其所有之成分,完全具备,始能与一事物之成就以阻碍。其每一成分,即一阻碍。所以事物难成易坏,所谓"世间好物不坚牢,彩云易散琉璃碎"。然即极坚牢之事物,亦无永久存在者。佛家所谓无常,即有见于此。

我们又可以了解,何以实际底诸事物,对于其所依照之理,即其极说,都是不完全底。盖一事物之阳,皆受其阴之阻碍。其阴不但阻碍其阳,以致其不能永远继续依照其所依照之理,且阻碍其阳,以致其不能完全依照其所依照之理。

我们所说阴阳,与《易传》中所说阴阳不同。《易传》中说阳施阴受,阳始阴成。如说"大哉乾元,万物资始,乃统天","至哉坤元,万物资生,乃顺承天"。其说阴阳,虽亦是就动静说,但其阴之静,是对于事物之维持,而不是对于事物之阻碍。《易传》所说之阴与阳之关系,有数点似我们所说理与气之关系,而不是我们所说阴与阳之关系。

(七) 四象

佛家说,一事物之存在,有四阶段,即成、住、坏、空。如此一桌子,木匠将其完工,即是其成;既成之后,可存在相当时间,此即其住;此后即开始毁坏,此即其坏;此桌子完全毁坏,归于无有,此即其空。《易传》中所说元、亨、利、贞,亦是说一物存在之四阶段。伊川说:"元者,万物之始;亨者,万物之长;利者,万物之遂;贞者,万物之成。"(《周易程氏传》)但此四阶段只是成住之两阶段;元亨即成之阶段;利贞即住之阶段。《易传》所说之阴是对于事物之维持,所以《易传》对于事物之存在,亦只说其成住,而不说其坏空。我们常说及一物之盛衰,或一物之成毁。若将此四字联合用之,则可说一物之存在有成、盛、衰、毁四阶段，相当于所谓成、住、坏、空。我们愿用成、盛、衰、毁四字以说一事物存在之四阶段，因为盛字，比住字，更能说明我们的意思。

我们用一之符号，表示一事物之阳，用--之符号表示一事物之阴。以⚎、⚌、⚍、⚏之符号，表示与一事物存在之四阶段相当之阴阳变化。⚎是少阳；于此阶段，有阴未克服，但阳正在增长，故画阳于下。（《易》卦画皆自下向上看，在下表示增长之象。）此是一事物之阴阳，在其成之阶段，所有之变化；亦可说，一事物之阴阳，若有此种变化，此事物即入成之阶段。⚌是太阳；于此阶段，阴已完全克服。此是一事物之阴阳，在其盛之阶段，所有之变化；亦可说，一事物之阴阳，如有此种变化，则此事物即入盛之阶段。⚍是少阴；于此阶段，阴对于阳之阻碍又显著，阴有力，故画阴于下。此是一事物之阴阳，在其衰之阶段，所有之变化；亦可说，一事物之阴阳，若有此种变化，则此事物即入衰之阶段。⚏是太阴；于此阶段，一事物之阳，完全为其阻碍所消尽，此即是说，此物已不存在。此是一事物之阴阳，在其毁之阶段，所有之变化；亦可说，一事物之阴阳，若有此种变化，则此事物即毁。一事物之阴阳之变化，自少阳至太阳是"息"，自少阴至太阴是"消"。程朱又以为自少阳至太阳名曰"变"，自少阴至太阴名曰"化"。

《易·系辞》说："太极生两仪，两仪生四象。"我们以上所说，不必与《易·系辞》同，但我们不妨仍用四象之名，以指我们所谓少阳、太阳、少阴、太阴。在我们的系统中，两仪是两个逻辑底观念，以指一事物所有之两种成分；四象是四个逻辑底观念，以指此两种成分之四种变化。

第三章　道　天道

（一）道及天道

我们于上章说，我们所谓真元之气是无极，一切理之全体是太极。自无极至太极中间之程序，即我们的实际底世界；此程序我们名之为无极而太极。无极、太极，及无极而太极，换言之，即真元之气、一切理，及由气至理之一切程序，总而言之，统而言之，我们名之曰道。

朱子说："道者，兼体用，该隐费，而言也。"（《语类》卷六）隐即所谓微，即所谓形上者，费即所谓显，即所谓形下者。道包括形上及形下，其范围与第一章中所谓大全或宇宙同大。朱子说："惟道无对。"（《语录》）因为它亦是至大无外底，所以无对。

但若果如此，何必于大全、宇宙之外，又立道名？我们的答复是：我们说宇宙、大全，是从一切事物之静底方面说；我们说道，是从一切事物之动底方面说。我们不能说：无极、太极，及无极而太极，即由无极至太极之"程序"，是宇宙，因为说到"程序"，即是从一切事物之动底方面说。我们亦不能说，无极、太极，及实际底"世界"，是道，因为说到"世界"，即是从一切事物之静底方面说。其实所谓自无极至太极之程序,所谓无极而太极者,即是所谓实际底世界;所谓实际底世界,亦即是所谓无极而太极,不过一从其静底方面说,一从其动底方面说而已。我们可以说:宇宙是静底道;道是动底宇宙。

我们于以上都是从事物之静底方面说。于说阳气时,我们亦说动。不过我们于此是把事物当成静底,将其所以实际地有之程序,亦当成静底,将其分析,见其中有气之动者。我们说它是气之动者,其实亦是把它当成静底看。例如一电影片未映演时,我们于片中亦可见一人之动作。但我们如此所看之动作,虽说是动作,但亦不是动底。我们是从其静底方面看它。我们从事物之静底方面看,则不但物是静底;事亦是静底。僧肇所说:"旋岚偃岳而常静,江河竞注而不流,野马飘鼓而不动,日月历天而不周。"(《物不迁论》)正是谓此。我们从事物之动底方面看,则不但事是动底,即物亦是动底。郭象所说:"世皆新矣,而自以为故;舟日易矣,而视之若旧;山日更矣,而视之若前;今交一臂而失之,皆在冥中去矣。"(《庄子·大宗师》注)正是谓此。

我们说道时,我们既注意于一切事物之动,所以我们亦常以道特别指无极而太极之程序。无极而太极,此"而"即是道。《易·系辞》说:"一阴一阳之谓道。"此道即指阴阳变化之程序说。

依上章中所说,无极而太极,是一件无头无尾底大事。我们说他是"一件"事,亦不过姑妄言之。我们并不能站在此事之外,隔岸观火,说他是一件事;我们亦不能以为,于此一件事外,还有二件三件与他相类底事。我们可以说:这件事,即是"事",一切底事,都是此事中之事。

此"事"所依照之理,即是整个底太极,所依据之气,即是全体底无极（无极无所谓全体，不过姑如此说）。我们于第一章中说，旧说说理是体，实现理之实际底事物是用。如就无极而太极说，太极是体，"而"是用，一切底用，皆在此用中，所以此用是全体大用。此"而"可以说是"大用流行"。大用流行，即是道；宋儒所谓道体，即指此说。《论语》说："子在川上曰：'逝者如斯夫，不舍昼夜。'"宋儒以为此是孔子见道体之言。朱子注云："天地之化，往者过，来者续，无一息之停，乃道体之本然也。"宋儒以为孔子即水之流行，而见大用之流行。道体之本然，即是大用之流行。

上章说，一切事物，均经成、盛、衰、毁四阶段。旧事物如此灭，新事物如此生。如此生生灭灭，即是大用流行。大用流行，亦称造化。事物之成、盛是造；其衰、毁是化。一切事物之造及化，总而言之，统而言之，名曰造化。一事物又各是一造化，就其各是一造化说，总而言之，统而言之，名曰万化。或亦以化兼指造化；所以亦说"大化"。大化流行，亦即是大用流行。

我们实际底世界，是一"流行"，此点道家看之甚清。《庄子·齐物论》说："一受其成形，不亡以待尽，与物相刃相靡，其行尽若驰而莫之能止。"郭象说："夫无力之力，莫大于变化者也。故乃揭天地以趋新，负山岳以舍故。故不暂停，忽已涉新，则天地万物，无时而不移也。"（《庄子·大宗师》注）"一受其成形"，即就一事物之成、盛阶段说。"不亡以待尽"，即就一事物之衰、毁阶段说。使一事物"一受其成形，不亡以待尽"，即其阳。与之"相刃相靡"者，即其阴。一切事物，皆如是一阴一阳，即谓之道，所谓一阴一阳之谓道。所谓一阴一阳，即谓一事物之存在，一时为其阳所统治，一时为其阴所统治。一切事物，均如此变化，此即是道。

我们说"此即是道"，此话又有两重义。如一切事物，均照"一阴一阳"之程序变化,则"一阴一阳"即此变化所依照之公式,亦即是其理。我们说"此即是道",此可指此理。此是宇宙间一切事物变化所依照之理,照我们于第一章中所说天之意义,此可以说是天道。然一切事物之实际底变化,亦是道;对于一切事物之实际底变化,我们亦可说:此即是道。我们可如此说,因为我们所谓道,本是兼形上形下而言。

(二) 道之六义

《易·系辞》说:"形而上者谓之道。"按字面讲,《易·系辞》似以道为专指形而上者而言。但《易·系辞》所谓形而上,与程朱及我们所谓形而上不同。《易·系辞》所谓形而上,犹曰形以前;形而下,犹曰形以后。戴东原的解释,对于《易·系辞》,是不错底。《易·系辞》之系统,不作程朱及我们所谓形上形下之分别。《易·系辞》所说道,专是就形下方面说。

以上说道有二义。道尚有别义,虽与此不相干,但为清楚起见,我们不妨详为分析。就道字之本义说,道即是路,故其第一引申之义,即是人在道德方面所应行之路。如《论语》云:"君子务本,本立而道生,孝悌也者其为人之本欤?"孝悌是为人之道,即人在道德方面,所应行之路也。朱子说:"日用事物之间,莫不各有当行之路,是则所谓道也。"(《中庸》注)亦说道之此义。道之第二义为真理,普通所谓真理,即我们于第七章所谓"是"者,或最高真理,或真理全体,如孔子说:"朝闻道,夕死可矣。"此所谓道即真理,或最高真理,或真理全体之义。道之第三义,即道家所谓道,有似乎我们所谓真元之气者,如上章所说。道之第四义,即所谓动底宇宙,如上文所说。道之第五义,即无极而太极之"而",如上文所说。道之第六义即天道,如上文所说。

(三) 十二辟卦圆图

"一阴一阳"之公式,即所谓天道者,可以符号表之。符号,《易》谓之象。《易》之为书,照《易传》及后人所解释者,即欲以象表示出一切事物变化所依照之总公式,及各种事物变化所依照之分公式。它以象表示,所以说:"《易》者,象也。"(《易·系辞》)它所表示之公式,照它的看法,乃事物变化所必依照者,所以它说"先天而天弗违",又说"范围天地之化而不过"(《易·系辞》)。从一方面说,它可以说是真正有哲学底意思。从又一方面说,它的野心太大,不是哲学所能达其目的。关于各种事物变化之分公式,如《易传》及后人所认为系《易》之六十四卦所表示者,尤其非哲学所能知。事物之类无穷,决不止六十四。各类事物之理之内容,尤非哲学所能知,如何可以象表示之?《易》之六十四卦之卦辞爻辞所说者,无论其意义如何,现均只有历史底兴趣。惟其所用符号,我们可借用以表示我们所说"一阴一阳"之公式,即所谓天道者。说是借用,亦非完全借用。盖我们关于此方面所讲者,亦非与《易》完全不合,或完全无关,并且我们下列之图,几全是邵康节的,康节亦是《易》学大宗。

我们于上章已用象以表示阴阳及四象。若将四象之象,列为一圆图,则其图如下:

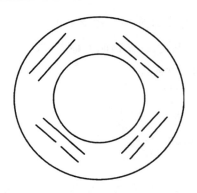

此图表示一事物成、盛、衰、毁之四阶段。看此图须站在图之中间，自下左方之少阳☳看起，至太阳☰，而少阴☱，而太阴☷。此所用之象皆是传统底，惟旧以☳表示少阴，☱表示少阳。此似不合。盖照《易传》及后人讲《易》者所设之《易》例，每卦之下爻，比其上爻，为更有决定之义。例如复卦为☷☳，剥卦为☶☷，讲复卦者注重其下一爻之阳，讲剥卦者注重其下一爻之阴。且以☳为少阳，☱为少阴，则可用康节之"加一倍法"而自然得上画之圆图，若以☳为少阴，以☱为少阳，则不能得之。所以我们以☳表示少阳，以☱表示少阴。

若更以较繁复底图表示上圆图所表示者，则可用邵康节之六十四卦圆图，惟此图中，可用以表示我们所欲表示者，只十二辟卦之次序。此十二辟卦之次序，并非随意排列，乃系依康节之"加一倍法"自然而得者，所以昔人多认为"全是天理自然挨排出来"（朱子语），非人所能随意安排者。惟依其原来之圆图，照"加一倍法"自然而得者，此十二卦中间之间隔距离，并不一律，此则无可解释者。我们今用此图，但取其可以表示一般事物变化所依照之公式，不必计其所自来，即认为系我们用随意指定之象，作一随意排定之图，亦无不可。我们现只画一十二辟卦圆图，其图如下：

（四）先天后天

此图仅表示一切事物之变化所必依照之公式,即所谓天道者,
而不涉及于某类实际底事物,亦不涉及于某类事物之理之内容。
邵康节名此为先天之易。朱子说:"据邵氏说:先天者,伏羲所画之
易也,后天者,文王所演之易也。伏羲之易,初无文字,只有一图以
寓其象数,而天地万物之理,阴阳始终之变具焉。文王之易,即今
之《周易》而孔子所为作传者是也。"(《答袁机仲》,《文集》卷三十八) 此
说,若认为系讲历史者,则其无稽不俟论。若认其系讲哲学者,则
此说不无可取。盖《周易》如后人所讲者,多涉及某种实际底事物,
或某种实际底事物之理之内容。多涉及实际或近于涉及实际,所
以可称为后天之学。若此圆图,仅涉及一般事物之变化所依照之
公式,至于某种事物在实际上之有无,以及其理之内容,均置不问,
故可以称为先天之学。因其所表示系一般事物之变化所依照之公
式,所以虽只一图,而"天地万物之理,阴阳始终之变具焉"。

　　所谓后天之学,其哲学底性质,较少于所谓先天之学。盖哲学对于实际极少肯定。即论及实际底事物所必依照之理,而对于某理某理之内容,亦不能知。哲学可知房子之成为房子,必有其所以为房子者,即必依照房子之理,方可成为房子,但此理之内容为何,则系建筑学所讲,哲学不能知亦不求知也。《周易》之六十四卦,照《易·系辞》及后之讲《易》者所解释,每卦皆表示一类事物或一类事物之理,以为如此可以尽天下之变。然天下之变不但六十四卦不能尽,即《易林》之四千余卦亦不能尽。且关于理之内容,及实际底事物,实非讲《易》者所能知。不能知而强谈,故人对于实际之知识有变动时,即不可用。

　　然若不涉及理之内容及实际底事物,则六十四卦即无所表示。所以我们现不用六十四卦。即就八卦说,我们既不能以八卦为即代表天、地、山、泽、风、雷、水、火等具体底事物,则八卦亦可不用。至于《易林》所用之四千余卦,更可不用矣。所以现在我们只说到两仪四象,八卦以下,即无可说。

　　在此十二辟卦圆图中,阳爻—表示一事物之气之动者,阴爻--表示对于其气之动者之阻碍,即其气之静者。看此图自复卦起。复卦䷗表示一事物之最初增长。在此阶段,此事物对于其全体之气之静者,只克服六分之一,但一阳爻在下,表示其气之动者之在继续增长,所谓息中。自复卦经临卦至泰卦,此事物之阳继续地息,其阴则继续被克。至泰卦其阳占全卦之半。此三卦所表示之三小阶段,即是此事物之成之阶段,亦即是其少阳之阶段。又自大壮卦经夬卦至乾卦,此事物之阳,更继续地息,至乾卦则其阴完全被克。此三卦所表示之三小阶段,即是此事物之盛之阶段,亦即是其太阳之阶段。自姤卦经遁卦至否卦,此事物之阳渐消,至否卦阴占全卦之半,阳在上,表示继续地消。此三卦所表示之三小阶段,即是此事物之衰之阶段,亦即是其少阴之阶段。自观卦经剥卦至坤卦,此事物之阳更消,至坤卦而消尽。其阳消尽,其事物亦毁,只余六个阴爻,表示一片阻碍。犹如一房子既毁,惟余一片阻碍此房者,如荆棘、风雨等,以供后人之凭吊。此三卦所表示之三小阶段,即此事物之毁之阶段,亦即是其太阴之阶段。

我们对于阳说息,息者,生也,增长也,不对于阴说息。因阴阳是对于一事物说,我们说阴阳,是站在有此阴阳者之观点说。站在此观点说,阴是其气之静者。气之静者,无所谓息。站在一事物之观点说,其衰毁并不是由于其阴之息,而是由于其阳之消。《易·系辞》说:"往者屈也,来者伸也。"往来屈伸,亦是站在一事物之观点说。站在一事物之观点,我们说,它自复卦至乾卦为来,自姤卦至坤卦为往,往者是屈,来者是伸。

(五) 反、复、日新

若一事物既毁,其后即无继之者,则实际底世界,可以说是:"或几乎息矣。"若一事物既毁,无与之同类者继之,则实际底类,亦要"几乎息矣"。事实上一事物既毁,不但另有事物继之,且有其同类之事物继之。《易·系辞》说:"无往不复。"有来,有往,有复。实际底世界是无始底,一切事物,皆是继其以前之事物,所以照上图,一切事物皆始于复。《易传》认此为宇宙之秘密,所以说:"复其见天地之心乎。"

一切事物之存在,皆经上图所表示之十二阶段。此十二阶段,可谓之一周。此图所表示之公式，可称为周律，亦即是天道。

以上大体用《易传》中之名词，以说我们所见之道。《老子》中亦有与此相类之意思。若用《老子》中之名词说，则一事物之本身如图中乾卦所表示者，名曰正；其与此相反，如图中坤卦所表示者，名曰反。《老子》说："正言若反。"（七十八章）正乃与反相对者。继乎反而又为正，名曰复，《老子》亦重复，它说："万物并作，吾以观复。"（十六章）

《老子》与《易传》有一共同意思，即所谓"物极则反"。一事物如发展至其极，例如一事物如发展至图中之乾卦所表示之阶段，则即将变为其反。但若变至若图中坤卦所表示之阶段，则又将变为其反之反，反之反即复。

一切底事物，永远照此周律，变化不已。此即是大化流行，或大用流行。此亦即是道。《易·系辞》说："盛德大业，至矣哉。富有之谓大业，日新之谓盛德。"此即所以颂道者。道包罗一切事物，所以谓之富有；道体即是大化流行，所以谓之日新。

道家对于道体之日新，有深切底认识，上文已说。不过道家所注意，仅宇宙之实际方面，所以仅说变而不说不变。《易传》虽未有意地注意于宇宙之不变方面，但以为事物之变化，有规律可寻，故亦承认变之中有不变者。《易传》说："天地之道，贞夫一者也。"（《系辞》）一为多中之一，即变中之不变。旧说以为《周易》之易，有简易、变易、不易三义。变易即变，不易即不变，简易即谓执不变以说变。《易传》虽未明显地，有意地如此说，然亦可说有此意也。

宇宙间之事物，依照上述周律，时时生灭，时时变化，此即是道体之日新。道体之日新，可从四种观点观之。因所从观之观点不同，所以其所见亦不同。《易传》说："仁者见之谓之仁，智者见之谓

之智,百姓日用而不知,故君子之道鲜矣。"(《系辞》)

所谓四种观点者,(一)从类之观点,以观其类中之实际底分子之生灭;如从此观点看,则道体之日新是循环底。(二)从理之观点,以观其实例之趋于完全或不完全;如从此观点看,则道体之日新是进退底。(三)从宇宙之观点,以观有实际底分子之类之增加或减少;如从此观点看,则道体之日新是损益底。(四)从个体之观点,以观其自一类入于另一类之程序;如从此观点看,则道体之日新是变通底。

(六) 循环底日新

一类中之个体,新陈代谢,如所谓"后浪推前浪,新人换旧人"者。后浪对于前浪,新人对于旧人,是新底,但此新是就个体说。又例如我们造一房,此房是一新底事物,然若此房与旧有之房,在其要素上,并无任何特异之处,则此房之是新,只是就个体说,而不是就类说。如此则新房旧房,虽依上述周律相代谢,亦是日新,但其日新是循环底。又如中国自秦汉迄明清之历史中,朝代虽屡次变更,然其所代表之政体则俱属一类。就朝代之变更说,中国之政治,亦是日新。但就其政治所代表之类说,其日新是循环底。

此种循环底日新,柏拉图说是不死之仿本。一类中之实际分子,不是不死底。但一分子死则有与之同类者继之。如此则此类中之实际底分子,可永远相续。就此永远相续说,此类是不死底。但其中之实际底分子,则非不死。所以说此是不死之仿本。

以前人看道体之日新,多是从此观点看。中国旧日哲学家说及宇宙间事物之变化,多举四时之代谢、日月之往来以为例。盖在以前之社会中,人所见天然人事之变化,都是循环底,故以为天然人事中之一切变化,亦都是循环底。

(七) 进退底日新

一类之事物,依照其理,其愈依照其理者,即愈完全。例如一方底物,如愈依照方之理,即愈方。我们于上章说,一理是一类事物之标准及其极限,如方之理是方底物之标准及其极限。我们说,一物方或不方,即依此标准说。若一物完全依照方之理,即是完全地方,即是方之无可再方,即已达其极限。若一类中之实际底分子,其新者皆较其旧者为近于其理,即更依照其理,则此类之事物,是进步底。若此类中之实际底分子,其新者皆不较旧者为近于其理,则此类之事物是停滞底。若此类中之实际底分子,其新者皆较旧者为更不近于其理,则此类之事物是退步底。若从此观点,以观道体之日新,则若实际底事物之变,皆趋于或多趋于渐近其理之方向,则其日新是进步底。否则或是停滞底,或是退步底,如上所说。

(八) 损益底日新

此所说道体日新之是进步底或退步底,是从理之观点看。自另一观点看,在实际底事物中,如有代表某类之事物出现,此类在以前并无代表;此亦是日新,此日新亦是进步底。例如以前并无飞机,现在有飞机,在有实际底分子之类中,飞机是一新类。此新类在实际中之出现,即是道体日新之进步。

我们此所谓进步,是就宇宙之富有说。宇宙愈富有,则道体之日新愈是进步底。在有实际底分子之类中,如有新类出现,则即使宇宙,在其实际方面,更为富有。故如此则道体之日新亦是进步底。

此所谓进步的意思,既如上述,则所谓退步者,亦可推知。如有一变化,使宇宙在其实际方面,较不富有,则此变化,即是道体之退步底日新。于此我们可用损益二字,以表示此所说进步或退步。就宇宙之观点说,损是退步,益是进步。

此所谓损益,特就实际上之类说。宇宙在其实际方面,所有之类愈多,则愈富有。若就实际底事物之数量说,其数量增多,亦可说是使宇宙富有,不过于此,富有之意义,不甚显著而已。例如有一博物院,其中有一千种东西,而每种只有一件。又如有一货仓,其中有一千件东西,而此一千件只是一种。就实用方面说,此货仓可以说是比博物院更富有。但宇宙之富有,不是可以自实用方面说底。因为所谓实用者,必需对一目的说,而宇宙并不是有目的底。说它不是有目的底,并不是说它是无目的底,而是说它是无所谓有目的或无目的底。所谓无所谓有目的或无目的者,即是说,有目的或无目的对于它均是不可说,不能说底。

我们上面所说宇宙之更富有或更不富有,只是就其形而下,即实际底方面说。就其形而上底方面说,宇宙是无所谓更富有或更不富有。因为形而上之理,有即有,无即无,不能是先有而后无,或先无而后有。程伊川所谓“百理俱在平铺放着”,我们正可用他这句话。例如飞机之理,如其有,则本来即有。所谓创造飞机者,不过发现其理而依照之以作一实际底飞机而已。宇宙既已包众理,则就其形上方面,可以说是本来即富有。所谓"冲漠无朕,万象森然",正是此义。其形下方面之富有,可以有损益,但其形上方面之富有,则不能损亦不能益。在形下方面有实际底飞机,并不使飞机之理益;无实际底飞机,亦并不使飞机之理损。程子说:"几时道尧尽君道,添得些君道多;舜尽子道,添得些孝道多?元来依旧。"又说:"天理俱备,元无少欠,不为尧存,不为桀亡。""这上头更怎生说得存亡加减?是佗元无少欠,百理俱备。"(《遗书》卷二上)飞机之理亦是元来依旧。实际底飞机之有无多寡,对于它并无影响。

在宇宙之形上方面,所有之理,既是本来即有,何以在形下方面,不能是所有之类,同时出现?于此必需分别一类事物之所依照及其所依据。其所依照是其理;其所依据是其气。在实际上如有一新类出现,其类事物所依照之理,固是本来即有,但其所依据之气,则不必皆本来即有。此气包括绝对底料及相对底料。绝对底料即我们所谓真元之气,虽本来即有,但不必即依照此理而为此类之物。相对底料,则不必本来即有。如一实际底飞机所用之内燃发动机,固非本来即有,即其所用之木材及金属,亦非本来即有也。所以一实际底飞机之有,必需在有些类底物,例如内燃发动机等,已有之后。实际上之新类,必有所依据于实际上之旧类。所以虽有某理,而其类中之实际底分子,若所依据不具备,则亦不能出现。旧类中之事物,不依据新类中之事物,而新类中之事物,必依据旧类中之事物。以此为标准,我们可以说,如此底新类比旧类是较高底,而宇宙之实际方面如有如此底新类之出现,则道体之日新是更进步底。

　　虮虱一类之物，其出现有所依据于人，我们是否亦须说，虮虱一类比人类是较高底？我们并不如此说，亦并不须如此说。虮虱之依据人，乃以人为某种养料而依据之，非以人为人而依据之。此即与飞机之依据发动机不同。飞机之依据发动机，非以其为铁而依据之，乃以其为发动机而依据之。社会之为物，即系以人为人而依据之者。所以我们可说，社会类较高于人类。如在生物方面，有以人为人而依据之之类，则此类应即所谓超人，不过现在尚无有也。

　　所以实际上之新类，自其所依照之理之初得实现说，可以说是全新；自其必有所依据于旧类中之事物而始得成为实际说，则新底不能离开旧底。新底包含旧底，继续旧底，而不是取消旧底。

（九）变通底日新

　　关于这一点，我们如注意于个体，看其自一类转变入另一类时，更可有清楚底了解。

　　我们上面说过：自个体之观点，以观其自一类入于另一类之程序；如自此观点看，则道体之日新是变通底。一个体，在某时期内，可属于某一类，换言之，即可有某性。经过上述之周期，此个体可入一新类，即有一新性。此新类之是新，可只是就个体说，而不是就宇宙说，因此类不必是于有此个体时方有实际底分子也。此个体之此新性，可以是必须待其以前所有之性之实际地有而后可实际地有者；如此则此个体，即入于一较高底类。按以上所述之周律说，此个体，于有此新性或入此新类之时，即入一新周期。在入此新周期之际,此个体即入一新底,较高底类。其所以是较高底,因为此个体于入此类时,必先入其所依据之类,而于入其所依据之类时,不必先入此类也。于入此新类时,此个体虽已脱离旧类,而其所原有之性,已包含于新性之中。此程序是变通底。《易·系辞》说:"穷则变,变则通。"穷,就一个体原来之周期说;变,就此个体之有新性入新类说;通,就此个体于有新性入新类后,新入之周期说。

依讲辩证法者所说,属于某一类之个体,如发展至一相当程度,则即一变而入于别类。用辩证法所用之名词说,其发展即入于一新阶段。在此以前之发展,系量底改变;至入于别类之时,则有质底改变;用辩证法所用之名词说,此即由量变到质变。自量变到质变,中间须经过一跳,即是所谓突变。此个体原有之性,是一肯定,即一正。在其脱离旧类之时,此个体对于原有之性必有改变,用辩证法所用之名词说,此即是否定,亦即是所谓反。此个体既入一新类,有一新性,此新性即又是一正,又是一肯定。此即所谓否定之否定,亦即所谓复。此新性自一方面说,系否定旧性而得者,然非旧性之先实际地有,此新性即不能实际地有。此新性之实际地有,系依据旧性之实际地有而有者。所以自又一方面说,此个体所有新性亦是其所有旧性之继续,此即所谓合。不过合中虽有旧性,而不即是旧性,此个体经此一周期,入于次周期时,已入于一较高底类矣。

由上可见,辩证法所说事物变化之程序,完全可以上列之十二辟卦圆图表示之。不过中国以前哲学家,只见及道体之循环底日新,故以为一周期中之事物,即其以前周期中之事物之重现,而无所改变。一否定之后,其否定此否定者,仍与此否定以前之肯定,不异其性。现在我们若注意于上所谓变通底日新,则可知一否定之后,其否定此否定者,与原来之肯定,可相似而可异其性。如此则我们所见虽与以前哲学家所见不尽同,但我们所见,仍可以上列十二辟卦圆图表示之。

自历史方面说,中国以前之哲学家所处之社会,是农业社会,其生活是随天时之转变而变异。此天时之转变,如日月之运行及四时之代序等,均是循环底,故其生活上之变异亦是循环底。其所处之社会虽亦常有改变,而社会始终为一类底社会,故以为宇宙间一切转变,都是循环底。自哲学方面说,则中国以前底哲学家,以为在事物之转变中,其否定此否定者,仍与此否定以前之肯定为一类。所谓否极泰来,其新来之泰,仍与原来之泰,不异其性。因此遂以为,在人事方面,与其经否而再得泰,不如不经否而保持现在之泰。所谓"持盈保泰",遂为我们生活的规律。"持盈"以防否之来,"保泰"即守现在之泰也。

近来哲学家所以有进步的观念,自历史方面说,亦有其原因,现不具论。自哲学方面说,近来底哲学家,既以为在事物之转变中,一否定之后,其否定此否定者,与原来之肯定,虽有相似而可非一类。所谓否极泰来,其新来之泰,与原来之泰,虽有关联而可异其性。一事物于其否极泰来之后,此事物即可入于一新类,得一新性,此新性虽为旧性之继续,而实比其较高。依此则宇宙间事物之变化,虽若为循环底,而实为进步底。自人生之观点说,否定不是可怕底,而是可喜底。海格尔之辩证法,所以能为以后革命哲学之基础,其原因在此。革命为对于一种社会之否定,即对于一社会之某性之否定。经此否定,一社会可有一新性,入一新类,即成为一种较高底社会。此革命哲学之要点也。

（十）"未济"

《庄子》说："道无终始，物有死生。"《庄子》所说之道，不必与我们所说同，不过此话我们可以借用。道何以无终始？道是无极而太极之"而"之程序；此"而"是无始无终底，上章已详。不过照上文所说，道体之日新，如此日新下去，是否可有一时，于其时太极所有之理，俱有实例，又每理之实例俱完全合乎其理？就一方面说，此时是可能有底；不过此时，如其有之，必须经过无限底时间，方能达到；说须经过无限底时间方能达到，即是说事实上永远不能达到。

为说明此点，我们第一须先注意，太极中之理，是有无量数底。它好比一个无尽藏，随时取之不尽，用之不竭。此无量数底理，不是同时实现，同时有实例，而是逐渐实现，逐渐有实例。所以必须如此者，因为理之实现，是有层次步骤底。高类之理之实现，必在低类之理已实现之后。例如飞机之理之实现，必在内燃发动机之理已实现之后。此点上文已说。理之实现既有层次步骤，则即需要时间。既需要时间，则无量数底理之实现，必需要无限时间。

一类底事物，必完全合乎其理，然后可谓之完全。此亦需要无限时间。我们于上章说过，一事物之成就，其阳圈中，有许多事物。此许多事物，必需皆已是完全底，然后可为此一事物之完全底阳。有此完全底阳，此一事物方可是完全底。如欲将一房子成为完全底房子，则必需有完全底工程师，有完全底设计，有完全底砖瓦，有完全底木料，有完全底工人，工人又有完全底努力等等。此所谓完全，均是完全合乎其理之义。此已不易。而一房子之阳圈中之各事物,又各有一阳圈,此圈中之各事物又必须皆是完全底。例如欲有完全底砖瓦,则必先有完全底砖瓦工人、完全底窑、完全底燃料等。一砖或一瓦之阳圈中之许多事物,又各有其阳圈。其阳圈中之各事物,又必须皆是完全底。如此重重无尽。如此推下去,若非宇宙间所有事物实际上已大部完全,即不能有一事物完全。然若不能有一事物完全,又决不能有大部分事物完全。所以欲宇宙间所有事物皆完全,需要无限时间。

以上是就一方面说,就又一方面说,各类事物俱完全合乎其理之时,根本上是不能有底,实际底事物,根本上是不能完全底。我们于上文只说一物之阳,而未说其阴。假定一物有其完全底阳,亦必须不遇阻碍,方可使此物完全合乎其理。但其阻碍是不能没有底。一物之阴不但能阻碍其一物之阳,使其不能永远继续存在,亦能阻碍其阳,使其不能完全依照此某物所依照之某理。而且阴与阳是相对底,此某物之阳力量愈大时,则其阴之阻碍亦愈大,所谓"道高一尺,魔高一丈",虽不必有一丈,但亦有一尺。旧说以阴为恶,以阳为善,站在一事物之观点看,固是如此,站在宇宙之观点看,亦是如此。一某物之阳是使其依照某理者,所以就此事物说,是善;其阴是阻碍其依照某理者,所以就此事物说,是恶。明道说:"事有善有恶,皆天理也。"(《遗书》卷二上)又说:"万物莫不有对,一阴一阳,一善一恶。阳长则阴消;善增则恶减。斯理也,推之其远乎?"(《遗书》卷十一)他亦大概有此所说之意。

我们于上章说,我们的实际底世界,是半清楚半混沌。现在又可说,它亦是半完全半不完全。无极而太极即如此一直"而"下去。此"而"是无终底,亦总是不完全底。无论自何方面看,它总是"未济"。我们若附会《易》,我们于此亦可说,所以《易》"以未济终焉"。

第四章　性　心

（一）性与命

　　某一类中之事物,必依照某理,方可成为某一类中之事物。某理为某一类中之事物所必依照而不可逃。例如飞机必依照飞机之理,方可成为飞机。飞机之理即飞机所必依照而不可逃者。某一类中之事物所必依照于某理者,自其必依照而不可逃言,则谓之命。自其因依照某理而得成为某一类事物言,则谓之性。命有命令规定之义。某理虽不能决定必有依照之者,但可规定:如果有某事物,则某事物之成为某事物,必须是如何如何。程朱说:理是主宰。说理是主宰者,即是说,理为事物所必依照而不可逃;某理为某事物所必依照而不可逃。不依照某理者,不能成为某事物。不依照任何理者,不但不能成为任何事物,而且不能成为事物,简直是不成东西。

　　从类之观点说,某理即某类事物之所以成为某类事物者。例如人理即人之所以为人者;马理即马之所以为马者。某类事物之性,即某类事物所依照于某理,而因以成为某类事物者。例如人性即人之所依照于人之所以为人者,而因以成为人者。马性即马之所依照于马之所以为马者,而因以成为马者。凡事物依照某理,即有某性,有某性即入某类。

《中庸》说:"天命之谓性。"其本义如何,我们不论。我们只说,照我们所谓天,及命,及性之意义,我们亦可说"天命之谓性"。我们于第一章说,天是万有之总名,兼本然与自然。事物所必依照之理,某事物所必依照之某理,皆可说是天命。一切事物,依照天命,而有其性,所以可以说,天命之谓性。每一事物,皆依照其命而有其性;此之谓"各正性命"(《易·乾·彖辞》)。

论一事物之全体时,必论及其所依照于理及其所依据于气者。一事物之成,必有所得于天。其所依照于理及其所依据于气者,皆其所得于天者。道家名此曰德,德者得也,言其所得于天也。自天之观点看,此"得"谓之赋,赋者赋予。自事物之观点看,此"得"谓之禀,禀者禀受。合而言之,谓之禀赋。一事物之禀赋,即从形上及形下方面,看一事物之所得于天者。若一事物之禀赋特好,则谓之"得天独厚"。

孟子所说之性,照我们的看法,系形下底。程朱等虽自以为系讲孟子,但其所说性则系形上底。盖先秦哲学家,除公孙龙外,皆不作形上形下之分别。其所说之天、道等,自我们的观点看,皆是形下底。所以孟子虽亦说,我们的性,乃"天之所与我者",孟子虽亦可说,"天命之谓性",如《中庸》之作者所说,但孟子所说之天,是形下底,所以孟子所说之性,照我们的看法,亦是形下底。孟子举人皆有恻隐之心,以证人皆有"仁之端"。但照程朱的说法,则恻隐是情,不是性;仁是性。说恻隐是"仁之端",只可解释为:于人之情中有恻隐,可以见其性中有仁;不能解释为:仁与恻隐本是一件事,其关系如一树之枝与干之关系。但孟子此话之原意,正是如此第二解释所说者。所以程朱所说之性,与孟子所说之性不同。不同之主要之点是:在孟子哲学中无形上形下之分,所以其所说之性,是形下底,而在程朱哲学中,有形上形下之分,其所说之性,是形上底。

道家说"德"亦是只就形下方面说。依道家的说法,德者得也;德即一物之所得于道而以为其物者。道家亦说性、命,其所说性、命之意义,与德相同。道家所说之道,亦是形下底,所以其说德或性、命,亦是就形下方面说。我们说道家所说之德,乃一事物所得于道,而以为其物者;而不说德乃一类事物所得于道而以为其类之事物者。我们所以如此说,因为道家注重个体,他们不但不说一类事物所必依照之理,似乎对于类亦不注意。

(二) 义理之性、气质之性、气质或气禀

程朱说性,又说义理之性、气质之性、气质或气禀之分别。盖一事物之禀赋,有依照于理者,有依据于气者,所以必须说此三者,然后一事物之禀赋之各方面,方可俱顾到。义理之性,亦称本然之性,或天地之性。

一某类事物之义理之性,即某一类事物之所以为某一类事物者,亦即是某一类事物之理。程朱说"性即理也",正是就义理之性说。我们说某理时,我们是就其本身说。我们说义理之性时,我们是就依照某理之事物说。所以义理之性虽即是理,但因说法不同而可有二名。义理之性即是理,是形上底,某一类事物必依照某理,方可成为某一类之事物,即必依照某义理之性,方可成为某一

类之事物。某一类之事物，于依照其理，即其义理之性，而成为某一类之事物时，在实际上必有某种结构，能实现某理者。能实现某理之某种结构，是实际底，形下底，即是此某种事物之气质或气禀。此某类之事物，虽均有某种气质或气禀，以实现其理，其义理之性，但其完全之程度，则可因各个事物而不同。因此此类之各个事物，实现其义理之性之程度，又可各个不同，有实现其八分者，有实现其七分者。此其所实现之八分或七分，即此事物之所实际地依照于其义理之性者，此即其气质之性。一某事物有某种气禀，有某种气质之性，即能发生某种功用；此功用程朱名之曰才。例如飞机必依照飞机之理，即其义理之性，方可成为飞机。飞机于依照其理，其义理之性时，必有实现飞机之理之某种结构；此即其气质或气禀。各个底飞机，虽均有飞机之气禀，但其完全之程度，则可各个不同，所以其实现飞机之理之程度，又各不相同。有实现其八分者，有实现其七分者；此七分或八分，即各个底飞机之所实际地依照于飞机之理者；此即其气质之性。各个底飞机，有此种气禀，有此种气质之性，即能有飞机之功用；此即其才。伊川说："性禀于天，才禀于气。"此天指理说，此气指气质或气禀说。

　　义理之性是最完全底，因为它即是理。例如方底物之义理之性即是方之理，即是绝对地方。绝对地方，是完全地方，只能是方，不能是不方。方底物于依照方之理而以成为方时，必有某种结构以实现方之理，此即是其气质，或气禀。因气质而有气质之性。不过此气质之性，不能完全与义理之性相合。其是方可以是七分地方或八分地方，可以或多或少，但无论如何，总不能是完全地方。其所以不能是完全地方者，即受其气禀之实际底结构之影响，而为其所限制也。程朱说："论性不论气不备，论气不论性不明。"他们说此话时,以及说义理之性及气质之性时,均系专就人说,但我们现在则用之以说任何事物。若只论义理之性,而不论气质之性,及气质或气禀,则不能说明实际底事物之所以不完全。我们于知实际底事物不完全时,我们即有一完全之标准;虽其内容如何,我们或不能知。若只论气质之性及气质或气禀,而不论义理之性,则即没有完全之标准,而所谓实际底事物之不完全,不但不能说,且亦不能知。例如上所说之方底物,若不论气质之性,及气质或气禀,则不能说明一方底物之所以不十分方。然我们若知此方底物是不十分方,则我们必有一十分方之标准。虽什么是十分方,我们或不能说,但我们若不以此为标准,则此方底物之不十分方,我们不但不能说,且亦不能知。颜习斋诸人说性,以为不必要义理之性与气质之性之分,其错误即在于此。

(三)正性、辅性及无干性

每一事物,从其所属于之任何一类之观点看,皆有其正性、辅性及无干性。我们于第一章中说,没有一事物专依照一理。每一事物皆依照许多理,有许多性,属于许多类。可以说是,不知依照许多理,有许多性,属许多类。每一事物所依照之理,所有之性,所属之类,皆各不相同。所以每一事物只是每一事物,而不是其他;此即所谓个体也。各个体之所以可分别,正因其各有许多不相同底性,以为分别也。从类之观点看,每一事物皆有与他事物相同处,即所谓《墨经》所谓"有以同"。从个体之观点看,每一事物皆有与他事物不同处。张横渠说:"造化所成,无一物相肖者。"(《正蒙·

太和》）即是从此观点说。

每一事物，从其所属于之任何一类之观点看，其所以属于此类之性，是其正性，其正性所涵蕴之性，是其辅性，与其正性或辅性无干之性，是其无干性。例如人，从其所属于之人之类之观点看，则有人之性，有人所有之性，有一个人所有之性。人之性是人之理。孟子说："人之所以异于禽兽者几希。"即是就人之性说。此人之性是"人之所以异于禽兽者"，亦即人之所以为人者。所以从人之类之观点看，此是人之正性。人不独属于人之类，且属于包括人之类之类。人不仅是人，而且是物，是生物，是动物。所以凡是一般物、一般生物、一般动物，所同有之性，人亦有之。此诸性虽亦为一切人所同有，但非人之所以为人而所以异于禽兽者，故此只为人所有之性，而非人之性。但虽非人之性，而亦为人之性所涵蕴。例如人之性涵蕴动物之性。此即是说，有人之性即有动物之性，但有动物之性，不必有人之性。此人之性所涵蕴之诸性，即是人之辅性。至于就一个人之个体说，一个人又可有许多其自己特有之性。一个体可同时在许多类，同时有许多性。例如一个人是高底，即有高之性，入高底物之类。他又是白底，即有白之性，可入白底物之类。他又是肥底，即有肥之性，入肥底物之类。如此分析，一人可有不知许多底性，可入不知许多底类。但此诸性，皆与人之所以为人者无干；此诸性，从人之类之观点看，即是人之无干性。

此是从人之类之观点以看人性。若一人是白底，则属于白底物之类，若从白底物之类之观点看，则此人之白性是其正性。白性所涵蕴之性，如颜色等，是其辅性。其所有之人之性及动物之性等，是其无干性。

（四）性善性恶

性善性恶，是中国哲学史中一大问题。旧说讨论此问题者，皆是就人性说。但我们不妨将此问题扩大。我们所说义理之性及气质之性，既已不专就人说，所以我们于讨论人性之善恶之外，亦可讨论一切事物之性之善恶。

于此我们须先讨论，所谓善恶，是从何观点说？是从真际或本然之观点说？是从实际之观点说？是从一件一件底实际底事物之观点说？是从社会之观点说？

各种事物之义理之性，均可以说是无善无恶底，亦可以说是至善底。各种事物之义理之性，即是其所依照之理。从真际之观点说，理不能说是善底，或是恶底，因为我们说到任何事物之是善是恶时，我们必用一批评之标准。我们若对于理作批评，此批评是没有标准可用底。所以从真际之观点说，理不能说是善底或是恶底。阳明一派有"无善无恶心之体"之说。照我们的说法，从真际之观点说，理亦是无善无恶底。

自实际之观点说，各类事物所依照之理，是其类事物之完全底典型，是我们所用以批评属于其类之事物之标准。从每一类事物之观点看，每一类事物所依照理，皆是至善底。例如方底物所依照而以成为方者，即是方之理。从真际之观点说，我们没有什么标准可以说方之理是善是恶。但从实际之观点说，方之理乃一切方底物之完全底典型，乃我们所用以批评方底物之标准。我们说这个方底物很方或不很方，我们即是以方之理为标准。所以从实际之观点说，理是至善底。所谓善者，即从一标准以说合乎此标准者之谓。从此标准说，合乎此标准者是善，则此标准即是至善。我们说一个很方底物"好方"，一个很凶底物"好凶"，如果很方底物是好方，很凶底物是好凶，则方之理即是至好底方，凶之理即是至好底凶。

理是各种事物之义理之性，就一方面说，如各种事物之义理之性，是至善底，则各种事物之气质之性，亦是善底。因为各种事物之气质之性，即各种事物之所实际地依照于其理者。其依照可有不尽，但既是依照于至善，应亦是善底。它可以是八分地善，或七分地善，它可以是不很善，但我们不能说它是不善底。《易·系辞》说："一阴一阳之谓道，继之者善也，成之者性也。"程朱常引用"继之者善也，成之者性也"以说性，即是就此方面说。明道说："'人生而静'以上不容说，才说性时，便已不是性也。凡人说性，只是说继之者善也。"（《遗书》卷一）某事物之义理之性即是其所依照之理；严格言之，性应专指气质之性。所以说："凡人说性，只是说继之者善也。"事物之义理之性是理，是至善，其气质之性是其所实际地依照于理者，是"继之者善"，亦是"成之者性"。

若某一事物，能十分地依照其理，即可谓之为"穷理"；能"穷"其所依照之理，即是能尽其义理之性；所以"穷理"亦即是"尽性"。照我们于本章所说"命"之意义，则穷理、尽性，亦即是"至命"。伊川说："穷理、尽性、至命，只是一事。才穷理便尽性，才尽性便至命。"（《遗书》卷十八）我们亦如此说。我们又以为不只于人是如此，即于各种事物亦莫不然。

就此方面说，各种事物之气质，亦可以是很善底，或不很善底。一某事物之气质，若能使其气质之性得以充分合乎其义理之性，使其理得以充分实现，即是很善底，否则是不很善底。例如一飞机，其义理之性是飞机之理,其气质之性是其所实际地依照于飞机之理者,其气质是此飞机之实际底结构,所以使此飞机依照其义理之性,而有其气质之性,使飞机之理得以实现者。若此飞机之此种实际底结构,能使其气质之性充分合乎其义理之性,使飞机之理得以充分实现,此飞机即是一好飞机,其气质亦是很善底。若此飞机之此种结构,使其气质之性,不能充分合乎其义理之性,使飞机之理不能充分实现,以致此飞机飞上去即落下来;此飞机即是不很善底飞机,其气质亦是不很善底。

就此方面说,我们说此飞机是不很善底,而不说它是很不善底,或是恶底。因为此飞机既属于飞机之类,它必多少有合于飞机之理。若完全不合,它根本即不是飞机,它根本即不能飞上去。若此,它即应属于别类,我们亦应以别类之理为标准以批评之。

就又一方面说,凡属于某类之物,虽必多少有合于其类之物之理,然其合若太少,以致此物所有之某性之分数,不能与此类之物于一时普通所有之某性之分数相等,则此物可以说是不善底或是恶底。从此方面说,每一类事物,皆有其本然底标准,及其实际底标准。其本然底标准即是其理,其义理之性;其实际底标准即其类事物于一时普通所能达到之合乎其本然底标准之程度。我们说"于一时",因为一类事物之实际底标准,可以随时不同。例如飞机于现在普通所能达到之合乎其本然底标准之程度,与十年前即大不相同。十年前之好飞机,现在或即是坏飞机。

从此方面说,我们可以旧说中之性三品说,说事物之气质之性。凡一事物之气质之性能达到其类事物之气质之性于一时普通所能达到合乎其义理之性之程度时,即是中品;其超过此程度者是上品;其不及此程度者是下品。上品是善底,下品是恶底,中品是不善不恶底。

旧说中所谓性三品说，即是就气质之性说。朱子说："如退之说三品等，皆是论气质之性，说得尽好。只是不合不说破个气质之性，却只是做性说时便不可。如三品之说，便分将来，何止三品，虽千百可也。"又说："如韩退之《原性》中说三品，说得也是，但不曾分明说是气质之性耳。性那里有三品来。"（《语类》卷四）朱子此所说性是指义理之性说，义理之性不能有三品。例如方之理不能是很方或不很方。但若就气质之性说，则又不只三品，可以说不知有许多品。不过虽不知有许多品，但照上面所说，我们可说有三品。

照此方面说，气质亦有上中下三品，与气质之性之上中下三品相应。

从真际或本然之观点看，所有实际底事物，没有能真正穷理尽性底，例如，如从方之理之观点看，则实际中之方底物，皆是不十分方，即皆是不完全底。若纯从此观点看，则我们的实际底世界，即是一不完全底世界，亦可说是一恶底世界。柏拉图之看实际，即从此观点看。

但若从实际或自然之观点看，则各类之实际底分子，虽不各完全依照其理，但亦各依照其理。它们虽不是完全底，但却各向其完全底标准以进行。实际底事物，与其说它是恶，毋宁说它不是至善。我们是在实际或自然中者，我们不应离开实际或自然，而专从真际或本然之观点，以看实际底，自然底事物。从实际或自然之观点看，我们对于实际，可以乐观而不必悲观。亚力士多德对于实际，持如此底看法；儒家对于实际，亦持如此底看法。

若从一件一件底实际底事物之观点看，则每一事物，各以其自己之所好为标准，以批评其他事物。合乎其自己之所好者是善底，否则是恶底。《庄子·秋水》说："以道观之，物无贵贱，以物观之，自贵而相贱。"其意亦说此点。

人亦是实际底自然底物。我们普通所谓自然底善恶，是人从其是一实际底自然底物之观点以说者。此所谓善恶，即是所谓好坏。例如我们愿有健康，而不愿有疾病，我们即说健康是好底，疾病是坏底。其实健康是一种生理底事，疾病亦是一种生理底事。若从一致我们疾病之微菌之观点说，我们的疾病正是它们的健康。又例如我们以雨天不便行动，故常以晴天为好天；但久旱之雨又成为好雨。人所谓自然底善恶，其善恶是以人之欲为标准而说者。孟子说："可欲之谓善。"他此话之本来底意义，我们可以不管，不过我们可借用此话，以说我们的意思。

照以上所说，岂不是所谓善恶，完全是相对底，变底，多底？从一标准看是善者，从另一标准看或是恶，从一标准看是恶者，从另一标准看或是善。自一方面看，是如此底。道家看清此点，而亦注重此点。《庄子·齐物论》说："民食刍豢，麋鹿食荐，蝍蛆甘带，鸱鸦嗜鼠，四者孰知正味？""毛嫱丽姬，人之所美也。鱼见之深入，鸟见之高飞，麋鹿见之决骤，四者孰知天下之正色哉？"所以"仁义之端，是非之途，纷然淆乱，吾恶能知其辨？"不知其辨，即对之不作辨，而听其自尔；此即所谓齐物。按一方面说，庄子此见，是不错底。

但自又一方面看，凡善恶既是对一标准说，离开一标准，即无所谓善恶，则我们可知，凡所谓善者，即是从一标准，以说合乎此标准者之谓。此即是善之理，是绝对底，是不变底，是一底。凡合乎一标准之事，从此标准之观点看，即是善底。凡是善底事，俱依照此理。

所谓恶者，即是从一标准，以说反乎此标准者之谓。此是不是恶之理？有没有恶之理？柏拉图对于此问题，未有决定。亚力士多德、朱子俱以为没有恶之理。照他们的说法，凡是理必有积极底内容；而所谓恶者，只有消极底意义。从一标准之观点看，不合乎此标准者，即是不善。恶即是不善之尤者。不善及恶是没有达到善之标准者。此如没有达到方之标准者，我们说它是不方，不方没有积极底意义。只有方之理，没有不方之理。

或说，如一物不方，则必是另一某种形状，就此另一某种形状说，亦是积极底，应亦有其理。此话是不错底。不过若从此物之是另一某种形状说，则此物即不是方底物；说此物不是方底物，与说此物是不很方底物，完全不同。此物不是方底物，是此物依照一别理；此物是不很方底物，是此物依照方之理，而未充分依照之。它们都并不是依照不方之理，因为没有不方之理。

亚力士多德及朱子以为恶只是实际中所有之缺陷，只是不合理者。它是不合理者，所以亦无理与之相应。他们的此主张之根据，在于以为恶即是不善。但照我们的说法，恶是反乎一标准者。我们可以说，不合乎一标准者是不善；反乎一标准者是恶。就其不合乎一标准说，不善只有消极底意义；就其反乎一标准说，恶亦有积极底意义。由此方面说，没有不善之理，而有恶之理。此正如没有不光明之理，而有黑暗之理。

（五）人性是善是恶

从社会之观点，以说善恶，其善恶是道德底善恶。以上所说善恶，均可对于一切事物说。但道德底善恶，则只可对于人说。旧说中讨论人性善恶问题者，其所谓善恶，均就道德底善恶说。

所谓人性，有各种意义，已如上述。凡讨论此问题者，于讨论之时，须先说明其所讨论者是人之性或人所有之性，以免无谓底纠纷。

先就人之性说，从真际或本然之观点看，有人之性者之义理之性，即人之所以为人者，不能说它是善底或是恶底，即是无善无恶底。从实际底观点看，人之性是属于人之类之物之完全底典型，可以说是至善底。有人之性者之气质之性是可以很善或不很善底。有人之性者之气质，亦可以是很善，可以是不很善底。或亦可以说，有人之性者之气质之性，可有三品；其气质亦可有三品。

从实际或自然之观点看，有人之性者亦是实际底物。若实际底物均可说是善底，则有人之性者亦可说是善底。有人之性者可说是善底，因为人之性可说是至善底。

从实际底物之观点说，凡实际底物皆以其自己之好恶为标准，作善恶之判断。有人之性者，亦可以从其所有之人之性发出之好恶为标准，作善恶之判断，如以此为标准作善恶之判断，则自然以人之性为是善底。

从社会之观点说，人之性亦是善底，其说详下。现且说，从真际之观点说，人之性是无善无恶底；从实际之观点说，人之性是善底；从实际底物之观点说，人之性是善底；从社会之观点说，人之性亦是善底。照我们的说法，人之性可以说是，彻头彻尾地"无不善"。

我们以上所说关于善之诸分别，在旧说中无有。在程朱及一般宋明道学家之哲学中，所谓善即是道德底善；而整个宇宙，亦是道德底。我们的说法，不是如此。我们以为道德之理，是本然底，亦可说是宇宙底。但宇宙中虽有道德之理,而宇宙却不是道德底。

我们说,从社会之观点看,人之性是善底;此即是说,若从社会所立对于善之标准说,人之性亦是善底。社会所立对于善之标准,即是道德底标准,所以合乎此标准之善即是道德底善。

从道德底善说,人之性亦是善底,因为人之性之内容中,即必须有道德。人之性即是人之所以为人者,人之所以异于禽兽者。此人之所以为人者,人之所以异于禽兽者,若用言语说出,即是人之定义。人之有社会,行道德,不能不说是人之所以异于禽兽者之一重要方面。所以在人之定义中,我们必须说及人之有社会,行道德。此是人之定义之一部分底内容,亦即是人之理、人之性之内容。这一点即主张人性恶者,如荀子,亦是承认底。荀子说:"水火有气而无生;草木有生而无知;禽兽有知而无义。人有气,有生,有知,亦且有义,故最为天下贵也。"(《王制》篇)又说:"故人之所以为人者,非特以其二足而无毛也,以其有辨也。夫禽兽有父子而无父子之亲,有牝牡而无男女之别。故人道莫不有辨;辨莫大于分;分莫大于礼;礼莫大于圣王。"(《非相》篇)荀子这两段所说,是就人之所以为人,人之所以异于禽兽者说,此两段话,即孟子说,亦不过如此。

孟荀所以有争辩,并不是因为他们对于人之所以为人,人之所以异于禽兽者,有什么不同底见解。其所争者在于:此人之所以为人,人之所以异于禽兽者,是人生来即有,抑是生后学习而得?换句话说,人之性对于人,是俱生底,抑是后得底?

照性字之原来底用法,凡可称为一事物之性者,均是与此事物之有而俱有,所谓"生之谓性"。照性字之这样底用法,一事物之性,如果它是性,当然都是俱生底;后得者不名为性而名为习。不过我们所谓性，并不是用"生之谓性"之义。照我们的说法，凡事物属于某类，即依照某理而有某性。所以照我们的说法，一事物之性可以是俱生底，亦可以是后得底。

若说人所有之人之性是俱生底，则即是主张旧说中之性善说；若说它是后得底，则即是主张旧说中之性恶说或无善无恶说；若说人之性对于有些人是俱生底，对于有些人是后得底，则即是主张旧说中之有性善有性不善说。

究竟人所有之人之性是俱生底或后得底？现在我们所有底人都有人之性，这是不成问题底。即我们所认为最不道德底人，我们可以骂他为"不是人"者，亦不能不说他有人之性。因为他亦是在社会中生活者。只要是在社会中生活者，多少总有点人之性。问题是：现在我们所有底人之人之性，是生来俱有底，抑是后来学习得来底？

有两种方法可以解答这个问题，一种是形式底，逻辑底；一种是实际底，科学底。中国哲学家，自孟荀以下，于讨论此问题时，所用之方法，多是实际底，科学底；他们大都根据实际底事实，以证明人之本来是善或是恶。孟子说："今人乍见孺子将入于井，皆有怵惕恻隐之心。"他以为此恻隐之心，即是仁之端。人皆生而有诸善端。所谓道德，不过是此诸善端之扩充。孟子所举之事实底例，以后宋明道学家皆常用之，以证明人之本来是善。荀子亦举人之"生而有好利"、"生而有疾恶"、"生而有好声色"等事实底例，以证明人之本来是恶。这些事实底例，以及现在心理学中所讲关于人性诸理论，我们现均不引用。我们是讲哲学，并不是讲科学。就讲哲学底立场，我们只用形式底、逻辑底方法，以解决这个问题。

无论我们以为人所有之人之性是俱生底或是后得底，我们必须承认,现在所有底人,是都有人之性底,此点上文已说到。即令我们说人所有之人之性是后得底,我们亦须承认,人之为物,必有一种结构,使之能学得人之性。此即是说,人必有对于人之性之气质,方可有人之性,此气质必是俱生底,因为并不是所有底物,皆能学得人之性。其所以不能学得人之性者,因其本来无此种气质也。若本来无此种气质,则无论如何学习,终如以沙煮饭,终不能成。若说此种气质亦是学得底,则我们亦须承认,人必须有一种结构,使之可以学得此种气质,其理由还是因为不是所有底物皆能有人之性。如此无论如何推下去,我们总可以说,人必须生来即有对于人之性之气质,或此种气质之气质,或此种气质之气质之气质。如此可以写得很长,而我们的理由,总是不变。荀子亦说:"然而途之人也,皆有可以知仁义法正之质,皆有可以能仁义法正之具,然则其可以为禹,明矣。"(《性恶》篇)"知仁义法正之质,能仁义法正之具",正是对于人之性之气质,或此种气质之气质。

若人皆生而有对于人之性之气质,或此种气质之气质,则人必生而即有所依照于人之理,因对于人之性之气质,或此种气质之气质,是有所依照于人之理而有底,否则即不成其为对于人之性之气质,或此种气质之气质。人生而即有所依照于人之理,则此所依照于人之理者,即人所有对于人之性之气质之性也。由此方面看,凡人所有之性,其需要一种生理底或心理底基础者,无论是否需要学习而后有,皆可以说是俱生底。

孟子以为人之所以异于禽兽者,在其有父子之亲,君臣之义等。亚力士多德以为人是政治动物,必在国家之政治组织中,人方能实现其形式,用我们的话说,方能实现其理。人必在社会底,道德底生活中,方能实现人之所以为人者,人之所以异于禽兽者。这种说法，大体是不错底。孟子、亚力士多德的错误，在于不只说，人欲实现人之理，须有社会底生活，而且说须有某种社会底生活。如所谓君臣国家等，只于某种社会内有之，并不是于凡社会内皆有之。关于此点，于第六章另有详说。

　　孟子及亚力士多德以为人之性对于人是俱生底；此点我们亦主张之，其说已如上述。不过我们不主张，如道家所说，人若顺其自然发展，不必勉强，则自有社会底、道德底生活。道家虽未标明主张性善，而实则是极端地主张性善者。他们以为人若顺其自然，则自有道德底、社会底生活，不必人讲道德，提倡道德。讲道德，提倡道德，适足以乱人之性，引人入于虚伪。《庄子·天道》说，老聃谓孔子云："夫子亦放德而行，循道而趋，已至矣。又何偈偈乎揭仁义，若击鼓而求亡子焉。噫！夫子乱人之性也。"放德而行，循道而趋，即是顺人性之自然也。我们亦不必主张如宋明道学家所主张之极端性善论。宋明道学家以为人之性如完全底宝珠，其在人如一宝珠在浑水中。宝珠虽为浑水所蔽，而其为完全底宝珠自若。陆王一派，更有"满街都是圣人"之说。我们不必如此主张，即孟子所说性善，亦不如此极端。我们只须说，对于人之性之气质，是人所生而有者。只须如此说，我们即可说人之性对于人是俱生底，人之社会底生活、道德底行为，是顺乎人所有之人之性之自然底发展。

　　但社会底生活、道德底行为，对于人亦很有勉强底方面。主张性恶者特别注重此方面，我们亦不能说他们没有理由。人不仅有人之性，而且有人所有之性，及一个人所有之性，其中有许多显然是俱生底，而且是与人之性有冲突底。人所有对于人之性之气质，亦未必是完全好底。所谓未必是完全好底者，即未必完全能为人之理之实现之所依据。因此两种原因，所以社会底生活、道德底行为，虽是顺乎人所有之人之性之自然底发展，而对于人亦很有其勉强底方面。

就气质方面说，一某事物之气质或气禀，未必能使其气质之性，充分合乎其义理之性，未必能充分实现其理，上文已说。人所有对于人之性之气质或气禀，因人而殊。有能使其气质之性充分合乎人之义理之性者，有不能使其气质之性充分合乎人之义理之性者。所以人有贤愚善恶之不齐。关于这一点，程朱已看清楚。明道说："论性不论气不备，论气不论性不明，二之则不是。"此所说气谓气质或气禀；此所说性谓人之义理之性，即人之理。必二者兼论，然后性善之说，始可以无困难。盖若不论气质，则关于人之所以有不善，甚难解释。兼说气质与义理之性，则我们可说义理之性是善，但关于人之所以有不善，亦有充分底解释。所以朱子说："气质之说，大有功于圣门。自张程之说立，而诸子之说泯矣。"

但我们上所说之另一端，程朱尚未注意到。我们于上文说过，一切事物，均有正性与辅性。人之性是人之正性，但人亦有许多辅性。人不仅是人，而且是动物，是生物，是物。人于所有人之性之外，尚有一切动物、一切生物、一切物，所同有之性，此即我们所谓人所有之性。此亦是一切人所同有者，但不是人之正性，而是其辅性。人在此诸方面亦均有其义理之性、气质之性，及气质或气禀。例如人在其是动物之方面，其义理之性即动物之理；其气质之性，即其所实际地依照于动物之理者。其气质或气禀即人在其是动物之方面所有之某种结构，以实现其动物之理者。就动物之理之本身说，可说是无善无恶底，亦可说是至善底。就人在其是动物方面之气质之性说，其能十分地充分合乎动物之理者，是十分地善，否则不是十分地善。就其关于此方面之气质或气禀说,能使其气质之性充分合乎其理者,能充分实现其理者,是善,否则是不善或恶。关于人所有之其他诸性,如生物之性,物之性等,亦均如此例推。

此是从真际或实际之观点看。若从社会之观点看,或从人之所以为人者之观点看,则如从人所有之性所发之事,与从人之性所发之事有冲突时,则从人所有之性所发之事是不道德底。例如好生恶死,是根于人所有之生物之性,凡是生物,都是好生恶死底。由此发出之行为,即求生避死。若此行为不与由人之性发出之行为,发生冲突,则此行为是无所谓道德底或不道德底。但有时求生避死之行为,与由人之性所应发之行为有冲突,如此则此求生避死之行为,是不道德底。已往及现在历史中有许多杀身成仁、舍生取义之行为。这些行为,皆是舍弃从人所有之生物之性所应发出之行为,而取从人之性所发出之行为。如舍弃应从人之性所发出之行为,而取从人所有之生物之性所发出之行为,则其行为是不道德底。我们于此,必以人之性为标准,以判定是非,因为人之性是人之正性。若欲是人,则必顺人之正性,不顺其辅性。人所有之性,虽其本身不是不道德底,但有些不道德底行为,是从这些人所有之性发出者。所以人所有之性,从人之所以为人者之观点看,亦是道德底恶之起原。

我们说从人所有之性发出之事与从人之性发出之事有冲突时,而不说人所有之性与人之性有冲突时,因为人所有之性与人之性在根本上是无冲突底。不但无冲突,人之性之有涵蕴人所有之物之性,生物之性,动物之性等之有。但由其所发生之事,则有冲突之时,如以上所举之例。

在有许多时候,从人所有之性所发出之事之所以是不道德底者,并不是与人之性所发出之事有冲突,而是与某种社会之理所规定之规律相冲突。如系此种情形,则此种事在别种社会内,即可以不是不道德底。此点下章另详。

从一个人所有之性所发出之事,如与从人之性所发出之事有冲突时,亦是不道德底。所以一个人所有之性,亦是道德底恶之起原。此诸性非一切人所共有者,所以在根本上即有与人之性冲突者。

(六) 情、欲

从性所发之事,程朱名之为情;情即性之已发。孟子说:"恻隐之性,仁之端也。"照朱子的讲法,仁是性,是未发,恻隐是情,是已发。未发之性不可见,但可于已发之情见之。朱子说:"有这性便发出这情。因这情,便见得这性。因今日有这情,便见得有这性。"又说:"性才发便是情,情有善恶,性则全善。"(《语类》卷五)

所谓"情有善恶"者,有两种意义。就一种意义说,由一某事物所有之某性发出之某事,总不能完全合乎其义理之性。其合乎多者是善,少者是不善或恶。若一某事物之某情,能完全合乎其义理之性,则此某事物即是完全底。自真际或实际之观点看,一切事物皆应使其情完全如其性,用王弼一句话说,即各应"性其情"。

就另一种意义说,由一某事物所有之辅性发出之情,与由其所有之正性发出之情或有冲突。其不冲突者是善;冲突者是不善或恶。例如从人所有之性发出之情,与由人之性发出之情或有冲突。其不冲突者是善,冲突者是不善或恶。朱子所谓"情有善恶",是就此种意义说。

就人说，从人所有之性或从一个人所有之性所发生之生理底、心理底要求，其反乎人之性者，宋儒名之曰欲。朱子说："欲则水之流而至于滥也。"（《语类》卷五）所谓滥者，即出乎一定底规范也。欲，宋儒亦称为人欲。照宋儒的说法，人之性即人之所以为人者，是天理，其反乎此底生理底心理底要求是人欲。如上所说之冲突，即以前道学家所谓"理欲冲突，天人交战"。

人欲一名，最易引起误会，以为凡人所有之生理底、心理底要求，皆是人欲，皆为以前道学家所认为是不道德底者。戴东原说："宋以来儒者，举凡饥饿愁怨，饮食男女，常情隐曲之感，则名之曰人欲。故终其身见欲之难制。其所谓存理，空有理之名，实则绝情欲之感耳。"（《孟子字义疏证》）东原以及其他反对宋儒所谓理欲之辨者，大都如此说。这完全是误解，此误解之起，由于对于宋儒所谓人欲，望文生义。宋儒并未说过，"凡饥饿愁怨，饮食男女，常情隐曲之感"，都是欲或人欲。只有其中之反乎人之所以为人者，方是欲或人欲。东原说："欲之失为私。"（同上）宋儒所谓欲或人欲，正是东原所谓欲之私者。所以在宋儒中，欲或人欲亦称私欲。

若知"宋以来儒者"所谓欲或人欲之意义，则所谓理欲之辨，实是没有什么可以批评底。批评之者都是由于误解。为免除此种误解，我们可以将欲、人欲及私欲之意义，重新确定。我们说：凡人所有之生理底或心理底要求，皆称为欲或人欲。欲，或人欲之本身，从道德底观点看，皆是无所谓道德底或不道德底。欲，或人欲，之与由人之性所发出之事冲突者，是不道德底。这些欲我们称之为私欲。欲之私者，大概总是不道德底；因为道德是社会底，是公底；此点于下章另详。

（七）道心、人心

人有人之性及人所有之性，从此诸性可发出许多行为。人不但有此诸行为，并且自知其有此诸行为。有些行为之尚未行者，我们的心亦知之。所谓欲即是我们的行为之尚未行，而为我们的心所知者。我们的心不但能知我们的诸性所发之已行或未行底行为，并且若经相当底思考，亦可知哪些已行或未行底行为是发自人之性，哪些已行或未行底行为是发自人所有之性。所谓"理欲冲突，天人交战"，皆于心中行之。我们说，若经相当底思考。此一句话是我们与王阳明良知之说不同之处。王阳明以为人有良知；良知见善即知是善，见恶即知是恶，不假思考。

宋明儒又立所谓人心、道心之分别。心只是一心，不能将其分而为二。他们所谓人心，大概是指与从人之性所发之行为冲突之行为，尚未行而为心之所知者。其所谓道心，大概是指从人之性所发之行为，尚未行而为心之所知者。

孟子所谓恻隐之心等，即是由人之性所发之行为，尚未行而为心之所知者。此等即是所谓道心，其与此相冲突者，即是所谓人心。人心一名，亦最易引起误解。

（八）心

我们于上文已说及心。凡事物皆有性，但不是凡事物皆有心。有心之理。实际底事物，有依照心之理而有心者，有不依照心之理而无心者。但即事物之不依照心之理而无心者，既亦是事物，亦必有其所依照之理。凡事物皆必有其所依照之理，故皆有性。凡事物不皆依照心之理，故不是凡事物皆有心。朱子说："天下之物，至细至微者，亦皆有心，只是无知觉处耳。且如一草一木，向阳处便生，向阴处便憔悴，它有个好恶在里。"（《语类》卷四）究竟是不是如此，乃事实问题。自逻辑言之，凡事物必不能无性，而可以无心。

心亦是实际底，形下底；心之理是形上底。心之理是有心之物之义理之性。有心之物所实际地依照于心之理者，是其气质之性。有心之物有某种实际底结构，以实现心之理，发生心之功用；此某种结构即心所据之气质或气禀。此某种结构之内容若何，非哲学所能知。所可说者，此某种结构既非我们的"肉团心"，亦非即是心理学中，或生理学中，所说之神经系统等。所谓某种结构或气禀，完全是逻辑底观念，并不是科学底观念。

（九）"心统性情"

张横渠说："心统性情。"此言朱子以为"说得最好"。朱子说："伊川'性即理也'；横渠'心统性情'；二句颠扑不破。"（《语类》卷五）程朱一派所谓情，指性之已发。朱子说："性是未动，情是已动，心包已动未动。"（《语类》卷五）又说："心统性情。故言心之体用，尝跨过两头未发已发处说。"（同上）心包括已发未发说，此之谓心统性情。

照朱子的说法，性包于心中。邵康节说："心者，性之郛郭。"朱子亦以此言为然。朱子说："以谷譬之，谷便是心；那为粟，为菽，为禾,为稻底,便是性。康节所谓'心者性之郛郭'是也。"又说:"性便是心之所有之理,心便是理之所会之地。""性是理,心是包含该载,敷施发用底。""心以性为体,心将性做馅子模样。"(《语类》卷五)照朱子的看法,理包在心中,"理无心,则无着处"(同上)。

此对于心、性、情的关系,说得很清楚。所未说清楚者,即所谓心统性情,是说一心统所有底性情,抑一心各自统其性情? 如说一心各自统其性情,固无问题;如说一心统所有底性情,则此心即不是个体底人所有之个体底心。

如所谓心是指个体底人所有之个体底心,则照朱子的系统,本来亦可说它包含一切理,统一切性。因为照他的系统,"人人有一太极,物物有一太极",所以"心之理是太极"(《语类》卷五),在他的系统中,对于个体底心,本来亦是可说底。不过若所谓心是指个体底心,则心亦只能统所有之性,而不能统所有之情。例如飞机之理,是飞机一类之物之性;飞机一类之物之活动,是此性之情。照"人人有一太极"之说,固可说个体底人的心中,亦有飞机之性,但不能说亦有飞机之情。

或可说,朱子此所说之性、情,系专就普通所谓心理方面底事说。如所说仁是性、恻隐之心是情等。若飞机之活动,亦称为飞机之情,似乎与普通所谓情之意义,相差太远,朱子所谓心统性情,原不包此等底情。此亦或可说。但朱子亦云:"程子云:'心譬如谷种,其中具生之理是性,阳气发生处是情。'推而论之,物物皆然。"(《语类》卷五)物物皆然,是各物皆有性情也。朱子说:"又如吃药,吃得会治病,是药力;或凉,或寒,或热,便是药性。至于吃了,有寒证,有热证,便是情。"(同上)药亦有性情,则我们说,飞机有性情,自亦无不可。且即令所谓情是专就普通所谓心理方面底事说,一个体底人所有之个体底心，亦很难说统众情。例如别人之喜怒，此人之心不能统之。

（十）宇宙底心

　　程朱大概以为有所谓宇宙底心。朱子说："心之理是太极，心之动静是阴阳。""惟心无对。""心须兼广大流行底意看，又须兼生意看。且如程先生言仁者天地生物之心，只天地便广大，生物便流行，生生不穷。"（《语类》卷五）照此看来，程朱以为有宇宙底心，此心"统"所有底性，所有底情；此即是说，此心包含所有底理，所有底事物。所以"惟心无对"。

　　此心与道同其"广大"，同其"流行"。说道是就事物之动底方面说；说心是就事物之活底方面说。朱子说，心是知觉底。但此宇宙底心之性，不是知觉，而是生。《语类》云："发明心字，曰，一言以蔽之，曰，生而已。""心是个没思量底，只会生。"（同上）此没思量底，只会生之心，不是个体底人所有之个体底心，而是所谓宇宙底心。

　　心学家陆王一派，亦以为有宇宙底心。陆象山说："宇宙即是吾心，吾心即是宇宙。"杨慈湖说："夫所以为我者，毋曰血气形貌而已也。吾性澄然清明而非物；吾性洞然无际而非量。天者，吾性中之象；地者，吾性中之形。故曰：'在天成象，在地成形。'皆我之所为也。混融无内外，贯通无异殊。"（《己易》）此所谓性，实即程朱所谓心。心学家只讲心，不讲性，所以理学家说他们以心为性。

　　心学家讲心，注重其是知觉底。阳明《传习录》云："先生曰：

'尔看这个天地中间,什么是天地的心?'对曰:'尝闻人是天地的心。'曰:'人又什么叫做心?'对曰:'只是一个灵明。'可知充天塞地,中间只有这个灵明。人只为形体自间隔了。我的灵明,便是天地鬼神的主宰。"(《传习录》下)照心学家的说法,我们个体底人的知觉灵明底心即是宇宙底心。天地万物,皆是此心所现。

(十一) 宇宙底心及宇宙的心

无论所谓心之性是生或是知觉灵明,照我们上面底说法,我们不能承认有宇宙底心。上所述程朱或陆王所说之宇宙底心,以及西洋哲学中所谓宇宙底心,皆是实际底,但心之实际底有,必依一种实际底结构,即所谓气质者。心理学或生理学中所讲之神经系统等,虽不即是此种结构,但可是其一部分,或至少亦是此种结构之所依据。但照我们的说法,所谓宇宙是一个逻辑底观念,是把所有底有,总而言之,统而言之,所得之一个总名。它不能有实际底心所需要之实际底结构,所需要之气质或气禀。实际底心,只有有心所需要之实际底结构者有。照我们现在底经验所知,只有动物,或较高等底动物,有实际底心所需要之实际底结构,亦只有动物或较高等底动物有心。至于离开这些有实际底心所需要之实际底结构之物,超乎这些物之上,有所谓宇宙底心,照我们的系统看,是不可解底。

从这一点说,我们同情于唯物论。不过从另一点说,我们虽不承认有实际底心,能离开其所需要之实际底结构而有,但我们以为有心之理,离开实际底心所需要之实际底结构而有,离开任何事物而有。不过此所谓有，是真际底而不是实际底。此所谓离开，亦不是就空间说，只是说，即无实际底心所需要之实际底结构，即无实际底心，此心之理亦可有真际底有而已。此心之理可以说是宇宙底。说它是宇宙底，即是说它是公底，不是属于任何个体之私。实际底心是私底，心之理是公底。我们可以说，有宇宙底"心之理"，没有"宇宙底心"。

自另一观点看，我们亦可以说，虽没有宇宙"底"心，而却有宇宙"的"心，不过此所谓宇宙"的"心，只是一个逻辑底观念。我们若把所有底实际底心，总而观之，统而观之，以作一个观念，我们可以说，宇宙间所有实际底心，即是宇宙的心。程明道说："天地之常，以其心普万物而无心。"我们可以说："宇宙之常，以其心普所有实际底心而无心。"宇宙间所有实际底心，即宇宙的心，此外宇宙没有它自己的心。

我们此所谓实际底心，即我们经验所知者，并无神秘。此实际底心，是知觉灵明底。因其是知觉灵明底，我们知其依照知觉灵明之理。但依照此理而已，其中并不具众理。虽不具众理，但因其是知觉灵明底，所以能知众理，知众性，知众情。我们可以说，即此实际底心，能知众理、知众性、知众情者，即为宇宙的心。因为我们所谓宇宙，乃包括一切之总名，任何事物，皆在宇宙之中，任何事物，皆可说是属于宇宙者。所以我们的心，亦即是宇宙的心。我们可以说，"我心即天心"。从这一方面看，所谓宇宙的心，又不止是一逻辑底观念。每一个实际底心，都是宇宙的心。

第五章　道德　人道

（一）道德之理

某一类之物之成为某物，必依照某理，第一章中已详说。如一某物系为许多分子所构成者，则此诸分子必依照此某理所规定之基本规律以动，此某物方能成为某物，方能存在。此诸分子愈能依照此基本规律以动，则此某物之构成，即愈坚固，其是某物之性，亦愈完全。

社会之为物，是许多分子所构成者。人即是构成社会之分子。每一人皆属于其所构成之社会。一社会内之人，必依照其所属于之社会所依照之理所规定之基本规律以行动，其所属于之社会方能成立，方能存在。一社会中之分子之行动，其合乎此规律者，是道德底，反乎此者，是不道德底，与此规律不发生关系者，是非道德底。

用另一套话说，一社会有许多构成此社会之分子，一分子有许多行动。其行动之可以直接或间接维持其社会之存在者，是道德底行动。其行动之可以直接或间接阻碍其社会之存在者，是不道德底行动。其行动之亦不维持亦不阻碍其社会之存在者，是非道德底行动。

一切道德底行动之所同然者是：一社会内之分子，依照其所属于之社会所依照之理所规定之基本底规律以行动，以维持其社会之存在。此可以说是道德之理之内容；依照道德之理之行动，是道德底事。

我们于第三章中说，所谓道之一义，是人在道德方面所应行之路。社会之理所规定之基本规律，以及道德之理所规定者，均是人在社会生活中所应行之路。所以社会之理所规定之基本规律，以及道德之理，旧说亦谓之道。朱子说："盖道未尝息，而人自息之。所谓非道亡也，幽厉不由也，正谓此耳。"（《答陈同甫书》）此所说道，正是用道之此义。我们名此义之道曰人道。在旧日言语中，仁义二字若连用，其意义与现在所谓道德相当。如《老子》说："绝仁弃义，民复孝慈。"《庄子》说："意仁义其非人情乎？"（《骈拇》）又说："昔者黄帝始以仁义撄人之心。"（《在宥》）此所谓仁义，并非专指仁及义，而是泛指一切道德。又如小说中说某人大仁大义，某人不仁不义，其所说仁义，亦不是专指仁及义说，而是泛指一切道德说。

所谓非道德底者，即无所谓道德底或不道德底，换句话说，即其行为不落在道德底判断范围之内。人的行为，并不是皆落在道德底判断范围之内，并不是皆有道德底或不道德底可说。有许多从人所有之性所发出之行为，直是非道德底。例如所谓饮食男女，俱是由人所有之性发出者。在相当范围之内，吃饭并不是道德底行为，亦不是不道德底行为。这是我们所知者。男女交合亦是如此。所以必须在相当范围内者，因过乎此范围，则不合乎上所说之基本规律，而成为不道德底。

（二）社会之理及各种社会之理

社会可有许多种，前人早已注意及之，如《礼运》所说小康、大同，即是两种社会。在小康之社会中，"天下为家，各亲其亲，各子其子，货力为己"。在大同之社会中，"天下为公，人不独亲其亲，不独子其子。……货恶其弃于地也，不必藏于己；力恶其于不出于身也，不必为己"。公羊家所说三世，亦系说三种社会。于据乱世，"内其国而外诸夏"。于升平世，"内诸夏而外夷狄"。于太平世，"天下远近大小若一"（何休《公羊传注》隐公元年注）。即董仲舒所说三统，亦系指三种社会。现在人亦说有各种社会，如所谓封建底社会、资本主义底社会、社会主义底社会等。昔人及今人此等学说之内容及其是非，我们不论。论此者是社会科学或社会哲学之事，不是哲学之事。所可注意者，即有各种社会。有社会，有各种社会；有社会之理，有各种社会之理。

董仲舒说："道之大原出于天，天不变，道亦不变。"我们亦可如此说。此道即指上文所谓人道说。我们所谓天，是指大全，指宇宙。一切理皆包于宇宙或大全中，人道亦包于宇宙或大全中。所以我们亦可以说："道之大原出于天。"某种社会必依照某种社会之理，方可成立，此理是不变底。可变者是依照此理之实际底某种社会，而不是此理。例如一封建底社会可变为一资本主义底社会。如实际上所有封建底社会，俱变为资本主义底社会，则封建社会之理，即无实例。但实际上虽可无此种社会，而如有此种社会，则必依照此理，所以此理是不变底。

若不专就某种社会之理说，而只就社会之理说，则"天不变，道亦不变"之话,我们更可说。各种社会,虽种类不同,但均是社会。就其为某种社会说,其所依照之理可有不同。但就其均是社会说,则必依照各种社会所公同依照之理。实际上可无社会,但如有社会,不论其为何种社会,则必依照此理。从此观点看,我们更可说:"天不变,道亦不变。"

但若以为我们现在所有之一种底社会,即是唯一种底社会,我们现在社会所依照之理,无论何时何地之人,于组织社会时,均须依照之;若用此意以说"天不变,道亦不变",则此话即为大错。因异时异地之人,虽必有社会,但不必有如此一类之社会。中国往时以为当时所有之一种社会组织,即是唯一底社会组织。以为此种组织,是"放之四海而皆准,质诸百王而无谬"。此话我们亦可以说,不过我们是就理说。我们若如此说时,我们的意思是:无论何时何地,如果有此种社会,则必依照此理,但实际上一时一地,不必有此种社会,可有别种社会,而其理亦是"放之四海而皆准,质诸百王而无谬"。

由上说法,可知不变者是社会,或某种社会,所必依照之理,变者是实际底社会。理是不变底,但实际底社会,除必依照一切社会所必依照之理外,可随时变动,由依照一种社会之理之社会,可变成为依照另一种社会之理之社会。一时一地,可有依照某一种社会之理而成为某一种社会之社会;异时异地,又可有依照另一种社会之理而成为另一种社会之社会。

一种社会之理,有其所规定之基本底规律。有某种规律,即有某种社会制度。一种社会之内,有一种社会制度。一种社会之内之人,在其社会之制度下,其行为合乎其社会之理所规定之基本规律者,是道德底;反之则是不道德底。但另一种社会之理所规定之基本底规律，及由之所发生之制度，可以与此种社会不同，而其社会中之人，在其制度之下，其行为之合乎其规律者，亦是道德底；反之亦是不道德底。两种规律不同，制度不同，而与之相合之行为，俱是道德底；似乎道德底标准，可以是多底，相对底，变底。其实照我们的看法，所谓道德底者，并不是一行为合乎某特定底规律，而是一社会之分子之行为合乎其所属于之社会之理所规定之规律。所以无论在何种社会之内，其分子之行为，合乎其社会之理所规定之规律者，其行为是道德底，反乎此者是不道德底。诸种社会之规律，或不相同，或正相反，但俱没有关系。

在中国数十年前所行之社会制度中，就男人说，作忠臣是一最大底道德行为，就女人说，作节妇是一最大底道德行为。但在民国初年，许多人以为作忠臣是为一姓作奴隶，作节妇是为一人作牺牲，皆是不道德底，至少亦是非道德底。用这种看法，遂以为以前之忠臣节妇之忠节，亦是不道德底或非道德底。这一班人对于忠节之看法，是否不错，我们现不论，不过他们用一种社会之理所规定之规律为标准，以批评另一种社会的分子之行为；这种看法是不对底。一种社会的分子之行为，只可以其社会之理所规定之规律为标准而批评之。

我们说有一种社会，有另一种社会。我们承认社会有许多种，此一点于上文已说；此一点亦是我们与朱子一大不同之处。我们以为有社会，有某某种社会，犹之有马，有某某种马，如白马黄马等。有社会之理及其所规定之基本规律，有某某种社会之理及其所规定之基本规律。社会之理及其所规定之基本规律，是凡社会中之分子所皆必须依照者，无论其社会是何种社会。某种社会之理及其所规定之基本规律，则只某种社会中之分子依照之。所以在某种社会内之分子之行为之合乎其社会之理所规定之基本规律者,自此种社会看,是道德底。但此种行为,不必合乎另一种社会之理所规定之基本规律,或且与之相反。所以自另一种社会之观点看,此种行为又似乎是不道德底,或至少是非道德底。但这只是似乎是,因为一种社会内之分子之行为,只能以其社会之理所规定之基本规律为标准,以批评之。其合乎此标准者,是道德底。如是道德底,即永远是道德底。

（三）不道德底道德行为

《庄子·胠箧》说:"跖之徒问于跖曰:'盗亦有道乎?'跖曰:'何适而无有道耶? 夫妄意室中之藏,圣也;入先,勇也;出后,义也;知可否,知也;分均,仁也。五者不备,而能成大盗者,未之有也。'由是观之,善人不得圣人之道不立,跖不得圣人之道不行。"此所谓道,即我们所谓道德。照此说法,我们可以做道德底事以达到不道德底目的,而且有些不道德底目的非做道德底事不能达到。所谓"为之仁义而矫之,则并与仁义而窃之"。窃仁义者为大盗;且非窃仁义不能为大盗。所以从此观点看,必绝圣知,废仁义,大盗乃可止。

照此说法,道德底事,可以是不道德底,可以有不道德底道德。此说虽似奇突,但于道德之实际底用处,则所见甚明。一社会如能组成,其中之分子,必依照社会之理所规定之基本规律以行动。此种行动是道德底。跖之团体,亦是一社会,此社会如能成立,则其中之分子,必有入先,出后,分均等道德底事。必如此,此社会始可成立。但于此社会既成之后，此社会可以做道德底事或不道德底事。正如科学底发明，可用以做有益于人生之事，亦可用以作战争及盗贼的工具。于是遂有以为须废弃科学以减少战争及盗贼者。科学底发明，可以用于不道德底用途，此易于了解，因科学之本身，对于道德或不道德是中立底，其发明之应用，自然无所不可。但道德之本身，即是道德底，何以能有不道德底用途？何以能有不道德底道德？此似难于了解。

但依我们上面底说法，此亦不难了解。社会有其理所规定之基本规律，为构成社会之分子所必依照以行动者。凡依照此规律以行动者，其行动是道德底；反之，则其行动是不道德底。但一社会之上，可有另一较高底社会，一社会之自身是一社会，但同时又是其较高底社会之构成分子。若此社会之行动，不依照其较高底社会所依照之理所规定之基本规律时，则此社会之行动是不道德底。但构成此社会之分子之行动，则系依照此社会所依照之理所规定之基本规律，所以是道德底。例如盗跖所率领之团体，其本身系一社会。其中之分子之行为，若出后、入先等，系依照其社会之理所规定之基本规律者，所以是道德底。但其社会所作之盗贼底行为，对于其所属于之较高底社会说，则是违反其所依照之理所规定之基本规律，所以是不道德底。又如在一国之内，杀人为最大底不道德，但两国交战，杀敌又是最大底道德。但若从一较国更高之社会之观点看，则负战争责任之国家，其战争行为，又是不道德底。

由此可知，一种行为，无论其为个人底或团体底，若不站在其所属于之社会之观点看，则无所谓道德底或不道德底。例之最明显者，即如上所说，国家之行为。不承认国之上有更高底社会者，以为国家之行为,不入于道德底判断之内。盖国之上既无更高底社会,则国之行为,无所谓合乎一社会所依照之理所规定之基本规律与否,所以亦无所谓道德底或不道德底。凡以为国之行为,可以是不道德底者,皆系从一超乎国之上之另一较高底社会之观点说。实际上此较高底社会尚未完全成立。国之行为,尚不能完全入于道德底判断范围之内者,正因此也。虽然如此,在现在世界中,所有国家,无论其是否负战争责任,皆不愿承认其负战争责任。此可见超乎国之上之更高底社会之观点,已渐为一般人所承认矣。若不承认此观点,则一国家对于其自己之行为,尽可不必有所说明辩护,而只须说"我所以如此,只因我愿如此"即可。但在现在底世界中,已无国家愿如此说。

照以上底说法,我们可见:并不能有所谓不道德底道德。一道德底行为,总是一道德底行为。其似可以是不道德底,如《庄子·胠箧》所说者,并不是此道德底行为是不道德底,而是有此道德底行为之人所属于之社会之行为是不道德底。负战争责任之国家之战争行为,若从一较高底社会之观点看,是不道德底。但其勇敢底兵士之行为,还是道德底。

(四) 君子小人

一社会之分子,有君子小人之分。君子即是依照一社会所依照之理所规定之基本规律以行动者,其行动是道德底。小人即不依照此基本规律以行动者,其行动是不道德底。若一社会内所有之人,均不依照其社会所依照之理所规定之基本规律以行动,则此社会即不能存在。所以照旧说,对于一社会说,君子为其阳,为建设底成分;小人为其阴,为破坏底成分。如一社会之内,君子道长,小人道消,则此社会之依照其理,可达于最大底限度。如此,此社会即安定;此即所谓治。如一社会之内,小人道长,君子道消,则此社会即不能依照其理。如此,则此社会即不安定,或竟不能存在;此即所谓乱。在乱时,社会之理或某种社会之理,依然是有,不过此社会之人,不依照之而已。此即朱子所说:"非道亡也,幽厉不由也。""道是亘古亘今,常存不灭之物。"即在幽厉之时,道亦不灭,不过幽厉不由之而已。

(五)革命之道德底根据

在一某种社会中,有革命行动之人,其行动似乎是不合乎其社会所依照之理所规定之基本规律。例如在某种社会之内,君臣之义,是最须尊重底。犯上作乱,是最不道德底事;乱臣贼子,是最不道德底人;所以旧说:"乱臣贼子,人人得而诛之。"但做革命行动之人,可以杀其君而不为弑;兴师动众,而不为犯上作乱。固然在有些时候,有些人,是所谓"成则为王,败则为寇"者。但至少在理论上,革命不但不是不道德底行为,而并且是道德底行为。这一点与我们上面所说,似乎有冲突。

但这冲突只似乎是有。所谓革命大概有两种,一种是对于人者,一种是对于制度者。我们先说对于人之革命。这种革命在中国历史中,是常见底。在旧日人之心目中,此种革命之代表,即所谓汤武征诛。汤武征诛,与尧舜揖让,成为两种"改朝换帝"之方法之典型。《易传》说:"汤武革命,顺乎天而应乎人。"这种革命之理论底根据,是孟子所说者。孟子说:"贼仁者谓之贼,贼义者谓之残;残贼之人谓之一夫。闻诛一夫纣矣,未闻弑君也。"(《孟子·梁惠王》下)纣不能依照君之理以尽其为君之道;是即所谓"君不君"。所谓君不君者,他虽事实上居于君位,但在理论上他已不是君。在理论上,只有依照君之理而能尽君道者是君;纣不能依照君之理而尽君道,即不是君,不是君,即与一夫无异。所以武王杀他,并不是弑君。就此方面说,武王杀纣,并不是弑君之不道德底行为。自又一方面说,所谓残贼之人,即是小人之尤,他是一社会中之害群之马。若不把这些人去掉,则社会将不能存在。旧说:"乱臣贼子,人人得而诛之。"乱臣贼子,是上所谓小人之尤,所以人人有诛之之权利,亦有诛之之义务。照此逻辑推之,则人对于乱君,亦有诛之之权利及义务。由此方面说,武王之诛纣,不但不是不道德底行为,而且是道德底行为。

但从另一方面看,如在上所说之一种社会中,实际居君位者亦可认为即是君之理之代表。臣既须忠于君,即须忠于此代表,无论此代表是否能尽其道;因君之是否能尽其道,不是为臣者所当问。此即所谓名教。所以谓之名教者,因其看法,是纯从名看而不是从实看。照这种看法,只要有君之名者,其臣即应对之尽忠,至于其实若何,则可不问,亦不可问。上述孟子之看法,是以名正实;所谓名教之看法,是舍实从名。二种看法,在理论上都可通。所以在旧日社会中,人无论从上述二种看法中之何种看法以行动,其行动都是道德底。有此两种行动之人,在中国道德理论上之代表,是汤武与夷齐。汤武革命是道德底;夷齐反对武王革命,亦是道德底。

对于制度之革命,与上所述对于人之革命,完全不同。我们于第三章中,说到一个体由一类转入别类之转变。此种转变,我们称之为道体之变通底日新。一国家或民族之社会组织,亦可自一种社会转变入另一种社会。其所以转变,必有其不得已,及不得不然者。《易·系辞》说:"穷则变;变则通。"其不得已,即是其穷;其不得不然,即是其变。其变为另一种社会,即是其通。何以有不得已,不得不然,我们于下章另有详说。今只说:如一国家或民族之社会组织,穷而须变,须自一种社会转入另一种社会,此国家或民族之社会组织,本依照一某种社会之理以组织者,即须依照另一种社会之理以组织之。如此则此国家或民族原有之制度中之特为一种社会所有者,即须废弃,而代以另一种社会制度之特为其种社会所有者。此国家或民族中最先感觉此种改革之必要之人,先着手为此种改革。此种改革,即成所谓对于制度之革命。此种革命是为此国家或民族之存在所必需者。因此国家或民族原行之社会制度既穷而必须变,若不变则此国家或民族即与之俱穷。一团体之分子之行为之是道德底者,皆所以维持其团体之存在。一国家或民族中对于制度之革命,既系为维持其国家或民族之存在者,所以是道德底。

实际上有没有一种对于制度之革命,并非为有此革命之国家或民族之存在所必需者?我们可以说:这种革命是没有底。因为所谓另一种新社会制度者,其理固是本有,但人非到其国家或民族所行之社会制度,已到穷时,不能知新社会制度,即间或知之,亦不感觉其需要。此点于下章详说。所以若非为一国家或民族之存在所必需,一国家或民族不能有对于制度之革命。

（六）仁

我们以上所说，是道德或道德底事。道德底事，又可有许多类。每类之道德底事，又各有其理。其理即是普通伦理学书中，所讲之一种一种底道德。我们称之为诸德。就我们讲哲学之立场说，这些诸德，本可以不讲，不过为说明上述之理论，我们于下文亦略讲诸德。我们并不是为讲诸德而讲诸德。我们是为说明我们上述之理论而讲诸德。我们讲诸德，只是一种举例之意。

中国旧日讲五伦五常。五伦是一种社会制度；我们现在不讲社会制度，更不讲某种社会制度，所以对于所谓五伦，应置不论。五常是我们此所谓诸德。此诸德不是随着某种社会之理所规定之规律而有，而是随着社会之理所规定之规律而有。无论何种社会之内必须有此诸德。所以可谓之常。

五常即所谓仁义礼智信。严格地说，礼并不是一德，不过我们姑从旧说，附带说之。

一社会若欲成为一完全底社会，其中之分子，必皆"兼相爱，交相利"。此可以说是社会之理所规定之规律中之最主要底一规律。实际底社会，没有完全能达到此标准者，然必多少近乎此标准。若其完全不合乎此标准，则是此社会完全不依照社会之理所规定之一主要规律；若其不完全依照此，则此社会即不成其为社会，即根本不能存在。"兼相爱，交相利"，是墨子于《兼爱》篇中所说者。墨子在《兼爱》篇中从功利主义底、实用底观点，说明兼爱所以必要。我们并不赞同墨子的功利主义底观点，不过墨子所说，可以证明一社会中之人之"兼相爱，交相利"，是其社会所以能组成之一主要条件。

　　"兼相爱,交相利",是一种道德底事。此种道德底事,即是属于仁之类之事。用朱子的说法,仁是"爱之理"。仁之事,即是爱人,即是利他。这种对于仁之说法,或有不以为然者,但我们用这个意思,可以将旧说中对于仁之说法,全综合起来。

　　"仁者爱人",孔子本有此说。他又以"能近取譬"为"仁之方"。朱子注说:"譬,喻也;方,术也。近取诸身,以己所欲,譬之他人,知其所欲,亦犹是也。然后推其所欲以及于人,则恕之事而仁之术也。"(《论语·雍也》注)孔子所说忠恕之道,是"仁之方",即行仁之方法。"己欲立而立人,己欲达而达人"是忠;"己所不欲,勿施于人"是恕。忠恕之相同处,即是"推己及人"。忠从推己及人之积极方面说;恕从推己及人之消极方面说。推己及人,即是爱人,即是利他。

　　孟子说:"人皆有不忍人之心。"又说:"今人乍见孺子将入于井,皆有怵惕恻隐之心。""恻隐之心,仁之端也。"不忍人之心,即恻隐之心;亦即是爱人之心。人皆有此心,故能推己及人。孟子说:"老吾老以及人之老,幼吾幼以及人之幼。""言举斯心加诸彼而已。古之人所以大过人者,无他焉,善推其所为而已矣。"仁人即是能本其不忍人之心,推其自己之所为,使他人亦能如此。如齐宣王好色好货,孟子说:如能于此"与百姓同之",即可行王政,行仁政。孟子说仁,其主要底意思,与孔子同。

　　程明道说:"医书言手足痿痹为不仁;此言最善名状。仁者与天地万物为一体。认得为己,何所不至。"如此说仁,仁已不只是我们所谓一种德,而是一种精神状态。有此种精神状态者,觉天地万物与其自己为一体,别人所感者,他均感之。此比推己及人之尚须

"推"者，又进一层。如此说仁，可以说，仁者不仅爱人；但却不能说，仁不是爱人。关于仁之此义，于第十章中，另有详说。

程伊川说："仁者，天下之公，善之本也。"又说："只为公则物我兼照故仁；所以能恕，所以能爱；恕则仁之施，爱则仁之用也。"（《近思录》卷二引）公与私相对，爱人者无私，至少亦不重私。所以说："仁者，天下之公。"我们所谓道德底行为，以维持社会之存在，为其要素；一社会中之分子之"兼相爱，交相利"，是一社会所以能存在之一基本条件，所以仁亦是善之本。

伊川所谓善之本之意义，比我们此所讲者为多。不过就我们的立场说，我们亦可如此说。由上所说，所谓仁，如作一德看，是"爱之理"。爱是事，其所依照之理是仁。

（七）义、中、经权、王霸

人在某种社会中，如有一某种事，须予处置，在某种情形下，依照某种社会之理所规定之规律，必有一种本然底、最合乎道德底、至当底处置之办法。此办法我们称之曰道德底本然办法。此办法即是义。伊川说："在物为理，处物为义。"朱子说："义，宜也。是非可否，处之得宜，所谓义也。"（《语类》卷九十五）朱子又说："日用事物之间，莫不各有当行之路。"（《中庸》注）此当行之路，亦即是义。孟子说："仁，人心也；义，人路也。"人心即不忍人之心，人路即当行之路。此当行之路，亦是本然底。于此我们又须指出，此当行之路，亦是依照某种社会之理所规定之规律而规定者，在一种社会中，某种事有某种道德底本然办法，但在另一种社会中，某种事可有另一种道德底本然办法。在一种社会中，人遇某种事有某种当行之路，但在另一种社会中，人遇某种事，可有另一种当行之路。这些办法，这些路，俱是本然底；但可以各不相同。虽各不相同，但对于其社会中之人，俱是义。

朱子说："事中自有一个平平当当道理，只是人讨不出。"（《语类》卷八）此所谓平平当当道理，即我们所谓道德底本然办法。若能见此本然办法，而依之以办此种事，则无论何人办，其办法均是一样。朱子说："尧老，逊位于舜，教舜做，及舜做出来，只与尧一般。此所谓真同也。孟子曰：'得志行乎中国，若合符节。'不是只恁地说。"（《语类》卷十）一部分儒家之理想底圣人，即能见各种人事之道德底本然办法，而依照之以办事者。所以无论先圣后圣，遇某种事，其办之之办法，能"若合符节"。

某种事之道德底本然办法，必是其恰到好处之办法，就其恰到好处说，则谓之中。中者无过或不及。有过或不及，则均不是恰到好处。在某种社会内，在某种情形下，某种事有某种至当底办法。但在另一种社会内，在另一种情形下，某种事又有另一种至当底办法。在各种社会内，各种情形下，各种事之至当办法，可以不同，所以说中，必兼说时，所谓时中。但此并不是说，本然底办法，可以随便变易；而是说，在各种社会内，在各种情形下，各种事自有各种道德底本然办法。

孟子说："执中无权，犹执一也。所以恶夫执一者，为其贼道也，执一而废百也。"执一即固执一办法，以应不同底事变。执一是不可底，所以执中须有权，方能随时应不同底事变。但此并不是说，我们所谓道德底本然办法，可有变动，此只是说，在不同底情形下，对于不同底事变，自有不同底本然办法。汉儒讲所谓经权，照他们底说法,经者,一种事之一定不变底办法;权者,一种事之通融底办法。此通融底办法,虽不合乎经,而却合乎道,所以说:"反经而合乎道曰权。"照我们底说法:只有经,没有权。若有某种事,在某种情形下,须通融办之方"合乎道",则此通融底办法,即是道德底本然办法,此即不是权,此即是经,此外更无经。

朱子说:"至善者事理当然之极也。"(《大学》注)上所说道德底本然办法,及当然之路,无论从宇宙底观点看,或从社会底观点看,均是至善底。本然至当底办法,及当行之路,均是理。依照此办法而有之实际底办法,依照此当行之路而行之实际底行为,均是此理所有之类中之实际底事。从宇宙的观点看,一类事所依照之理,对于其类中之事说,均可说是至善底。而此所谓至当及当行,又俱是从道德方面说底,所以此所说至当底办法,及当行之路,从社会的观点看,亦是至善底。

普通以为,王阳明以为道德上底至善及中,乃以我们的心为标准。我们以上所主张,似与阳明大相径庭,其实亦不尽然。阳明说:"至善者,明德亲民之极则也。天命之性,粹然至善,其灵昭不昧者,此其至善之发见,是乃明德之本体,而即所谓良知者也。至善之发见,是而是焉,非而非焉,轻重厚薄,随感随应,变动不居,而亦莫不有天然之中,是乃民彝物则之极,而不容少有拟议增损于其间也。"(《大学问》)照上所说,阳明之意,亦不过是说,我们有良知。我们的良知,遇见事物,自然而然知其至当处置之办法。我们只须顺我们的良知而行,不须拟议增损,自然无论处置何事,轻重厚薄,无不合宜,即所谓得"天然之中"也。究竟我们是否有如此底良知,现姑不论。我们只问:此所谓至当处置之办法,或所谓"天然之中",本是本然底有,不过我们的良知能知之?抑或是此所谓至当或"天然之中"，不是本然底有，而是我们的良知所规定者？若是我们的良知所规定，我们的良知于作此规定时，是随便规定，抑系于某种情形下，对于某种事物之处置，必作某种规定？我们不能说，我们的良知可随便规定，因为如果如此，则即没有一致底道德底标准，逻辑上不能如此说，事实上亦无人如此主张。如说我们的良知，于某种情形下，对于某种事物之处置，必作某种规定，此即无异说，于某种情形下，对于某种事物之正当底处置，自有一定底，无论何人，苟欲于此求至当，必用底办法。此即无异说，所谓至当或"天然之中"，本是本然底有，不过我们的良知能知之。至于所谓"不能拟议增损"，是说，我们对于所谓至当或"天然之中"，不能拟议增损？抑是说，对于我们对于所谓至当或"天然之中"之知识，不能拟议增损？若是前说，我们亦正如此主张。所谓至当，若是至当，即永是至当；所谓"天然之中"，若是天然之中，即永是天然之中，决不能"有拟议增损于其间"。若是后说，则我们不能赞同，因我们对于所谓至当或"天然之中"之知识，不但可有错误，而且事实上常有错误，所以我们对之，不能不有拟议增损也。此拟议增损，无论有多少，并不是对于所谓至当，或"天然之中"有拟议增损，而只是对于所谓至当或"天然之中"之知识有拟议增损。对于所谓至当或"天然之中"，是不能有拟议增损底，正因有不能拟议增损之至当或"天然之中"以为标准，所以我们对之之知识，可有拟议增损。阳明一派的主张，以为我们对于所谓至当或"天然之中"之知识，若是良知所知，亦是不可拟议增损底。假如我们承认，我们有如阳明所说之良知，我们当然亦如阳明所主张。不过我们只说，我们有知，可以知所谓至当或"天然之中"，但此知可有错误，而且事实上常有错误。我们有知，此知亦可说是相当地"良"，但不是如阳明所说那样地"良"。

我们说，所谓至当或"天然之中"，是本然底；一般人见此说，多以为我们此说要抹杀人事中之主观底成分。此"以为"是错误底。我们所说，只是说，如于某种情形下，有某种事，无论何人如欲对之作一至当底处置，他必须如此办。此正如我们说，红色或美味是客观底，并不是说，红色或美味不涵蕴人之眼及嘴，亦并不是说，若事实上无人之眼及嘴，亦可有实际底红色及美味。我们只是说，一种物有一种底结构，此种结构，如人之眼遇之，此人即必须说：此是红色。关于美味亦是如此。此点于第八章中，亦论及之。

我们于以上说"道德底"本然办法，因为在某种情形下，某种事，若不从道德底观点，而从别底观点看，则可有别底本然办法。有许多种事，若从道德底观点看，其至当底办法是如此；但自另一观点看，如从事功之观点看，则可另有一种至当底办法；照此办法，可使某方面有最大底成功。此种本然办法，我们称之为功利底本然办法。此两种本然办法，可以相合，但不必相合。照传统底说法，依照道德底本然办法以办事者，是圣贤；依照功利底本然办法以办事者，是英雄。在政治上说，政治上底各种事亦皆有其道德底本然办法，及功利底本然办法。依照道德底本然办法，以办政治者，其政治是王。依照功利底本然办法，以办政治者，其政治是霸。政治上之道德底本然办法，必是合乎全社会之利益者；而其功利底本然办法，则多是为社会之某方面的利益；此二者可相合而不必相合。儒家贵王贱霸。从道德底观点看，无论何人，皆应贵王贱霸。

朱子与陈龙川，有关于王霸之辩论，朱子与龙川书，以为："亘古亘今，只是一理，顺之者成，逆之者败，固非古之圣贤所能独然，而后世之所谓英雄豪杰者，亦未有能舍此理而有所建树者也。"

不过圣贤，"彻头彻尾，无不尽善"；而后来所谓英雄，则只能与理"暗合"，"而随其分数之多少，以有所立，然其或中或否，不能尽善，则一而已。来谕谓三代做得尽，汉唐做得不尽者，正谓此也。然但论其尽与不尽，而不论其所以尽与不尽，却将圣人事业，去就利欲场中，比并较量，见有仿佛相似，便以为圣人样子，不过如此。则所谓毫厘之差，千里之谬者，其在是矣"（《答陈同甫书》，《文集》卷十六）。照旧说，三代之政治是王，汉唐之政治是霸。陈龙川以为三代汉唐之政治之分，在于三代做得尽，汉唐做不尽。朱子亦承认此点，但主张须论其所以尽与不尽。圣人事业，是从所谓天理出发，英雄事业，则是从所谓利欲出发。此正是我们以上所说者。不过此出发点既不同，则自此出发后，圣贤依照上所谓道德底本然办法，以办政治，英雄则依照上所谓功利底本然办法，以办政治，其所依照之本然底办法，既系完全两套，则其政治，自亦不同。所以王与霸完全是两种政治，而不是一种政治之有做得尽，或做不尽者。

（八）礼

一部分儒家之理想底圣人，其一特点，即是对于事之处置，皆得其宜，亦即是皆合乎义。所谓"不思而得，不勉而中"（《中庸》）。所谓"随所意欲，莫非至理"（《论语·为政》"七十而从心"朱子注引胡氏说）。圣人将人在社会中所常有之各种事之至当处置底办法，定为规则，使人遵行。此即是礼。程明道说："礼者非体之礼，是自然底道理也。今容貌必端，言语必正者，非是道独善其身，要人道如何，只是天理合如此。本无私意,只是个循理而已。"(《近思录》卷四引)朱子说:"这个典礼,自是天理之当然,欠他一毫不得,添他一毫不得。惟是圣人之心,与天合一,故行出这礼,无一不与天合,其间曲折厚薄浅深,莫不恰好。这都不是圣人自撰出,都是天理决定,合着如此。后之人此心未得似圣人之心,只是将圣人已行底,圣人所传于后世底,依这样子做;做得合时,便是圣人。"(《语类》卷八十四)又说:"礼仪三百,威仪三千","不是强安排,皆是天理之自然"(《语类》卷七十四)。究竟事实上有如此之圣人否,有如此之合理底礼否,乃另一问题,而事实上各种社会内之"制礼作乐"者,其所希望达到之标准,则固皆系如此。

旧说,礼有许多种类。如从一人生活之观点分,则礼有所谓冠婚丧祭。如从社会活动之观点分,则礼有所谓吉凶军宾嘉。然无论从何观点,以为礼分类,礼总是社会中之事。若只有一人,即无有礼。

某种社会内,有某种社会之礼。其礼可以绝不相同,而其意则一。各种社会内之礼,均是以合理为目的,不过其所拟合之理,可各不相同。"公说公有理,婆说婆有理。"实是都有理。

(九) 智、良知

我们说,我们有知,能知所谓至当或"天然之中",不过可有错误,且事实上常有错误。对于道德之知识,所依照之理,即是智。孟子说:"智者,知此者也。"又说:"是非之心,智之端也。"合乎所谓至当或"天然之中"者为是;不合乎此者为非。人对于所谓至当或天然之中，愈能知之无错误，其智即愈大。阳明说："知善知恶是良知。"良知即我们的知之智者；我们的知愈良，即我们的知愈智。

（十）信

有以为信者，诚也。孟子说四端，不及信。朱子说："程子曰：'四端不言信者，既有诚心为四端，则信在其中矣。'愚按四端之信，犹五行之土，无定位，无成名。而水火金木，无不待是以生者。故土于四行无不在，于四时则寄王焉。其理亦犹是也。"（《孟子·公孙丑》上注）如此说，则所谓信者，即以诚行仁义礼智也。此说亦可通，但不必如此说。我们尽可取普通所谓信之意义；即此意义，即可见信之所以为常。一社会之所以能成立，靠其中之分子之互助。于互助时，此分子与别一分子所说之话，必须可靠。此分子所说之话，必须使别一分子信之而无疑。我于此写文而不忧虑午饭之有无，因我信我的厨子必已为我预备也。我的厨子为我预备午饭，因信我到月终必与之工资也。此互信若不立，则互助即不可能，即此小事，即不能成。若在一社会之内，其各分子所说之话，均不可靠，则其社会之不能存在，可以说是"无待蓍龟"。人必有信，不是某种社会之理所规定之规律，而是社会之理所规定之规律。孔子说："自古皆有死，民无信不立。"

照程朱的旧说，此五常即是人所有之人之性之内容。人所有之人之性是俱生底。人之性中有仁，所以人有恻隐之心；人之性中有义，所以人有羞恶之心；人之性中有礼，所以人有辞让之心；人之性中有智，所以人有是非之心。信则如"五行之土，无定位，无成名"，如上所引朱子所说。仁义等是性，是未发；恻隐、羞恶等是情，是已发；而心则包已发未发，所以说"心统性情"。此是程朱对于孟子所说四端之解释。照我们的看法，凡无论何种社会，所皆须有之道德，其理可以说是为人之理所涵蕴。依照人之理者，其行为必依照此诸道德之理。不过此诸道德都是什么，则哲学不必予以肯定。程朱说五常即是人所有之人之性之内容，即是人之理之内容，则对于人之理之内容，肯定过多，可以不必。

第六章　势　历史

（一）势与因之而成之事物

　　势亦是与理相对者，我们常说"势所必至"，又说"理有固然"。有某理则某种事物可实际地有而不必有。如某种事物能为实际底有，则必先有某种底势。例如有飞机之理，即可有实际底飞机，但实际底飞机，直至最近始有。昔人亦有以种种方法，试作飞行工具者，但均不能成功。今人所以能制飞机者，盖因今人可靠我们现在所有关于物理、气象等方面之知识，可用内燃机之发动机，可用轻金属等材料。此等各方面底事物之联合，即成一种势；在此种势下，人即可发现飞机之理，而依照之以制造飞机。就真际方面说，飞机之理是本然有底。但就实际方面说，若无可以制造飞机之某种势，则人不但不能制造飞机，并且不能发现飞机之理。凡某理发现之时，即某种事物可实际地有之某种势已成之时。

　　一种事物之实际地有所需要之一种势，与一事物之实际地有所需要之阳，有何不同？大概言之，我们说阳，是就一件事物之实际地有说。我们说势，是就一类事物之实际地有说。例如我们说阴阳，我们可以说，一件事物有一件事物之阴阳；但我们不能说，一类事物有一类事物之阴阳。因为所谓阴阳,只是对于一件事物说。一类事物之相同,在于其有同性,至于其类中各个分子所有之阴阳,则可各不相同。我们说势,则是就类说。我们说:"如有为某种事物之事物,则必有某种势。"所谓为某种事物之事物,事实上亦是一件一件底事物,但我们说此话时,我们的意思是以此一件一件底事物为一类之实际底分子而说之,不是以其为一件一件底事物而说之。例如我们说:如有飞机,则必有某种势;事实上所有者,亦是一个一个底飞机,但我们于此说飞机时,我们的意思是说属于飞机一类之物,而不是说某一个飞机。

我们于第二章中说,每一事物皆有其阳圈。其阳圈中之每一事物,又各有其阳圈。如是重重无尽,颇似华严宗所谓因陀罗网境界者。就一种事物之实际地有所需要之势说,其势中之每一种事物之实际地有,又各需要一种势。此一种势中之每一种事物之实际地有,又各需要一种势,如是亦重重无尽。一种事物之实际地有所需要之重重无尽之势,可总名曰大势。在我们普通言语中,我们常说"大势所趋"。严格言之,所谓大势,即是实际底世界于某一时所有之状况。用另一句话说,所谓大势,即是某一时之整个底实际。就一种事物之实际底有说,即就一理之有实际底例说,一种事物之实际底有,需要一种势;就此一种势之实际底有说,一种势之实际底有,需要一种大势。一种大势,即对于一理之有实际底例之某一时之整个底实际。

大势是某一时之整个底实际,势亦可说是实际中某一时之某种状况。所以我们有时亦谓势为时。郭象说:"揖让之于用师,直是时异耳,未有胜负于其间也。"(《庄子·天地》注)尧舜揖让,汤武征诛,是两种事。此两种事之有,俱因于其时之某种状况,其时之某种势。一时有一时之势,简言之,曰时势。

某种势与因之而成之某种事物之关系,是必要底,而不是充足底。此即是说:如有某种事物,必有某种势;如无某种势,必无某种事物,但有某种势,不必有某种事物。所以我们只说某种事物因某种势而成,而不说某种事物由某种势而生。

已有之某种势,如又无有,我们谓之为势去。在普通言语中,我们常说"大势所趋";又常说"大势已去"。前者谓其方来,后者谓其已去。如某种势去,则因此某种势而成之某种事物,即不能存在。有某种事物,必有某种势,无某种势,必无某种事物。如有为某种事物之某甲或某乙,其所因以成为某种事物之势如去,则此某甲或某乙,如仍继续存在,必变为可因某种新势而成之某种事物。此某甲或某乙所因以成为某种事物之某种势,如去,则某种事物即不能有;就此某种事物说,此所谓穷。为此种事物之某甲或某乙,于此即须变为可因某种新势而成之某种事物;就此某甲或某乙说,此所谓穷则变。此某甲或某乙必变为某种新事物,然后可以存在,就此某甲或某乙说,此所谓变则通。某种新势之自身,不能即使某甲或某乙变为可因之而成之某种事物,但某甲或某乙,如其继续存在,则必变为此种新事物。

上段所说,可用另一套话说之。理是本然底,"百理俱在平铺放着"。依照某理之事物,即有某性,使有某性之某甲或某乙可以存在之某种势如去,则此有某性之某甲或某乙,如其继续存在,必随顺某种新势,变为可因此种新势而存在之有另一性之某甲或某乙,否则即不能存在。某甲或某乙变为有另一性之某甲或某乙,即是某甲或某乙有一新性,即是其依照一新理,亦即是其入一新类。此某甲或某乙所经之变化,即是自一类入另一类之变化。此即第三章所说道体之变通底日新。如某甲或某乙，能如此随势改变，用《易传》的话说，可以说是"与时偕行"。

我们说，在某种势下，某甲或某乙，如其继续存在，必变为某种事物，而不说，在某种势下，某甲或某乙必变为某种事物。在某种势下，某甲或某乙可以不变成，或变不成，某种事物，不过如其不变成，或变不成，则即不能存在耳。讲演化论者说："适者生存。"所谓适者，适于其所遇之某种势也。我们所见之生存者，俱系适者。非无不适者，不过不适者已不存在耳。海格尔说："凡存在者都是合理底。"若照我们所说理之意义，我们可以说："凡存在者都是合理底，而且又都是合势底。若只合理而不合势者，亦不能存在。"

我们如此说法，异于一种所谓机械论。此种机械论以为在某种势下，一某甲或某乙必可成为某种事物，或以为在某种势下，某种事物必可发生。此后说较通于前说，因此后说并不对于某甲或某乙有所肯定也。然如在某种势下，所有之事物，均未适应成功，在理论上亦非必不可能。

（二）社会制度与思想

我们于上章说，社会有许多种类。每种社会皆有其理。理是本然底，但专就理说，有此理亦不过有此理而已。至于实际上有无此种社会之存在，换言之，实际底社会有无依照此理以成立者，则与理无关，而与势有关。例如中国现所将变成之新社会，其理是本然底，且事实上已有许多社会依照之而成立。但中国以前未成为此种社会，其所以未成为此种社会，即因其未有如现时所有之一种势。

　　某种社会制度，必须在某种势中，方可实际地有。如某种势去，则因此种势而有之某种社会制度，自然归于消灭。专凭一部分人之愿望，以求某种社会制度之实现，或求阻止某种社会制度之消灭，是不能成功底。《老子》说："为者败之，执者失之。"某种势未至，而专凭一部分人之愿望以求某种事物之实现，是即"为"之，"为"之是不能成功底。某种势已去，而专凭一部分人之愿望，以求阻止某种事物之消灭，是即"执"之，"执"之亦是必失败底。关于一种社会制度之实现与消灭，尤是如此。

　　自又一方面说，实际底某种思想，是某种势之反映。此即是说，人必于某种势下，方能有某种思想。就社会制度说，如一社会之中，有一部分人，对于此社会原来所有之旧制度，觉其仍须保存，此即此旧制度所因而有之势尚未全去，其余波反映于此社会中人之思想者。如另有一部分人，觉此旧制度必须变改，而代以某种新制度，此即此新制度所因而有之势已渐来，其先声反映于此社会中人之思想者。若其势毫无，则人即不能知有此新制度，更说不到思想，说不到愿望。人的知识，恰如人的眼睛。人的脚走到那一点，眼睛才能看到那一点。眼睛所看到者，自然比脚所走者远一点，但亦远不了很多。

　　有人以为某社会内之人，先有某种思想，然后此社会方成为某种社会。就某社会之完全成为某种社会说，此话亦是。于某社会正在成为某种社会之程序中之时，必已有一部分人，先已有某种思想。此是不错底。但不可因此即说，某社会内之人，能凭空有某种思想。凡一某种社会内之人，有所谓新思想之时，即某种社会已到或将到穷之时。于此时必已有一种新势，使为此种社会之国家或民族,若其继续存在,必变为另一种底社会。有些人先感觉此种新势,先表示其感觉。所谓新思想,即此一种感觉之表示也。所谓先知先觉,即知此觉此者也。先知先觉,对于社会,有觉之之力,如所谓"晨鸡一鸣天下晓"者。晨鸡一鸣,有唤醒人之力,其鸣亦在天晓之前,此是事实。但不可说晨鸡一鸣能使天晓。它并不能使天晓,它不过能先觉天晓。非晨鸡一鸣而天始晓,乃天欲晓而晨鸡始鸣也。

有人以为某时某地之思想,皆所以拥护其时其地之社会制度者。某时某地之思想,固可有此功用,但不可以为某时某地之有此种思想者,对于其自己之思想,亦持如此看法。亦不可认为某时某地之有此种思想者,皆有意如此作。有思想者对于其自己之思想,皆笃信其为超时代超地域之最后底真底道理。如其无此笃信,而但有意地作逢迎社会之说,所谓哗众取宠,曲学阿世者,其思想即不能有任何力量。一时一地之有思想者,如果他是有思想者,必不是为拥护其时其地之社会制度,而有其思想,不过历史家于事后观之,可以见其是如此而已。

又有人以为某时某地之思想,皆为其时其地之统治阶级所创造,以麻醉其所统治者。此说亦不全是。某时某地之统治者,皆利于维持其时其地原有之社会制度,故对于拥护其时其地之社会制度之思想,或与之相应之思想,自然积极提倡。不过谓某时某地之统治者,能有意地创造一种思想,则又过于重视统治者之人力。其实人在某社会中,如其有思想,其思想必为与某种社会相应之某种思想。人有某种思想,则自然觉其所在之社会所有之社会制度是合理底,是天经地义,不容改变底。如对于其时其地之社会制度,及与之相应之思想,能有怀疑之论发生,则必其社会制度所因而成为实际地有之某种势,已发生变动,此怀疑之论,即其变动之反映也。若其势无任何变动,则怀疑之论,即无从发生,而在此社会制度中之人,皆自觉其制度是合理底。我们处现在世界中,见有许多不同底社会制度,不同底思想,同时存在,遂以为对于社会制度或思想之怀疑与争论,乃极易有而且应有之事,不知此乃由于我们现在世界之特有情形。我们现在之世界,因交通工具之进步,全世界已成为一片。但此一片之中,各处之改变,则非一律。有已全改为新制度者,有正在改变中者,有尚在用旧制度者。于是各种制度,各种思想,纷然杂陈,此为一所谓过渡时代所有之情形。若在一定底社会制度中,则其人之思想见解,自必以其制度为合理底,而不能对之有疑义发生。

（三）社会制度之好坏

若问:各种社会制度,何者是好,何者是坏? 我们答,就各种社会之理本身说,无所谓好坏;就人对于社会制度之愿望说,能使人之欲得到满足愈多者,即能使人愈快乐者,其制度即愈好;就一时一地之社会说,则合乎其时其地之某种势之社会制度是好底;否则是坏底。

凡理,就其本身说,或从真际之观点说,皆无所谓好坏,或善恶。从实际之观点说,则凡理皆可说是最好底,最善底,因为每一理都是其类之事物之极。此点我们于第四章中已说。

我们于第四章中说,由人所有之性或由一个人所有之性发出之事,其是恶者,有些是与由人之性发出之事冲突,有些是与某种社会制度冲突。我们在第五章又说，在一社会内，其分子必遵守其社会所依照之理所规定之基本规律，其行为合乎此者是道德底，反乎此者是不道德底。但各种社会之理所规定之基本规律不同，所以在某一种社会之内是不道德底行为者，在另一种社会之内可以不是不道德底。假定有两种社会，在其一种中之有些不道德底行为，在其另一种中不是不道德底，则此另一种社会所有之制度是比较好底，因为在其中之人，其欲可以得到较多底满足，其人可以较快乐。

某国家或某民族于一时所行之某种社会制度，本亦是因一种势而有；若其势既变，则此国家或民族所行之社会制度即不能有。此国家或民族，即到我们于上文所说穷则变之阶段。此国家或民族即应因此种新势而变为另一种之社会。如其能如此，此国家或民族即到我们于上文所说变则通之阶段。但此种新势只能使此国家或民族能有一种新社会制度，而不能使其必有一种新社会制度。如此国家或民族不能变通，则即与其原来所行之社会制度，同归于穷，同归于尽。

由此说，一种之社会制度，适合于某国家或民族于一时所遇之某种势者，都是好底。道家注意此点。《庄子·天运》说："夫水行莫如用舟，而陆行莫如用车，以舟之可行于水也，而求推之于陆，则没世不行寻常。古今非水陆与？周鲁非舟车与？今蕲行周于鲁，是犹推舟于陆也，劳而无功，身必有殃。"郭象说："夫礼义，当其时而用之，则西施也。过时而不弃，则丑人也。"（《庄子·天运》注）法家亦注意此点。《商君书》说："当时而立法，因事而制礼，礼法以时而定，制令各顺其宜。"（《更法》）《韩非子》说："圣人不期修古，不法常可，论世之事，因为之备。"（《五蠹》）此皆说：一种社会制度，合时则是好底；不合时即是坏底。合时即是合势。

我们亦不能说，在与我们不同底，或即是较不好底，社会制度中之人，亦必是不快乐底。假使在一种社会制度中之人，能知有一种可以使之较快乐之社会制度，而且知其可以实现，则在此种社会制度中之人，相形之下，定须感觉痛苦。但如在一种社会制度中之人，并不知有可以使人较快乐之别种社会制度，或知之而不知其可以实现，则此人即在原来社会制度之中，亦不必感觉不快乐。例如坐惯飞机之人，因火车较慢，以坐火车为苦事。他可以坐火车为苦事，但不能以为凡坐火车之人皆以坐火车为苦事。若常坐马车之人，今坐火车，不但不以坐火车为苦事，且以为乐事。但如已能坐火车，即无人愿坐马车，如已能坐飞机，即无人愿坐火车。如其有之，如诗人宁舍火车而坐马车，以流连光景者，则系别有原因，乃系个人之例外。若就全社会之一般人说，则不是如此。许多人以为不在我所愿望之社会制度中之人，必痛苦异常，此"以为"是不对底。

不过某社会内之人，如知有较其社会原来所行之社会制度更可使人快乐之社会制度，而且知其可以成为实际底，则对于其社会原来所行之社会制度必感觉不满。其向此新社会制度以趋之力，又非其社会内之保守者的努力所能阻止。盖某种社会内之人，若知有一种新底社会制度，而又知其可成为实际底有，此即此种新底社会，所因而可成为实际地有之某种势已渐来，而此某种社会所原行之某种社会制度，所因而成为实际地有之某种势已渐去之时。

于如此之时，主张革新者，对于势说，是顺；主张保守者，对于势说，是逆。顺势者我们谓之为顺自然。我们于上文说，一理之有实际底例需要一种势，一种势之实际底有需要一种大势。一种大势即对于一理之有实际底例之一时之整个底实际。实际一称自然,所以说是顺自然。

有人说顺势是顺必然,但我们于此只说顺自然,而不说顺必然。照我们的说法,只对于理可说必然。一社会如是某种社会,则此某种社会所有之各种制度,此社会必须行之。用另一句话说,一社会若依照某种社会之理,则必依照所有其所涵蕴者。此是必然。但人之顺势只是顺自然,而不是顺必然。因为势是实际底,并不是理。

(四) 无为

先秦道家,如老庄,主张顺自然;此自然是对人为说者。我们所说之自然,则亦包括人为在内。人亦是宇宙之一部分,人为亦是道之一部分,蚂蚁之洞其穴,小鸟之筑其巢,亦是道之一部分。人之创造其所谓文明,自道之观点看,与蚂蚁之洞其穴,小鸟之筑其巢,是一类底。人与蚂蚁小鸟,均是有所为,不过一是人为,一是蚁为,一是鸟为而已。

道家从人之观点,将宇宙划为两大部分,一是属于人为者,一是属于天然者。此在逻辑上亦无不可。不过以为我们必须放弃人为,纯依天然,则于事实上不可行,理论上说不通。因人本来是人,人既需生存,则必有所为,又必依靠其所为。如《老子》所说小国寡民之境界,其中有许多事物仍是人为底。若说人为亦要,不过不可太多,但如何为太多,亦是不易定者。

老庄所想象之理想底社会,亦是一种社会,不过此种社会所因而有之势,在先秦之时,久已过去。所以老庄对于社会之主张是开倒车底,是逆势底。

汉以后之道家,如写一部分《淮南王书》之人,及郭象,虽亦说顺自然、无为,但其所说顺自然、无为之意义,已与老庄不同。《淮南子》云:"若吾所谓无为者,私志不得入公道,嗜欲不得枉正术,循理而举事,因资而立功,推自然之势,而曲故不得容者。事成而身弗伐,功立而名弗有。非谓其感而不应,攻而不动者。若夫以火熯井,以淮灌山,此用已而背自然,故谓之有为。若夫水之用舟,沙之用鸠,泥之用輴,山之用蔂,夏渎而冬陂,因高为山,因下为池,此非吾所谓为之。"(《修务训》)郭象说:"夫高下相受,不可逆之流也;小大相群,不得已之势也。旷然无情,群知之府也。承百流之会,居师人之极者,奚为哉?任时世之知,委必然之事,付之天下而已。"(《庄子·大宗师》注)此所谓无为,有两种。一种是为首领者之无为:为首领者责其所属,各为其事,而自己不为。此是为首领者之无为。此种无为,我们不论。一种无为是"委必然之事"之无为。照郭象之意,事有其"必然底"趋势。此等趋势,我们助之无益,阻之亦无效。我们只须听其自然;听其自然,即是无为。

这种看法,虽不是开倒车底、逆势底,而却是上所说之机械论底。我们于上文说,一种势只能使一种事物可有,而不能使其必有。就社会说,有一种势,即可有一种社会,但一团体之能否变成为此种社会,则仍须此团体中人之努力。此种势能使此团体不能存在,如此团体不能变成为此种社会,但不能使此团体必变成为此种社会。

我们仍可说无为,不过所谓无为者,不是无人为之,亦不是说无人努力为之;若事是人之事,必须人为之。所谓无为者,即谓此等人为,并不是矫揉造作,而是顺乎自然。

不顺乎自然者,是矫揉造作,此义是郭象所说。郭象说:"夫先王典礼,所以适时用也。时过而不弃,即为民妖,所以兴矫效之端也。"(《庄子·天运》注)一种社会制度,若其所因而成之势已去,而一社会仍欲维持之,则即是矫效,即是有为。若一社会因一种新势而变成为另一种社会,此变即是顺自然,即是无为。

以上所说之无为,是就势说,顺势之行为是无为,逆势之行为是有为。宋儒亦说无为,其中心学家之说无为,是就心说。其中理学家之说无为,是就理说。

程明道说:"天道无心而成化,圣人有心而无为。"又说:"君子之学,莫若廓然而大公,物来而顺应。"明道此所谓无为,是就心说。心若能廓然大公,物来顺应,则即如一明镜,物来则照,物去镜仍是空空洞洞底。此即所谓"寂然不动,感而遂通"。能感而仍是寂,亦即所谓"寂而恒照,照而恒寂"。此亦是无为;此无为是就心说。

朱子说:"廓然大公,只是除却私意,事物之来,顺他道理应之。"又说:"至于圣人,则顺理而已,复何为哉?"(《语类》卷一)能如此亦是无为;此无为是就理说。朱子又说:"义理明则利害自明。古今天下,只是此理。所以今人做事,多暗与古人合者,只为理一故也。"(《语类》卷一百三十九)我们于上章说,在某种社会内,某种事有某种本然办法;此即是其理。顺此理去办,即是无为。此亦是无为,此无为是就理说。

(五) 历史

历史是构成势之一主要部分。历史中有某种事,此某种事即构成现在之某种势之一主要部分。历史中之事皆一往不再现,但虽不再现而却并不是无有。不但并不是无有,且不可改易,并且亦非无力。

一事物之历史,即其已往所曾有之事迹,其整个是此一事物之整个之一部分。不知某一事物之历史者,不能算是对于此事物有完全底知识。例如南岳,有其在地的历史中之历史,有其在人的历史中之历史。如知其在人的历史中之历史,知其为慧思所曾住,朱子所曾游,则立可感觉其精神底价值。如不知此,则视之亦一不甚高底山而已。一事物能使我们"发思古之幽情"者,即因其本身之历史,有与我们之历史相通处也。古董之所以可爱,正因其有历史,其历史又与我们的历史相穿插,能令人"发思古之幽情",而有其精神底价值。《墨经》说:"可无也,有之而不可去,说在尝然。"(《经》下)《经说》云:"可无也,已然则尝然,不可无也。"历史中之某一事,就其本身说,是可无底,但既有之,则即是尝然;尝然永不可无。

所以历史是不可改变者。已往之事,已如此即永如此。常闻乡间小儿斗口,一小儿谓另一小儿云:"你为什么骂我?"另一小儿云:"我已经骂了,看你把我怎样。"此所说甚有力。骂成为已经,则虽有上帝,亦未如之何也矣。一个人可以另说一句话,取消其前一句话。但此所谓取消,只是说,我现在不如此说,至于其所已说,已是尝然,不能取消,且亦无所谓取消。

历史亦非无力。就势说,历史中有某种事,此某种事即构成现在之某种势之一主要部分。就一事物说,一事物之历史是决定此事物之现在与将来之行为之力量之重要部分。例如一个人之行为,其一生之历史,对之有一部分决定底力量。僧肇说:"成山假就于始篑,修途托至于初步,果以功业不朽故也。功业不可朽,故虽在昔而不化,不化故不迁,不迁则故湛然明矣。"(《物不迁论》)凡以往之事,均是不化,不迁,不朽,其本身虽寂然不动,而却非无力。关于此点,于第九章中另有说。

历史之力,在人事方面,尤为重大。有哲学家以为一有生命底物之历史,对于其自己是有大关系底,一无生命底物之历史,对于其自己,是无关系底。此说之当否,我们不论。不过人的历史对于人之关系,是很重大;此是无人能否认者。

历史是继续底。就一方面说,此话是等于废话,因为历史总是继续底。一国家或民族之社会组织是某一种底社会,如于一夜间忽然变为一完全不同的另一种底社会,我们亦不能说它的历史不是继续底。但如此底突变,是不可能底。我们亦常听说有突变,不过所谓突变之突,只是表面底。一战争之起,在表面上看似是突发,但事实上常是有酝酿数年或数十年者,这些突变都是似突非突。真正底突变,是不可能底。我们说,历史是继续底,正是说这个意思。一国家或民族自某一种社会变为另一种社会,此变往往须经过很长底历程,很久底时间。在此程序中,旧底之须去者,逐渐去掉,新底之须加者,逐渐加入。在所谓变通底日新中,一国家或民族是逐渐成为一种新底社会,而不是将所谓新底制度,一下套上,如人将一套新底衣服一下穿上。

或者可说,上章所说对于制度之革命,正是将一套新底社会制度,一下与一国家或民族套上。革命与演化之不同在此,上段所说,只能就演化说,而不能就革命说。其实照我们的看法,所谓演化与革命之分,只是表面底。革命是演化中之一种事,而不是与演化对立底另一种事。历史上无论哪一个革命,都是事前经过数年或数十年底酝酿,事后又经过数年或数十年底改革,然后一国家或民族,方能自旧底一种社会,变入新底一种社会。即在其所入之新底一种社会中,其所有之旧底一种社会制度中之与其新底一种社会制度无冲突者,仍然依旧存在。历史上每一个革命之后所建设之新社会,常较革命家所想像者、所宣传者,旧得多。当然有些直是社会制度,而不是某一种社会制度,此当然是不可改者。但有些亦是某种社会制度之制度,为此国家或民族所旧有者。但因其无碍于新制度,故仍继续存在。就此方面看,一新底社会之出现,不是取消一旧底社会,而是继承一旧底社会。社会中任何事,如思想、文学、艺术等,均是如此。

　　看一社会之如何变化,须将其社会作一整个看。此社会中有许多事,是此整个社会所应负责者。《庄子·天运》"人自为种而天下耳",郭象注云:"不能大齐万物而人人自别,斯人自为种也。承百代之流,而会乎当今之变,其弊至于斯者,非禹也,故曰天下耳。言圣知之迹非乱天下,而天下必有斯乱。""承百代之流",是就一社会所有之历史说;"会当今之变",是就其所遇之时势说。于其历史与时势交叉之处,此社会所经之变,非一二人所应负其责任,所以说"非禹也,天下耳"。言整个底社会应负此责任也。例如中国之在今日,正所谓"承百代之流,而会乎当今之变"者。有许多事,无论是好是坏,皆不能指定为哪几个人或哪几种人之功罪。我们亦只可说:"其弊至于斯者,非禹也,天下耳。"

第七章　义理

（一）何为义理

　　旧说将学问分为三部分，即所谓义理之学、辞章之学、考据之学；我们现在所谓义理之意义，大致与旧说所谓义理相同，不过亦大致相同而已。照我们的说法，有本然底义理，有本然底说底义理，有实际底说底义理。

　　义理可以说是理之义。一理可涵蕴许多别底理。此理所涵蕴之理，即此理之义；此理涵蕴许多理，即此理有许多义。例如人之理涵蕴动物之理、生物之理、理智之理、道德之理等。凡此皆是人之理之义。又例如几何学中所说关于圆之定义等，亦均是圆之理之义。理之义即是本然底义理。

　　说底义理，即是说本然底义理之理论，例如说圆之理之义之理论，即是说底义理。说底义理之实际地为人所说者，是实际底说底义理。实际底说底义理所依照之理，是本然底说底义理。例如尤可利所讲之几何学是实际底说底义理。尤可利所讲之几何学所依照之理，是本然底几何学，此本然底几何学是本然底说底义理。又例如义理是义理，上所谓义理之学是说底义理。朱子等所讲之义理之学是实际底说底义理,朱子等所讲之义理之学所依照之理,是本然底义理之学,本然底义理之学是本然底说底义理。

(二) 是非

本然底说底义理即是真理,而且是绝对底真理。实际底说底义理,如与本然底说底义理相合,亦是真理,亦是绝对底真理。不过我们于本章中不用真理一名,因为我们若用真理一名,恐与我们所说与气相对之理相混。我们所说与气相对之理,真正可以说是真理。

因此有关于几个字底问题,我们须先解决。在中国言语中,真字及假字皆有两个意义,都是我们所常用者。我们说:这个桌子是真底,不是假底。我们亦可说:"这个桌子是真底不是假底"这一句话是真底不是假底。此两处所谓真及假之意义,完全不同。我们于本书中所谓真际之真,大致是就真之前义说。我们说"大致",因为就此所举例中,真即是真实,而真际之真,则可以只是真而不是实。在此所举例中,真之后义,即普通所谓真理之义。为分别起见,我们于此用是非二字,以指上例中真假二字之后义。《庄子·齐物论》说:"言恶乎隐而有是非。"《墨经》说:"辩也者,或谓之是,或谓之非,当者胜也。"(《经说》下)《小取》篇亦说:"夫辩者,将以明是非之分。"上例中真假二字之后义,古人即谓为是非。

有人以为是非是相对底,有以前是而以后非者,又有以前非而以后是者;有在此是而在彼非者,又有在此非而在彼是者。道家最注意此点。《庄子》说:"仁义之端,是非之途,纷然淆乱。吾恶能知其辩。"(《齐物论》)郭象说:"是若果是,则天下不得复有非之者也;非若果非,亦不得复有是之者也。今是非无主,纷然淆乱,明此区区者,各信其偏见,而同于一致耳。"(《齐物论》注)墨家主张有绝对底是非,《墨经》说:"辩,或谓之牛,或谓之非牛,是争彼也。是不俱当,不俱当,必或不当。"(《经说》上)如有相反之二说,则必有一当,有一不当;当者是而不当者非;所谓"当者胜也"。

(三) 本然命题与实际命题

一说如何可谓之当,《墨经》未说。我们亦主张是非是绝对底,我们亦说:说之当者是而不当者非。照我们的说法,所谓当者,就一普遍命题,或一种理论系统说,即是一实际底说底义理与一本然底说底义理相合。就一特殊命题说,即是一说底命题与一事实相合。

凡命题都是说底。命题之实际地为人所说者是实际底命题。凡命题皆依照命题之理。此外,就普遍命题说,一个实际底命题所依照之理,是一个本然底命题。就普遍命题说,命题之所说者是义理。本然底命题是本然底说底义理。实际底命题是实际底说底义理。实际命题如与本然命题相合者,为是底命题,否则为非底命题。例如我们说:人是有理智底。此是一实际命题,亦即一实际底说底义理。如人之理涵蕴理智之理,则即有此本然底义理,即有一本然底说底义理,有一本然命题,与此本然底义理相应。而此实际底说底义理,此实际底命题,与此本然底说底义理,本然命题,相合,即为是底。如人之理不涵蕴理智之理,则即无此本然底义理,即无"人是有理智底"之本然底说底义理,无此本然命题。如此则

"人是有理智底"之实际底说底义理,实际底命题,即为非底。

　　一实际特殊命题,如与一事实相合,则此命题为是底,否则为非底。例如我们说:"孔子是鲁人。"如孔子是鲁人是事实,则此实际特殊命题即与之相合,即为是底,否则为非底。普遍命题是关于义理者,所以亦可称为义理命题。特殊命题是关于事实者,所以亦可称为事实命题。

　　如一实际普遍命题,与一本然命题相合,或一实际特殊命题,与一事实相合,则此实际命题为是。如一实际命题为是,则即永远为是。实际命题之为是者,不能成为非;实际命题之为非者,不能成为是。就此方面以观是非,则是若果是,即不得有非之者;非若果非,即不得有是之者。

　　如有有人先以为是之实际命题而后成为非者,其原来本即不为是底,不过有人以为是底而已。有有人先以为非之实际命题,而后成为是者,其原来本即为是底,不过有人以为非底而已。例如以前人以为"地是方底"之实际命题为是,以"地是圆底"之实际命题为非。现在人以"地是圆底"之实际命题为是,以"地是方底"之实际命题为非。有人以为于此可见所谓是非是变底,相对底。其实是非是不变底,绝对底。"地是方底"之实际命题,本无事实与之相合,本来即不为是底,以之为是者,乃一时代之人的错误底见解也。若"地是圆底"之实际命题,则本有事实与之相合,本来即为是底,以之为非者亦是一部分人之错误底见解也。所以若就实际说,今以为是者,昔或以为非,此以为非者,彼或以为是,但此乃由于人之知识不够,不是是非本来是相对底。

　　我们何以能知某实际命题有一本然命题或一事实与之相合,某实际命题无一本然命题或一事实与之相合? 若有一全知全能底上帝,站在宇宙之外(此说是不通底,不过姑如此说),而又全知宇宙内之事,则所有实际命题及所有本然命题以及所有事实,皆一时了然于胸中;如此则自无上述之问题。但我们不过是人而已。我们既不能站在宇宙之外,又不能知所有实际命题,所有本然命题,及所有事实。我们所知之实际命题,本然命题,及事实,即就最有学问之人说,比于其总数,尚不能说是九牛一毛,太仓一粟;其比例还要小得多多。至于我们所知之实际命题,其中何者有本然命题或事实与之相合,何者无本然命题或事实与之相合,我们人亦不能一望而知。我们必需用种种方法,方能知之。

此种种方法即归纳逻辑所讲之方法,即实验论者所讲之试验逻辑所讲之方法。实验论者所讲求是之方法之程序及其性质,是不错底。我们是人,我们求是之方法,其程序是步步推索,其性质是试验底。但我们不能以求是之方法之性质,为"是"之本身之性质。我们是人,我们或者永不能有一是底实际命题,或者我们所以为是底实际命题,皆不过是我们以为如此,所以皆是相对底,可变底。但这不过是由于我们人之能力薄弱,与所谓"是"之性质,并无关系。

就人的观点说,是底实际命题之最大特色,即在其通。凡一是底实际命题,在消极方面,与别底是底实际命题,必无矛盾。在积极方面,与别底是底实际命题,必可互相解释。此即所谓通。我们现在以"地是圆底"之实际命题为是者,即因此实际命题,与现在我们所有别底是底实际命题,不矛盾而且可以互相解释。我们以上说,一是底实际命题之为是,在于其与一本然命题或事实相合,乃是就其为是之性质说。此所说一是底实际命题之为是在于其通,乃就求是之方法说。二者所说,乃自两种观点说,所以并无冲突。

　　或说：用归纳法所得之结论，不能是**必然底**命题，而真正义理命题，是**必然底**；所以真正义理命题，不是用归纳法所能得到者。于此我们说，用归纳法虽或不能得到必然命题，但归纳法最后之目的，总在于找出事物所循之公律；如公律是公律，则必须是义理；如其是义理，则必须是必然底。专靠归纳法，不得证明义理之为义理。但我们之开始寻义理，必始于归纳法。即我们开始学算术，如二加二等于四，亦始于先知例证。小儿必先知两个东西加两个东西等于四个东西，然后可知，离开具体底东西，自有二加二等于四者。自义理之本然说，例证是不必要底，但就我们的知识之获得说，例证是必要底。所以归纳法虽不能予我们完全底知识，但我们的知识始于用归纳法。

　　或可问：实际特殊命题与一事实相合，即为是底。实际普遍命题，何不可与一义理相合即为是底？何必于实际普遍命题与其所说义理之间，加一本然命题？如一实际普遍命题与其所说义理之间，必须加一本然命题，则一实际特殊命题与其所说事实之间，又何不可加一本然命题？

　　为答此问题，我们须先从一实际底理论系统说起。例如人实际所讲之几何学，是一实际底理论系统，此实际底理论系统所说者，是关于方圆等之本然义理。但此实际底理论系统所依照之理，其完全底标准，即其"极"，并不是关于方圆等之本然义理，而是最完全底一套命题，如定义定理等，最能完全表出关于方圆等之本然义理者。此最完全底一套命题，即是本然底几何学，本然底说底义理，而人实际所讲之几何学，乃此本然底几何学，此本然底说底义理之实际底例证。此一套命题如此，此一套中之每一命题亦如此。每一实际底普遍命题，皆是一实际底理论系统之一套命题中之一命题。如此一实际底理论系统,有一本然底理论系统以为之极,则此一实际底理论系统之一套命题中之每一命题,亦有一本然命题以为之极。所以是底实际普遍命题,只间接与一义理合,而直接与一本然命题合。

虽有各种本然底说底义理,而无本然底写底历史,亦无本然底历史。历史是具体底、个体底,事实之尝然,写底历史是对于尝然之记述。有尝然之理,有记述尝然之理,但没有本然底历史,亦没有本然底写底历史。因为具体底、个体底事实,不是本然底。它们的有是自然,它们的已有是尝然。自然,尝然,离不了本然。但本然之中,离开实际,专就真际说,无自然尝然。实际底特殊命题是写底历史中之命题,或自命为写底历史,如小说等中之命题。既无本然底写底历史,故亦无本然特殊命题。所以是底特殊命题,只与事实相合,而无本然命题与之相合。

一是底实际普遍命题,以其所合之本然命题为极。其极即其所依照之理。一理可有许多例证。例如我们说:“人是有死底。”此是一个实际命题。他们说:“人是有死底。”又是一个实际命题。有许多人说,说许多次,“人是有死底”,即有许多实际命题。此许多实际命题,都是一类的物,此一类的物都必有其所依照之理。其所依照之理,即是“人是有死底”之本然命题。此本然命题即使实际上没有人说它,它亦是有底。

或可问:本然命题是否有非底? 如其无非底,则所有非底命题,属于何类,依照何理?

本然命题无非底,一非底实际底普遍命题之所以为非者,即因其无本然命题与之相合也。不过它虽不与一本然命题相合,而却拟与一本然命题相合,故亦即属于其所拟与相合之本然命题所有之类。例如我们说"人是不死底"，此是一非底命题，并无一本然命题，与之相合。但此命题是说人之寿命者，它所拟与相合之本然命题，即是说人之寿命者，即是"人是有死底"之本然命题。它亦是此本然命题所有之类之实际底分子，不过不合乎其类之极而已。虽不合乎其类之极，而却拟合其类之极，所以我们仍是以其类之极为标准而批评之。我们说它为非者，正因其不合乎此标准也。它若不属此类，即不能以此类之极为标准而批评之。例如"人是不死底"之实际命题，我们只能以"人是有死底"之本然命题为标准，以说其为非。我们不能以"人是动物"之本然命题为标准，以说其为非。其所以如此者，因"人是不死底"之实际命题，本不拟合"人是动物"之本然命题也。

方底物之类中之实际底分子，可或多或少合乎其极，但没有完全不合者。但一本然命题所有之类中之实际底分子，可对于其极完全不合。完全不合乎其极者，亦属于此极所有之类，似乎不通。于此我们说，在普通情形下，一事物完全不合某标准时，即不归入某类，因其本不拟与某标准相合也。但一实际底普遍命题则本拟与其所拟合之本然命题合，所以虽实际上不合，而亦归入其所拟合之本然命题所有之类。

或又可问：实际特殊命题以何为其极？依照何理？关于此点，我们说：有命题之理，有普遍命题之理，有特殊命题之理。实际普遍命题除依照命题之理及普遍命题之理外，又各依照其所合或所拟合之本然命题。实际特殊命题则只依命题之理，及特殊命题之理。实际特殊命题无本然命题可以依照，因其所说均是具体底，个体底，事实也。是底实际特殊命题即是合乎命题之理及特殊命题之理者。上所说一是底特殊命题是合乎一事实者；此可以说是特殊命题之理之内容,或其一部分。其不合乎此理而可以此理为标准以批评之者,即为非底实际特殊命题。

（四）本然系统与实际系统

我们于上文说实际底理论系统与本然底理论系统。我们所有之每一种学问,即是一个理论系统。此诸系统亦不是人随便组织者,而是本然底义理,本来有许多系统,所以本然底说底义理亦本来有许多系统。本然底说底义理之系统,我们名之曰本然系统。实际上每一种学问皆代表或拟代表一本然系统。代表或拟代表一本然系统之实际底系统,我们称之为实际系统。

例如物理学所讲者,是关于声、光、力等之本然义理,然此等本然义理并不是物理学。物理学是一套定义公式等,以说此等本然义理者。最完全底物理学,即是最完全底一套此等定义公式等。此即是物理学之本然系统;此系统可以说是本然底物理学。实际底物理学,即人所讲者,是本然底物理学所有之类之实际底分子。我们看见《墨经》中有说及光者、力者,我们说此是物理学;此即依物理学之本然系统说。我们说物理学有进步,此即以本然底物理学为标准而批评实际底物理学。

本然系统中所有命题,都是本然命题。所以当然都为是底。一实际底系统中则可有是底命题,亦可有非底命题。其是底命题愈多,则此实际底系统愈合乎其本然底系统。若其中之命题之为非底者太多,则此实际底系统,即是一非底系统。此非底系统亦归入其所拟代表之本然系统所有之类,而我们亦即以此本然系统为标准而批评之。例如阴阳家之系统中所有命题,其为非底者即太多。此系统即一非底系统,此非底系统拟代表一种本然哲学系统,此非底系统,即归入一种本然哲学系统所有之类,我们亦即以此本然系统为标准而批评之。

（五）哲学系统与各种哲学系统

我们说一种本然哲学系统,因为哲学系统中,又可有许多种哲学系统。我们于绪论中,提及哲学中有许多派别。一个哲学派别中之各家底哲学即是实际底某种哲学系统,实际底某种哲学系统,代表或拟代表某种本然哲学系统。

就实际,形下方面说,有一家一家底哲学系统,如孔子的哲学、柏拉图的哲学等。有一种一种底哲学系统,如亚力士多德的哲学、朱熹的哲学,虽是两家的哲学系统,但俱属于一种哲学系统。一种哲学系统有一类,属于一种哲学系统之一家一家底哲学系统,是其类中之实际底分子。一种一种底哲学系统之类之上又有一共类,此共类之理,即"哲学系统"或"哲学"。

"哲学"是各种哲学系统之"极"。于绪论中,我们说,我们的哲学系统,是最哲学底。此言别人或不承认,但我们说此话时,是以"哲学"为标准说者。别人不以我们为然,亦必须是以"哲学"为标准说者。我们及别人俱承认此标准,不过我们及别人对于此标准之认识,有不同而已。

就真际,形上方面说,"哲学系统"及各种哲学系统,皆是本然底,皆本来即有,各自具备,毫无欠缺。其中或有些系统,向来尚无人讲之。若向来无人讲之，则此哲学系统，即只是纯真际底。

一个哲学家，不能凭空有一种哲学。此话的意义有两方面。一方面是从实际，形下方面说。从此方面说，一个哲学家，必须在某种势下，方能有某种哲学系统，或方能将某种哲学系统真正发展。此所谓某种势，即指哲学家所处之某种物质底、社会底及知识底环境说。此所谓"有"者，是就实际方面说。严格地说，应该说是，必须有某种底势，哲学家方能知某种哲学系统而讲之；或说，必须有某种势，某种哲学系统，方有人知，方有人讲。

另一方面，是从形上方面说。一个哲学家所讲之哲学系统，不是随便讲底。他不能凭他的空想，胡说八道。他所讲之哲学系统，如果不为非底系统，在形上方面，必有一本然系统，与之相合，或多少与之相合。

我们于绪论中，说哲学未说到此。因为说到此，已是讲一种哲学系统。只有照我们的哲学系统，方可如此说。

对于哲学之如此底看法，宋儒，尤其程朱一派，向来持之。宋儒中多以为其所讲之道，并非其个人之创造，而乃是客观底，本有底。哲学家之任务，不过是将其所见，加以述说，然此述说之有无，与道之本身之有无，并无关系。如《周易》、邵康节、朱子，皆以为其系统是本来有底。所谓"画前有易"，正说此意。依此说，《周易》之系统，在实际方面，始于伏羲。然于真际方面，则在伏羲画卦之前，此系统已是本然有底。此所谓"画前有易"也。朱子说："六十四卦，全是天理自然挨排出来，圣人只是见得分明，便只依本画出，元不曾用一毫智力之助。盖本不烦智力之助，亦不容智力得以助于其间也。"（《答袁机仲》，《文集》三十八）又说："画前之易，乃谓未画之前，已有此理，而特假手于聪明神武之人，以发其秘。"（同上）又说：

"当先向未画前,识得元有个太极、两仪、四象、八卦底骨子。"(同上)
易之系统,是本然底,不是一二人凭其私意所创造。朱子又说:"天地只是不会说,请他圣人出来说。若天地自会说话,想更说得好在。如河图洛书,便是天地画出来底。"(《语类》卷六十五)所谓圣人代天立言,其意亦谓此。

宋儒这种见解,就其主要之点说,是不错底。不过宋儒的错误,在于以为只有一个哲学系统,是本有底,所以在实际方面,亦只有一种哲学是正宗,是是底,其不同乎此者,即是异端,是错误底、非底。宋儒持此见解,所以不仅以为所谓二氏之学是非底,是异端,即程朱与陆王,亦互相指为异端。

其实是,在形上方面,本有各种底本然哲学系统。在不同底时地中,有不同底实际底哲学系统;即在同一时地中,亦可有不同底实际底哲学系统。此诸系统虽不同,但它皆可多少是各种底本然哲学系统之实际底代表。凡是实际底哲学系统,能自圆其说,能持之有故,言之成理者,都是正宗底。所谓是正宗底者,即都代表,或多少代表,一种本然哲学系统。于此都无所谓异端。

不过我们这种说法,是站在实际底一家一家底,哲学系统之上说底。我们站在实际底一家一家底哲学系统之上,见实际底一家一家底哲学系统,均是代表,或多少代表,一种本然哲学系统,于此我们说他们都是正宗底,都无所谓异端。但我们若站在一家底哲学系统之内,则只能见此一家底哲学系统而不见其余,则亦只以为只此一家底哲学系统是正宗底。各哲学家皆站于其自己的一家底哲学系统之内,即各以为其自己的系统是正宗底,不独宋儒如此也。我们于上文所以特别说宋儒错误者,因为照宋儒的哲学,尤其是程朱一派底哲学,他们应该还有一种站在实际底一家一家底哲学之上,对于哲学之看法,而他们没有。所以我们说他们错误。

上文谓,只要一家底哲学系统能自圆其说,能持之有故,言之成理,即是正宗底,是就人的观点说。若就宇宙或天之观点说,则宇宙或天本有许多方面,因此本有许多可能底理论系统与之相应。此与之相应之许多可能底理论系统,对于哲学说,即是各种本然哲学系统。一哲学家对于哲学之某方面,特别注意,因之对于某种本然哲学系统,有所知,将其所知实际地用文字写出,或用言语说出,即是一家底哲学系统。此是就宇宙或天之观点说。若自人之观点说。则我们所以能知其是正宗与否,即在其是否能自圆其说,是否能持之有故,言之成理。

(六) 从哲学看宇宙及从宇宙看哲学

或可问:在绪论中,我们说哲学是从分析经验、分析实际底事物入手,由分析实际底事物而知实际,由知实际而知真际。由此则哲学是以真际为其研究之对象。但若此章所说,则哲学又有其本然系统,则似哲学又以其本然系统为其研究之对象。此二说恐有冲突。

关于此点,我们可以说,于此章中,我们并没有说,哲学以其本然系统,为其研究之对象。我们于绪论中,是在哲学内讲哲学,于本章中,是在哲学外讲哲学。我们在本章所讲者,仍是哲学,不过此哲学是在哲学外讲哲学之哲学。在绪论中,我们在哲学内,讲哲学所以别于其他学问者,并说其研究之对象、下手之方法。在如此说时,及以后,我们讲理讲气时,我们是从哲学的观点看宇宙。在本章中,我们的观点,完全不同。在本章中,我们是从宇宙的观点看哲学。从宇宙的观点看,哲学亦是一类物,人之哲学底活动亦是一类事。哲学之一类物,亦有其理,此即哲学之所以为哲学者,即哲学之本然系统。哲学之一类物中,又可分有许多别类,此即哲学中之各派别。此许多别类又各有其理,即各哲学派别所代表或所拟代表之各种本然哲学系统。每一派别中之哲学家所讲之哲学系统,即依照其派别之本然系统者,亦即其本然系统所有之类之实际底分子。每一类哲学,皆依照"哲学",但有依照多者,有依照少者。我们于绪论中说,我们的哲学是最哲学底哲学,意即是说,我们此派的哲学,是最依照"哲学"者,最依照哲学之本然系统者。我们的新理学与程朱的旧理学,俱属于此所谓我们此派,但我们的新理学,较旧理学更依照此派哲学的本然系统。

以上所说之诸分别,朱子似未十分看清。朱子说:"今之学者,自是不知为学之要。只要穷得这道理,便是天理。虽圣人不作,这天理自在天地间。天高地下,万物散殊,流而不息,合同而化,天地间只这个道理,流行周遍,不应说道圣人不言,这道理便不在。这道理自是长在天地间,只借圣人来说一遍过。且如易,只是一个阴阳之理而已,伏羲始画,只是画此理,文王,孔子,皆是发明此理。"(《语类》卷九)在此段话中,朱子,或记录此话者,未将本然义理,及本然底说底义理,即与本然义理相应之许多可能底理论,分别清楚。本然义理当然是"长在天地间"。与之相应之许多可能底理论,亦是"长在天地间",所谓"不应说道圣人不言,这道理便不在"者,应指此许多可能底理论说。照上所述"画前有易"之说,伏羲所画是画前之易,不是"阴阳之理"。画前之易,是与阴阳之理相应者,而不即是阴阳之理。照他们的说法,应该说,有"阴阳之理",有"画前之易"，有伏羲所画之易。"画前之易"是与阴阳之理相应之本然系统。伏羲所画之易，是"画前之易"之实际底代表。

或可问：在绪论中，我们说哲学开始于分析经验，分析之所得，又须以名言说之，在真际中，既无经验，何所分析？亦无名言，何以说之？若说有本然哲学系统，则此所说，岂非需要改变？

照我们的看法，此并不需改变。对于本然哲学系统，我们只就可能底经验、可能底分析、可能底名言说。若无实际底人，自亦无实际底经验，无实际底分析，无实际底名言，然亦无实际底哲学。我们说：红色是某种长度光波刺激某种眼，有此某种眼者所感觉之颜色。实际上可无某种长度光波，可无某种眼，可无有此某种眼者，但此对于红之所以为红，并无关系，对于红之所以为红，仍可如此说。关于哲学，亦正如此。

（七）哲学与道统

或又可问：有以为哲学亦是随社会之组织而变者，有某种社会，即有某种哲学；此于以上所说，有本然哲学系统之说，似亦不合。

对于此问题，我们可以说，无论我们承认哲学是否随社会之组织而改变，于我们以上所说本然哲学系统之说，并无关系。因为我们本来承认有许多本然哲学系统，而且我们亦说，必在某种势下，一种哲学系统，方可有人知，有人讲。因某种社会之实际底有，某种哲学系统亦成为实际底有，照我们的看法，此是并无不可底。不过大概随某种社会之实际底有而有之新哲学，多是社会哲学，并不是哲学。每一种社会组织，必有其理论底解释；此即其社会哲学。一种社会之社会哲学，亦常有一种哲学为其理论底根据。如其如此，则此种哲学，即为此种社会之理论底靠山，亦即为此种社会之道统。我们旧日以孔子之道为道统。站在以孔子之道，或如孔子之道，为道统之社会制度内，孔子之道，或如孔子之道，是唯一底道统。但站在各种社会制度之上看，孔子之道，或如孔子之道，亦是一道统，但不是唯一底道统。

还有一点，一种社会哲学所引以为理论底根据之哲学，大概在实际上并不是全新底。例如为共产主义底社会之道统之辩证唯物论，其唯物底及辩证底成分，皆是自古代以来即有者。我们于绪论中说，自古代以后，没有全新底哲学，亦仍是可说底。

或可说，自古代以后，没有全新底哲学者，因人不易有新经验也。如有一新社会，则人可有新经验；有新经验，可否有全新底哲学？

在一新社会内，人可有新经验，自可有较新底哲学。但此新经验只是关于人之社会底经验。人在他方面之经验，例如佛家所说生老病死等，关于人生全部者，仍不能有大改变。所以只能有较新底哲学。我们不敢说，所有底各种本然哲学系统皆为我们所已知；或者还有很多种本然哲学系统，为我们所尚未梦见者。但人若没有关于人生全部之全新底经验，人对哲学之知识，大概是不能有全部底改变，此是可以说底。

第八章 艺术

（一）技与道

　　哲学是旧说所谓道，艺术是旧说所谓技。《庄子·养生主》说："臣之所好者道也，进乎技矣。"旧说论艺术之高者谓其技进乎道。技可进于道，此说我们以为是有根据底。

　　哲学讲理，使人知。艺术不讲理，而能使人觉。我们常说："我觉得舒服，或不舒服。"我们现在所谓觉，正是此义。我们于上文说，理是可思而不可感者。此感是指感官所有之感说。理是不可感者，亦是不可觉者。实际底事物，是可感者、可觉者。但艺术能以一种方法，以可觉者，表示不可觉者，使人于觉此可觉者之时，亦仿佛见其不可觉者。艺术至此，即所谓技也而进乎道矣。

　　每一事物，皆是极复杂底，其所属于之类，不知有多少；其所有之性，亦不知有多少。人于见一事物而欲赏玩其所以属于某类之某性时，此某性常有为此事物所有之别性所掩者，所以不能完全赏玩之。若有人，能以一种方法，专将一事物所以属于某类之某性特别表示出来，使与之无干之性，完全不能掩之，如此则此某性特别

168

激动人之心，使之有与此某性相应之某种情，并仿佛见此某性之所以为某性者，如此则即仿佛见其不可觉者。（本章所谓情，指普通所谓情感之情，与第四章所说与性相对之情不同。）

画讽刺画者，或画速写画者，常将一事物所特有之点，特别放大，使观者见之，特别注意。不过此种作品，对于观者所生之效力，只能使观者觉其所欲表示之特点，乃系属于一个体，即一件事物者，而不是属于某类，即某类事物者。换言之，此种画只表示某一事物之特点，而不表示某一类事物所有某性之特点，所以只能使观者见此某事物之个体，而不见其所以属于某类之某性。艺术之至此程度者，只是技，而不能进于道。

进于道之艺术，不表示一事物之个体之特点，而表示一事物所以属于某类之某性之特点。例如善画马者，其所画之马，并非表示某一马所有之特点，而乃表示马之神骏之性。杜甫《丹青引》谓曹霸画马："一洗万古凡马空。"凡马是实际底马，而善画马者所画之马，乃所以表示马之神骏之性者，所以其马不是凡马。不过马之神骏之性，在画家作品上，必藉一马以表示之。此一马是个体；而其所表示者，则非此个体，而是其所以属于某类之某性，使观者见此个体底马，即觉马之神骏之性，而起一种与之相应之情，并仿佛觉此神骏之性之所以为神骏者，此即所谓藉可觉者以表示不可觉者。

我们于绪论中说：哲学底活动，是对于事物之心观。我们现亦可说：艺术底活动，是对于事物之心赏或心玩。心观只是观，所以纯是理智底；心赏或心玩则带有情感。哲学家将心观之所得，以言语说出，以文字写出，使别人亦可知之；其所说所写即是哲学。艺术家将其所心赏心玩者，以声音、颜色、或言语文字之工具，用一种方法表示出来,使别人见之,亦可赏之玩之;其所表示即是艺术作品。

哲学家与艺术家,对于事物之态度,俱是旁观底,超然底。哲学家对于事物,以超然底态度分析;艺术家对于事物,以超然底态度赏玩。哲学家对于事物,无他要求,惟欲知之。艺术家对于事物,亦无他要求,惟欲赏之玩之。哲学家讲哲学,乃欲将其自己所知者,使他人亦可知之。艺术家作艺术作品,乃欲将其自己所赏所玩者,使他人亦可赏之玩之。

或说:有些哲学家亦尝本其自己之哲学,作种种别底活动,而艺术家之艺术作品所表示,亦尝有其自己之经验。以上所说,于此似不可通。关于此点,我们说,一人可以是哲学家,亦可以是别底家。如一是哲学家之人,本其自己底哲学,做种种别底活动,他之做种种别底活动,乃因其亦是别底家之故,而并不是因其是哲学家之故。我们可以主张,人不可做哲学底活动,或不可专做哲学底活动,不可做哲学家,或不可专做哲学家;但如一人是哲学家,或在一方面是哲学家,则此人,或此人在此方面,对于事物必持旁观底、超然底态度,否则他不能有哲学。一个艺术家,以艺术作品表示其自己之经验时,亦系暂时将自己置于旁观地位,以赏玩其经验,否则他不能有艺术作品。一诗人可作一诗,以表示其自己之怨情,但他作此诗时,必将其自己暂置于旁观者之地位,以赏玩此情。否则他只有痛哭流涕之不暇,又何能作诗? 艺术家不能离开其自己之经验,但可暂时将其自己置于旁观者之地位,犹之哲学家不能离开宇宙,但其说宇宙时,必须暂视其自己如在宇宙之外。

（二）比、兴、风格

一艺术作品表示某类事物之某性。此某类或非人于普通情形下所注意之类。例如梅与竹，属于植物类，此是人于普通情形下所注意者。但中国文人画画梅竹，则非以其为植物而画之。中国文人画画梅，以表示一种事物之孤傲之性，画竹以表示一种事物之幽独之性。旧说以为梅可以况高士，竹可以况幽人。其所以可况者，因在此方面，梅与高士，竹与幽人，是属于一类者。林和靖妻梅子鹤，其所以妻梅，乃取其是孤傲，非取其是一种树，其所以子鹤，乃取其是超逸，非取其是一种鸟。

诗有比兴。照旧说，诗人欲说某事物，而不直说之。说一别事物以喻某事物，谓之比。说一别事物以引某事物，谓之兴。如所谓"美人香草，以喻君子；飘风云霓，以喻小人"，此谓之比。如以"关关雎鸠"，引"君子好逑"，以嘤鸣引求友，此谓之兴。但说一别事物，如何可喻某事物，如何可引某事物，旧说未有解释。照我们的说法，一别事物可喻或可引某事物，必是此别事物与此某事物在某方面同是某一种底事物，有相同底性，而此性正是此诗人所拟表示者。诗人欲表示某事物之某性，以别事物之亦有此某性者，喻之引之。此别事物与此某事物，在别方面可以绝不相同，绝无关系。于此可使人觉此某事物或此别事物所有别底性，于此均是无干底。只此某性豁然显露，因以激动人心，使起与之相应之情。此比兴之功用也。

好底艺术作品，必能使赏玩之者觉一种情境。境即是其所表示之某性，情即其激动人心，所发生与某种境相应之某种情。好底艺术作品，不但能使人觉其所写之境而起一种与之相应之情，且离开其所写,其本身亦即可使人觉有一种境而起一种与之相应之情。昔人亦常说此。如说,谢灵运诗"譬犹青松之拔灌木,白玉之映尘沙",范云诗"清便宛转,如流风回雪",邱迟诗"点缀映媚,似落花依草"（钟嵘《诗品》）,"魏武帝如幽燕老将,气韵沉雄。曹子建如三河少年,风流自赏"（敖器之《诗评》）。此皆说此诸人之诗之本身所能使人感觉之情境也。所谓艺术作品之风格,即就此方面说。一艺术作品之本身所能使人感觉之某种情境,如雄浑或秀雅等,即此艺术作品之风格。

中国书法所以成为一种艺术,即全在其风格。书可以离开其所表示之意思,而以其本身使人观之而感觉一种情境。尝见邓完白写敖器之《诗评》,包慎伯跋语,谓其"可以变天时之舒惨,易人心之哀乐"。此语正谓其可以使人观之而感觉一种情境也。各种风格之书,如雄浑、秀雅等,可使人感觉各种之境,而起各种与之相应之情。前人亦常说及此。如说:"张伯英书如武帝爱道,凭虚欲仙。王右军书如龙跳天门,虎卧凤阙。卫恒书如插花舞女,援镜笑春。"（袁昂《古今书评》）"柳公权书,如深山得道之士,修炼已成,无一点尘俗气。颜真卿书如项羽按剑,樊哙排突,硬弩欲张,铁柱将立,昂然有不可犯之色。蔡襄书如少年女子,体态娇娆,行步缓慢,多饰铅华。"（米芾《续书评》）此皆说此诸人之书所能使人感觉之某种情境也。此所说均是比。

（三）艺术作品之本然样子

以上所说,亦是在艺术内讲艺术。若在艺术外讲艺术,则艺术亦是一类物,亦有其理,此理可称为本然艺术。艺术亦有许多别类,如音乐、画、雕刻、文学等,每一别类艺术,又各有其理。例如音乐有本然音乐;画有本然底画。即对于每一题材之各种艺术作品,亦各有其本然样子。

所谓题材者,即一艺术作品所拟表示之某性。题材与题目不同,有直以题材为其作品之题目者,有不以题材为其作品之题目,而另为其作品起题目,或直称其作品为无题者。

所谓本然样子者,即"不是作品底作品"。我们于第五章中说,在道德行为方面,对于每一种事,在一种社会之理所规定之规律下,都有一至当办法,所谓本然办法,与之相应,此办法即是义。合乎或近乎此办法之行为,是义底行为。于第七章中,我们又说,在义理方面,对于每一本然底义理,皆有一本然命题,与之相应。实际底命题,如合乎本然命题即是是底。在艺术方面,我们可以说,对于每一个艺术作品之题材,在一种工具及一种风格之下,都有一个本然底艺术作品,与之相应。每一个艺术家对于每一个题材之作品,都是以我们所谓本然底艺术作品为其创作的标准。我们批评他亦以此本然底作品为标准。严格地说,此所谓作品并不是作品,因为它并不是人作底,亦不是上帝作底。它并不是作底,它是本然底。朱子说:"文字自有一个天生成腔子,古人文字自贴这天生成腔子。"(《语类》卷三十九)朱子此话,颇有我们的意思。不过他此话是说,每一种文章,有一个天生成腔子,或是说,文章中,对于每一个题材,都有一个天生成腔子,我们不很清楚。我们本可用"腔子"一名,以指我们所说"不是作品底作品"。腔子有空虚之义,凡理都是虚底,所谓虚者,即是说其不着实际。我们所说"不是作品底作品",亦是虚底,此即是说,它不是实际底。不过腔子又有套子之义,套子在艺术上不是一个好名词。艺术作品最不好底是套滥套。朱子所说腔子,虽不是指滥套说,但此名可予人以不好底印象。所以我们以下用样子一名,以指我们所谓"不是作品底作品"。在艺术上,对于每一个题材,在一种工具及一种风格之下,都特有一个本然样子。每一个艺术家对于此题材,用某种工具及某种风格所作之作品,都是想合乎这个样子;但总有一点不能完全合。

在音乐方面底本然样子,可以说是"无声之乐"。郭象说:"夫声不可胜举也,故吹管操弦,虽有繁手,遗声多矣。而执龠鸣弦者,欲以彰声也。彰声而声遗,不彰声而声全。"(《庄子·齐物论》注)此言亦注意于"无声之乐"。但此只就声之全不全说。音乐本不必将所有之声全彰,不过欲借声有所表示耳。其所拟表示者即其题材。对于每个题材,在一种工具及一种风格下,皆有一本然样子;每一个音乐家用一种工具及一种风格,对于每一题材,所作之乐,皆欲合此样子,而皆又未能完全合。我们可以说,每一音乐家所作之音乐,对于其样子,皆是"欲彰声而声遗,不彰声而声全"。

就诗方面说,本然样子,可以说是"不着一字,尽得风流"。对于每一题材,在一种语言及一种风格下,都有一诗之本然样子,此样子即"不着一字"之诗。文亦如此。我们常听说:某某文乃天地间底至文。说它是至文,又说它是天地间底至文,此至文惟有我们所谓本然样子者可以当之。所以我们以至文之名,指在文方面之本然样子。我们常听说:"文章本天成,妙手偶得之。"天成底文章,即我们所谓至文。

或可问:在诗中,有许多题材,是关于一类之事物者,例如"春思"、"闺怨"、"从军行"等。此等题材,是关于一类之事,其中所说,亦系关于一类之事之所同然者。对于此等题材,或可说有本然样子。但诗之题材,有系完全关于个体底事物者。例如李白《赠汪伦》诗："李白乘舟将欲行,忽闻岸上踏歌声。桃花潭水深千尺,不及汪伦送我情。"此中所说,完全是关于许多个体底物及特殊底事。其中有李白,有汪伦,有桃花潭,此皆是个体底物。宇宙间不能有第二个李白,第二个汪伦,第二个桃花潭。此中有李白之乘舟欲行,有汪伦之岸上踏歌,有桃花潭水之深千尺,有汪伦送李白更"深"之情。此皆是特殊底事,无论何时何地皆不能再有者。汪伦可再于桃花潭再踏歌,再送李白,但那是又一次,与此次不同。若说对于此题材,原来亦有一本然样子,则岂不须假定于真际中本已有李白等物,有李白乘舟欲行等事? 但这些事物是实际底,除于其已实际地有时,不能有。但若不假定此等事物本已有,则至少对于此类题材,原来有本然样子之说,不能成立。

照我们的看法,李白赠汪伦之诗之题材,虽完全是关于许多个体底物及特殊底事者,但对于此题材,亦有本然样子,"不着一字"之诗。汪伦送李白,亦是一事,此事亦属于某类;属于某类,即有某性。李白此诗,乃欲表示此事之某性,而非只叙述此某事。其叙述此某事,乃欲藉此可感者,以表示其不可感者,若不如此,则此叙述,只是历史而不是诗。历史与历史诗的分别,正在于此。历史之目的在于叙述某事,而历史诗之目的在于表示某事之某性。所以"汪伦送李白"之题材,与"春思"、"闺怨"、"从军行"等题材,均是某类事之某性。关于一某类之事,如欲特别表示其某性,用一种言语,一种风格,作一首诗,则自有一最好底诗,为此种言语,在此种风格下,所能表示者。此最好底诗,即便无人写之,亦是本然有底。此即我们所谓"不着一字"之诗。诗人对于此题材所作之诗,有十分近乎此者,有不十分近乎此者。其十分近乎此者,即是好诗,否则是歪诗,是坏诗。我们对于许多诗人对于一题材所作之诗之批评，全是以此为标准。从类之观点看，许多诗人对于一题材所作之诗是一类之实际底分子。对于此题材之本然样子，"不着一字"之诗，是此类之理。例如关于"闺怨"一题材之前人所作之诗，不知有多少，但皆属于一类。对于"闺怨"之题材之本然样子，"不着一字"者，是此类之理，亦即此类之极。所谓是此类之极者，即是属于此类之诗之标准及极限。近乎此标准者是好诗。合乎此标准者，是最好底诗。最好，即好之无可再好，即已达到好之极限。

我们以上所说，关于诗之理论，并不仅只是我们的意见。其实凡对于诗真能了解、欣赏者，对于诗都是持如此底看法，不过他们或不自觉而已。例如李白《赠汪伦》之诗，我们读之能感觉兴味者，正因我们读此诗时，我们仿佛见有如此一类之境，觉有如此一类之情。如此一类之境，并不即是李白当时之境，如此一类之情，并不即是李白当时之情，不过与之有相同处，可属于一类而已。旧说，欲了解、欣赏一诗，必须设身处地。所谓设身处地者，即我们亦须仿佛有一种经验，如诗人作某诗时所有者。然我们所仿佛有之一种经验，并不即是诗人作某诗时所有之经验，不过与之有相同处，可属于一类而已。如不能设身处地，不能仿佛有一种经验，如诗人作某诗时所有者，则对于诗人之某诗，决不能有深切底了解、欣赏。

此是就读者方面说。若就"诗"说，对于某题材，用某种言语，某种风格，必有一最好底诗底表示。此最好底诗底表示，如其可读，则虽千百世下之读者，一读此诗，必立刻仿佛见某种境，而起与之相应之某种情，并仿佛见此种境之所以为此种境者。此即是我们所谓本然样子，"不着一字"之诗。

此是就"诗"说，如就诗人之诗说，则一诗人对于某一题材，能写出一诗，此诗虽不即是其本然样子，而亦约略近之，使虽千百世下之读者,一读此诗,必立刻仿佛见一某种境而起与之相应之某种情,并仿佛见此种境之所以为此种境者。李后主词云:"独自莫凭栏,无限江山,别时容易见时难。"千百世下如有与后主写此词时相类之经验,或能设身处地者,读此词必将涕泗横流。此其所以为艺术之上品也。

我们以上只举诗为例,然推之其他各种艺术,无不如此。一艺术作品,必有其所欲表示。不过其所用之工具不同:以言语者为文学,以声音者为乐,以颜色者为画,以木石等者为雕刻。此各种艺术虽不同,但我们的理论,则对之皆可应用。

至乐无声,至文无字。陶潜有无弦琴,每于醉后抚之以寄意。陶潜不必有我们所见,但我们所谓至乐,亦是一无弦琴。又小说中所说天书,常人打开一看,都是白纸,只有有缘人方能读之。我们所谓至文,及"不着一字"之诗,亦是一张白纸,常人不能读,必才人乃能读之,他不但能读之,且能约略写出,使人读之。

(四)本然样子之一与多

或又可问:如音乐、画、雕刻等,其所用以表示其所表示之工具,无论何时何地之人所用,大致是相同底。在这些方面,对于每一题材,有一本然样子,尚有可说。若文学作品之以言语为表示其所表示之工具者,则此说法即有困难。盖各时各地之人,所用之言语,均不相同,如此则与一文学中题材相应之本然样子,岂不与所有之言语种类一样多?

照我们的看法,就一方面说,在文学中,对于一题材,只有一本然样子;就又一方面说,对于一题材,有许多种言语即有许多本然样子。我们以上,只就一本然样子说。现在续说多本然样子。

为方便起见,我们先说字以为例。例如关于"人"之一字,我们须知有一公同底"人"字,乃各种言语中之"人"字所代表者。我们通常说人字时,我们不是说此字,而是说此字所代表之公同底"人"字。在中国言语中此人字所代表者,即英文中之"蛮"字所代表者,即法文中之"欧母"字所代表者。此数字不同,但其所代表者同,不然则翻译即不可能。就公同底"人"字说,一"人"字只是一"人"字;但就各种言语方面说,则有"人"字,有"蛮"字,有"欧母"字。此三者又各自为一类,亦各有其理。所有说中国话之人所说出或写出之人字,均是中国言语中之人字之实际底例,人字类中之实际底分子。所有说英国话之人所说出或写出之"蛮"字,均是"蛮"字之实际底例,"蛮"字类中之实际底分子。关于"欧母",亦如此。各种言语,不是人随便创造者,他必依照一定底理。各种言语中之字,亦不是人随便创造者,它亦必依照一定底理。朱子亦见及此。论仓颉作字,朱子说:"此亦非自撰出,自是理如此,如心性等字,未有时如何撰得? 只是有此理,自流出。"(《语类》卷一百四十)

上所说关于字之理论,可应用于文学作品之以言语作工具,以表示其所表示者。就诗说,对于一题材,有一本然样子,此样子可以说是真正不着文字。以上所谓不着文字者,是说,没有实际地以某种文字写出,但是可以某种文字写出者。若此本然样子,如其可以写出,则只可以文字写出,而不可以某种文字写出。但不是某种文字之文字,实际上是没有底。换言之,此样子是须以言语表示,而不是以某种言语表示者。但实际底诗,皆是以某种言语表示者。所以有此本然样子,又有可以某种言语表示之本然样子。可以某种言语表示之本然样子，不必有实际底表示。用某种言语写诗之人，其所做之工作，即是将此可以某种言语表示之本然样子，实际地表示出来。从类之观点看，譬如"闺怨"一题材，用中国言语所写之闺怨诗是一类，用英国言语所写之"闺怨"诗又是一类，有用许多言语所写之"闺怨"诗，即有许多类。此诸类又都属于"闺怨"诗之共类。"闺怨"诗之共类有一本然样子，此样子只与言语有关，而不与任何种言语有关。用中国言语所写之"闺怨"诗是一类，此类又有一"可以中国言语表示之闺怨诗"之本然样子，此本然样子不只与言语有关，而且与中国言语有关。若专就"闺怨"诗说，本然样子是一；若就可用各种言语表示之"闺怨"诗说，本然样子是多；若两方面都说，一多不相碍。

朱子说："苏子由有一段论人做文章：'自有合用底字，只是下不着。'又如郑齐叔云：'做文字自有稳底字，只是人思量不着。'"（《语类》卷一百三十九）人所下不着之合用底字，即在某种文字中，对于某一题材所有之最好底表示所须用之字，虽无人用它，而它自是如此。如有人能用它，或所用之字近乎它，则此人所作之作品，即是好底作品。朱子又说："作文自有稳字，古之能文者才用便用着这样字，如今不免去搜索修改。"（《语类》卷一百三十九）才用便用着这样字者，即是能读无字天书之才人。

以上之理论，对于音乐、画及各种艺术，均可应用。盖无论何种艺术，均可因其所用工具不同，而分为许多别类，不过其所用工具之不同，不如各种言语之不同之大耳。例如画画，可以笔、墨、纸为工具，可以笔、油、布为工具。因其所用工具不同，故有各种画，如中国画、油画等。每一题材，皆可以各种画画之。能画每一题材之画有许多种，其本然样子，亦有许多种。例如"远山"一题材，可以画为许多种画。专就画说，对于"远山"之题材，有一本然样子；中国画对于此题材，有一本然样子；油画对于此题材，又有一本然样子。专就画说之本然样子，无论如何，在实际上是画不出底。因为实际上所有之画，都是这种画、那种画，没有只是画，空头底画。不过此本然样子在实际上虽画不出，而所有实际上对于此题材之画，都必多少有合于此本然样子，不然即不成其为画。每种之画，对于此题材，又各有其本然样子。画家对于此题材所画之画，属于某种，即多少有合于某种画之本然样子，否则即不成其为某种画。从类之观点看，"远山"之画是一类，各种画之"远山"之画，是此类中之别类。各画家所画之各种"远山"之画，是此类中之别类之实际底分子。"远山"之画有一本然样子，就此方面说，本然样子是一；各种"远山"之画又各有其本然样子，就此方面说，本然样子是多。

或又可问：诗或画，除因所用工具不同，而分为别类外，又因其风格不同，而又分为别类。例如诗或画之风格，有雄浑者，有秀雅者，有富丽者，有冲淡者。从此方面看，对于每一题材，岂不又有许多本然样子？

照我们的看法，是底。诗或画对于每一题材，因风格不同，可有许多别类，每一别类又有一本然样子。譬如以"远山"为一诗之题材，专就诗说，对于此题材有一本然样子；雄浑一类之诗，对于此题材，有一本然样子；秀雅一类之诗，对于此题材，有一本然样子；以至富丽或冲淡一类之诗，对于此题材，又各有一本然样子。学诗者往往好以有名底诗人之诗为样子而学之。例如，就中国诗说，喜雄浑一类之诗者，学杜甫；喜冲淡一类之诗者，学陶潜、王维。但杜甫、陶潜、王维，又各有其样子。不过他们的样子，皆在无字天书中,平常人虽大张两眼而不能见之,故不得不就历史中大诗人之有字底书中求之。历史中大诗人,依照本然样子作诗,所谓"取法乎上,仅得其中"。常人又依照大诗人之诗作诗,则只可算是"取法乎中,仅得其下"。

或又可问:诗或画之本然样子,应该是自然之本身,例如对于"远山"一题材所作之诗或画,应该即是自然界中底一个远山之自身,岂能于自然界中一个远山之外,又有远山之诗或画之本然样子?

照我们的看法,自然界中的远山,自是自然界中底远山。诗或画中底远山,自是诗或画中底远山。诗或画中底远山所以如此说,或如此画,自是因为自然界中底远山,有如此底情形。诗人或画家咏远山,或画远山,自是因为见自然界中底远山而兴感;其所咏所画,自是自然界中底远山。但其所作之诗,或所画之画,所取之标准,或所应取之标准,却不是其所咏或所画之自然界中底远山,而是一最好底对于自然界中底远山之诗或画。此最好底对于自然界中底远山之诗或画,不必实际地有。但创作家均以此为标准而创作,批评家亦均以此为标准而批评。

或可说:有一种诗,专重写景;有一种画,专重写实。就此派之诗或画说,其所取之创作的及批评的标准,应是其所咏或所画之自然界中底实物。

关于此点,我们应该声明,我们以上所说之理论,并不是站在任何一派之艺术理论之立场上说者。若果如此,我们即是讲艺术理论,而不是讲哲学。所谓写实派底艺术理论之理论,其当否我们不论,我们只说,即依照写实派底艺术理论之理论,我们对于一诗或画之创作的或批评的标准,亦不是其所咏或所画之对象,而是"似其所咏或所画之对象"。譬如对于"远山"之题材,依写实派的理论,创作或批评之标准,不是自然界中底远山,而是"似自然界中底远山"。这一点,写实派的人,或不觉得,但他们的理论,照逻辑说,是如此底。一画家欲使其画"似自然界中底远山",当然须照着自然界中底远山画,但这只可说,自然界中底远山,是他的画所取材,并不能说,是他的画之创作的标准,亦不能说,是对于他的画之批评的标准。

依以上的理由,我们说,一诗或画,对于某一题材之本然样子,并不是其所咏所画之事物,而是我们于以上所说者。

(五) 对于艺术作品之实际底评判

或又问:一件艺术底作品,如一诗一画,其是否有合于其本然样子,人何以知之?

从宇宙之观点说,凡一艺术作品,如一诗一画,若有合乎其本然样子者,即是好底;其是好之程度,视其与其本然样子相合之程度,愈相合则愈好。自人之观点说,则一艺术作品,能使人感觉一种境,而起与之相应之一种情,并能使人仿佛见此境之所以为此境者,此艺术即是有合乎其本然样子者。其与人之此种感觉愈明晰,愈深刻,则此艺术作品即愈合乎其本然样子,我们于本章开始时已说此点。艺术对于人之力量是感动。旧说乐能感动人,其实不止乐,凡艺术作品皆是如此。所谓感动者,即使人能感觉一种境界,并激发其心,使之有与之相应之一种情。能使人感动者,是艺术作品;不能使人感动,而只能使人知者,其作品之形式,虽或是诗、词等,然实则不是艺术。如有人以道德底格言作为诗,其形式是诗,而其实仍是格言。

有一艺术作品，有人见之，能感觉一种情境，有人见之，不能感觉一种情境，于批评此作品时，究竟应以何人为标准？如以少数人为标准，孰为此少数人？如以多数人为标准，则如所谓阳春白雪、曲高和寡者，又将如何解释？

照我们的看法，我们上所说，一好底艺术作品，能使人感觉一种情境者，此所谓人指一般人，此所谓感觉即谓一般人的感觉。譬如我们说红色，红色即是一般人所感觉之红色。如有色盲者遇红色而不感红色，则是例外，此例外对于红色之为红色，是没有关系底。古所谓阳春白雪、曲高和寡者，只能是，有一音乐作品，其音乐与一时一地所流行者不同，此一时一地之人，狃于其所习，故一时不能受其感动。但此一时一地之人，如一旦不为其习惯所蔽，则亦必受此音乐之感动。并不能是，此音乐永远只能感动一二人，若其如此，此音乐必不是有合乎本然样子者。我们常听说，某某事，"天下后世，自有公论。"此即是说，一时一地之人，或狃于所习，而对于某某事皆有特殊底见解，其真正底是非好坏，只可付之天下后世之公论。天下后世之公论，仍是一般人对于此事之见解。如天下后世对于某某事皆持某种见解，则此见解即非特殊，自人的观点看，此见解即是对底。所以凡曲高和寡者，如其真是阳春白雪，则即在一时一地和寡，自有和众之时之地；如其永远是和寡，则此作品即不是阳春白雪。说它是阳春白雪者，不过是作者及标榜之者之空想妄谈。于此"天下后世，自有公论"。

或又可问：照本章以前所说，一艺术作品好坏之标准，是极客观底；照此所说，一艺术作品好坏之标准，似乎又是主观底。此二种说法，是否有冲突？

照我们的看法，这里并没有冲突。有许多理，其中本涵有可能底主观的成分。我们说它是可能底主观的成分,即是说它不是实际底主观的成分。例如红色之理,即红之所以为红者,其中即涵有可能底主观的成分。此即是说,红色是一种眼与某种刺激相遇而有者。但此并不是说,红色之理是主观底;亦不是说,实际上底红色是主观底。物理学说红色之有,乃因有某种长度之光波,刺激某种眼球,有人遂以为某种长度之光波,即是红色。此完全是错误底。有某种长度之光波,乃是有红色之一条件,正如有某种眼之某种感觉,亦是有红色之一条件。我们不能说,某种长度之光波即是红色,亦不能说,人的眼之某种感觉,即是红色。

所谓美之理,其中亦涵有可能底主观的成分。若完全离开主观,不能有美,正如完全离开主观,即不能有红色。有美之理,凡依照此理者,即是美底;正如有红色之理,凡依照此理者,即是红底。此即是说:凡依照美之理者,人见之必以为美;正如凡依照红色之理者,人见之必以为是红底。此是从宇宙之观点说。若从人之观点说,凡人所谓美者,必是依照美之理者,正如凡人谓为红者,必是依照红之理者。此所谓人,是就一般人说。人亦有不以红色为红色者,此等人我们谓之色盲。亦有对于美之色盲。色盲之人之不以一红色底物是红,无害于一红色底物之是红。对于美之色盲之不以一美底事物是美,无害于一美底事物之是美。

(六) 艺术之教育底功用

好底艺术作品,既能使人觉有一种境而引起一种与之相应之情,如此则欲使人有某种情者,即可以某种艺术作品引起之。人之各种情，有适宜于社会生活者，有不适宜于社会生活者，自社会之观点看，其适宜于社会生活者是善底，其不适宜者是不善底。有艺术作品，能使人觉一种境而引起一种善底情者，此种艺术作品，自社会之观点看，可以有教育底功用，可以作为一种教育的工具。

儒家对于乐极为重视；其所以重视乐者，即以为乐可以有教育底功用，可以作为一种教育的工具。《荀子·乐论》及《礼记·乐记》，皆以为某种底乐，可以引起人之某种底情，所以欲使人有某种情者，即提倡某乐。《荀子·乐论》说："夫声乐之入人也深，其化人也速，故先王谨为之文。乐中平则民和而不流；乐肃庄则民齐而不乱。"又说："故乐者，出所以征诛也；入所以揖让也。征诛揖让，其义一也。"征诛须用人之某种情，揖让须用人之另一种情，此等情皆可以某种乐引起之。所以说："征诛揖让，其义一也。"

自社会之观点看，最好底乐，即能引起人之善底情者。《礼记·乐记》亦说："先王之制礼乐也，非以极口腹耳目之欲也，将以教民平好恶而反人道之正也。"此所谓人道，即道德底标准，如我们于第五章中所说者。

《荀子·乐论》又说："乐也者，和之不可变者也；礼也者，理之不可易者也。"此说出乐之主要性质是和。有不可变之和，可以说是和之理。乐之理涵蕴和之理，实际底乐，乃代表乐之理，亦即代表和之理者。故好底音乐可以使人觉和而引起其和爱之情。故《荀子·乐论》说："故乐在宗庙之中，君臣上下同听之，则莫不和敬；闺门之内，父子兄弟同听之，则莫不和亲；乡里族长之中，长少同听之，则莫不和顺。故乐者，审一以定和者也。"

《荀子·乐论》又说："故乐行而志清，礼修而行成，耳目聪明，血气和平，移风易俗，天下皆宁，美善相乐。"自社会之观点看，好底乐能引起人之善心,使其潜移默化,日迁善而不自觉。所以乐能"移风易俗,天下皆宁";《诗序》说:"正得失,动天地,感鬼神,莫近于诗。先王以是经夫妇,成孝敬,厚人伦,美教化,移风俗。"诗亦是一种艺术。照以上所说之理由,任何一种艺术,皆可有教育底功用,皆可以作为教育的工具。不过有些艺术,因其所凭藉工具之不同,其感人或不能如乐之普遍耳。艺术底作品是美底,道德底行为是善底,用美底艺术作品,以引起道德底行为,此之谓"美善相乐"。

第九章　鬼神

（一）张横渠所谓鬼神

我们于第三章中说，所有事物皆依照一定规律以变化，其规律即十二辟卦圆图所表示者。若依此圆图以说一事物变化所经之阶段，则自复至乾之阶段名曰息，名曰来，名曰造；自姤至坤之阶段名曰消，名曰往，名曰化。《易·系辞》说："往者屈也，来者伸也。"自复至乾之阶段是伸；自姤至坤之阶段是屈。

照张横渠的说法，一事物之生长变化，在自复至乾之阶段者名曰神，在自姤至坤之阶段者名曰鬼。他在《正蒙》中说："物之初生，气日至而滋息。物生既盈，气日反而游散。至之谓神，以其伸也；反之谓鬼，以其归也。"（《动物》篇）朱子《语录》："问伸是神，屈是鬼否？曰：气之方来皆属阳，是神；气之反皆属阴，是鬼。午前是神；午后是鬼。初一以后是神；十六以后是鬼。草木方发生是神；凋落是鬼。人自少至壮是神；衰老是鬼。"

（二）鬼

横渠、朱子所说，与鬼神二名以新义，此新义虽亦可说，但与一般人所谓鬼神之意义，大不相同。本章说鬼神，亦是与鬼神二名以新义，但此新义，与一般人所谓鬼神之意义，相差并不甚远，其间且有许多相通处。

我们可以说：凡事物之过去者是鬼，事物之将来者是神。此所谓鬼神亦即是屈伸之义。事物之过去者为屈、为鬼；事物之将来者为伸、为神。不过说事物之过去者为鬼，而不说事物之变化之在衰毁之阶段者为鬼，已较近于一般人所谓鬼之意义。例如一般人说某人之鬼时，其人之生存必已为过去。虽信有鬼者信某人之鬼，现仍继续存在，而亦必承认某人之存在为过去。如某人之存在不为过去，则现在即无某人之鬼可言。

我们于第六章中说，历史中之事，皆一往不再现。但虽不再现，而却非无有，不但非无有，而且不可改易，对于现在及将来，亦非无力。事物之过去者，皆成为历史中之事物，皆是《墨经》中所谓尝然。"已然则尝然，不可无也。"此尝然之事物，皆是往者、屈者，皆是鬼。由此观点看，我们可以说：一人若死，即成为一人之鬼；一事若完，即成为一事之鬼；一物若毁，即成为一物之鬼。一切事物若成为过去，则皆成为鬼。而整个底历史即是一整个底鬼窟，整个底写底历史即是整本底点鬼簿。

伊川说鬼神是造化之迹。所谓造化之意义，已如上述。迹者，造化已成过去所留之痕迹也。照我们于以上所说鬼神之意义，鬼真可以说是造化之迹，而神则是此迹之所以迹。

如此说鬼,已与世俗所谓鬼之意义相近。一般人皆欲永生,不愿死后断灭,故皆希望死后有鬼。若照上文所说鬼之意义,则任何事物,于其完了毁坏之后,皆成为鬼,而其鬼又皆是永远有底。横渠说:"神祇者归之始,归往者来之终。"朱子说:"此二句,正如俗语骂鬼云,你是已死我,我是未死你。《楚辞》中说终古亦是此意。"(《语类》卷三)《楚辞》说:"去终古之所居兮,今逍遥而来东。羌灵魂之所欲归,何须臾而忘返。""终古"正是无限过去之义。鬼之所往,为"终古之所居"。鬼之有亦与终古而终古,所谓"长此终古",永无改变,永无断灭。所以照我们的说法,我们所说之鬼可以真正说是永生。如以事物之成为此种之鬼为永生,则无事物不永生,而且虽欲不永生而不可得。

世俗所谓之鬼,照世俗之说,能托生或可再死。或说鬼是一事物之"气"之尚未散者,历时既久,亦即全散,如其全散,则此鬼即无有。无论如何,世俗所谓之鬼,总不是可以"长此终古"者。世俗所谓之鬼,又能有种种活动,可以说是虽死而未甚死。我们所说之鬼,"寂然不动",以"长此终古",可以说是真正底死鬼。由此意义说,我们所说之鬼,可以说是永生,亦可以说是永死。

不朽一形容词,用于我们所谓鬼,最为适当。我们所谓鬼者,实是并无所谓生,亦无所谓死,不过是尝然不可无而已。不朽即表示尝然不可无之义,既不表示生,亦不表示死,既不表示永生,亦不表示永死。我们可以说,我们所谓鬼都是不朽底。

我们所说之鬼,虽寂然不动,而对于现在及将来,却非无力,亦能作祟。凡过去底事物之能影响现在或将来者,皆能作祟之鬼也。在中国十年前有所谓打倒玄学鬼之说。所谓玄学鬼者,即谓曾经流行之所谓玄学,今尚能影响人之思想者。我们姑不管此一班人所谓玄学之意义,但此所谓鬼者,正与我们此所谓鬼,意义相同。玄学鬼而尚须"打倒",则其能作祟可知。

鬼是不可变底。信有鬼者常说人所见之某人之鬼之形状,多即其人死时之形状;其衣服装饰亦即其装殓时之衣服装饰。此虽不经之谈,然亦可提示鬼是不可变底。

或可问:所谓过去底事物非无者,此所谓有,是真际底有,抑实际底有?过去底事物均是个体底事物,并不是理,不能说,它的有是真际底有。若说它的有是实际底有,则所谓有即存在之义。但过去底事物,既已是过去底,则即已不存在,又何有之可言?

关于此点,我们说:过去底事物之有,诚非真际底有,因所谓事物均是个体,不是理。过去底事物,既已是过去底,即已不存在。然过去底事物虽不存在,而曾有过去底事物之事实,即过去底事物之尝然,则存在,而且永远存在。一事物如已过去,则即不存在。但此事物虽不存在,而曾经有此事物之事实,即此事物之尝然,则存在,而且永远存在。例如中日甲午之战之事已成过去,已不存在,但曾经有中日甲午之战之事实,即中日甲午之战之尝然,则存在,而且永远存在。不但此事实、此尝然,存在,即中日甲午之战之事中之任何一事,无论其为若何微细底事,虽现在已不存在,而曾经有其事之事实,即其事之尝然,亦存在,而且永远存在。又如李鸿章之人,已成过去,已不存在,但曾经有李鸿章之人之事实,即李鸿章之人之尝然,则存在,而且永远存在。不但此事实存在,即关于李鸿章之事,无论其为如何细微底事,亦存在,而且永远存在。中日甲午之战之事,李鸿章之人,虽已过去,然其存在则包含于曾经有其事其人之事实,即其尝然,之存在中。中日甲午之战之事中之任何事,关于李鸿章之人之任何事,其存在亦均包含于曾经有其事之事实,即其尝然,之存在中。如曾经有此等事之事实,此等事之尝然、存在,而且永远存在,则此等事亦存在,而且永远存在,不过其存在不是直接底而已。过去底事物,均依靠曾经有其事物之事实,即其尝然,之存在而存在。所以其存在不是直接底。虽不是直接底,而我们可以说它并非无有。

过去底事物依靠曾经有其事物之事实,即其尝然,之存在而存在。曾经有其事物之事实,即其尝然,之存在,依靠其所包含之事物之为过去底而永远存在。过去底事物是不可变底,所以曾经有某事物之事实,即其尝然,亦是不可变底,如其是如何,则即永远是如何。

过去底事物,以及曾经有其事物之事实,即其尝然,我们只可以永远说它,而不可以永恒说它。照我们的说法,它不是永恒底。所谓永恒者,是无时间之谓,而过去底事物,以及曾经有其事物之事实,即其尝然,则是在时间中底。历史中底事物,均有先后之关系,此即是其在时间。所以过去底事物,以及曾经有其事物之事实,即其尝然,虽永远存在,永远是如何便如何,但并非永恒底,不过其存在,如已有之,则即不能无有,其是如何如已是如何,即不能不是如何而已。自又一方面说,凡可称为永恒者,不能是无有,而过去底事物,以及曾经有此事物之事实,即其尝然,则于其尚未存在之时,正是无有;所以不能称为永恒底。照我们的说法,只有理是可称为永恒底。

(三) 鬼神之际

过去底事物是鬼,将来底事物是神,现在底事物是事物。现在底事物,可以说是正在鬼神之际。不过所谓现在究竟可有许久?

有人以为所谓现在不过当前之一刹那。如果如此,则事物之直接存在,岂非太促?

我们于第二章中说过,我们不能离开具体底事,而说空洞底时间。所以我们亦不能离开具体底事而空洞地问:所谓现在,究竟有许久?所谓现在、过去、将来,都是相对于一事物说者。现在之为现在,是相对于一事物说,而不是一事物之为事物,是相对于现在说。过去、将来,又是相对于现在说。所以过去、将来、现在,均是相对底。有人以为所谓现在者,不过当前之一刹那,此乃相对于我们的意识,以说现在。我们的意识,变化不停,如一川流,就其流转之内容说,所谓现在,只当前之一刹那。当我们说此一刹那是现在时,"说时迟,那时快",它已不是现在而成为过去了。但如我们就一事物之整个说,则此整个事物存在之时,即是其现在。一事物之内容,亦是变化不停,如一川流,但我们可就其整个说。就一事物之整个说,则此事未完,此物未毁,即不为过去。此事已发,此物已有,即不为将来。虽此事之发,此物之有,已经相当段落,就此段落说,可称为过去;或尚可有相当段落,就此段落说,可称为将来。但此是就此诸段落说,而不是就此事物之整个说。例如我正在过我之一生,就我之一生之整个说,此一生正是现在。我们不能说,我之一生,已为过去,我们亦不能说,我将有此一生。虽我之一生中,有一部分已成过去,有一部分尚在将来,但此均是就我一生之诸部分说,不是就我一生之全部说。

相对于一事以说过去、现在、将来,其事愈大,则其现在愈长。我们于第三章中说,"无极而太极",是最大底事,是"事",其余之事,均是此事中之事。对于此"事",只有现在,并无过去,亦无将来。换言之,此"事"只是事,不能是鬼,亦不能是神。

（四）魂魄

就一事之发，一物之有，所有之过去与将来底部分说，一事物之存在之过去底部分是其魄，其将来底部分是其魂。朱子说："动者魂也，静者魄也。动静二字，括尽魂魄。凡能运用作为，皆魂也；魄则不能也。……月之黑晕便是魄，其光者乃日加之光耳，他本无光也。所以说哉生魄，旁死魄。"（《语录》卷三）此所谓魂魄之意义，与我们不尽同。但我们于此亦正取魂动魄静之义。

一事物之过去是其魄，其将来是其魂，其现在是其性情。此所谓性情，即第四章中所说性情。合其魂魄与性情，即此事物之整个。就人说，一人之魂魄、性情合而观之，即此人之全人格。我们对于一人，或敬之，爱之，或畏之，恶之，此敬爱或畏恶，皆其全人格所招致也。

照世俗的说法，一人之魂，若离其体，则此人即死。照我们所谓魂之意义，亦可说一事物若无魂，则此事物即成或即将成为鬼。盖一事物若无将来，则必立时即成或即将成为过去，成为过去，即为鬼矣。若一事物在某方面无将来，则此事物在此方面即是无魂。我们说某人是"行尸走肉"，意即说在某方面此人是无将来底，亦即是无魂底。

（五）神

我们于上文说：将来底事物是神。所以称之为神者，将来底事物是方来，方来是伸，伸故谓之神。此是神之一义。神之另一义是不可测。过去底事物是尝然,尝然不可变;将来底事物是或然,或然不可测。所谓不可测者,即不能预知或预定其是如何也。具体底个体底事物之成为若彼或若此,其中皆有偶然之成分。所以关于具体底个体底事物之命题,皆不能是必然底命题。事物已成既往,则一定而不可变。但将来之事物,则可如此,亦可如彼。其果将如此或将如彼,不能有理论以证明其必然。我们皆信明天有太阳,明天不是地球末日,但不能有理论以证明其必然地将如此。所以将来底事物是或然,或然者不可测,不可测之谓神。由此意义,我们亦说:将来底事物是神。

魂之又一义,即一类事物之要素,例如所谓诗魂花魂者。所谓诗魂花魂,如有意义,必是诗或花之要素。诗或花之要素即诗之理或花之理。神之另一义,即一类事物之完全底典型,一类事物之完全底典型亦即一类事物之理。例如所谓军神、针神、钱神者。军神即指军人之完全底典型,即军人之理。针神即指刺绣工艺之完全底典型,即刺绣工艺之理。钱神即指钱之完全底典型,即钱之理。龚定庵诗,说某人“艺是针神貌洛神”,即言其刺绣合乎刺绣工艺之完全底典型也。晋卢褒有《钱神论》,言钱之威势,亦是就钱之完全底典型、钱之理说。凡事物之可认为完全合乎其完全底典型者,即以神称之。例如书画之最高等者,称曰神品。“新声妙入神”,妙入神者,即言其合乎其完全底典型也。

我们于第一章中说,普通人多以想像具体底方底物者,想像抽象底“方”。其实抽象底“方”是不能想像底。照普通人之错误底想像,似于许多方底物之外,另有一方底物。此方底物与别底方底物之区别,只在其是完全地方。我们于第一章中说,此完全是错误底。我们引朱子说:“无极而太极,不是说有个物事光辉辉地在那里。"一般人所谓某某魂、某某神,如上文所说者,其所指虽是某某理,而却以为是"有个物事,光辉辉地在那里"。我们可以说:所谓某某魂、某某神者,皆是将某某理作一实际底个体而想像之。将某某理作一实际底个体而想像之,就哲学与逻辑说,是完全错误底。但就一般人说,一般人多以想像代思,所以必需如此,方可觉有所捉摸。

神与魂之此义,与上所谓事物之将然者是神,及一切事物之将来是其魂之义,亦可相通。凡称曰某神或某魂者,虽其意义是某种事物之要素,某种事物之完全底典型,某种事物之理,但不曰某理而曰某神或某魂,则即将其作一实际底个体而想像之。此实际底个体是完全合乎其理者。一完全合乎其理之实际底个体,即令有之,亦必在无限底将来之中,决不在过去,亦不在现在。在此意义下,所谓神者、魂者,总是在将来中者,不过特别指无限底将来中之完全合乎其理之事物而已。

(六) 以鬼为神

我们于第三章中说:一完全合乎其理之事物,如其有之,需经无限底时间方能有。说它须经无限底时间方能有,即是说它在事实上永不能有。此所说无限底将来,正就将来之无限底时间说。说一完全合乎其理之事物,于无限底将来中始有,即是说它在事实上永不能有。但一般人总希望完全合乎其理之事物,是事实上有底而且是已有底。一般人虽已将理作实际底个体而想像之,但若不以之为已有,则仍觉它是空底。必需在实际中已有完全合乎其理之事物，一般人方觉有所抓着而不至于落空。于是有以鬼为神之事。世俗所谓神，即以鬼为神之神。

例如军神本可只是军人之完全底典型，军人之理，但一般人对于此不满足，而以关岳为军神。无论照世俗所谓鬼之意义说，或照我们于上文所谓鬼之意义说，关岳之鬼均是有底。但关岳本只是鬼，而现在以之为神，即以鬼为神也。以鬼为神所予人之安慰，即是完全底军人是实有底，而且是已有底。一般人可因此对于军人之理，更觉有所捉摸。

（七）命运

命运之命与性命之命不同。性命之命，即性之从另一方面说者；我们于第四章中已提及之。孟子说："莫之为而为者，天也；莫之致而至者，命也。"荀子说："节遇之谓命。"此所谓命，即命运之命。

因将来之事之不可测，人常遇意料不到之事，即所谓意外者。因过去之事之不可变，人所遇之意外，虽系意外，而亦不可磨灭，不可改变。人所遇之意外，有对于其自己有利者，有对于其自己有害者。遇有利底意外，是一人之幸；遇有害底意外，是一人之不幸。一人之幸不幸，就一时说，是一人之运；就一生说，是一人之命。如一人之幸于一时多于其不幸，我们说他的运好；如其不幸于一时多于其幸，我们说他的运坏。如一人之幸于一生多于其不幸，我们说他的命好；如其不幸于一生多于其幸，我们说他的命坏。一人于一时或于一生之幸或不幸，皆是不期其至而自至，所谓"莫之致而至者"。此不是求得者,而是碰上底,此所谓"节遇"。

人生如打牌,而不如下棋。于下棋时,对方于一时所有之可能底举动,我均可先知;但于打牌时,则我手中将来何牌,大部分完全是不可测底。所以对于下棋之输赢,无幸不幸。而对于打牌之输赢,则有幸不幸。善打牌者,其力所能作者,是将已来之牌,妥为利用,但对于未来之牌,则只可靠其"牌运"。

人生如打牌,所以一人在其一生中所有之成败,一部分是因其用力之多少,一部分是因其命运之好坏。《列子》有《力命》篇,说力与命间之争辩。对于过去之事,力是全无用处。对于将来之事,力虽努力为之,亦不敢保一定成功,因对于将来,力不能保无不幸底意外。

不管将来或过去有无意外,或意外之幸不幸,只用力以做其所欲做之事,此之谓以力胜命。不管将来或过去之有无意外,或意外之幸不幸,而只用力以做其所应做之事,此之谓以义制命。如此则不因将来成功之不能定而忧疑,亦不因过去失败之不可变而悔尤。能如此谓之知命。知命可免去无谓底烦恼,所以《易·系辞》说:"乐天知命故不忧。"

(八) 宗教

不过大多数人非尽能知命者。所以将来之不可测,过去之不可变,使大多数人对于将来,常怀忧疑;对于过去,常怀悔尤,因之感觉需要一全智全能底权力,以保证其将来,改变其过去。信实际地有此权力者,对之作祈祷,即欲其保证其将来也;对之作忏悔,即欲其改变其过去也。

然完全地全智全能底权力，只是一理。此理又是空洞底，不可捉摸底。人虽将此理作实际底个体而想像之，但如不以之为已有，或其代表为已有，则仍觉其不可捉摸。若以鬼为神，以一鬼为有全智全能者或其代表，则此鬼即成为一教之教主。如耶教以耶稣为有全智全能者，或其代表；佛教以释迦为有全智全能者，或其代表；回教以穆罕默德为有全智全能者，或其代表；皆以鬼为神也。照此各教中所传说，耶稣等之本人，即自以为是有全智全能者或其代表，然即令是如此，其说法亦远不及后来尊奉之者所说之完备。讲历史者多以历史中之耶稣之事迹为根据，以驳耶教中人所说耶稣之事迹，斥为不经。其为不经不待言，不过此等辩论，可以说是驴唇不对马嘴。盖历史家讲耶稣，乃以耶稣为鬼而讲之；而耶教中人讲耶稣，乃以耶稣为神而讲之也。

前数十年间，有人以为中国有孔教，孔子为其教之教主。在中国历史中，在有一时代，确有孔教；孔子之鬼，确曾一度为教主。西汉之今文经学及纬书，以孔子为全智全能，作《春秋》为汉制法。此即以孔子之鬼为神，而以之为教主也。

以鬼为神者，亦知鬼，就其是鬼说，不能是完全底。所以以鬼为神者，必说其以之为神之鬼，是有大来头者。如《春秋纬·演孔图》说孔子乃黑帝之子，耶教说耶稣乃上帝之子。照耶教之哲学家所讲，上帝为父，耶稣为子，及其间之"圣神"，虽为三位，而实属一体。将全智全能底权力之理作一实际底个体而想像之，即有上帝之观念。上帝是全智全能底，耶稣即其化身，或其代表。

就一般人说，对于将来之忧疑，比对于过去之悔尤，更为令人不安。宗教说，实际上有一全智全能底权力，以为人对于将来底希望之保证。所以人愈对于将来有所忧疑,则愈信宗教,或愈有信宗教之可能。例如人于其危急时,或于其至亲有危急时,即素不信宗教者,亦往往有祷告、许愿、求神、问卜之事。盖对于将来底希望之保证,乃人之普遍底要求也。

（九）祭祀

宗教对于一般人之功用,在保证实际上有一全智全能底权力,以为人对于将来底希望之保证。宗教对于有一部分人之功用,则不是如此或不止如此。欲明此点,我们先说祭祀。

先就普通对于鬼之祭祀说。朱子说:"来而伸者为神,往而屈者为鬼。"又说:"既屈之中,又自有屈伸。""祭祀致得鬼神来格,便是既屈之气,又能伸也。"(《语类》卷三)既屈者又伸,此是说不通底。不过既屈者虽不能复伸,而既屈者与现在事物之关联,则非不可有。能作祟之鬼,对于现在有关联;即不能作祟之鬼,如能为现在之人所知,则亦可说与现在事物有关联。对于鬼之祭祀,即所以加强加重,此种关联,使所祭之鬼,能仿佛重现于现在。所谓"祭祀致得鬼神来格",实际上并不是鬼来格人,而是人去格鬼。《礼记·祭义》说:"斋之时,思其居处,思其笑语,思其志意,思其所乐,思其所嗜,斋三日乃见其所谓斋者。祭之日,僾然必有见乎其位;周还出户,肃然必有闻乎其容声;出户而听,忾然必有闻乎其叹息之声。"此即有意地特别加强加重鬼对于现在之被知之关联,使之仿佛能重现于现在也。现在于追悼会、纪念会中所行之默念三分钟,亦所以有意加强加重此种关联也。人对于鬼总有所思慕,所以无论社会制度若何变，祭祀总是少不了底。不过其名称仪式，或可有不同而已。

我们于上文说，我们所谓鬼之永远存在，可以说是永生，亦可以说是永死。但如有鬼能常为人所祭祀，则此鬼之永生之程度，在此方面，可以说是比别鬼大。盖在祭祀中，此鬼得仿佛重现于现在，现于现在，乃所谓生者之真正底意义也。古以立德、立言、立功为三不朽。此所谓不朽者，即指此所说程度较大之永生。盖有所"立"者，能常为人所崇拜，常为人所以为神，在人之崇拜中，常能仿佛重现于现在也。

宗教不能离乎仪式，其仪式大部分亦是关于祭祀者。但于普通之祭祀中，祭祀者所思所念者是鬼，是个体。在宗教之祭祀中，祭祀者所思所念者是神。此神虽是以鬼为神之神，然于祭祀者之想像中，他是一种完全底典型。事物之完全底典型，是超乎个体者。对于超乎个体者之思念，可使人得到一种超乎个体、超乎自己之境界。宗教特设一种环境，使人对于此境界，有所感觉。寺庙之建筑，必极庄严；其中陈设，必极华贵；其音乐必极肃穆；其仪式必极威重；在此情形之中，人可对事物之完全底典型，仿佛有所感觉；对于超乎个体，超乎其自己之境界，有所感觉。事物之完全底典型，本不可感觉者，在此情形下，宗教能令人仿佛感觉之。人于此情形中，仿佛有此感觉，且有超乎个体，超乎其自己之感觉。如此种感觉，不仅暂时有，而且能永久有，则有此感觉之人，即已"超凡入圣"。

或说宗教中有些派别，如佛教中之禅宗等，最反对仪式，此又何说？于此我们说：此等派别所主张者，应该是超仪式，而不是反对仪式。反对仪式者完全不要仪式。超仪式者经过仪式之阶段而不止于仪式。上所说宗教不能离开仪式，并不是宗教即止于仪式。为仪式而仪式，止于仪式，是禅宗所反对者，其反对是有理由底。但如谓一修行者，可不经行仪式之阶段，而仅靠棒喝机锋，即可"超凡入圣"，则恐是不可能底。禅宗之流为狂禅，即是主张此不可能者之结果。

宗教以鬼为神，对于一般人可以减轻其对于将来之忧疑、对于过去之悔尤；对于一部分人可使其仿佛感觉事物之完全底典型，因而得一种超乎个体、超乎自己之境界。关于此境界，下章另有详说。

第十章　圣人

（一）才人

我们于第五章中说，自道德底观点，或自事业底观点看，每一种事，均有一种本然底至当办法。我们于第七章中说，在知识方面，每一实际命题，如其是普遍命题，均代表或拟代表一本然命题。在第八章中我们说，每一种艺术，对于每一题材，均有一本然样子。此诸本然办法、本然命题，或本然样子，可以说是均在无字天书之中。无字天书，有人能读之，有人不能读之；能读无字天书，而见本然办法、本然命题、本然样子，或其仿佛者，我们称之曰才人。

《庄子·养生主》说文惠君之庖丁解牛，解牛虽技而进于道。所谓"臣之所好者道也，进乎技矣"。此庖丁于解牛之时，"目无全牛"。他所见只是牛身上之空隙，而并非一整个底牛。所以他能于牛身上之空隙处下刀。"彼节者有间，而刀刃者无厚。以无厚入有间，恢恢乎其于游刃必有余地矣。"所以他的刀虽用十九年而犹如"新发于硎"。至于普通庖人，于解牛时，只见全牛，而不见其身上之空隙，简直无下刀处，无下刀处，而又不能不下刀，只得一阵乱砍,非砍着骨,即砍着筋,所以其刀易坏。能办事之人,其办事正如此庖丁之解牛。他遇一事,一时即看见其本然办法,或近乎其本然办法之办法。他顺着去办,不费力而即将事办妥。不会办事底人,遇一事,只见事而不见办法,若不能不办,即只可乱办。我们对于会办事底人,常说他"胸有成竹,目无全牛"。其实"成竹"是本然底,不过有人见之,有人不见而已。若见之,则于办此事,即"游刃有余"。

我们常讲所谓科学方法及归纳逻辑。此等方法,可以说是求知本然命题之方法。但只研究归纳逻辑或科学方法,而不能读无字天书之人,只见一大堆材料,如所谓"全牛"者,放在面前,简直无下手处。科学作试验,必须先有假设,否则试验无从作起。但假设并不是写在材料上,人人可以看见者。假设即能读无字天书者所见本然命题之仿佛。无此见者,无论若何研究归纳逻辑及科学方法,皆只可以学科学,而不能成为大科学家。

无论在何方面之才人,若见本然办法、本然命题、本然样子,或其仿佛,而将其成为实际底,此等工作我们称之为创作。例如一军事方面底才人,见一某种战略底本然办法,或其仿佛,即据之以定一作战计划;一政治方面底才人,见一关于某种政治问题之本然办法,或其仿佛,即据之以定一政治计划;一科学方面底才人,见一关于某科学问题之本然命题,或其仿佛,即据之以写一科学公式;一艺术家见一关于某题材之本然样子,或其仿佛,即据之以作一艺术作品。凡此均是创作。《庄子·养生主》所说庖丁解牛时之心理状态,可以说是,所有才人,无论其为何方面底才人,于创作时所有之心理状态。我们可以称此心理状态为创作心理。《养生主》说,庖丁云:"始臣之解牛之时,所见无非全牛者。三年之后,未尝见全牛也。方今之时,臣以神遇,而不以目视,官知止而神欲行。依乎天理,批大郤,导大窾,因其固然。""虽然,每至于族,吾见其难为,怵然为戒,视为止,行为迟。动刀甚微,謋然已解,牛不知其死也,如土委地。提刀而立,为之四顾,为之踌躇满志。"一才人,无论何方面底才人,于其创作之俄顷,所有之经验,大概如是。本然办法,本然命题,本然样子等,既均是本然底,均非感官所可及,所以创作者,于创作时,皆"以神遇而不以目视,官知止而神欲行"。创作之工作,即是将本然底成为实际底。本然是本有者,所以若能见之,则"因其固然","动刀甚微,謋然已解"。及其已将本然底成为实际底,"踌躇满志"之时,则此才人即又脱离其创作时之心理状态,而又复返其平常底心理状态矣。

或可问:在有些种艺术中,有些作品可以俄顷即成,其创作者所有之心理或可如上所说,但在别方面之创作则不同。例如一哲学家著作一书,可经数年或数十年之久,岂在此数年或数十年中,此哲学家皆常在如上所说之心理状态中耶?

一人之学问,可经数年或数十年始成,但其真正创作,则只有一个或几个俄顷之间。其前乎此时间所用之工夫,可以说是一种预备工夫;其后乎此时间所用之工夫,可以说是一种修补或证明工夫;俱不是创作。例如王阳明在龙场居夷处困,一夕忽悟"致良知"之旨,于是豁然贯通。此夕之悟,即是有见于一种本然哲学系统。此夕之悟,即是创作。至其前乎及后乎此在学问方面所用之工夫,则皆是一种预备及修补或证明工夫也。预备及修补或证明工夫并不是创作。所以于作此工夫时,不需要上所说之心理状态。

（二）才人与圣人

上所说之心理状态,亦可以说是一种精神境界。才人之在此境界中者,仿佛觉已超过经验,超过其自己。在此境界中者,虽仍是其自己而已超过其自己,在此境界中,虽亦是一种经验,但已超过普通日常所有之经验。此种精神境界,在所谓圣域中有之。才人只于其创作之俄顷,能至此境界。才人虽能入圣域而不能常在圣域,虽有圣域中之一种境界,而不能有其全境界。能常在圣域,能有圣域之全境界者,是圣人。

才人之入圣域凭其才,圣人之入圣域凭其学。才非人人可有;而学则人人可学。所以不能人人是才人,而可以人人是圣人。

说到圣人,一般人总想到一个全知全能底人。讲到学问,圣人一定是,上自天文,下至地理,无所不通,无所不晓;讲到本领,圣人一定是所谓"文能安邦,武能定国"。其实圣人并不是如此全知全能底人,实际中亦没有如此全知全能底人。孟子说:"圣人,人伦之至也。""人伦之至"即是圣人,至于其有无在别方面底知识本领,则与其是圣人与否无关。"人伦之至"是人人可以努力做者,所以孟子说:"人皆可以为尧舜。"荀子亦说:"途之人皆可以为禹。"

王阳明是最近乎一般人之理想中底圣人者,然阳明以为圣人之才力,可有不同。阳明说:"所以为精金者,在足色,而不在分两;所以为圣者,在纯乎天理,而不在才力也。故虽凡人,而肯为学,使此心纯乎天理,则亦可为圣人,犹一两之金,比之万镒,分两虽悬绝,而其到足色处可以无愧,故曰:人皆可以为尧舜者以此。"(《传习录》上)用我们的话说,所谓圣人,即是常在上所说之精神境界中者。

才人亦时有此种境界。圣人虽有此种境界,但不必有才人所有之知识与本领。

(三) 格物、致知、知天

圣人之所以达此境界之学名曰圣学。圣学始于格物致知,终于穷理尽性。格物致知是知天,穷理尽性是事天。换句话说:圣学始于哲学底活动,终于道德底行为。

我们于绪论及第一章中说,我们的哲学底活动,始于对于实际底事物之分析,由分析实际底事物而知实际,由知实际而知真际。对于实际底事物之分析是"格物"。由分析实际底事物而知实际,而知真际,是"致知"。欲致知必先格物,此可以说是"致知在格物"。

格物致知是哲学底活动。哲学底活动与哲学不同。哲学乃说出或写出之道理,乃一种学问。有哲学必有哲学底活动,但有哲学底活动,不必有哲学,因一有哲学底活动之人,可乐于无言也。宋明儒皆以哲学底活动为圣学之一部分,其哲学底活动不是为哲学而活动。所以其哲学与其哲学底活动不相称。此即是说,如宋明儒为哲学而有哲学底活动,则其哲学应更好些。

穷理有两义:在穷理之一义下,格物即是穷理。我们对于事物作分析后,我们见其有许多性,由其有许多性,可见有许多理。所以格物即是穷理。朱子亦说:"格物者,穷理之谓也。理无形而难知,物有迹而易睹,故因是物以求之。"(《文集》)因是物以求是理,如因方底物可知有方之理。我们分析方底物是格物,因格物而知有方之理,就知说是致知,就理说是穷理。

朱子又说:"所谓致知在格物者,在即物而穷其理也。凡人心之灵,莫不有知;而天下之物,莫不有理。惟于理有未穷,故其知有未尽也。是以大学始教,必使学者,即凡天下之物,莫不因其已知之理而益穷之,以求至乎其极。至于用力之久而一旦豁然贯通焉,则众物之表里精粗无不到,而吾心之全体大用,无不明矣。此谓物格,此谓知之至也。"(《大学章句·补格物传》)我们以上所说,似与朱子完全相同,但有数重要不同处:

第一,朱子所谓穷理,系就对于理之内容之知识说,我们此所谓穷理,则只就对于理之有之知识说。照我们的说法,理之内容,不是哲学底活动所能知,至少亦非哲学底活动所能尽知。例如我们分析方底物,我们可知有方之理。但方之理之内容如何,方之定义为何,则我们必须研究几何学,才能知之。朱子以为"人人有一太极",我们的心,"具众理而应万事",一切理皆在我们心中,故一切理之内容,皆可知之,而所谓穷理者,即求知一切理之内容。朱子说:"事事物物,皆有其理,事物可见而其理难知。即事即物,便要见得此理。《大学》不曰穷理而谓之格物,只是使人就实处穷竟。事事物物上有许多道理,穷之不可不尽也。"(《语录》)但此是不可能底。王阳明欲穷竹子之理,深思七日,不能成功,因以致病,遂以为圣人不可学。后始知朱子以理为在物而不在心之错误。朱子于此,诚有错误,但其错误,不在于以理为不在心,而正在其以理为亦在心。照我们的看法,事物之理,完全不在我们心中。我们依逻辑可知每一类之事物必有其理,但其内容若何,须另有学问以研究之,并不是专靠"思"所能知者。我们可知竹必有竹之所以为竹者,即必有竹之理,但其内容如何,则非专靠"思"所能知。王阳明于此见朱子之错误，但未见其所以错误。

第二，照朱子的系统，一切事物之理，既皆在我们的心中，所以虽只知一部分事物之理，而于其余之理，亦可"豁然贯通"。譬如我们久住北平者乘一飞机，被迫降落于北平，但初不知其为北平，经过数街市，即可恍然大悟曰："这不是北平么？"于此悟后，即我们此时所未到之街市之状况，亦可知之。其所以能知者，因全北平街市之状况，本在我们的知识中也。照朱子的系统，因我们心中，既已具一切事物之理，所以于豁然贯通之后，我们可知一切事物之"表里精粗"。所以我们于此时亦无所不知，无所不能，此即心之"全体大用"。但照我们的系统，我们的心只能知众理而并非有众理，所以所谓心之全体大用，亦是没有底。

但我们的心虽不具众理，虽不能尽知理之内容，但于其完全了解一切事物皆有其理，而一切事物之理，又皆系其最完全底典型时，亦可谓为豁然贯通。于此时我们的注意，完全集中于形上。我们的身体虽然是形下底，而我们的心之所见则是形上底。我们由此所见所得之超脱，亦是极大底。至此我们可以说是已"知天"。

所谓超脱者，超者超乎经验，脱者不为经验所囿。我们于第一章说，格物致知，能使我们超乎经验，而又不离乎经验对于实际有所肯定。超乎经验，则即不为经验所囿；但又不离乎经验而对于实际有所肯定，则即不妄有所立，如宗教家然。

致知所达之最高境界，如上所说者，可以名曰智。此智不是第五章中所说仁义礼智信之智。第五章所说之智，是一种道德；此所说智，则是一种境界。为分别起见，此所谓智，可以谓之大智。

知天则能从天之观点，以观万物。从天之观点，以观万物，则见各类事物，皆依照其理。各理皆是至善，依照各理者，皆是所谓

"继之者善"。《中庸》说："万物并育而不相害,道并行而不相悖,大德川流,小德敦化,此天地之所以为大也。"此正是从天之观点以观万物。以万物为相害者,皆是站在一事物之观点上说。如使人致病之微菌,站在人之观点,可以说是害人,但从天之观点看,则此种微菌,并非有意害人,亦只是欲遂其生而已。

从天之观点以观事物,则对事物有一种同情底了解。周濂溪"绿满窗前草不除",云:"与自己意思一般。"程明道养鱼,时时观之,曰:"欲观万物自得意";又有诗云:"万物静观皆自得,四时佳兴与人同。"宋儒以为此都是圣人气象。其所以是圣人气象者,因此皆是能从天之观点以观物者之气象也。

（四）穷理、尽性、事天

从天之观点看,每一类之事物皆有其理,其理亦即是其极。就此类之事物说,其极是其至善,其气质之性,即其所实际地依照理者,是"继之者善"。一类之事物,在"无极而太极"之大道中,从天之观点看,其应做之事,即是充分依照其理,能十分地充分依照其理,即是尽性,即是穷理。此点我们于第四章中已说。此所谓穷理,是穷理之另一义。上文所说穷理之一义,是以我之知知事物之理;此所谓穷理是以我之行,充分实现我所依照之理。以我之知知事物之理,则我可超乎经验而不为经验所囿,此是对于经验之超脱。以我之行,充分实现我所依照之理,则我可超乎自己而不为自己所缚,此是对于自己之超脱。

自天之观点看,人亦一类物,在"无极而太极"之大道中,从天之观点看,人所应做之事,亦即充分依照人之理。邵康节说:"圣人,人之至者也。"所谓"人之至者",即是最完全底人,即能尽人之性之人,亦即能穷人之理之人。

孟子说:"圣人,人伦之至也。"所谓人伦,即指人与人之社会底关系,行人伦即指人之社会底活动。我们于第四章中说,人之性是社会底,人之社会底生活,是自人之性发出者。所以人之尽性、穷理,必在社会底生活中行之。

在社会底生活中,人之行为之最社会底者,是道德底行为。我们对于道德底行为,可有两种看法:一是从对于社会之观点看,一是从对于天之观点看。从对于社会之观点看,则人之道德底行为,是尽其社会的一分子的责任;从对于天之观点看,则人之道德底行为,乃是尽其宇宙的一分子的责任,即是尽人道。若从此观点看,则人之行道德底事,即是"事天"。

张横渠《西铭》,即是从事天的观点,以看人之道德底行为。他以事亲之道,说事天。我们有事亲之孝,有事天之孝。从事天之观点看,人之一切尽人道底行为,都是事天之孝。他说:"尊高年,所以长其长;慈孤弱,所以幼其幼。圣其合德,贤其秀也。""知化则善述其事,穷神则善继其志。"此诸其字皆指天说。从对于天之观点看,一切尽人道之行为,皆是"替天行道",皆是事天。从此观点看,我们即自托于天之大全,如婴儿自托于父母;《西铭》说,"乾称父,坤称母,余兹藐焉,乃浑然中处",正说此意。能自托于大全,则知"生无所得,死无所丧"(亦横渠语)。有一日底存在,即做一日尽人道底事。一日不存在,即复同于大化。此所谓"存,吾顺事;没,吾宁也"。此之谓知命。我们于第九章所说知命,是知运命之命。此所说知命,是知性命之命。

孟子说："尽其心者,知其性也;知其性则知天矣。存其心,养其性,所以事天也。夭寿不贰,修身以俟之,所以立命也。"此所说之详细处,不必与我们所说同,但其知天,事天,立命,之大端,则与我们所说无异。朱子说:"尽心知性而知天,所以造其理也。存心养性以事天,所以履其事也。不造其理,固不能履其事;然徒造其理,而不履其事,则亦无以有诸己矣。"(《孟子·尽心》上注)朱子此所说之详细处,亦不必与我们所说同,不过我们亦说:圣学以哲学底活动始,以道德底行为终。盖不有道德底行为,则自格物所致之知,只能使我们超乎经验,而不能使我们超乎自己。换言之,即自格物所致之知,不能与自己之行为,合而为一,则"亦无以有诸己"。

人之道德底行为的正性,是超乎己私。所以在人之社会底、道德底行为中,人本亦可达到超乎自己之境界,而得一超乎自己之自己。若更从事天的意义以行道德,则行道德者,更可觉其行为所表示,有一种超乎人之意义。如文天祥《正气歌》所说:"天地有正气,杂然赋流形,下则为河岳,上则为日星。于人曰浩然,沛然塞苍旻。"以下列举许多道德底行为,皆视为系此种"正气"之表现。孟子说:"浩然之气,乃集义所生者。"集义即集道德底行为也。人常有道德底行为,则可觉有一超乎自己之自己,觉其自己并不为其个体之所限。此种精神状态或境界,孟子称之曰浩然之气。他说:"其为气也,至大至刚,以直养而无害,则塞于天地之间。"至于其养之之方法,则为集义,如上所说。

对于所行之道德底行为,皆以事天之观点看之,不稍疏息。此程朱所说之用敬也。只用敬以集义,则所谓浩然之气之境界,久之自至。不可不集义,亦不可求集义之速效,此孟子所谓勿忘勿助,亦即程朱所谓涵养也。伊川说:"涵养须用敬,进学在致知。""进学在致知"相当于我们所谓哲学底活动;"涵养须用敬"相当于我们所谓道德底行为。

我们于上文说,从天之观点,以观事物,则对于事物,有一种同情底了解。在此所谓超乎自己之境界中,对于事物之同情,亦继续扩大,以至宋明道学家所谓"万物一体"之境界。此境界宋明道学家名之曰仁。所谓仁有二义。一义是指一种道德,此即我们于第五章所说仁义礼智信之仁。一义是指一种境界,即此所说者。程明道说:"仁者浑然与物同体,义、礼、智、信,皆仁也。"此即说此所说之仁。为分别起见,此所说之仁,可以谓之大仁。

自事天之观点看,则人之才能之大小,对于其事天之"孝",并无关系。人之才能大者,因其才能而做事,是尽性,是尽其宇宙一分子的责任;人之才能小者,亦因其才能而做事,亦是尽性,亦是尽其宇宙一分子的责任。就对于社会之观点看,人之才能之大小,对于其事社会之忠,亦无关系。人之才能大者,因其才能以做事,是尽其社会一分子的责任。人之才能小者,亦因其才能以做事,亦是尽其社会一分子的责任;能至超乎自己之境界者,对于自己知识才能之大小,实觉无可措意。其斤斤于计较自己知识才能之大小者,皆看"自己"甚重者也。阳明说,"唐虞三代之世","天下之人,熙熙皞皞,皆相视如一家之亲","故稷勤其稼,而不耻其不知教,视契之善教,即己之善教也。夔司其乐,而不耻于不明礼,视夷之通礼,即己之通礼也"(《答顾东桥书》,《传习录》中)。正说此意。

在超乎自己之境界者,觉其自己与大全,中间并无隔阂,亦无界限;其自己即是大全,大全即是其自己。此即所谓"浑然与物同体",此即是上文所说之大仁。

（五）道家之浑沌

　　道家所说达其所说最高境界之方法，是从反知入手，与我们所说之从致知入手者正相反。道家所说之道，有似于我们所说之气，我们于第二章中已经说过。气是无分别底，不可思议，不可言说，道家所说之道，亦是无分别底，不可思议，不可言说。所以道家所说见道之方法，其要在反知。因为知识是作分别者，其成功必待思议，其发表必待言说。譬如我们说："这是桌子。"此即将"这"加以分析，而专将其桌子性指出。实则"这"并不仅有桌子性，而且有许多别底性。我们未说，或未思，"这"是桌子时，"这"对于我们本是浑然一体；但于既思既说之后，则"这"对于我们，即只是一桌子。郭象说："吹管操弦，虽有繁手，遗声多矣。而执籥鸣弦者，欲以彰声也。彰声而声遗，不彰声而声全。"正说此意。对于"这"既不应分析，道本是不可分析，不可思议，不可言说者，故更不应以知识分析之，知之。我们必须除去一切知识，对于一切不作分别，不作思议，不作言说，则一切底分别，对于我们即不存在。我们所觉者，只一浑然一体之大全。所谓"离形去智，同于大通"（《庄子·大宗师》），即说此境界。所谓玄同，所谓混沌，俱是说此境界。能至此境界者，即所谓真人、至人。

　　于第一章中我们说，动物只能感而不能思，对于一切不能分别。所有底"这"，对于动物，俱是浑然一体。道家之修养方法所得底境界，似与动物所有底境界，有相同处。有些道家的人，或竟以为其修养所到底境界，与动物所有底境界，是相同底。例如道家之人，常自比于婴儿，婴儿亦是只能感而不能思者。此种见解，是错误底。道家修养所到底境界,与动物本来所有底境界,之大不同处,在于有自觉与无自觉。道家之至人,于觉浑然一体之大全时,自觉其觉浑然一体之大全。至于动物,虽处浑然一体之大全中,但并不觉之,或并不自觉其觉之。有自觉与无自觉之区别甚大。海格尔的哲学,甚注重此点,亦可说海格尔的哲学,一大部分是建筑在此点上。照海格尔所说,一事物在某种情形下,或有某性,而不自知其在某种情形下,或有某性,则其在某种情形下,或有某性,是"在自底",而非"为自底"。诗人乐草木之无知。其实则真无知者,并不知无知之可乐。草木之无知,是本来底无知,只旁观者知其可乐,其本身并不知之。所以其无知是"在自底","为他底",而非"为自底"。若由本来底无知,经过知而复返于无知,则不但旁观者知其无知,即其自己亦自觉其无知,所以其无知不仅是"在自底",而且是"为自底"。用道家之修养方法所得之无知,是经过知识之阶级者,所以其无知与动物的原来底无知,是不同底。

用道家之方法,我们亦可得一超过自己之境界。《庄子·天下》篇所说"与天地精神往来",即系描写此境界者。不过在此境界中之人,既系用不作分别之方法,以得到其境界,则在此境界中之人,若不出此境界,即不能有任何有意志、有知识底活动。《老子》描写其理想中人之圣人云:"众人熙熙,如享太牢,如登春台,我独泊兮其未兆。如婴儿之未孩;儽儽兮,若无所归。众人皆有余,而我独若遗,我愚人之心也哉。沌沌兮!俗人昭昭,我独昏昏。俗人察察,我独闷闷。澹兮其若海,飂兮若无止,众人皆有以,而我独顽似鄙。"(二十章)《庄子·大宗师》对于其所谓真人,亦有类似底描写。旧说以为道家之圣人,貌虽如此,而其实具有应世之能力,此乃曲为圆成之说,非道家之本意。道家之圣人,本系用不作分别之方法,以得一混沌底境界,故其活动亦只能如此。

道家之人,亦自托于大全。《庄子·大宗师》说:"夫藏舟于壑,藏山于泽,谓之固矣,然而夜半有力者,负之而走,昧者不知也。藏小大有宜,犹有所遁;若夫藏天下于天下,而不得所遁,是恒物之大情也。"郭象注云:"无所藏而都任之,则与物无不冥,与化无不一,故无外无内,无死无生,体天地而合变化,索所遁而不得矣。斯乃常存之大情,非一曲之小意。"大全是永有者,自托于大全者,于其能觉时,亦自觉其是永有。

道家之圣人,及上章所说宗教中之圣人,不能有用于社会。凡人没有能离开社会者,即令遁迹深山,自耕自食,亦不能说是离开社会。和尚之出家,亦只是出"家",只是离开社会中之一种组织,而不是离开社会。如真无社会,则虽有山而不能入,有地亦不能耕,更亦无庙可住。道家及佛家之圣人,不能离开社会而又不能有用于社会;如人人俱如此,则即无社会,所以此是行不通亦说不通底。宋明道学家说二氏中人自私,正是就此点说。

(六) 宇宙底心

或可问:宋儒以为宇宙是道德底;他们所谓天,正是指宇宙之道德底力量。照他们的看法,天与人有一种内部底关联。陆王所说,人本与天地万物为一体者,程朱亦持之。所以他们以为知天事天,可得到,或回复到,所谓天地万物一体之境界。如本章所说之天,亦是宋儒所说之天,则与本书所说之系统不合。如本章所说之天,即本书第一章所说之天,则此所谓天者,不过是一逻辑底观念而已,知天事天,如何能使人入所谓圣域?

本章所说之天,正是第一章所说之天,即所谓大全者。就观念说,大全是一逻辑底观念,但其所指,却是万有之整个。我们所谓知天者,即知如何以万有为大全而思之,并知如何自大全之观点以观物。我们所谓事天者,即我们觉我们系大全之一部分,并觉我们应为大全而做事。我们所谓知天者,即知大全;我们所谓事天者,即自托于大全。能自大全之观点以观物,并自托于大全,则可得到对于经验之超脱,及对于自己之超脱,达到大智大仁之境界,如上所说。我们所说自托于大全,颇有似于道家所说者,不过道家是以反知入手,而得大全,其对于大全之关系是混沌底;我们是以致知入手,而得大全,我们对于大全之关系是清楚底。

我们于第四章中说,各种事物,皆可有穷理尽性之事。如一圆底物,如成为绝对地圆,则即为穷圆之理,尽圆之性。此圆底物之穷理尽性,与人之穷理尽性,有何差别?

就穷理尽性说,没有差别。不过任何事物皆有性而不必有心。我们虽不能说心是人所独有,但至少可以说,人之有心是特别显著底;亦可以说,人之心,是比较能尽知觉灵明之性底。无心之物,或有心而不甚知觉灵明之物,即令已尽其性,而不自知其已尽其性。例如一圆底物,即令其已是绝对地圆,即令其已尽圆之性,但此绝对地圆底物,并不自知其是绝对地圆,即并不自知其已尽圆之性。若人则不但有性,而且有心。所以于其尽人之性时,不但能尽其性,且能自知其尽性。所以别种事物之穷理尽性是"为他底",而人之穷理尽性则是"为自底"。

人之尽性,与其他事物又有不同者,即人之尽性,必须在乎社会底行为。上文已说,人之性是社会底,人之社会底生活,是出乎人之性底。人在社会生活中,其最主要者是道德底行为。人之道德底行为之最主要底性是去私。所以能尽人之性者,必达到超乎自己之境界,而别底事物之尽性,则不必到此境界。

达到超乎经验,超乎自己之境界,而又自知其达到此境界,则即可享受此境界。达到此境界而又能享受之,乃人在宇宙间所特有之权利。就此方面说,人可以说是"万物之灵"。

我们于第四章说,"我心即天心",我们的心,即宇宙的心。此不过是一逻辑底说法。但已入圣域之人,既超乎经验,超乎自己,而觉天地万物与其超乎自己之自己,均为一体,则对于他,他的心"即"宇宙底心。我们于第四章说,只有宇宙"的"心,没有宇宙"底"心,但对于已入圣域之人,可以说是有宇宙"底"心。此宇宙"底"心,即他"的"心。他可用另一种意义,说:"我心即天心。"如此说时,他即可以说,他是"为天地立心"。

新 事 论

（中国到自由之路）

自　　序

　　自中日战起，随学校南来，在南岳写成《新理学》一书。此书序中有云："此书虽'不着实际'，而当前有许多实际问题，其解决与此书所论，不无关系。"此书成后，事变益亟，因另写一书，以讨论当前许多实际问题，名曰《新事论》。事者对理而言，论者对学而言。讲理者谓之理学，说事者谓之事论。对《新理学》而言，故曰《新事论》。为标明此书宗旨，故又名曰《中国到自由之路》。二十七年为北京大学成立四十周年，同学诸子，谋出刊物，以为纪念。此书所追论清末民初时代之思想，多与北大有关系者。谨即以此，为北大寿。又此书各篇，皆于草成时即在昆明《新动向》半月刊中发表，修正后，成为此本，并记于此。二十八年六月，冯友兰识于昆明。

第一篇　别共殊

荀子说："类不悖，虽久同理。"（《非相》）荀子所谓理，与我们所谓理，其意义不必同，不过这一句话，我们可借用以说我们的意思。某一类的事物，必有其所以为某类的事物者，此所以为某类的事物者，为属于此某类的事物所同有，即此类之理。一类事物之理，即一类事物之类型。凡属于某一类之事物，必皆依照某一理，或亦可说，凡依照某一理之事物，皆属于某类。所以"类不悖，虽久同理"。

凡属于某一类之事物，必皆依照某理，有某性。所谓性，即属于某一类之事物所依照于某理者。

一件一件底事物，我们称之为个体。一个个体，可属于许多类，有许多性。例如张三、李四，是两个个体。张三是人，是白底，是高底，他即属于此三类，有此三性。李四是人，是黑底，是低底，他即属于此三类，有此三性。此不过举例说，其实张三、李四，所属于之类，所有之性，皆是很多很多底，可以说是不知有许多。每一个体所有之许多性，各不相同。所以个体是特殊底，亦称殊相。而每一类之理，则是此一类的事物所共同依照者，所以理是公共底，亦称共相。

我们可把一件事物当成一个体而叙述其所有之性，或其所有之性之某部分。此等叙述是历史。我们亦可把一件事物当成一某类之例，而研究其所以属于此某类之某性。此等研究是科学。例如我们可把张三当成一个体而叙述其所有之性,或其所有之性之某部分,如说张三是人,张三是白底,张三是高底等。此等叙述是历史。我们亦可把张三当成一是人底生物之例,而研究其生理。此等研究即是科学,或更确切地说,即是生理学。

科学中所讲者都是关于某类之理论,而不是关于某个体之历史。例如医学中讲各种病,如伤寒、疟疾等。其讲伤寒,乃伤寒一类之病,并不是张三或李四患伤寒之历史。他间或亦讲张三或李四患伤寒之历史,然其讲此历史,并非以其为历史而讲之,而是以其为伤寒一类之病之例而讲之。在实际上张三或李四所患之伤寒病,其细微曲折之处,不必尽同,但均有伤寒病之所同然者。此伤寒病之所同然者,即医学研究之对象。医学研究伤寒病之所同然者,故其所有理论,可适用于实际上任何人所害之伤寒病。

知从类的观点以观事物,我们谓之为知类。科学虽不仅止是知类,而知类是科学所必有之一基本底条件,是一切科学所同然者。

我们可从特殊的观点,以说文化,亦可从类的观点,以说文化。如我们说西洋文化、中国文化等,此是从个体的观点,以说文化。此所说是特殊底文化。我们说资本主义底文化,社会主义底文化等,此是从类的观点,以说文化。此所说是文化之类。讲个体底文化是历史,讲文化之类是科学。

我常说,在中国历史中,汉人最富于科学底精神。这是一句很骇人听闻底话,因为照有一部分人的说法,汉人在许多方面底见解,都是反科学底。我承认汉人在许多方面底见解,是与现在底科学不合。汉人在许多方面底见解,以现在底科学,或即以现在人的常识观之,都可以说是荒谬绝伦。不过这些都是就汉人在许多方面底见解之内容说。科学本来是常在进步中底,无论何时代的人所有对于自然之知识,都有与已进步底科学不合之可能。若其不合太甚,则自已进步底科学之观点看,都是荒谬绝伦。但此亦是就此等知识之内容说。此等知识之内容,虽可以说是荒谬绝伦,而其形式则不妨仍是科学底。此所谓形式,即指一切科学底知识所同然者。一知识,如其有一切科学底知识所同然者,即是科学底。如一人,或一时代之人,其知识有一切科学底知识所同然者,或求使其知识有一切科学底知识所同然者,我们即说,此一人,或此一时代之人,有科学底精神。

关于汉人之富于科学底精神,有几点可说。此几点中,有几点我们已于别处说过(见《新理学》绪论)。现在只说一点,此一点即是:汉人知类。

汉人之历史哲学或文化哲学,以五德、三统、三世等理论,说明历史或文化之变迁者,就其内容说,有些亦可说是荒谬绝伦。不过他们的看法,却系从类的观点,以观察事物者,就此方面说,汉人知类,汉人有科学底精神。

汉以前有许多不同底文化,若从特殊的观点看,或从历史的观点看,我们可以说:汉以前有殷人的文化,有周人的文化,有楚人的文化等。但有一部分底汉人不从此观点看,他们不从此观点以讲文化。他们不讲殷人的文化、周人的文化等,而讲金德底文化、木德底文化、水德底文化、火德底文化、土德底文化,或黑统底文化、白统底文化、赤统底文化。这些文化都是所谓文化的类型,与什么人无关。殷人可以是金德底文化、白统底文化,但金德底文化、白统底文化之实际底有,则并不限于殷人。我们可以离开殷人,可以离开任何人,而讲金德底文化、白统底文化。此正如张三或李四的病可以是伤寒,但伤寒之实际底有,则并不限于张三或李四。我们可以离开张三或李四,可以离开任何人,而讲伤寒。讲金德底文化、白统底文化,或伤寒,是讲历史哲学、文化哲学,或医学。讲殷人的文化、周人的文化,或张三李四的伤寒病,是讲历史。汉人眼见有许多不同底文化,能从类的观点,将其分类,离开殷人、周人等,而专讲各类文化之类型,此即是知类,有科学底精神。

从类的观点以观事物者注重同,从特殊的观点以观事物者注重异。从类的观点以观事物者,亦说异,不过其所说之异,乃各类间之异,而不是一类中各事物之异。但一类中各事物之异,正从特殊的观点以观事物者所注重者。例如医学讲伤寒病,固亦须说伤寒病与别底发热病之异,但患伤寒病之张三李四间所有之不同,医学并不讲之。但讲张三李四之历史,或其患病之历史者,其所注重,正是张三李四间之异。汉人不讲殷人的文化、周人的文化等,而专讲金德底文化、黑统底文化等,正是不讲一类中各事物之异,而只注重其同。

《礼记·礼运》说,有大同之治,有小康之治,此亦是说有此二种文化类型。公羊《春秋》家说有据乱世,有升平世,有太平世,亦是说有此三种文化类型。就内容说,《礼运》及公羊家之说,比五德说或三统说,较为合于现在人之常识,所以现在人对于《礼运》、公羊家之说,常加称道。但就其皆注重于文化类型说,《礼运》、公羊家之说,与五德三统之说,是一致底。

自汉以后,中国人所见者,只是一种文化,所以对于汉人所有关于文化之理论,不感兴趣,因为他们并没有关于文化方面底问题。及至清末,中国人又看见许多不同底文化,在文化方面,又起了问题,因此对于汉人所有关于文化之理论,又发生兴趣。清末公羊家之学之所以大盛,此是其一重要底原因。

清末人用汉人所说对于文化之分类，以分别其所见之不同底文化。照康有为的说法，"欧美各国"的文化是白统，服色尚白，正朔建子。俄罗斯、回教的文化是黑统，正朔建丑。这些说法，当然是可笑底附会。我们若照样附会起来，我们可以说，资本主义底文化是白统，共产主义底文化是赤统，法西斯主义底文化是黑统。这说法虽亦是可笑底附会，但似乎比康有为所说，还有根据些。

汉人亦有将文化分为文质二种者。公羊家亦说文家、质家，清末人亦有说，所谓西洋文化是属于质家、中国文化是属于文家者。例如西洋人对于国君，直称其名，中国人对于国君，则讳其名。清末人以为此即文质二家之分之一例。

这些说法，我们现在看来，都是可笑底附会。但是有一点，我们不可不注意者，即是清末人亦是从类的观点，以说文化。就他们所说之内容说，他们所说是可笑底附会。但是他们知类，他们不注意于一类中底事物间之异而只注意其同。他们不说，中国与西洋，有什么本来底不同，如所谓国民性等。中国与西洋之不同乃由于其所属于之文化类不同。如中国人因文敝而改行质家之法，则中国与西洋即无不同。如西洋人因质敝而改行文家之法，则西洋与中国亦无不同。这种看法，离开其内容说，是不错底。

自民初以来，我们对于西洋之知识，日益增加，渐知所谓西洋文化，决不是一个什么"德"、一个什么"统"，或一个什么"家"所能尽。清末人这种看法，就其内容看，遂成为可笑底附会，而民初人之知识，又不能用别底标准，以为文化分类。他们于是尽弃清末人所说，不但弃其所说，而并弃其看法。他们知清末人之错误，而不知其错误在于何处，遂并其不错误者而亦弃之。这是民初人的错误。

民初以来，一般人专从特殊的观点，以看所谓西洋文化。他们所谓西洋文化,是"西洋"文化,此即是说,是个特殊底文化。这个特殊底文化,在他们面前,好像是一个"全牛",其中条理,他们看不出。他们常说,中国人如何如何,西洋人如何如何。好像在他们的心目中,中国人之是如何如何,是因为其是中国人;西洋人之是如何如何,是因为其是西洋人。他们似乎不知,至少是不注意,中国人之所以是如何如何,乃因中国文化在某方面是属于某类文化;西洋人之所以是如何如何,乃因西洋文化在某方面是属于某类文化。譬如张三因患伤寒而发烧,李四因患疟疾而发冷。张三之发烧,乃因其是患伤寒病底人,并不是因为他是张三。李四之发冷,乃因其是患疟疾底人,并不是因为他是李四。任何人患了伤寒病,都要发烧;任何人患了疟疾,都要发冷。上帝,如果有上帝,可以不患伤寒病,不患疟疾,但如果他患了伤寒病,他亦必要发烧;如果他患了疟疾,他亦必发冷。

把所谓西洋文化当成一个特殊底文化看,学西洋亦发生问题。一个个体,是一个特殊,它是不可学底。凡所谓学某个体者,其实并不是学某个体,不过是学某个体之某方面,学某个体所以属于某类之某性。例如孟子说,他愿学孔子。他所愿学而且能学者,是孔子之是圣人之一方面。若孔子之其他方面,如其是鲁人,为鲁司寇,活七十余岁等,皆是不能学底。说某个体之某方面,即是以某个体为一某类之例而观之,即是从某类之观点,以观某个体。从某类之观点,以观某个体,则某个体于此方面所有之某性,即是其主要底性质。其所有之别底性,即是其偶然底性质。例如从圣人之类之观点以观孔子,则其"圣德"是其主要底性质。其所有之别底性,如是鲁人等,皆是偶然底性质。孟子必如此看孔子,然后孔子方可学。如把一个个体作一整个看,则是不可学底。一个个体不可学,正如一个"全牛"不可吃。

其所以如此者,因一特殊底事物,可以同时属于许多类,同时有许多性。若把一特殊底事物,作为某一类之例而观之,我们固可说此特殊底事物所有之许多性质中,哪些是主要底,哪些是偶然底。但若把一特殊底事物作为一特殊底事物而观之,则此特殊底事物,无论其为何事物,皆是一五光十色底"全牛"。于此五光十色中,我们不能指出哪些是其主要底性质,哪些是其偶然底性质。例如我们把张三当成一个科学家看,我们可知其能研究科学是其主要底性质,至其所有之他性质,如是西洋人,或是中国人等,都是其偶然底性质,与他之是科学家与否毫无关系。但如我们把张三当成张三看,则不能说、不能指出,张三所有哪些性质是主要底,哪些是偶然底。

一个国家或民族所有之文化,是特殊底文化,是很复杂底,可以同时属于许多类,有许多性。所谓西洋文化,亦属于许多类,亦有许多性。若从一种文化类之观点,以看所谓西洋文化,则于其许多性中,何者是主要底性质,何者是偶然底性质,我们可以说、可以指出。但若从一特殊底文化之观点,以看西洋文化,则所谓西洋文化,亦是一个五光十色底"全牛",于此五光十色中,我们不能说、不能指出,何者是西洋文化之主要底性质,何者是其偶然底性质。自民初以来,有些人说科学及民主政治,所谓赛先生及德先生者,是西洋文化,有些人说基督教或天主教是西洋文化。崇拜德赛二先生者,固然不一定崇拜上帝,或且反对有上帝之说,但他们既是说"西洋"文化,他们不能说基督教或天主教,不是西洋文化。

因为有人以西洋文化为一特殊底文化而说之,所以于其提倡西洋化,或西化时,即引起许多纠纷。近数年来,有主张所谓全盘西化论者,有主张所谓部分西化论者,有主张所谓中国本位文化论者。无论其主张如何,但如其所谓文化是指一特殊底文化,则其主张俱是说不通,亦行不通底。

　　如所谓西洋文化是指一特殊底文化,则所谓全盘西化者,必须将中国文化之一特殊底文化完全变为西洋文化之一特殊底文化。如果如此,则必须中国人俱说洋话,俱穿洋服,俱信天主教或基督教等等,此是说不通,亦行不通底。主张全盘西化论者,实亦不主张此。但若其不主张此,则他所主张即与部分西化论者无异。

　　但如所谓西洋文化是指一特殊底文化,则主张部分西化论者,亦是说不通,行不通底。因为如以西洋文化为一特殊底文化而观之,则西洋文化是一五光十色底"全牛",在此五光十色中,我们不能说出、指出,何为主要底性质,何为偶然底性质。如此不能说出、指出,则所谓部分西化论者,将取西洋文化中之何部分以"化"中国? 科学家说,西洋之科学,是中国所应取来者。传教师说,西洋之宗教,是中国所应取来者。无论如何说,如果以所谓西洋文化为一特殊底文化而观之,其说总是武断底。

　　所谓西化论者之主张,虽说不通、行不通,而其主张却已引起有一部分人之大惧。此即主张中国本位文化论者。照他们的看法,中国是张三,西洋是李四,如张三变成李四,则即失其所以为张三,即不是张三了。照他们的说法,中国文化有当存者,有当去者,我们应存其所当存,去其所当去。他们亦不完全反对西化,西洋文化中,有可取而为中国所当取者,他们亦主张取之。但如果以西洋文化为一特殊底文化而观之,则其五光十色中,何者是可取而当取者? 即就中国文化说,如果以中国文化为一特殊底文化而观之,则所谓中国文化亦是一五光十色底"全牛"。于此五光十色中,我们不能分出，何者是其主要底性质，何者是其偶然底性质。如此我们亦不能说，其中何者是当存，何者是当去。有人说，中国的文言文，是当存者。有人说，中国的旧道德，是当存者。但无论如何说，如果以所谓中国文化为一特殊底文化而观之，其说总是武断底。

有一比较清楚底说法，持此说法者说，一般人所谓西洋文化者，实是指近代或现代文化。所谓西洋文化之所以是优越底，并不是因为它是西洋底，而是因为它是近代或现代底。这一种说法，自然是比笼统地说所谓西洋文化者通得多。有人说西洋文化是汽车文化，中国文化是洋车文化。但汽车亦并不是西洋本有底。有汽车与无汽车，乃古今之分，非中西之异也。一般人心目所有之中西之分，大部分都是古今之异。所以以近代文化或现代文化指一般人所谓西洋文化，是通得多。所以近来近代文化或现代文化一名已渐取西洋文化之名而代之。从前人常说我们要西洋化，现在人常说我们要近代化或现代化。这并不是专是名词上改变，这表示近来人的一种见解上底改变。这表示，一般人已渐觉得以前所谓西洋文化之所以是优越底，并不是因为它是西洋底，而是因为它是近代底或现代底。我们近百年来之所以到处吃亏，并不是因为我们的文化是中国底，而是因为我们的文化是中古底。这一个觉悟是很大底。即专就名词说，近代化或现代化之名，比西洋化之名，实亦较不含混。基督教化或天主教化确不是近代化，或现代化，但不能不说是西洋化，虽大部分主张西洋化者不主张基督教化，或天主教化，或且积极反对这种"化"，但他所用底名词却亦指这种"化"。

不过我们说近代文化或现代文化，我们还是从特殊的观点以观事物。我们所谓近代或现代者，不是指古人的近代或现代，不是指任何近代或现代，而是指我们的"这个"近代与现代。我们的"这个"近代或现代,就是"这个"近代或现代,而不是别底近代或现代。它亦是个特殊,不是个类型。因为所谓近代文化或现代文化者,亦是一个特殊底文化;它亦是一个五光十色底"全牛"。在这些五光十色中,我们亦不能指出何者是其主要底性质,何者是其偶然底性质。飞机大炮与狐步跳舞,是否都是近代文化或现代文化所必需有者?专从近代文化或现代文化说,这个问题是不能问,亦不能答底。因为一特殊底事物所有之性质,就此特殊底事物说,是无所谓主要底或偶然底,说一特殊底事物所有之性质有些是主要底,有些是偶然底,都是从类的观点,以看特殊底事物。

若从类的观点,以看西洋文化,则我们可知所谓西洋文化之所以是优越底,并不是因为它是西洋底,而是因为它是某种文化底。于此我们所要注意者,并不是一特殊底西洋文化,而是一种文化的类型。从此类型的观点,以看西洋文化,则在其五光十色底诸性质中,我们可以说、可以指出,其中何者对于此类是主要底,何者对于此类是偶然底。其主要底是我们所必取者,其偶然底是我们所不必取者。若从类的观点,以看中国文化,则我们亦可知我们近百年来所以到处吃亏者,并不是因为我们的文化,是中国底,而是因为它是某种文化底。于此我们所要注意者,亦并不是一特殊底中国文化,而是某一种文化之类型。从此类型的观点,以看中国文化,我们亦可以说、可以指出,于此五光十色底诸性质中,何者对于此类是主要底,何者对于此类是偶然底,其主要底是我们所当去者,其偶然底是我们所当存者,至少是所不必去者。

照此方向以改变我们的文化,则此改变是全盘底。因为照此方向以改变我们的文化,即是将我们的文化自一类转入另一类。就此一类说,此改变是完全底、彻底底,所以亦是全盘底。

此改变又是部分底。因为照此方向以改变我们的文化,我们只是将我们的文化自一类转入另一类,并不是将我们的一个特殊底文化,改变为另一个特殊底文化。我们的文化之与此类有关之诸性,当改变,必改变;但其与此类无关之诸性,则不当改变,或不必改变。所以自中国文化之特殊底文化说,此改变是部分底。

此改变又是中国本位底。因为照此方向以改变我们的文化,我们只是将我们的文化,自一类转入另一类,并不是将我们的一个特殊底文化,改变为另一个特殊底文化。

各类文化本是公共底。任何国家或民族俱可有之,而仍不失其为某国家或某民族。如张三是科学家,李四亦是科学家,科学家之类是公共底。张三是科学家,不失其为张三;李四是科学家,亦不失其为李四。张三可在李四是科学家之方面学李四,但他所学者是李四之是科学家,而不是其是李四。张三、李四,除同是科学家外,在别底方面,张三自有其是张三者,李四自有其是李四者。所以如照上所说之方向以改变中国文化,则所谓中国本位文化之问题,自亦不成问题。

在民初人的心目中,康有为是一个国粹论者,是一个"老顽固"。在清末人的心目中,康有为是一个维新论者,是一个叛徒。何以一个国粹论者,能主张维新?固然一个人的思想能前后不一致,但康有为的思想却并不是如此。从他的思想上说,他是从类的观点以观文化,他知各类文化都是公共底,任何国家或民族均可有之,而此各种文化又是中国先圣所已说明者。所以中国虽自一种文化变为另一种文化,而仍不失其为中国,仍是行中国先圣之道。康有为之说,其一半为我们所不以为然,但其一半却是我们所赞同者。

第二篇　明层次

普通底逻辑教科书常提及一个怪论,在古希腊时即已有者。一个某甲地方底人说:"凡某甲地方底人所说底话,都是假底。"如果这一个某甲地方底人所说底这一命题是真底,这一命题即必须是假底,因为这一命题亦是一某甲地方底人所说底话。所以如果它是真底,则某甲地方底人所说底话,至少有这一句是真底。如果至少有这一句是真底,则"凡某甲地方底人所说底话都是假底"之命题,即是假底。从另一方面说,如果此命题是真底,则此命题即是假底。因为此命题亦是一个某甲地方底人所说底话,如果"凡某甲地方底人所说底话都是假底"是真底,则此命题既亦是一个某甲地方底人所说者,当然亦是假底。如此说,则此命题必须是假底,方能是真底,它若是真底,它即是假底。

有人以类似底辩论,批评实用论者及辩证唯物论者之真理论。实用论者说真理是相对底。有一部分批评者说:"真理是相对底"这一个命题,应亦是真理,此真理是不是相对底? 如此真理不是相对底,是绝对底,则至少有此一个真理不是相对底。如至少有此一个真理不是相对底,则即不能说"真理是相对底"。如此一个真理亦是相对底,则此真理即有不是真理之可能,而"真理是相对底"之命题即可有不真之时,如"真理是相对底"可有不真之时,则真理即不必是相对底。

辩证唯物论者说，人的见解，是随着他的经济环境变底。人在什么经济环境之中，即有什么见解。有一部分批评者说"人的见解是随着人的经济环境变底"，亦是人的一见解，此见解是不是亦是随人的经济环境变底？ 人之所以有此见解，是不是亦是因为人在某种经济环境之中？ 如果不是，则至少此见解是不随着人的经济环境变底，如果至少此见解是不随着人的经济环境变底，则即不能说"人的见解是随着人的经济环境变底"。如果此见解亦是随着人的经济环境变者，亦是人在某种经济环境中而始有者，则人有此见解时所处之经济环境如变，人如不在此某种经济环境中，则此见解亦应随之而变。在另一种经济环境中，人或即不说，"人的见解是随着人的经济环境变底。"如此说，则"人的见解是随着人的经济环境变底"，并不是最后底真理，如辩证唯物论者所相信者。

这些辩论都是怪论，其所以是怪者，因为这些辩论，都不"明层次"。某甲地方底人所说底话，是在一个层次中，对于某甲地方底人所说底话之批评，是在另一个层次中，可以说是在一个较高底层次中。一个命题所说，只及于它所说者，而不及于它自身。在上述辩论中，"某甲地方底人所说底话"并不包括"说'某甲地方底人所说底话'之话"，虽此话亦是一某甲地方底人所说者。此某甲地方底人说此话时，他只说及他此话之所说者，而未说及此话。此话之所说者，是所有某甲地方底人所说之话，而不是此话。对于上述有一部分人对于实用论者及辩证唯物论者之批评，亦可如此批评之。

这种"明层次"底看法，往深处讲，是一套逻辑底理论；往浅处说，其实亦是我们平日所常用之看法。我们常看见有许多我们的同胞说，中国人如何如何。如有一约会，只有一人按时间到。此人于不耐烦时，常说"中国人不守时间"。按一方面说，此人既亦是中国人,他既守时间,则至少有一中国人是守时间底,既至少有一中国人是守时间底,即不能说"中国人不守时间"。但此人说此话时,他是暂时把他自己除外,把他自己放在一个较高底层次中。希特勒尝说,他是日耳曼人的最高裁判者。凡中国人说中国人如何如何者,都是暂时以中国人的最高裁判者自居。裁判者当然不裁判其自己。

我们并不想对于逻辑中之层次论,有什么论列。所以上面说了许多关于逻辑底问题者,无非是想以此作引子。我们所想说之主要底意思是,不但逻辑中有层次论,即道德学中亦应有层次论。不但于讲逻辑时须讲层次,即于讲道德时,亦须讲层次。在中国哲学史中,因为讲道德学者之不明层次,引起了许多不必要底纠纷。在中国近来底历史中,因为讲道德者之不明层次,以致中国在许多方面,吃了许多不必要底亏。这是我们于本篇所要说明者。

先从中国哲学史说起。在中国哲学史中,道家有一套反对道德之言论。照道家的说法,人若做小不道德底事,其所做之事,固是不道德底;但人若做大不道德底事,则其所做以达此目的之事,即此事中之事,必需是道德底。人非做道德底事,不能达到大不道德底目的,不道德底事中之事,却是道德底。《庄子·胠箧》说:"跖之徒问于跖曰:'盗亦有道乎?'跖曰:'何适而无道耶? 夫妄意室中之藏,圣也;入先,勇也;出后,义也;知可否,知也;分均,仁也。五者不备而能成大盗者,未之有也。'"跖确须有仁,有义,有智,有勇,方能为"土匪头儿"。他确须行仁义等道德底事,方能率其徒众,以行盗劫之不道德底事。他行此等道德底事,是真行,并不是专假借其名,如侵略国从事侵略,而尚说是"自卫"。金圣叹说《水浒传》中底宋江是假仁假义。然无论他是否假仁假义,但他对于他的"众弟兄"之行为,不能不说是仁是义。从盗跖及宋江的行为看起来,我们似乎确可以说,人若做大不道德底事,则其所做以达此目的之事,即此事中之事,必须是道德底,而且非是道德底不可。若盗跖、宋江不行道德底事,则即坐不了其团体中的头把交椅。人必须做道德的事,方能达到大不道德底目的,此亦是一怪论。此怪论颇有似于上所说之怪论:一命题必须是假底,它方能是真底。

照上所说,道德底事,可以是不道德底,可以有不道德底道德。道家于此,即作一结论说:"由是观之,善人不得圣人之道不立;跖不得圣人之道不行。"所谓圣人之道,即是道德。天下之善人少而不善人多,所以"圣人之道"害天下多而利天下少。所以他们主张"绝仁弃义"。所以他们说:"圣人不死,大盗不止。"

有一时,有一班人,以为科学底发明,可以使盗贼有新工具,可以使战争有新工具,因之盗贼更加难防,战争更加惨酷。此一班人遂作结论,以为须绝科学,废发明,然后可无盗贼,免战争。此等见解,与上述道家的见解,同是"开倒车底"。但科学及其发明,本是无所谓道德底或不道德底,所以如用之以达不道德底目的,不见得有什么奇怪。而道德底事本是道德底,而却可用之以达大不道德底目的,而且必须用之,方能达到大不道德底目的,此似乎是奇怪底,所以此说成为怪论。

此怪论之所以是怪底,亦由于不"明层次"。所谓一事之是道德底与否,皆是站在行此事者所属于之团体之观点说。我们说宋江对于他的"众弟兄"之行为是道德底,是站在梁山泊之团体之观点说。我们说宋江之"打家劫舍"是不道德底,是站在当时底国家之观点说。当时底国家,即梁山泊之团体所属于之团体也。盗跖所领导之团体中之人,如有入先、出后等行为,站在其团体之观点说,是道德底,但其团体所做之盗贼底行为,则站在其所属于之团体,即当时底国家之观点说,则是不道德底。一团体与其所属于之团体,不是在一层次之内。一团体对于其所属之团体说,是在一较高底层次中;对于其所属于之团体说,是在一较低底层次中。对于一团体之较高层次中,如尚无团体之组织,此即是说,一团体如不属于任何团体,则此团体之行为,无论其是如何底行为,皆无所谓道德底或不道德底。

例如国之行为,持国之主权高于一切之说者,即不承认国之行为可以是不道德底。因为持此说者,不承认在国之上,可有层次较高底团体组织也。有人以为人在未有社会组织以前,有所谓"天然状态"者。人在此状态中,可以随意行为,其行为无论是如何,皆无是道德底或不道德底可说。此天然状态虽实际上未必有,但若照持国家主权高于一切之说者所说,则就国之层次说,国是在天然状态之中。在此状态之中,一国之疆土权益,全凭其力维持。它能维持许久,它的疆土权益即有许久是它的。它一日不能维持,它的疆土权益,即立刻不是它的。它固可与别底国缔结所谓不侵犯条约、仲裁条约、互助公约等,但这些条约,随时可以撕毁。若一国撕毁了条约,与它立约底国家,如力不够,除了干瞪两眼之外,没有别底办法可想。

在清末,达尔文、赫胥黎的"天演论",初传到中国来,一般人都以为这是一个"公例",所谓"天演公例"。所谓"天演竞争,优胜劣败"、"弱肉强食",成为一般人的口头禅,一般人的标语。他们对于所谓天演论,虽不见得有很深底了解,但凭这些标语,他们知道,一个国如果想在世界上站得住,非有力不可。他们知道,中国在经济方面,必须要富;在军备方面,必须要强。富强都是力,有力方不为

"弱肉"，有力方不为强所食。他们并不说强侵弱、众暴寡，是不道德底行为，他们知道这是所谓天演。在所谓天演中，"有强权，无公理"。弱者被强者所食，照当时一般人所知之"天演公例"说，虽不必说是应该，但确可以说是活该。

所谓"天演公例"，是就事物之天然状态说者。就人说，所谓文明，本是人对于其所在之天然状态之改变。如果事实上有在天然状态中之人，则此种人是野蛮底。清末人本以为西洋人是野蛮底，其所以能蛮横者，纯靠其有蛮力。对于有蛮力者之蛮横，亦只可以蛮力应付之。所谓"秀才遇见兵，有理说不清"是也。所以清末人之知注重力，一部分是由于受当时人所知之天演论之影响，一部分是由于清末人看不起西洋人之所致。

民初人对于西洋，所知较多。他们知道西洋人并不是野蛮人。他们说：西洋人并不是专讲强权，不讲公理者。他们说：西洋人是讲平等、自由、博爱者。他们说：清末人只知西洋的物质文明，而不知其精神文明。有人并且说，达尔文的物竞论，现在已为苦鲁巴金的互助论所推翻了。照苦鲁巴金的说法，一种生物之能存在，并不是由于它们能竞争，而是由于它们能互助。在这个时候，上次世界大战，刚才结束。威尔逊的十四原则，虽未能见诸实行，而却为世人所赞赏。国际联盟已成立了，大部分底国家都签字在什么公约上，承认以后永不以武力为政治的工具了。这些事情，以及提倡所谓西洋精神文明者之言论，都使当时人，至少当时底中国人，有一种幻觉，以为以后世界上底秩序之维持，要靠法而不靠力。于是民初一般人，以为清末之富国强兵论是浅陋，是不彻底。他们不讲富强之策，只讲西洋底"精神文明"，讲纯粹科学、哲学、文学。清末人尚知注重国防。民初人则以为我们的国的完整，有什么条约可以维持。至到"九一八"的前夕，还有一位要人说，日本人如抢了我们的东北，我们固然是没有力量抵抗，但我们可以叫我们的邻居来帮助，他们是主张公道、主持正义底。我们可以说，清末人很有斗争精神，但民初人大半为一班和平论者所麻醉，清末人的斗争精神，差不多完全失去了。

上次欧洲大战以后，世界上是有一部分底人，知道欲求世界的永久底和平，必须改变国与国之间的天然状态，必需于国之层次之上另有一个较高层次底社会组织，以使国的行为亦为道德所制裁、法律所统治。所谓国际联盟本来即是这一类底组织。这种见解，本来是不错底，这种办法，本来是进步底。不过这种见解与办法，实际上只是一种空气。世界上有这种空气，不能不说是世界的进步，但空气毕竟只是空气。

世界上这一种空气，本来是使民初在中国底和平论所以抬头之一重要底原因，不过其另一重要底原因，是民初人之谈西洋文化者之不明层次。这班人高谈西洋人之"精神文明"，于不知不觉间，即以为，至少使人觉其以为，西洋人既有如此高底"精神文明"，其行为决不是不讲理，不讲法，而只讲力底。西洋人是主张自由、平等、博爱底，他们有底是侠义底精神，有底是同情心，路见不平，一定是拔刀相助底。还常有人特意以中国人之无同情心，与西洋人之富于同情心，作为对比。这一班高谈西洋"精神文明"底人，不觉得，至少他们没说出，这些话至多只有一部分是不错底。西洋人或者讲自由、平等、博爱，或者有侠义精神，或者富于同情心。但西洋的国，则决不是如此底。这并不是说西洋底人不讲逻辑，西洋底国特别不讲道德。实则是国对于国之关系，尚在所谓天然状态之中。国对于国之关系，既尚在所谓天然状态之中，则国对于国之行为，除了自私自利之外，没有别底目的。在社会底组织中，方有道德可说，在有道德可说底地方，自私自利是最大底罪恶。但在天然状态中，既没有社会底组织，是没有道德可说底。在没有道德可说底地方，自私自利是人之行为之唯一底目标。人对于人之关系，是在一层次中，国对于国之关系，是在另一层次中。对于一层次可说者，对于另一层次未必可说。如果一个英国人对于一个美国人赖了一块钱的账，我们说他的行为是不道德底。他亦觉得他的行为是可耻底。但英国对于美国赖了几十万万的账，我们不说它的行为是不道德底，它亦不觉得它的行为是可耻底，这即因为这些行为不是在一个层次中底，对于一层次可说者，对于另一层次未必可说。

一个家或一个人若受了抢劫，其邻居被发缨冠而救，是道德底行为，是义侠底行为。但这些行为是在有道德可说底地方始有。若在无道德可说底地方，这些行为是不会有，亦不必有底。凡是以个人的，或家的行为，比拟国的行为，就自古以至现在底国与国底情形说，都是不合适底。其不合适，即因为这些行为不是在同一层次之内。墨子所常用以"非攻"底理论，都可以说是不合适底。墨子所常用以"非攻"底理论是：一个人偷别人的东西，对吗？当然是不对底。一个人抢别人的东西，对吗？当然是更不对底。一家偷别家的东西，对吗？当然是不对底。一家抢别家的东西，对吗？当然是更不对底。如此说来，一国偷别国的东西，或抢别国的东西，当然亦是不对或更不对底了。这种论证，都是不合适底。我们说一个人或一个家的行为不对，是站在较人或家高一层次之社会组织上说底。但若说一国的行为不对，则必须站在较国高一层次之社会组织上说，而此组织是现在尚没有底，或虽有而是有名无实底。我们于上文说，凡是以个人的，或家的行为，比拟国的行为，就自古以至现在底国与国间底情形说，都是不合适底。我们说就自古以至现在国与国间底情形说，即是说自古以至现在，尚没有比国更高一层次底社会组织，或虽有而有名无实。我们并不说，世界上不应该有这种组织，在将来亦永没有这种组织。我们相信，世界上应该有这种组织，而且将来亦一定有这种组织。不过在这种组织尚没有底时候，或虽名有而实无有底时候，我们若持如上所述之辩论，在逻辑上说，是不合适底。我们若相信所谓道德底制裁，能对国的行为有多大效力，在行为方面，是要吃大亏底。

墨子虽持如上所述之辩论，但在行为方面，他却似乎并不相信他这种辩论能有多大效力。所以他虽非攻而却善守。他知道彼如以力来，我亦非以力拒不可。专说攻者是不道德底，是"空言无补"底。

民初以来，一般人对于这些道理不能说是完全不知，但可以说是没有很清楚底观念。有一班人似乎完全相信，我们的领土底、行政底完整，有条约及国际公法、国际舆论可以维持。他们似乎完全相信，别底国家决不敢"冒天下之大不韪"来侵略我们。说一个国家决不敢"冒天下之大不韪"，即是一种错误底见解，因为专就韪不韪说，即是从道德方面说，而在所谓天然状态之中，国的行为是不能从道德方面说底。

我们承认所谓天然状态是野蛮底状态，我们亦承认在国之上需有，而且应有一种更高层次底社会组织，使国与国之关系，亦能脱离所谓天然状态。我们亦承认，现在世界上一部分人已有此种觉悟，而上次世界大战后，世界政治的趋势，亦于一个短底时期中，有照着这个方向走底模样。我们承认世界政治，如照着这个方向走，是进步底，如不照这个方向走，是退步底。不过我们须要注意，虽在一个短时期内,世界政治的趋势,有照着这个方向走底模样,然亦不过趋势而已,不过模样而已。即此趋势,即此模样,亦只于上次大战后一个短时期内有之。我们可以说,世界上国对于国底关系,自古及今,始终是在所谓天然状态之中。我们可以说:"这是野蛮。"这话是可以说底。但不能因此即说,世界上底人亦均是野蛮人,人与人的关系,亦是在所谓天然状态之中。因国与国之关系是野蛮底,所以人亦是野蛮底,这是清末人的错误底推论。这种错误,可以说是"以小人之心,度君子之腹"。因人与人之关系,已经是文明底,所以国与国之关系,亦已经是文明底,这是民初人的错误底推论。这种错误,可以说是"以君子之心,度小人之腹"。他们所以有这些错误,都由于他们不"明层次"。

不过照清末人的错误错下去,中国还不至于吃亏。因为不管别国是否专靠力,我们先把自己的力充实起来,所谓先立于不败之地。而照民初人的错误错下去,中国要吃大亏,现在正在吃着这个大亏。

在现在底世界中,人是文明底,而国是野蛮底。野蛮底国却是文明底人所组织者。我们若"明层次",则知此话,并无矛盾,亦非怪论。人与人应该互助,一国内之人,对其同国之人固应互助,即对异国之人,亦应互助。但国与国则不互助而斗争,其有互助者,乃因互助于其自己有利而行之,并非以互助为一种道德而行之。在人与人之关系中,"以小人之心,度君子之腹"是不应该底,但在国与国之关系中,这却是一个最稳当底办法。

还有一点,可附带说者,共产党人讲阶级斗争,有些人以为共产党人既讲斗争,则其党中之人,必皆红胡子、绿眼睛、杀人不眨眼者。这种见解亦是错误底,其错误亦由于不"明层次"。共产党所说者乃"阶级"斗争,并不是人与人斗争。我们不能从其主张"阶级"斗争,而推其亦主张人与人斗争。

各阶级虽是不同底阶级,但是俱在一社会中者,所以各阶级之行为,可以有是道德底或是不道德底可说。我们常听见资本家从道德方面,说无产阶级不好;无产阶级从道德方面,说资本家不对。无论他们所说是错或不错,但这些话是可说底。这是阶级与阶级间之关系与国与国间之关系之不同底地方。

有人以为,现在国与国间之斗争,完全是因为现在世界是在资本主义底经济制度之下之故。一国的资本家为赚钱而生产。他想赚钱,他即不得不大量生产,大量推销。如此他即不得不争取殖民地,争取资源。殖民地是资本家所用原料的来源,亦即是资本家所出货物的销场。资本家取殖民地的原料,制成货物,再销于殖民地,在这中间资本家即赚了钱。他赚钱即是殖民地受剥削。资本家既争取殖民地,所以此国与彼国的资本家之间即有了冲突。此国与彼国的政权,都在资本家手里,所以此国与彼国的资本家若有了冲突,此国与彼国亦即有了冲突。有冲突,即有斗争。所以国际之有斗争,乃资本家之罪恶。若果全世界上皆经过一种社会革命,将资本主义底经济制度推翻,在新底社会制度中,生产是为大众公用,而不是为私人赚钱,则夺市场夺资源之斗争,自然停止,而国与国间亦自然没有斗争了。

此说我们不能不承认其有理由,但亦不能不说它把事情看得太简单。就过去说,国与国间底斗争,或民族与民族间底斗争,是向来即有底,而资本主义底经济制度,只有近来始有。就将来说,假使有一国或民族,已行了社会主义,其中固然是已没有资本家专为他个人自己赚钱打算,但此国或民族仍可以其自己为本位剥削别底民族,以为他自己整个底国或民族的利益,此即所谓国家社会主义,德国即是以此主义为号召者。德国仅是以此主义为号召,实是"挂羊头,卖狗肉",它国内并没有行社会主义。我们可以说,德国并没有行此主义。但专就此主义说,在理论上此主义并无不通之处。

苏联虽以真正底社会主义相号召,而其所行者却似即是国家社会主义。我们说它"似"即是,因为苏联尚没有剥削别底民族的行为。我们说似即"是",因为它的行为,亦是以保全它自己的利益为目标。它行了社会主义,但同时它的行为是以国为本位底。所以我们说,它所行者,似乎"是"国家社会主义。我们并不以为苏联于此有什么不对底地方。在大家都以国为本位,"无法无天"底世界中,一国若不以保全其自己的利益为目标,没有别人替它保全它的利益。

有人说:苏联是赤色底帝国主义。这是不对底,因为苏联尚没有剥削别底民族的行为。但赤色帝国主义的名词,并不含有矛盾。一个在国内行社会主义底国或民族,对外行侵略以为其全国或全民族的利益,理论上及实际上均并无不可。如希腊人在本民族内所行之政治社会制度,是很民治主义底、社会主义底,而对于别底民族,却可直以之为奴隶。而柏拉图、亚力士多德等,且有一套理论,以说明其应该。这即是一个前例。

总之,在国之上尚没有一个较高层次底社会组织之时,无论哪个国或民族,都须以其自己为本位,"竞争生存"。不然,它是一定不能存在底。

第三篇　辨城乡

我们常听见许多关于城里人与乡下人底笑话。照这些笑话所说，不但城里底人比乡下底人知识高、才能高、享受好，即城里底狗，亦比乡下底狗，知识高、才能高、享受好。这些虽是笑话，而却不见得不合事实。我们甚至可以说，不但城里底狗比乡下底狗知识高、才能高、享受好，而且城里底狗，在有些方面，比乡下底人亦是知识高、才能高、享受好。

城里底狗，看见一辆汽车，行所无事，坦然地躲在一边。而乡下的人，看见一辆汽车，不是惊奇地聚观，即是慌张地乱跑。城里底狗见汽车而行所无事，此即其知识高，见汽车而不慌不忙地躲，此即其才能高。至于有些城里底狗之享受，比乡下人好得多，这更是容易看出者。在中国，一百个乡下人中，至少有九十个一生没有吃过如城里底富室的狗所吃底饭食。有一个做乡村工作底机关，在乡下养洋猪给乡下人看。他们养底洋猪确实肥大，但乡下人说：他们的猪，比我们的人吃得还好，焉能不肥大？

城里人比乡下人享受好，当然是因为他们比乡下人有钱。他们比乡下人知识高、才能高，是因为他们比乡下人受教育的机会多；而他们所以能有较多底受教育的机会，亦因为他们比乡下人有钱。他们比乡下人有钱，所以吃得比乡下人好。"人是他所吃底。"城里人吃得好，所以他们的身体自然较能充分地发育。他们比乡下人有钱,所以他们穿得比乡下人好。"人是衣裳马是鞍。"城里底人穿得好,所以看着亦比较乡下人顺眼。他们比乡下人有钱,所以受教育的机会比较多。"读过《唐诗三百首》,不会作诗也会溜。"城里人多少念过两天书,所以他们的谈吐,自然亦比乡下人入耳。所以城里人到乡下,常觉得什么都是不合适底,什么都看着不顺眼,听着不入耳。而乡下人到城里,则常觉得什么都是合适底,什么都看着顺眼,听着入耳。

城里人所有之较多底钱,又是从哪里来的?是从乡下人身上盘剥来底。旧日所谓盘剥,即今日所谓剥削。其名词稍有不同,但其为剥一也。我在广西的时候,看见渔人用鱼鹰打鱼。他们用一环子,带在鱼鹰的脖子上。鱼鹰入水一次,吃了许多鱼,但为环子挡住,只存入脖子里。鱼鹰上来的时候,渔人用手将鱼自鱼鹰脖子里挤出,然后再以少量底鱼让鱼鹰吃。比如自鱼鹰脖子里挤出十两鱼,渔人喂鱼鹰二两。那多余底八两鱼,就渔人说,是他的利润,就鱼鹰说,是渔人对于它底盘剥。城里人盘剥乡下人,正如渔人之盘剥鱼鹰。城里人对于乡下人盘剥方式不一,如以工商底经营得利润,如以放债收利息,如以田地收地租等。这些利润、利息、地租等,均是渔人从鱼鹰脖子里挤出来底那多余底八两鱼。他们多得了那八两鱼,他们就可以吃好底、穿好底,念书识字,以至心广体胖,"红光满面"。然后对乡下人说:我们在人种上本来就是高你们一等底。乡下人亦有因其自己之身体矮小,面黄肌瘦,以及知识简陋,而自惭形秽,叹城里人之"得天独厚"者,不知其自己之所以如此,乃因其物质上及精神上底营养不足,并非由于其"得天独薄"也。

乡下可以说是城里的殖民地。殖民地有普通底与特定底之分。例如城里有一财主，他住在城里，而乡下有许多"庄子"。每一个"庄子"有他的一个管事底，管住"庄子"上底佃户。佃户种此财主底地，每年向他送纳地租。这些"庄子"，是特别属于城里之某财主者，即是此城里的特定底殖民地。此外乡下还有些自耕农以及小土财主，虽不属于城里底任何人，但在经济上仍须靠城里，仍受城里人的盘剥。此等普泛底乡下，亦是城里的殖民地，不过因其并不属于城里底任何人，所以可称为普通底殖民地。

中国自周秦以来，对于四围别底民族，向来是处于城里人的地位。自周秦以来，中国向来是城里，四围别底地方向来是乡下。虽然有几次乡下人冲进城里来，占据了衙门，抓住了政权，但是这些乡下人，终究是乡下人。他们不能把城里人降为乡下人，他们至多能把他们自己亦升为城里人。他们所见底城里人，即是中国人。所以他们于变成城里人之时，不知不觉地在许多别底方面亦变为与中国人相同。此即所谓同化。有许多人说，中国人对于异族之同化力特别强。凡异族入中国者，无论其为统治者或被统治者，历时稍久，即不知不觉地为中国人所同化。此是事实。不过中国人之所以能同化异族，并不是因为中国人是中国人，而是因为对于所同化之异族，中国人是城里人。所谓夷夏之别，有殊与共的两个方面。就殊的方面说，夷夏之别，即是中国人与别底民族之别。就共的方面说，夷夏之别，即是城里人与乡下人之别。在清末以前之历史中，我们所见之城里人即是中国人。所以在我们的心目中，中国人是惟一底城里人，城里人即是中国人，所以所谓用夏变夷，是用城里人变乡下人，亦即是用中国人变别底民族。照此方面说，用夏变夷是应当底，而且亦是可能底。用夷变夏是不应当底，而且亦是不可能底。人若能坐在重楼叠阁底建筑里，有地炉暖得满室生春，他万不愿意再去坐在旷地里底蒙古包里,烤马粪火。

中国人的城里人底资格,保持了一二千年,不意到了清末,中国人遇见了一个空前底变局。中国人本来是城里人,到此时忽然成为乡下人了。这是一个空前底变局。这是中国人所遇到底,一个空前底挫折,一个空前底耻辱。

在现在底世界中,英美及西欧等处是城里,这些地方底人是城里人。其余别底地方大部分是乡下,别底地方底人大部分是乡下人。这些乡下地方,有些已成为某人的"庄子",如印度成为英国人的"庄子",安南成为法国人的"庄子"。在每一个"庄子"里,他们都派一个管事底,即所谓总督也者,住在那里,征收上文所说之"八两鱼"。此即上文所说之特定底殖民地。乡下之其余底地方,虽不特别为某人所管,但在经济上是附属于,至少是靠英美及西欧等城里,此即上文所说之普通底殖民地。中国底地位,好像上文所说之土财主。此土财主亦是一"财主",虽亦可说是一大财主,但既是一个"土"财主,所以亦于无形中受城里人的支配。不过尚不特别为某人所管,所以是普通底殖民地,亦即所谓半殖民地。

有许多人去逛纽约、伦敦、巴黎,好像刘姥姥进了大观园,觉得没有一样事物不新奇,没有一样事物不合适。返观他们的故园,他们只有赠以"愚"、"贫"、"弱"几个大字。这固然是不错底,不过他们仿佛不觉得,英美及西欧等国人之所以是"智"、"富"、"强"者,并不是因为他们是英美等国人,而是因为他们是城里人;中国人之所以是"愚"、"贫"、"弱"者,并不是因为中国人是中国人,而是因为中国人是乡下人。不弄清楚这一点,那即真是一个刘姥姥了。照刘姥姥的看法,贾母凤姐等都本来是聪明能干底,天生应该享福底。而她自己及板儿都本来是愚鲁拙笨底,天生应该受罪底。贾府的鸡蛋,天然地比刘家的鸡蛋,精致小巧。这看法完全是错误底。

英美及西欧等国所以取得现在世界中城里人的地位,是因为在经济上它们先有了一个大改革。这个大改革即所谓产业革命。这个革命使它们舍弃了以家为本位底生产方法,脱离了以家为本位底经济制度。经过这个革命以后,它们用了以社会为本位底生产方法,行了以社会为本位底经济制度。这个革命引起了政治革命及社会革命。有一位名公说了一句最精警底话,他说:工业革命的结果使乡下靠城里,使东方靠西方。乡下本来靠城里,不过在工业革命后乡下尤靠城里。在工业革命后,西方成了城里,东方成了乡下。乡下既靠城里,所以东方亦靠西方。

在工业革命前,一个乡下底自耕农或土财主,在他们的生活必需品方面一部分可以只靠他自己家里底出产。他们自己的田地里有自己种底粮食,自己种底菜,自己种底棉花。他们自己能把自己的麦稻弄成米、面;把自己的棉花弄成线、布。所谓"凿井而饮,耕田而食。不识天工,安知帝力"。所谓"帝力",可以说是社会之力。这些自耕农在一切生活必需品方面,一部分是他们自己的田地出产。在这一方面说,他们似乎可以"遗世独立",不靠别人,除家之外,不知有社会,或虽知其有,而不知其必须有。此即所谓"不知帝力"。在此方面说,乡下可以不靠城里。

不过在另一方面说,若乡下完全不靠城里,则亦即无所谓城里。在最原始底经济状况下,大概即无所谓城里。今既有城里,则此城里必有其所以存在之原因。我们于上文说,乡下底自耕农,在他们的生活必需品方面,一部分是靠他们自己的田地的出产。还有一部分不是他们自己的田地的出产。这一部分即使其不能不依靠城里。有一部分生活必需品,是生活所必需,但不是乡下农人自己所能生产者。在这些方面,他们即必需靠别人。孟子说:"一人之身,而百工之所为备。"荀子说:"百技所成,所以养一人也。"例如一个农人,要吃盐,他必需靠制盐底人,运盐底人,以及卖盐底人。他必需用铁底农具,以及刀、锅等,他即必需靠开铁矿底人,炼铁底人,以及制农具,制刀、锅底人。他必需用桌、椅、床等,他即必需靠种树底人,制桌、椅、床等底人。如此类推下去,有许多许多底东西,一个人皆不能"自为而后用之"。他必靠许多许多底人。总括一句话说,他必需靠社会。城里是社会的中心,一个城里是一个社会的中心。反过来亦可说:一个社会的中心,即是一个社会的城里,此即是乡下所以必需靠城里,而城里所以对于乡下占优势的缘故。

不过在以家为本位底经济制度里,乡下人至少有一部分生活必需品不必靠城里。但在以社会为本位底经济制度里,乡下即完全要靠城里了。在经过产业革命底地方,农人有麦,但他还要上城里买面粉。因为城里已经有专制面粉底工厂,工厂所制底面粉,又好又便宜,在此情形之下,即没有人在自己家里,用自家的磨,磨面粉了。农人有棉花,但他还要上城里买布。因为城里已经有专制布底工厂,工厂所织底布,又好又便宜,在此情形之下,即没有人在自己家里,用自家的机子织布了。在现在整个底世界上,西方成了城里,东方成了乡下,所以我们中国虽有底是原料,而制成品却须往外国买。我们有麦子,而所谓洋面渐渐压倒本地面。我们有棉花,而所谓洋布渐渐压倒土布。所谓洋面、洋布,以及一切所谓洋货者,正确地说,实即是城里底面、城里底布、城里底货而已。所谓中国人用西洋人的制成品者,实即是乡下人进城里办货而已。所谓中国人往西洋留学者,实即是乡下人进城里学乖而已。所谓中国人往西洋游历者,实即是乡下人往城里看热闹而已。

从上面所说,我们可以明白:于产业革命后,乡下何以尤靠城里,东方何以必靠西方。

在这种情形下,如专提倡所谓"东方底精神文明",以抵制西方势力的侵入,那是绝对不能成功底。如印度的甘地打算以印度的"精神"抵制英国。他叫印度人都不用英国布,都用旧式机子,自己织布。这好像一个乡下人,吃了城里人的亏,生了气,立下了一个决心,发了宏誓大愿,要与城里人断绝来往。但经济底铁律,要叫他的这种宏誓大愿,只能于五分钟内有效。中国以前亦有屡次底抵制日货运动,以为靠人的决心,即可抵制住日货。但其成效,若不是没有,亦是微乎其微底。于是人皆说中国人只有五分钟底热心。其实任何国底人,于此都只有五分钟底热心。这种情形,不是由于人的热心的力量小,而是由于经济的力量大。甘地以一种宗教的力量所领导底运动,十年前虽亦轰动一时,而现在亦无闻了。这亦不是因为宗教的力量小,而是因为经济的力量大。甘地亦是于没办法中想办法。但从没办法中想出底办法,还不是办法。其志可哀,但其办法则不可。

乡下人如果想不吃亏,惟一底办法,即是把自己亦变为城里人。我们于上文说,英美及西欧等国,所以取得现在世界中城里人的地位,是因为在经济上他们先有了一个大改革。这个大改革即所谓产业革命。因为有了这个改革,所以才使"乡下靠城里,东方靠西方"。东方底乡下,如果想不靠西方底城里,如果想不受西方底城里的盘剥,如果想得到解放,惟一底办法,即是亦有这种底产业革命。这种产业革命的要素,即是以机器生产,替代人工生产。

这种事情，初看似乎不过只是经济方面底事情，但是影响却是异常重大。关于这些，我们以后详论。现只说：如果东方底乡下人，想不当乡下人，他必需有这种产业革命。英国先有这种产业革命，最先取得现在世界上城里人的资格。其次德国，其次日本，都以有这种产业革命，而陆续取得现在世界上城里人的资格。最近苏联亦以有这种革命，而取得现在世界上城里人的资格。这是我们所亲眼看见者。苏联之几个五年计划，即是这种产业革命之见诸实际者。苏联现在之所以能在世界上站得住，能在世界上有发言权者，并不是因为它是社会主义底国家，而是因为它是曾经有产业革命底国家。

说到这里，我们又不能不对于清末人表示敬意。清末人对于当时底西洋，虽不十分地了解，亦可以说是，虽十分地不了解，但有一点却被他们猜着了。他们以为西洋人之所以到处占便宜，我们之所以到处吃亏，是因为西洋人有一特长，为我们所不及者，此即是其有实用科学，有机器，有实业（即现在所谓工业），所以清末人士对于这些方面，提倡甚力。我们说他们猜着了，因为对于用机器、兴实业在各方面底意义，以及其所将引起之影响，他们完全不知。他们以为用机器、兴实业，不过用机器、兴实业而已。至于在别方面，我们可以"依然故我"，不变亦不必变。此即所谓"中学为体，西学为用"。这种见解，自然是错误底。不过他们的办法，即用机器、兴实业等，是不错底。照着他们的办法，一直办下去，他们的错误底见解，自然会改变。因为如果有了机器，有了当时所谓实业，整个底社会，在许多方面，自然会有根本底变化，到那时候，"水到渠成"，人的见解，自然会改变。

民初人对于所谓西洋，所知较多，知道所谓"中学为体，西学为用"之说,是讲不通底。他们以为这种说法,是所谓"体用两橛"。他们以为,我们如果要有"西学"之用,如实用科学、机器、工业等,先必须有"西学"之体,即西洋底纯粹科学、哲学、文学、艺术等。他们以为,清末人只知所谓西洋的"物质文明",而不知其"精神文明"。民初人于是大谈其所谓西洋的"精神文明",对于实用科学、机器、工业等,不知不觉地起了一种鄙视,至少亦可说是一种轻视。清末人所要推行底产业革命,不知不觉地迟延下来。直至近几年来,大家始又接着清末人的工作。粤汉铁路,动工于清末,至近来方始勉强完成,使我们对日战事,得了大济。这即是这个整个事情的一例。这中间固然有许多别底原因,但民初人所造成之思想上底空气,不能说不是其原因之一。清末人以为,我们只要有机器、实业等,其余可以"依然故我"。这种见解,固然是不对底。而民初人不知只要有了机器、实业等,其余方面自然会跟着来、跟着变。这亦是他们的无知。如果清末人的见解,是"体用两橛";民初人的见解,可以说是"体用倒置"。从学术底观点说,纯粹科学等是体,实用科学、技艺等是用。但自社会改革之观点说,则用机器、兴实业等是体,社会之别方面底改革是用。这两部分人的见解,都是错误底,不过清末人若照着他们的办法办下去,他们可以得到他们所意想不到底结果;民初人若照着他们的想法想下去,或照着他们的说法说下去,他们所希望底结果,却很难得到。民初以来,大多数底留学生回来,都是"用非所学",他们因之丧气,他们因之堕落,他们因之又替"中国人"招了许多骂。其实在大多数底情形中,并不是他们不争气,而是他们"英雄无用武之地"。有了工业,自然需要实用科学,有了实用科学,自然需要纯粹科学。但若无工业,学实用科学底人即落了空。不讲实用科学,纯粹科学即落了空。此即所谓"无用武之地"也。照清末人的办法，有了"用武之地"，再请英雄来。照民初人的办法，先请了英雄，而不为设"用武之地"。"无用武之地"底英雄，难乎其为英雄。

或者可说，我们于以上所说，只注意到城里与乡下的对立，而未说到，即在城里，亦有资本家与"穷光蛋"的对立。在经过产业革命底地方，在所谓工厂制度下面，所谓劳工者，除了他们的劳力可以卖钱外，他们是一无所有。此种人即是所谓无产阶级底人，亦正是我们所谓"穷光蛋"。所谓无产者，即穷而至于光蛋也。我们于上文只说到城里人盘剥乡下人，而没有说到城里底资本家盘剥"穷光蛋"。我们若知城里亦有"穷光蛋"，则知城里人不尽是盘剥者，而被盘剥者亦不止乡下人。

若离开乡下人，专说城里人，则城里底资本家与"穷光蛋"之对立，我们固然要说到。但我们现在是站在乡下人的观点，以说城里与乡下的对立。站在乡下人的观点，我们以为即城里底"穷光蛋"，其享受亦比乡下人好得多。不要说有事做底"穷光蛋"，即没有事做底"穷光蛋"，亦有人赈济他们，而他们从赈济所得之享受，比乡下底小财主或又过之。我们并不是故意夸大其词，这是实情。就中国底乡下人说，有许多人终年吃不起盐，他们吃一回有盐底菜，好像我们吃一回燕窝鱼翅。但这些情形，若向英美等国底"穷光蛋"说，他们一定不相信。他们无论有事做或无事做，不但向来即吃盐，而且向来常吃肉。有些人说中国人是素食者。中国人固多吃素，但中国人之所以多吃素，并不是因为他们相信吃素合乎卫生之道，如有一班人所讲者，他们实在是没有力量吃荤。

城里底"穷光蛋"何以比乡下底小财主还享受得好？这即是因为他们亦是城里人底原故。整个底城里，盘剥乡下，得了很多底钱,其大多数固然都归了城里底资本家,然亦有一部分,作为城里底公共事业之用,一部分由资本家发给城里底"穷光蛋"。这些"穷光蛋"的所得,固然不多,然自乡下人的眼光看,亦足够瞧了。我们若告诉中国底乡下人说,美国工人,一个月能得中国钱二三百元,他们一定不相信。贾府丫环的吃喝穿戴,固然比姑娘们差得很远,但自刘姥姥的眼光看起来,已经是见所未见了。逛纽约、伦敦、巴黎底刘姥姥,但见宫室的壮丽,街道的整洁,人民的吃好底、穿好底,她即佩服得五体投地,她不知那些排场里面,都有她自己的血汗。

有些人以无产阶级与被压迫民族相提并论,以为无产阶级与被压迫民族是站在同一战线上底。事实已证明其不尽然了。日本压迫中国,日本的无产阶级、劳动大众,并不见有积极底反对。英国统治印度,英国的无产阶级、劳动大众,亦不见有积极底反对。每一国的无产阶级,看见别一国压迫别一被压迫底民族,都可以说几句同情话。但见本国压迫它自己的殖民地的民族的时候,他们即不说话了。这中间或有几个人的例外,但那是没有关系底。其所以如此者,即因一个国家从它的殖民地所得底利益,其大部分固然为其资本家所享受,但其国之每一人,皆可得有一小部分底余沥。贾府从"庄子"收来底地租,固然大部分是用在太太姑娘们身上,但丫环老婆子也并非完全无份。

所以站在乡下人的观点,城里与乡下的对立,至少对于乡下人是更重要底。

或又可问:在第一篇《别共殊》中,我们说,一般人所谓中西之分,大部分是古今之异。在此篇中,我们说及城里与乡下,似以为所谓中西之分,又是城里与乡下之异。此二说岂非不合? 我们于

第一篇说：文化有许多类，本篇又说及城里乡下，岂以中国所有之文化为乡下文化，或现在有一部分人所谓乡村文化，西洋所有之文化为城里文化，或现在有一部分人所谓都市文化乎？

　　现在有一部分人所谓乡村或都市文化者，似乎是以乡村或都市为中心底文化。这种分别，我们不以为然，因为照我们的看法，文化都是以我们所谓城市为中心。不过城里乡下是相对底。对于此为城里者，对于彼或为乡下。一个县城，对于其四乡为城里；但对于省城说，则此整个底县，连带其县城在内，都是乡下。对于中国说，上海南京是城里；但对于英美等国说，整个底中国，连带上海、南京在内，都是乡下；整个底英美等国，连带其中底村落，都是城里。所以我们所谓城里乡下，乃就为城里或为乡下者之相对底地位说，并不是就其所有之某类文化说。英美等国之所以能于现在世界中取得城里之地位者，乃因其先近代化或现代化，乃因其先有某种文化。中国之所以于现在世界中流为乡下的地位者，乃因中国未近代化或现代化，乃因中国未有某种文化。所以本篇所说，与第一篇并无不合。

第四篇　说家国

我们于第一篇《别共殊》中，只说到有许多种类底文化，而未说这许多种类，都是什么。我们不打算讲整部底社会学，亦不打算讲整套底社会哲学。所以我们并不把所有底可能底文化种类，都讲到说到。我们所要说者，是中国在近百年来所经过或将经过底变化，所以我们只说两种文化，为我们所亲眼看见、亲身经历者。

此两种之中，其一种我们名之曰生产家庭化底文化，其另一种我们名之曰生产社会化底文化。我们于第三篇《辨城乡》中，说到产业革命。我们说：这个革命使人舍弃了以家为本位底生产方法，脱离了以家为本位底生产制度。经过这个革命以后，人用了以社会为本位底生产方法，行了以社会为本位底生产制度。有了以家为本位底生产制度，即有以家为本位底社会制度。以此等制度为中心之文化，我们名之为生产家庭化底文化。有了以社会为本位底生产制度，即有以社会为本位底社会制度。以此等制度为中心之文化，我们名之曰生产社会化底文化。

我在蒙自，到一家石印馆里印书。这一家石印馆是一个人同其几个儿子开底。这个人管账，他的儿子则担任抄写印刷等事。到昆明，我又到一家纸店里装订书。这个纸店的主人，叫他的孙子把书的许多单页抱到楼上。楼下是他的铺子，楼上是他的货栈，亦是他的家的住所。此后折叠单页，排列单页，以及裁齐装订等工作,都由他的妻子、儿子、媳妇等分担。我要裱糊房子,叫了一个裱糊匠。他率领了他的"全班子"来工作。这"全班子"亦即是他的"一家子"。这种情形,到乡下尤其容易看见。乡下底农夫,无论他是自耕农或佃户,若是种几亩田,他的工作的"全班子"亦同时即是他的家的"一家子"。在未经产业革命底地方,无论这地方是东是西,生产方法在某一个阶段内,都是如此以家为本位。用以家为本位底生产方法生产,即是所谓生产家庭化。

有以家为本位底生产方法,即有以家为本位底生产制度。有以家为本位底生产制度,即有以家为本位底社会制度。在以家为本位底社会制度中,所有一切底社会组织,均以家为中心。所有一切人与人底关系,都须套在家底关系中。在旧日所谓五伦中,君臣、父子、夫妇、兄弟、朋友,关于家底伦已占其三。其余二伦,虽不是关于家者,而其内容亦以关于家底伦类推之。如拟君于父,拟朋友于兄弟。旧日与朋友写信,必曰"某某仁兄大人"。在北方如见人问路,必先呼大哥。在江西则呼老表。呼老表,尤为合逻辑。因异姓之人,如须纳之于家底关系中,必是表亲也。在中国字典中,关于亲属关系之字,最为丰富,此盖因以家为本位底社会制度,在中国最为发展也。

在经过产业革命底地方,其所用之生产方法,与上所说之生产方法,大不相同。经过产业革命底生产方法,主要是用机器生产。用机器生产,必需大量生产。一个磨面粉底磨,用牛马拉动者,可以一天只磨一斗麦。但一个用机器推动底磨,则断不能一天只磨一斗麦。它若只磨一斗麦,则它所出底面,其成本之贵,可以叫它的老板马上赔得精光。用机器生产,既需大量生产,则须大量用工人。一个旧式底磨坊,有几盘磨,用牛马拉动者,可以每天只出少量底面,其全班子底工人,可以只有几个人,这几个人可以即是磨坊老板的一家子。但一个新式底面粉公司,用机器磨面,则不能每天只出几十斤面。它必须出大量底面,其全班子底工人可以到几百几千。无论什么人是老板,都没有这么许多儿子孙子,帮他做工。无论什么人是老板,都必需雇许多工人,集中工作。这样即打破了以家为本位底生产方法,打破了以家为本位底生产制度。

用机器生产,必须集中生产。在以家为本位底社会里,一个地方底人所吃底面,一部分是各家自家的麦,以自家的磨磨成者,一部分是许多小底面坊所供给者。各家及各面坊各自磨面,面之生产是不集中底。但如有一个以机器磨面底面粉公司,大量生产面粉,则全社会皆可用它的面,而且必须用它的面。面粉公司的面,因为用机器及大量生产底缘故,又好看,又好吃,又便宜,有了此等面,各家即不自己磨面,而只买面。以前卖面之许多小底面坊,亦不久即因不能与面粉公司竞争而停业。此面粉公司的面,可供全社会之用。全社会所用底面,皆可取之于此面粉公司。此之谓集中生产。面粉公司所用底工人,不是老板的家人,而是从社会上来底人。它底出产,不是供老板自己的家用,亦不是供一小部分人之用,而是供全社会之用。此是用以社会为本位底生产方法生产。此之谓生产社会化。

在以家为本位底生产制度中,一个生产者在他的家庭内生活,亦在他的家庭内工作。他的家庭是他的生活的地方,亦即是他的工作的地方。一个木匠铺子的后院,或楼上,一个农夫所种底田旁边底茅舍,即是他的家的住所。他及他的一家子,亦即其全班子,工作于斯,食宿于斯,生、老、病、死,无不于斯。他们的无论什么,都离不开家;所以他们的无论什么,都以家为本位。

以家为本位底生产方法,废弃以后,人不工作于家,而工作于工厂。如此即使人离开他的家而到一新底环境中,他生活于家,而工作于工厂。在工厂中,同他在一处工作者,不是他的父兄,而是在亲族上毫不相干底生人。在工厂中,约束驰骤他者,不是骨肉的恩义,而是雇主的命令。他能离开了他的家,他已离开了他的家,因此他的行动即不能以家为本位,亦不必以家为本位。

跟着大量生产,集中生产来底另一种事,即是分工。就一方面说,分工的来源,可以说是与社会之成立,同其悠久。社会之成立,靠其中之分子能分工互助,所以有社会即有分工。不过在经过产业革命底社会中,分工比较更细。就生产方面说,一个工厂里,有几百几千工人,他们决不能都抱着同一件制品工作。他们所做者只是一件制品的一小部分。如此训练的结果,他们亦只能做一件制品的一小部分。只能做一件制品一小部分底人,不能离开工厂有所制作,因为他所能制作之一件制品之一小部分,就其本身说,可以是没有用底。在一个旧式底铁匠铺里,一个铁匠,有打一完全底钉子的技能,亦有打一完全底钉子的工具。但在一个铁工厂内底工人,不见得有打一个完全钉子的技能,确切亦没有打一个完全底钉子的工具。他只能用工厂的某种工具,做一个钉子的某部分。一个完全底钉子是有用底。但一个钉子的某部分则不见得是有用底。一个旧式铁匠铺的学徒,离开了他师父的铺子,可以凭他所学底技艺,独立谋生。但一个铁工厂出来底工人,则不能如此。这在一方面固然是由于工具的关系,铁匠铺里所用底生产工具可以用很少底资本得来,而铁工厂里所用底生产工具,则不是用很少底资本可以得来底。这固然是如此,但就另一方面说,一个铁匠铺出来底学徒,其技艺较为普通,能制造出许多铁器。但从铁工厂出来底工人，其技艺则较为专门。所谓专门者，即对于很少底东西，知道很多。所以有专门技艺的人，除了对于他所专长底一点知道很多外，他所知底东西，可以是很少。所以他若离了能够用他底工厂，他即不能有别底谋生之道，所谓"屠龙之技，学成无用"。因此，在经过产业革命底社会里，一个有专门技艺底人，不能在他家内谋生。他必须离了他的家去谋生，因此他的行动，即不能以家为本位，亦不必以家为本位。

由以上所说，我们可以说，所谓产业革命者，即以以社会为本位底生产方法，替代以家为本位底生产方法，以以社会为本位底生产制度，替代以家为本位底生产制度。产业革命，亦称工业革命。有许多人对于所谓工业革命，望文生义，以为此所谓工业是与农业、商业对立者，工业革命只是在工业方面底革命，对于农业等并无关系。这是完全错误底。所谓工业革命，不但在工业中，即在农业中亦有之。此所谓革命者，即以一个生产方法，替代另一个生产方法，至于所生产者可以是工业品，亦可以是农业品。我们说及工业革命时，我们所注意者是生产方法，并不是生产对象。

在生产家庭化底社会里，人可以在他的家之内生产、生活。但在生产社会化底社会里，人即不能在他的家之内生产、生活。他必须在社会内生产、生活。所以有许多事，在生产家庭化底社会里，本可在家中求之者，在生产社会化底社会里，必须于社会中求之。例如在生产家庭化底社会里，一个人，当其尚未出生之时，他的祖母告诉他的母亲，许多怀胎时应该注意底事。当他出生底时候，他的祖母替他收生。当他会玩耍底时候，同他玩耍者大概都是他的兄弟姊妹，或表兄弟、表姊妹。当他能上学底时候，他入他家里自己底私塾，或附入别底家里底私塾。他们的家若不是所谓"书香人家", 他或者跟着他的父亲学种田, 或别种手艺, 或到别底家里跟着师父学别种手艺。当他成人底时候, 他可以继续着他的父亲, 担当他的家事, 以"兴家立业"。如果他的父亲开了个木匠铺, 他大概仍是开木匠铺。如果他的父亲种那一块田, 他大概还是种那一块田。他如果有病了, 他的祖母可以告诉他许多"丹方", 即使请了大夫来, 而服侍汤药, 仍是由他的母亲妻子担任。如果他"寿终正寝", 他的妻子, "亲视含殓", 把他葬在他家的"老坟"里, 由他的儿子替他在他的坟前, 立一块碑, 上写某某府君之墓。如是了结了他的一生。他的一生, 都在他的家里。

但一个人, 如生在一个生产社会化底社会里, 他的生活, 完全与上述之人不同。他在生出以前, 他的父亲, 大概已经为职业的关系, 离开了他的大家庭。他的母亲, 在怀他底时候, 已经是不能得到他的祖母的看护。他的母亲大概是常到医院里检查胎位。他大概亦是生在产科医院里, 有专门产科医生给他收生。他会玩耍底时候, 同他玩耍底, 大概都是邻居的孩子, 以前与他家毫无关系者。到了他上学底年龄, 他父母把他送到学校里上学, 或到工厂里做学徒, 他所学者, 与他父亲所学者可以毫无关系。他能独立做事的时候, 他所做底事, 与他父亲所做底事, 可以毫无关系。他每天必到办事处办事, 他的办事处可以离他的家很远。他所得底收入是钱。他所用底东西, 都是用钱买来底, 没有一件是他家里自己生产底。他的钱存在银行里, 用时开支票去取。银行是他的账房, 亦是社会公共底账房。他如有了病, 打电话叫医院派救护车来接他到医院, 汤药服侍, 都有专家负责, 用不着他家里人在内。他若死了, 医院里人打电话到殡仪馆, 派车来把尸首运到馆里, 衣衾棺椁, 以及装裹含殓、送讣开吊, 都有"专家"负责, 用不着他家里人费心。开吊完毕,殡仪馆里人打电话到公墓,派车来把他的棺材运去。公墓里人,在许多毫不相干底墓间,开一个穴,把他放在里面。这样亦了结了他的一生。他的一生,大半不在他的家里。

在生产家庭化底社会里,人若无家,则即不能生存。但在生产社会化底社会里,人虽无家,亦可生存。他可以长期住在旅馆或公寓里,有病则住在医院,死了则住公墓。"六亲不认,四海为家。"他亦可很快乐地过了他的一生。人固然都是不能离开社会,但在生产社会化底社会里,尤不能离开社会。在现代底都会里,如自来水公司出了毛病,各家都没有水用。如电灯公司出了毛病,各家都没有电用。各家,如不是穷光蛋,所有者亦只是钱。除了钱之外,没有一家是"家给人足"底。

由此我们可以了解,何以在生产家庭化底社会里,一个人的家是一个人的一切。一个人的家是一个人的一切,因为他有了家他才有一切;他若无家,他即无一切。我们亦可了解,何以在生产家庭化底社会里,一切道德,皆以家为出发点,为集中点。在生产家庭化底社会里,不但一个人的家是一个人的一切,而且一个社会内所有底家,即是一个社会的一切。若没有了家,即没有了生产,没有了社会。在某种底生产方法之下,社会必须有某种组织,人必须有某种行为。对于人此种行为之规定,即是道德。换句话说,人如何如何地生产,则其团体必须如何如何地组织。其团体是如何如何地组织,其团体中之人必如何如何地行为。对于此如何如何地行为之规定,即是道德。生产方法不是人所能随意采用者。因为用某种生产方法,必须用某种生产工具。如某种生产工具尚未发明,则即不能用某种生产方法,人亦不能知有某种生产方法。所以生产方法随着生产工具而定,社会组织随着生产方法而定,道德随着社会组织而定。生产方法不是人所能随意采用者,所以社会组织及道德亦不是人所能随意采用者。这即如下棋然。围棋有围棋的规矩,象棋有象棋的规矩。人若下围棋,即须照着下围棋的规矩;人若下象棋,即须照着下象棋的规矩。但亦不是人愿意下什么棋,即可下什么棋。他必须有围棋的棋子棋盘,始可下围棋;他必须有象棋的棋子棋盘,始可下象棋。

民初人对于这一点完全不了解,以为人可以随所意欲,愿行什么社会制度,即行什么社会制度。对于中国人之以家为一切的出发点、集中点,他们特别攻击,认为此是"中国人"的大短处、大坏处。他们不知道,这不是"中国人"的大短处、大坏处,凡是在生产家庭化底社会中底人,都是如此。这亦不是什么"短处、坏处",这是生产家庭化底社会所需要,这是生产家庭化底社会的制度。民初人不知将一套社会制度作一整个看,而只枝枝节节,看见不合乎他们的成见者,即指为不合。正如一人,只会下围棋,而又不知围棋只是棋之一种,看见下象棋者之先摆子,即说:"怎么下棋先摆子呀,不对,不对。"又见某已摆之子,可以移动,即说:"怎么已下底子还能移动呀,不对,不对。"会下围棋底人,可以不下象棋,可以批评象棋,但如此地批评象棋,则可以说是"滑天下之大稽"。

反对民初人之批评"中国人"者说,中国人亦并不是只知有家,不知有国。在旧日,最重底伦常是君父,最大底道德是忠孝。我们说君父,不说父君,我们说忠孝,不说孝忠,君在父先,孝居忠后,可见即在中国旧日,亦是以国为比家重要底。不过这种说法,不足以服民初人批评"中国人"者之心,因为即在旧日所谓君臣之义中,亦是以家为出发点。此点言之甚长,亦甚重要。我们于下文有《原忠孝》一篇,专论之。

旧日所谓国者,实则还是家。皇帝之皇家,即是国,国即是皇帝之皇家,所谓家天下者是也。所以汉朝亦称汉家。一个男人到皇家为臣,而须要尽臣道,正如一个女人到他的夫家做妇,而须要尽妇道一样。关于这一点,我们于下文《原忠孝》中,还有详说。现只提及,而请大家注意者,即旧日所谓国,与我们现在所谓国,其意义大不相同。

在生产家庭化底社会里,家是一个经济单位。这一经济单位,固亦不能离开别底经济单位而存在,但他与别底经济单位,毕竟不是一个。他可以与别底经济单位,有种种关系,但不能融为一体。但在生产社会化之社会中,社会是一经济单位,一社会中之人,在经济上融为一体。此一部分人若离了别一部分人,则立刻即受到莫大底影响。此点观于以上所说可见。

所谓生产社会化者,其所谓社会,究以何为其范围?此所谓社会之范围,可有国及天下两重。所谓天下,即指整个底世界说。就人现所有之生产工具及生产方法说,所谓生产社会化,此社会本已到,或本可已到,天下之范围。惟于现在世界之生产社会化之过程中,生产社会化,先冲破家之范围。在其社会化已冲破家之范围而尚未达到天下之范围时,其社会只可以国为范围。至现在,世界之生产社会化,本已达到,或已可达到,天下之范围,但因历史底关系,人仍拟保守国之界限,各以其国为经济单位,如现所谓经济集团者。各国皆欲使其自己成为一经济集团,"自给自足",如生产家庭化社会中之一家然。

所以在现在世界中,国是经济单位。由此方面看,可知现在一国之人对于其国之关系之密切。在生产家庭化之社会中,一替皇家做事之人,"食王的爵禄,报王的恩",他已成为皇家的人,如一女人于嫁后成为其夫家之人然。但就一般底人民说,他与皇家之关系,是很疏远底。他对于皇家之义务是"完粮纳税";他所得自皇家之利益,是"保境安民"。除了这些方面外,一般人民不管国,国亦不管人民,所谓"天高皇帝远"者。在"天高皇帝远"底地方,固有坏处,亦有好处。"天高皇帝远",因而"无法无天",是就其坏处说。"不识天工,安知帝力",逍遥自在,是就其好处说。

但在生产社会化底社会中,人对于其社会之关系,是密切的。他的生活的一切都须靠社会。就一方面说,无论任何社会,其中底人的生活的一切,都须靠社会,离开社会,都不能生存。但在生产家庭化底社会里,人之依靠社会,是间接底。其所直接依靠以生存者是其家。但在生产社会化底社会里,社会化底生产方法打破了家的范围。人之所直接依靠以生存者,并不是家而是社会。小规模底家,所谓小家庭者,虽仍存在,但这种家,并不是一经济单位,并没有经济上底功用与意义。在生产社会化底社会中,人与其社会,在经济上成为一体。在生产社会化底社会中,如其社会是以国为范围,则其中之人即与国成为一体。

必需到如此地步,所谓爱国才不只是一个悬空底理想,而是一个有血有肉底、活底道德。所谓活底道德者,即是他真能鼓舞群伦,使人生死以之,而不只是一种格言,一种理论,在公民教科书上所讲者。一种活底道德是能使人感觉其是必要者。若只能使人"知"其是必要,而不能使人"感觉"其是必要者,则其道德即是死底,不是活底。

有些人常说:"中国人只有家族观念,没有国家观念。"即道德上最好底人亦"只知忠君,不知爱国"。这话亦不能说是错。不过他们须知,中国人在旧日之所以是如此者,并不是因为中国人是中国人，而是因为在往日中国人是生产家庭化底社会中底人。从以上所说，我们可以了解，何以往日人只知忠君，不知爱国，何以有"谁当皇帝都纳粮"的观念。这并不是因为他们愚蠢无知，这是因为照着他们的社会的那一套办法，本来是如此。他们并不是愚蠢无知，而不了解他们的那一套办法，而只混骂其为愚蠢无知者，才真正是愚蠢无知。

果然到现在，中国虽尚未完全成为生产社会化底社会，而中国人对于国底观念，已经大变了。十四个月以来，我们可见，对于中国大众，爱国已不只是空洞底理想，而已是活底道德。所可憾底是：爱国对于中国大众，虽已成为活底道德，而对于骂中国人不爱国之中国人，仍是死底道德。

我们于本篇只说到生产社会化底社会，而未说到生产社会化底社会亦有两类：一是生产社会化而支配家庭化者，一是生产社会化支配亦社会化者。前者是普通所谓资本主义底社会，后者是普通所谓社会主义底社会。在此后者中，所谓社会化之社会，亦可以国为范围，或以天下为范围。以国为范围者即所谓国家社会主义。以天下为范围者，即所谓共产主义。此非本篇讨论范围所及，故置不论。

再有一点，可附带说者，中国现在所经之时代，是生产家庭化底文化，转入生产社会化底文化之时代，是一个转变时代，是一个过渡时代。我们在这个时代底人，有特别吃亏的地方。在一个比较固定底社会中，如果它所行者是那一种文化，则它自有一套制度，在各方面都是一致底。但在一个过渡时代的社会中，在此方面，它已用这一套制度，在另一方面，它还用那一套制度，于是此社会中之人，学会了这一套制度者，在那一套制度里，即到处碰钉子。

一个大学毕业底小姐在学校所学者,是某某专门底学问,但结婚以后,她所做底事,或者她的夫家所希望她做底事,是服侍翁姑,养育子女,主持家务,以及米面柴盐等等。除非有特别底原因,她于此必感到痛苦,她的夫家亦必感到痛苦。一辆汽车,必须在柏油路上走,坐车底人方觉得舒服;若一辆汽车在牛车路上走,坐车底人反不如坐牛车舒服。在这过渡时代,我们在许多地方,都如坐汽车走牛车路,人既受罪,车亦易坏。这是我们特别吃亏底地方。

但自另一方面说,在这个过渡时代中,我们可亲眼看见许多不同底制度,不同底行为标准,同时存在。如同看见许多不同底交通工具,如飞机汽车、牛车马车,五光十色,同时存在。因此,我们的行为,可得到很大底自由。例如现在有人结婚,他随意用什么方式都可。他可以叫他的新娘坐花轿,坐汽车,或坐马车;他可以请客,可以不请客;他可以行礼,可以不行礼;他可以登报,可以不登报。他无论用什么方式,没有人能说他不对。这些情形,现在人看来,似乎没有什么奇怪。其实,若不是在我们这个过渡时代,这是很奇怪底。由此方面说,在这个过渡时代,我们是有特别方便底地方。

有些"混水摸鱼"、"趁火打劫"底人,利用这个特别方便底方便之门行事,一时照着这一套社会制度,一时又照着那一套社会制度。而其所照着者,都是合乎他自己的利益底。这些人是最不道德底。因为他的这些行为,完全是自私底。在任何社会制度中,自私都是最大底不道德。老年人都说"世风不古,人心日下",现在人特别地坏。这是不对底。就人性说,古今中外,都是一样,不过现在底人,在这个过渡时代,特别有一种做不道德底事的机会,如以上所说者,此则是事实。

第五篇　原忠孝

在旧日对于男子说,忠孝是为人的大节;对于女子说,节孝是为人的大节。对于男子说,最大底道德是忠孝;对于女子说,最大底道德是节孝。最有道德底男子是忠臣孝子;最有道德底女子是节妇孝妇。男子之做忠臣,女子之做节妇,同是一种最道德底行为,而且同是"一种"道德底行为。所以臣殉君、妇殉夫,皆谓之尽节。我们可以说,忠之与节,其义一也。必须了解忠节之义一,然后可了解旧日所谓忠之意义。

我们于上篇《说家国》中,说旧日所谓国,即是皇帝之家,所谓家天下者,是也。一个男子在皇家做官,正如一个女子到夫家为妇。"忠臣不事二君,烈女不事二夫。"此虽是一句俗语,但对于忠节之义一,则颇能有所说明。未受聘之女,谓之处女;不做官之士,谓之处士。此二"处"字,意义完全相同。历史中有些处士,必待皇帝安车蒲轮往聘请他,他方"出山",为皇家做事。这并不是他故意拿臭架子,而实是处士出仕之正规。此正如一女子必待夫家"明媒正娶","用花轿接来",方是处女出嫁之正规,所谓"娶则为妇,奔则为妾"是也。

一处女若不受聘,则只是一处女,无为妇之义务。一处士若不受聘,则只是一处士,无为臣之义务。譬如诸葛亮"本是卧龙岗散淡底人",所谓"臣本布衣,躬耕南阳,苟全性命于乱世,不求闻达于诸侯"。但是"先帝爷御驾三请",他即在先主"驾前为臣",所谓"先帝不以臣卑鄙,猥自枉屈,三顾臣于草庐之中,谘臣以当世之事,由是感激,遂许先帝以驱驰"。既"许以驱驰",则即不得不"鞠躬尽瘁,死而后已"了。"或为《出师表》,鬼神泣壮烈。"这都是他"为臣"以后底事。若使他终不"为臣",则曹刘无论如何地龙争虎斗,都不妨碍他的隆中高卧,抱膝长吟。

旧日亦常说:"普天之下,莫非王土;率土之滨,莫非王臣。"由此说,则不必受皇家的爵禄者,方是王臣。不过此所谓臣,乃是泛说,如泛说,则凡受皇家的统制者,男则为臣,女则为妾。此臣与皇帝朝中之臣不同,犹之此妾与皇帝宫中之妾有异。

许衡亦是在文庙中吃冷猪肉者。他以汉人而在元朝做官。当时人及后人,并无非议之者。清末人以为黄梨洲系知民族主义者,然许衡亦高高地列在黄梨洲的《宋元学案》中。其理由即是因为许衡并没受过宋朝的聘,没有做过姓赵底官,所以他不必生为赵家臣,死为赵家鬼。他是一个处士,出处有完全底自由。所以,他之仕元,以当时的道德标准说,是无可非议底。

又如顾亭林亦是清末人所谓知民族主义者,他说:"有亡国,有亡天下。"亡国是做官底人的责任,亡天下则"匹夫有责焉"。此话大为清末人所称道。但他的外甥徐乾学在清朝做了大官,顾亭林常在他的外甥家里为上客。他不能学陈仲子不食不义之食,不居不义之居。此点当时及后世亦无非议之者。其理由亦是徐乾学并未做过明朝的官。顾亭林亦未做过明朝的官,不过他的母亲,因为受过明朝的封赠,所以于明亡时绝食而死,遗嘱子孙不得仕清,所以顾亭林亦不仕清。他虽不仕清,但他不以为徐乾学之仕清是不道德底,所以不以其食为不义之食、其居为不义之居。

在中国历史中,于"改朝换帝"之时,亦有未尝做官之人,而为前朝死难殉节者。此等人历史中称为义民。臣之死难殉节者称为忠臣,而民之死难殉节者则称为义民。这种区别,是不是随便立底? 我们以为不是随便立底,照旧日忠义二字的意义,忠臣必不可称为义臣,义民必不可称为忠民。旧日正史及地方志书中多有忠义传。有为君死难殉节之责而死难殉节者谓之忠,无为君死难殉节之责而死难殉节者谓之义。

在旧日,一般底庶民百姓,皆未受过皇帝的"聘请",未吃过皇家的俸禄,在道德上他并没为皇家死难殉节的义务;若有为皇家死难殉节者,其行为可以说是超道德底。所以是超道德底者,即其行为所取之标准,比一社会之道德所规定者更高。所谓义有许多意义,就其一意义说,凡此种超道德底行为,均谓之义。例如,一女人的夫死而不再嫁者谓之节妇,但一男人的妇死而不再娶者,不称为"节夫",而称为义夫。所以称为义夫者,即妇死夫不再娶并非其社会的道德所规定,而此行为所取之标准,比其社会的道德所规定者更高也。又如有些动物,其行为有合乎道德底标准者,旧日亦称之为义,如"义犬"、"义猫"等。有犬因其主人死而亦死者,此犬本可称为忠犬,但一社会之道德底规定,本非为犬设,人亦不希望犬的行为,能合乎道德底规定,如竟有能之者,则其行为之价值,超过于人所希望于犬之标准,所以亦称之为义。

侠义之义,亦是用义的此意义。所谓"行侠仗义"底人,所取底行为标准,在有些地方,都比其社会的道德所规定者高。如《儿女英雄传》中,十三妹施恩拒报,安老爷向她讲了一篇圣贤的中道,正可说明此点。安老爷说,凡是侠义一流人,都有"一团至性,一副奇才,做事要比圣贤还高一层"。圣贤"从容中道",照着一社会的道德所规定者而行。比圣贤高一层者,正此所谓超道德底也。施恩不望报是道德底行为,施恩拒报则即是超道德底行为了。十三妹施恩拒报,所以安老爷以为其行为不合乎中道。然惟其如此,所以十三妹方是侠义。宋江的大堂称为忠义堂。此义亦是用义的此意义。

话说得离题了,再转回到忠上。我们于上面所说忠的意义,于忠孝有冲突时,更可以看出。忠孝同是最大底道德,所以引起忠孝冲突底事,是最难处底事。不过在普通底所谓"忠孝不能两全"之事例中,忠孝冲突,不过是"王事靡盬,不遑将父"之类。一个人为"王事"奔走,不能在家侍奉父母,如《琵琶记》所说"文章误我,我误爹娘"者,此亦是忠孝不能两全。于此时应"移孝作忠",这是没有什么问题底。又如一个人因"王事"而要牺牲自己,自己如果牺牲,父母即没有了,或少了一个儿子。如《宁武关》周遇吉在《别母》中所唱一段,表示他心中底"意彷徨"。他明知出战必败,败必死,他不怕死,但舍不了他的母亲。这亦是忠孝不能两全。不过这种忠孝不能两全,已比上面所说者冲突大得多。因为在上面所说之忠孝不能两全中,其所不能全之孝,不过是关于日常侍奉的问题。而此所不能全之孝,则是关于毁伤父母遗体,大伤父母的心的问题。不过于此时应"移孝作忠",亦是没有问题底。

以上所说底情形,还不算最困难底。因为在这种情形中,一个人若尽了忠,不过是不能尽孝而已。其不能尽孝是消极底。但在有一种情形中,一个人若尽了忠,不但在消极方面不能尽孝,而且在积极方面为他的父母招了"杀身之祸"。在这种忠孝不能两全的事例中,忠孝的冲突,达于极点。在这种情形中,一个人若尽了忠,他可有"我虽不杀父母,父母由我而死"之感。在这种情形中,一个人是否应忍视父母之死而仍尽他的忠,即成了问题。

历史中此类底事很多,最有名底是关于赵苞底事。赵苞在后汉做辽西太守。适鲜卑万余人入塞,路上拿着了赵苞的母亲及妻子。遂"质载以击郡。苞率步骑二万,与贼对阵。贼出母以示苞。苞悲号谓母曰:'为子无状,欲以微禄,奉养朝夕,不图为母作祸。昔为母子,今为王臣,义不得顾私恩,毁忠节,唯当万死,无以塞罪。'母遥谓曰:'威豪(苞字),人各有命,何得相顾,以亏忠义?昔王陵母对汉使伏剑,以固其志,尔其勉之。'苞即时进战,贼悉摧破。母妻皆为所害。苞殡殓母毕……葬讫,谓乡人曰:'食禄而避难,非忠也。杀母以全义,非孝也。如是,有何面目立于天下?'遂呕血而死"(《后汉书·独行传》)。最近报载行政院议案:左云县常县长守土不退,"最近其父不幸,困于敌中,被敌劫持,强其作书招致。该县长忍痛效忠,坚不屈服。由院特令嘉奖"。此是我们眼前所见,忠孝冲突的实例。

赵苞母以王陵母为法。王陵在汉为将,"项羽取陵母置军中,陵使至,则东向坐陵母,欲以招陵。陵母既私送使者,泣曰:'愿为老妾语陵,善事汉王,汉王长者,毋以老妾故,持二心。妾以死送使者。'遂伏剑而死"(《汉书·王陵传》)。王陵的忠孝冲突的困难,他的母亲如是替他解决了。这位贤母,不惜牺牲自己的生命,以完成其子的事业。在以家为本位底社会中,女人以相夫教子,为她的最大底职务。王陵母以死尽她的职务,真所谓舍生取义,杀身成仁,不愧为母性的典型。赵苞母以王陵母为法,亦不愧为母性的典型。赵苞先破贼以为忠臣,后殉母以为孝子,按一方面说,他的行为,真可算是面面俱顾到,丝毫无可非议底了。

然而《后汉书》入赵苞于《独行传》。《独行传叙》说:"孔子曰:

'与其不得中庸,必也狂狷乎。'又云:'狂者进取,狷者有所不为也。'此盖失于周全之道,而取诸偏至之端者也。……中世偏行,一介之夫,能成名立方者,盖亦众也。……虽事非通圆,良其风规,有足怀者。"照这种看法,赵苞的行为,只是"偏至",尚非中道。所谓"偏至",即上文所谓超道德底,所谓义。说赵苞的行为是"偏至",即是说他的行为所取底标准,比其社会的道德所规定者高,所谓"贤者过之"是也。

于此可见,赵苞的行为虽是很壮烈底,但以以家为本位底社会的道德标准说,他的如此行为尚不是最得当底,即不合乎中道。程伊川说,在此情形下,赵苞若应鲜卑的要求,献城投降,则为不忠;不献城投降,亲眼见其母之死而不救,亦未免太忍。伊川认为在此种情形下,最得当底办法,是赵苞马上辞辽西太守之职,把军队及城池交与别底汉将,然后他自己以个人资格,往赎其母。伊川这种办法,仿佛是取自《孟子》。《孟子》上有一段话说,有人问孟子:"舜有天下,皋陶为士,瞽瞍杀人,则若之何?"孟子说:"窃负而逃,遵海滨而处,终身欣然乐,而忘天下。"这亦是说,一个人的事亲,如与其所任家以外底职务有最严重底冲突的时候,则可以辞去其职务,而顾全其亲。《孟子》中所假设底事,比赵苞所遇到底,尤为难处。因为如果瞽瞍杀人,而皋陶为士,则皋陶必是"铁面无私",把瞽瞍定成死罪。舜不但不能救,而并且须于判决书画上"准"字、"阅"字、"行"字之类。这实在是舜所难办底。

孟子及伊川所想底办法,从以家为本位底社会的道德底标准看,是不错底。因为照以家为本位底社会制度,一个人是他的家的人,他在他的家外担任职务,是替别家办事。在朝做官,是替皇家办事,皇家亦是别家也。所以若在平常情形下,人固然须先国后家,移孝作忠,但如因替别人做事,而致其父母于死地,则仍以急流勇退,谢绝别人之约,还其自由之身,而顾全其父母。在以家为本位底社会中,这是说得通底。在此类底社会中,人本是以家为本位底。

伊川的说法,若不从以家为本位底社会的观点看,是很难说得通底。即在实行上亦大有困难。赵苞马上辞辽西太守之职,如何辞法?当时既无电报电话之类,从他辞职到皇帝批准,即使羽书往还,亦须经相当时日,鲜卑军事急迫,岂能相待? 如使不得诏旨,自行弃官,必使军事上大受影响,当非忠臣所应为。不过从伊川的话,我们可知,从以家为本位底社会的观点看,至少在理论上,孝是在忠先底。

在普通底情形中,须要"移孝作忠"。因为"移孝作忠",亦是道德底事,凡是道德底事,一个孝子都须做,因为这些事都是可以使父母得美名者,可以使"国人称愿然曰:幸哉! 有子若此"。凡不道德底事,一个孝子都不可做,因为这些事都是可以使父母得恶名者。所以"居处不庄,非孝也;事君不忠,非孝也;莅官不敬,非孝也;朋友不信,非孝也;战阵无勇,非孝也"。如是一切道德,都归总于孝。凡是孝子,必行一切道德,所以说"求忠臣必于孝子之门"。不过这都是就普通底情形说。若有一事,危及父母之生存,则当以保全父母为主。

《诗经》说:"鲂鱼赪尾,王事如毁。虽则如毁,父母孔迩。"此即说一个男人,努力王事,因为父母在此。他把王事办得好了,可以"光祖耀宗","扬名声,显父母,光于前,裕于后"。他把王事办得坏了,可以"替父母招骂名",替父母惹祸。《诗经》又说:"乃生女子,载之弄瓦,惟酒食是议,毋父母贻罹。"此即是说,一个女子,在夫家必须"必敬必戒,毋违夫子",不要"替父母招骂名",替父母惹祸。男为父母而忠于君,女为父母而顺于夫,其理是一样底。

在上篇《说家国》中,我们说在以家为本位底社会中,家是经济单位,是社会组织的基本。家既是社会组织的基本,所以在以家为本位底社会中之人,必以巩固家的组织为其第一义务。所以在此种社会中,"孝为百行先",是"天之经,地之义"。这并不是某某几个人专凭他们的空想,所随意定下底规律。照以家为本位底社会的组织,其中之人当然是如此底。

在以社会为本位底社会中,以社会为本位底生产方法冲破家的壁垒。在此等社会中,虽仍有所谓家者,但此所谓家,已不是经济单位,所以其社会底意义,与以家为本位底社会中所谓家,大不相同。在以社会为本位底社会中,人在经济上,与社会融为一体,其全部底生活,亦是与社会融为一体。在此等社会中,家已不是社会组织的基本,所以在此等社会中,人亦不以巩固家的组织为其第一义务。或亦可说,在此等社会中,作为经济单位底家的组织,已不存在,所以亦无可巩固了。在此等社会中,人自然不以孝为百行先。这并不是说,在此等社会中,人可以"打爹骂娘"。这不过是说,在此等社会中,孝虽亦是一种道德,而只是一种道德,并不是一切道德的中心及根本。

但我们亦不能说,在以社会为本位底社会中,忠是百行先,如所谓忠者,是以家为本位底社会中所谓忠,即我们旧日所谓忠孝之忠。所谓忠者,有为人之意,如《论语》说:"为人谋而不忠乎?""与人忠。""臣事君以忠。"臣事君所以亦"以忠"者,因臣之替君做事,亦是替人家做事也。替君做事,亦为替人家做事,并不是替自己做事,所以如尽心力而为之,亦称为忠。事君是替人家做事,所以人可以事君，可以不事君。臣如与君不合，可以"乞骸骨"，可以"告老还乡"。但事亲则不能如此。子对于亲，不能"乞骸骨"，亦不能"告老还乡"。为什么呢？因为事亲是自己的事，并不是别人的事也。别人的事，我可以管，可以不管；我愿管则管，不愿管则不管。但我自己的事，则不能不管也。晋献公要杀太子申生。申生的左右劝他逃到别国，申生说："天下有无父之国乎？"父的事即是自己的事，而君的事则只是君的事。所以在当时虽有许多人逃于君，而申生则以为不可以逃于父。

在以社会为本位底社会中，人替社会做事，并不是替人家做事，而是替自己做事；不是"为人谋"，而是为己谋。所以在此等社会中，人如尽心竭力替社会做事，并不是忠。如此可称为忠，则此所谓忠，与以家为本位底社会中所谓忠，意义不同。照以家为本位底社会中所谓忠孝的意义说，在以社会为本位底社会中之人，替社会做事之尽心竭力，应该称为孝，不应该称为忠。

所谓忠君与爱国的分别，即在于此。我们于上篇《说家国》中，说在以社会为本位底社会中，如其社会是以国为范围，则此国中之人，与其国融为一体。所以在以家为本位底社会中，忠君是为人，而在以社会为本位底社会中，爱国是为己。在此等社会中，人替社会或国做事，并不是替人做事，而是替自己做事。必须此点确实为人感觉以后，爱国方是我们于上篇所说之有血有肉底活底道德。在中国今日，对于有些人，爱国尚未是活底道德者，因有些人尚未确实感觉此点也。其所以有些人尚未确实感觉此点者，因中国尚未完全变为以社会为本位底社会也。许多人说中国人没有西洋人爱国，此亦可说。不过说此话时，他们应该知道，西洋人之所以很爱国者，并不是因为他们是西洋人，而是因为他们是以社会为本位底社会中底人。中国人之所以尚未能完全如此者，并不是因为中国人是中国人，而是因为中国人尚不是完全以社会为本位底社会中底人。

上文所说底赵苞的行为，在以家为本位底社会中，所以是"独行"而不是中道者，因为在此等社会中，替君做事是替人家做事。在平常底情形中，"食人之食者忠人之事"，"食王的爵禄报王的恩"，"临难苟免"是最不道德底事；但如因替人做事而直接危及其亲之生命，则其行为所取底标准，已比其社会的道德所规定者高。所以于此等情形中，保全其亲为适当底办法。对于一种事之最适当底办法，即所谓中道也。左云县常县长（照旧日底称呼法，我们应称这位县长为常左云）的父亲不知以后是否遇害。但即使遇害，照我们现在底看法，左云的行为，并不是独行，而是中道。因为左云的行为，并不是忠君而是爱国。对于君可以"乞骸骨"，可以说"我现在不干了"，但对于国则不能如此说。既不能如此说，则自然须直干下去。直干下去是中道，不是独行。

说至此，我们又不能不对于民初人的见解有所批评。民初人要打倒孔家店，打倒"吃人底礼教"，对于孝特别攻击。有人将"万恶淫为首"改为"万恶孝为首"。他们以为，孔家店的人，大概都是特别愚昧底。他们不知道，人是社会的分子，而只将人作为家的分子。孔家店的人又大概都是特别残酷，不讲人道底。他们随意定出了许多规矩，叫人照行，以致许多人为这些规矩牺牲。此即所谓"吃人底礼教"。当成一种社会现象看，民初人这种见解，是中国社会转变在某一阶段内，所应有底现象。但若当成一种思想看，民初人此种见解，是极错误底。

我们于第三篇《辨城乡》中，曾说清末人注重实业，民初人注重玄谈。民初人之注重玄谈,使清末人的实业计划,晚行了二十年。此即是说,使中国的工业化,延迟了二十年。但中国之必需工业化的趋势,是客观底情势所已决定,人在此方向的努力或不努力,可以使此趋势加速或放慢,但不能使之改变。自清末以来,几条铁路,慢慢地修着;几处工厂,慢慢地开着。慢固然是慢,但在无形之中,新底生产方法,新底经济组织,已渐渐地冲破了原来以家为本位底社会组织。人是不能常在家里了。家已渐不成为经济单位,不成为社会组织的基本了。如果家渐不成为经济单位,不成为社会组织的基本,则孝自然亦不是一切道德的中心及根本了。在新底生产方法,新底经济制度,正在冲破家的壁垒的时候,家的壁垒不复是人的保障,而变成了人的障碍。正如在新式战争工具之下,城墙已不复是人在战争时候的保障,而变成了人在和平时候的障碍。孝是所以巩固家的组织底道德,家的壁垒既成了人的障碍,所以孝,在许多方面,亦成了人的障碍。所以在有些人看起来,教孝成了孔家店的罪恶,“吃人底礼教”。他们高呼:“万恶孝为首。”他们这种呼声,虽是偏激之辞,但是社会转变在某一阶段中客观情势的反映。所以若当做一种社会现象看,民初人这种呼声,这种见解,是中国社会转变在某一阶段中所应有底现象。

　　但若当成一种思想看,民初人这种见解,是极错误底。照民初人的看法,旧日的一套制度,一套道德,所谓礼教者,都是几个愚昧无知底人,如孔子、朱子等,凭着他们的空想,或偏见,坐在书桌前,所用笔写下,叫人遵行者。他们已经是错误了,往日大多数底人,偏偏又都是愚昧无知,冥顽不灵,都跟着孔子、朱子,一直错误下去,虽自己受苦受罪,以至于为此等“礼教”所“吃”而不悔。直到民初,人方才“觉悟”了,人方才反抗了,人方才知孔家店之必需打倒,"吃人底礼教"之必须废除。民初人自以为是了不得底聪明,但他们的自以为了不得底聪明,实在是他们的了不得底愚昧。他们不知,人若只有某种生产工具,人只能用某种生产方法;用某种生产方法,只能有某种社会制度;有某种社会制度,只能有某种道德。在以家为本位底社会中,孝当然是一切道德的中心及根本。这都是不得不然,而并不是某某几个人所能随意规定者。若讥笑孔子、朱子,问他们为什么讲他们的一套礼教,而不讲民初人所讲者,正如讥笑孔子、朱子,问他们为什么走路坐马车轿子,而不知坐飞机。孔子、朱子为什么不知坐飞机? 最简单底答案是:因为那时候没有飞机。晋惠帝听说乡下人没有饭吃,他问:"何不食肉糜?"民初人对于历史的看法,正是此类。

民初人以为孔子、朱子等特别残酷,不讲人道。程伊川说:"饿死事小,失节事大。"民初人对于这一类底话,都觉得异常地不合他们的口味。他们以为,说寡妇必须守节,已经是错误底了,而又说,一个寡妇宁可饿死,亦不可失节,这是更错误底。他们以为,自有伊川此话以来,不知有许多人因此而死,不知有许多人为此种礼教所"吃"。他们以为,人的大欲是求生,而所谓"吃人底礼教",却束缚着人,让他不能舒舒服服、痛痛快快地生。在有些情形下,"吃人底礼教"不但不叫人生,而且只叫人死。他们很喜欢戴东原的一句话:"以法杀人,尚有惜之者,以理杀人,人孰惜之?"他们以为孔子、朱子等,都是以礼杀人、以理杀人者。所以他们以为孔子、朱子等,都是特别残酷、不讲人道者。

在以家为本位底社会中,"节"是女人最大底道德,此点我们于下篇《谈儿女》中,另有详论。现在我们只问:如果节是以家为本位底社会中底女人的最大底道德,则以家为本位底社会中底人,是不是可说"饿死事小，失节事大"？我们以为，此话是可以说底。我们现在看见有许多人当了汉奸。有些人当汉奸，一天得几角钱；有些人当汉奸，一天得几十元、几百元钱。他们为他们自己辩解，大概都是以"生活所迫"为辞。对于这些人，我们当然可以说："饿死事小，失节事大。"

说人宁可饿死，不可失节，照民初人的简单底看法，此话不但迂腐得可怜，而且残酷得可恨。他们不知，若果某一道德是某种社会的最大底道德，则某种社会中底人，当然以为，此道德是虽死亦须守底。如一社会中底人，因怕饿死而随便行为，则此社会马上即不能存在；此社会中底人，亦大家不能生存，所谓"虽有粟，吾得而食诸"？结果还是非大家都饿死不可。民初人不知，亦不问，孔子、朱子等何以叫人牺牲，而只见其叫人牺牲，即以为他们残酷不讲人道。此是民初人的错误。

民初人另外还有一种错误底见解。凡旧日人的道德行为，不合乎民初人所想像底道德标准者，民初人即认为没有道德底价值，或其道德底价值必需打折扣。例如民初人以为旧日底忠臣节妇，皆是为一姓奴隶，为一人牺牲，所以其行为没有多大底道德价值。民初人这种见解，是完全错误底。一种社会中底人的行为，只可以其社会的道德标准批评之。如其行为，照其社会的道德标准，是道德底，则即永远是道德底。此犹如下象棋者，其棋之高低，只可以象棋的规矩批评之，不可以围棋的规矩批评之。依象棋的规矩，批评一个人的象棋，如其是高棋，他即是高棋，不能因其不合围棋的规矩，而说他是低棋。此点我们于《新理学》中，已另有详论。

第六篇　谈儿女

　　本篇所谓儿女，并不是与英雄相对者。儿者儿童，女者妇女。我们常听说有所谓儿童问题，及妇女问题。这些问题，我们想在本篇之内，提出讨论。

　　于上篇《原忠孝》中，我们将旧日所谓处女处士，相提并论。我们说，这两个"处"字，意义完全相同。女人出嫁则为妇，男人出仕则为臣。妇须顺从其夫而尽心竭力地为其夫办事。臣须顺从其君而尽心竭力地为其君办事。除了遇见如赵苞所遇见底情形外，无论妇或臣，对于任何事，均须先其夫，或先其君，而后其亲。在以家为本位底社会中，一般底女人在夫家应负底义务大概是上则事亲，中则相夫，下则教子。此所说事亲，是一女人事其夫的亲。一女人既为妇，即无暇自事其亲，而只可事夫的亲。犹如一男人既为臣，即应"移孝作忠"，"王事靡盬，不遑将父"。善事其夫的亲者是孝妇，善相其夫者是良妻，善教其子者为贤母。孝妇、良妻、贤母，是每一个女人所应取底立身的标准。

　　如一个女人的夫先死，则此女人所应取底立身的标准，于孝妇、良妻、贤母之外，又要加上节妇。"忠臣不事二君，烈女不事二夫。"这一点是女人的大节，此点如不能做到，"则父母国人皆贱之"。一女人必如何方是，或不是，孝妇、良妻、贤母，是不很容易决定底。因为在这些方面，孝与不孝、贤与不贤、良与不良之间，很难有个具体底标准,以作分别。但如何是,或如何不是节妇,是很容易决定底。因为在这一方面,节与不节之间,有具体底标准,以作分别。所以在旧日,女人之以孝妇、良妻、贤母得旌表者甚少,而以节妇得旌表者则到处皆是。

在这种社会里,女人完全是家里人。所以在许多地方,家里人成为女人的别名。有些地方,亦称女人为屋里人,屋里人即家里人也。某人的妻,亦称为某人的家里人,或某人的屋里人,或简称为某人家里,如《红楼梦》中所说王保善家里,周瑞家里等。

我们于第四篇《说家国》中说,在以家为本位底社会中,人皆在家里工作,在家里生活。如此说,则在以家为本位底社会中,男人亦可说是家里人。此虽亦可说,但男人尚不完全是家里人。男人可出仕于皇家,皇家的性质虽亦是家,但其范围却是国。所以男人可以"干国栋家"。栋家者,栋其自家之家;干国者,干皇帝之家也。即不出仕之男人,亦可代表其家,与别家做事务底交涉,或友谊底来往,在社会上活动,而女人则不能。女人活动的范围,未嫁时不出其母家,既嫁时不出其夫家,"在家从父,既嫁从夫,夫死从子",所谓三从是也。所以女人完全是家里人。

自旧日底看法看,此并无损于女人的人格及其在道德上底价值。一个人在道德上底价值,是照着他是否能如其所应该而判定,并不是照着他在社会上底地位的高低而判定。一个"无道昏君",在道德上底价值,远不及一个义仆义丐。此正如一个戏子之所以是好或坏,是在于他唱得好或坏,并不在于他是须生或青衣。如说女人在道德上无价值,或价值低,因为她的社会地位低,其不通正如说:梅兰芳的戏不好,因为他扮演底是女人。

不过就社会地位说,女人是低于男人一等底。我们乡下底人,如到一别人家中,在门口必先问:"有人在家吗?"如只有女人在家,女人即答:"没有人在家。"所以我们乡下有俗语:"面条不算饭,女人不算人。"女人所以不算人者,因其完全是家里人也。公孙龙说:"白马非马。"乡下人亦说:"家里人非人。"

在这种情形下,一般底父母,除非愿靠所谓"裙带关系",以升官发财者,当然皆不重生女重生男。女儿长大,即须出嫁,所以父母看她是"别人家的人",是"赔钱货"。女儿是"家里人",不能到社会上活动,所以父母看她是"不中用底"。《韩非子》说:"父母之于子也,产男则相贺,产女则杀之。"二千年来,都免不了有这种情形。

在以家为本位底社会里,家是经济单位。例如在一个旧式底木匠铺子里,一个木匠是老板,同时亦是工人。帮助他做活底,是他的妻、子等。他对于他的妻、子,是夫,是父,是师,是工头;他的妻、子,对于他是妻,是子,是徒,是助手。即就一个普通人的家说,在以家为本位底社会中,一个家,在许多方面,是要自给自足底。家要自给自足,所以有许多事,都需一家之内底人自己去做。如饭菜、衣服等,都须一家的女人去做,此即所谓"妇工"。这些事由一家的女人管,一家的男人,即可无内顾之忧了。所以妻是夫的"内助"。"内"者,言其是家里人;"助"者,言其直接地或间接地为其夫当助手。

因此,在以家为本位底社会中,夫妻底关系并不仅是二人同居,以过其所谓性生活者。妻是夫的"内助",在经济底生产方面,他需要她的助;在生活的任何方面,他皆需要她的助。

因此在以家为本位底社会里,夫妻的离合,不能是很随便底。在以家为本位底社会里,夫妻一合即不可复离。在以社会为本位底社会里,夫妻的离合是两个人底事,而在以家为本位底社会里,夫妻的离合是一大家人的事。家是经济单位,是社会组织的基本,若家的分子时常变动,则家的组织不免受其影响。所以在以家为本位底社会里,夫妻之结合,以终身不可复离为原则。所以在先秦,妻虽有七出之条,但后来少有用之者。魏晋以前,寡妇再嫁,尚不为十分地不道德,而宋以后,"饿死事小,失节事大"之说,则甚占势力。盖在中国历史中,以家为本位底社会,愈后愈渐完备也。

一人若早死,其妻抚孤以承其业,此事对于其家之意义,犹如一国君早死,其大臣辅幼主以继其位。就一国说,必有如此底大臣,其国方不至于乱;就一家说,其家必有如此底"家里人",其家方不至于绝。在以家为本位底社会中,家是人的一切,所以人视家之不绝为一最重要底事。所以守节抚孤底女人,与辅幼君底大臣,同是所谓"可以托六尺之孤,可以寄百里之命,临大节而不可夺,君子人欤?君子人也"。

民初人常说:"在旧日底社会中,人不是他自己,而是他的父母的儿子;他结婚并不是他自己结婚,而是他的父母娶儿媳。"照民初人的看法,在这种情形下,当儿子底,固然不自由得可怜,当父母底,也未免专制得可恨。但是我们若知以家为本位底社会的经济制度,我们可见,这些都是应该如此底。谁也不可怜,谁也不可恨。

在以家为本位底社会中,家是经济单位。一家的人,皆须能直接地或间接地参加其家的生产工作。如一家开铺子,其一家的人,皆须直接地或间接地参加其铺子的工作。如一家种地,其一家的人,皆须直接地或间接地参加其种地的工作。在这种家里,父母为其子娶妻,其意义并不仅是为其子娶妻。他们是为他们的家接来一个新分子,能与他家的别底人共同生产、共同生活者。他们多了一个儿媳,不仅是家里多了一个人,而且是铺子里或农田里多了一个助手。所以他们的儿媳,要由他们去选择,而选择要用他们的标准。他们选儿媳,不只是选儿媳,而是为他们的铺子里或农田里选择助手。所以他们的眼光,不能注在,至少不能全注在他们的儿子的爱情上。贾宝玉注意在林黛玉,贾母替他选了薛宝钗。站在宝玉个人的观点看,贾母是错误底。但站在贾府的家的观点看,贾母一点也不错误。少年老成底宝钗,当然比工愁善病底黛玉能持家,能"立门户"。

民初人常问:贾母为什么那么好多管闲事呀? 宝玉为什么不积极地反抗,不闹家庭革命呀? 贾母宝玉之流,大概都是"其愚不可及也"吧。照我们的看法,在以家为本位底社会中,贾母所管者并不是闲事,此点上文已详。在以家为本位底社会中,人不能离开他的家生产,亦不能离开他的家生活。他有了家即有了一切,没有了家即没有了一切。所以他不能闹所谓家庭革命。他亦不是知闹、想闹,而不能闹,他实是亦不知闹、不想闹。他不知闹、不想闹,亦不是因为他的无知。凡人对于某种社会制度,闹革命,或知闹、想闹时,必是此种社会制度所根据之生产方法、经济制度,已有重要底变动之时。不然,人不但不闹革命,且亦不知闹、不想闹。

以社会为本位底生产方法,冲破了家的壁垒。人的生活由家庭化而社会化。人离开了他的父母,而独立生产,独立生活。因此他的为子的责任减轻了许多,他的妻为妇的责任亦减轻了许多。此即是说,在以社会为本位底社会中,他对于他的父,只是他的子,而不是他的徒,不是他的助手。他的妻对于他的母,亦只是儿媳,不是她的徒,不是她的助手。因此他可以"自由结婚",他的父母亦让他"自由结婚"。

在以社会为本位底社会里,人的生产方法社会化,人的生活亦社会化。一个人所做底事情,他的妻帮不上忙。例如一个铁厂的工人到铁厂里做工,除非他的妻亦是这同一工厂的工人,他与她不能在一块做工。即使他与她同是一个工厂里工人,他与她也是各做各的工,谁也不帮谁。他与她的生活所需底消费品,都已由专门底工业来供给,所以也不必由他的妻帮忙。他的吃食、衣服,以及一切用具,什么都是现成底。他只要有钱,只要打几个电话,什么都有人给他送来。在这种情形下,妻已不是夫的"内助",因为在这种情形下,妻对于他在许多方面已不能助、不必助了。在这种社会里,女人的为妻的责任亦减轻了许多。

这许多底责任减轻以后,他的妻本亦可以由"家里人"变而为社会上底人,可以同他一样地有独立底技能,有独立底财产,而只与他同居,以过其性生活。他与他的妻虽是同居,但两人所做底事,可以各不相同,两人的财产可以各不相干。假使女人都能完全到这种地步,社会上即无所谓妇女问题。我们不听说有男子问题,而只听说有妇女问题,即因有一种事情,使女人不能完全到此所说底地步。以社会为本位底生产方法,冲破了家的壁垒,把男人完全放出来,但未把女人完全放出来,而女人,及有些男人,认为女人亦须完全放出来。此所以有所谓妇女问题。

女人所以不能完全从家里放出来者,因其为母的责任,尚不能减轻,因为对于她的儿女,除了她自己养育外,没有办法。社会对于儿童,除使其母亲自己养育外,亦没有办法。因此有所谓儿童问题。所谓儿童问题与妇女问题,是有密切底关系底。儿童问题如解决了,妇女问题亦即跟着解决。

我们于第四篇《说家国》中说:生产社会化底社会又有两类,一是生产社会化而支配家庭化者,一是生产社会化支配亦社会化者。在生产社会化而支配家庭化底社会里,女人不能完全自家中放出来。因为女人是要生小孩底。在她生小孩的前后,都至少有一两个月不能做事。这三四个月,若不靠她的夫,她即不能生活。她既须靠她的夫,则她必须于相当范围内,受她的夫的支配。此即是说,于相当范围内,她不能完全地自由。

我们于《说家国》中说:大部分底事,在以家为本位底社会中,须家去经营者,在以社会为本位底社会中,社会上都有专营其业者经营之。因此在以社会为本位底社会中,妻为其夫所做底事,比在以家为本位底社会中,已少得多了。例如在以社会为本位底社会中,人都向市场上买衣服穿,他的妻不必替他做衣服,更不用说纺线织布了。在这些方面说,他的妻的"妻"的责任,已经轻得多了。但有一种事,在生产社会化而支配家庭化底社会里,社会上尚无专营其业者,此即是养育儿童之事。在生产社会化而支配家庭化底社会里,养育儿童,仍须在家里。女人须养育儿童,因之她的一生的最好底时光,大部分还是要消磨在家里。她不能完全从家里放出来。她还须在家里当贤母。

在生产社会化而支配家庭化底社会里,没有或者极少专营养育儿童之业者。这是为什么呢?因为这种事情,并不是可以作为一种"营业"底。在生产社会化而支配家庭化底社会里,各种专营其业者所经营之事,其范围虽是社会底,而主持支配之者,仍是私人。既是私人所主持支配,则其主要底目的,仍是得利赚钱。因此主持者的利益与顾客底利益,常是冲突底。买东西底总说他所买底东西,价钱太大。卖东西底总说他所卖底东西,价钱太小。"矢人惟恐不伤人,函人惟恐伤人。"这并不是什么人好、什么人坏的问题,他们是"易地则皆然"底。不过在普通商业交易中间,卖东西底如"利心太重",价贵物劣到不像话,买东西底可以不买他的东西。一个包饭底厨子,如饭菜太劣,吃饭底人可以抗议,可以退伙。但一个养育小孩子底地方,如养育得太差,小孩子是不会抗议底。结果是小孩子只有"吃哑巴亏",而生病死亡。因此养育小孩子底地方,如是营业性质,即没有人愿意将小孩子送去。因此亦即没有这一种"营业"。

在以社会为本位底社会中,一个人能离开他的家而独立生产,独立生活,因之他的妻的为"妇"的责任,已大大地减轻了。由此方面说,女人已从家里放出来。但她仍须受她的夫的相当底支配,仍须在家里当母亲。由此方面说,她尚未完全由家里放出来。其所以未能完全由家里放出来,即因她须生孩子。

有一位民初时候底小姐的故事,可以证明这一点。这位小姐,在学校当女学生(女学生在民初是一个很惹人注意底名词)的时候,很热心于当时所谓女权运动,所谓妇女解放运动。她常到外面参加各种集会。她的父亲是一个清末民初所谓"老顽固",对于他的女儿的行为,很不满意,但亦没有制止她的办法。后来这位小姐结了婚,当了太太,生了一个小孩,但她还是常到外面活动。她出去的时候,把小孩交给老妈子。有一次她出去开会,老妈子没有把小孩看好,小孩的头摔破了一块。这位太太回来,大为伤心,发誓以后专心在家看小孩。果然她以后再不参预外务,再不出去开会了。她的父亲知此事时,大为痛快。他说原来小孩子管他的母亲,比父亲管他的儿女,还要有效。

这一个故事,很可以说明,在生产社会化而支配家庭化底社会里,女人所遇到底困难。她要在家庭与事业中间选择一条路。家庭与事业,在男子本来是可兼而有之、不成问题底。但在女人,这二者便成了鱼与熊掌,"二者不可得兼"了。她如果要家庭,她须结婚生孩子;这样,如上所说底那位小姐一样,即牺牲了她的事业。她如要在社会上做事,她即不能结婚生孩子。不结婚生孩子是违反她的天性底。她如违反了她的天性,她则痛苦。不在社会上"雄飞",而在家里"雌伏",这是违反以社会为本位底社会中底人的希望底。她如违反了她的希望,她亦痛苦。无论如何,她总痛苦。此所以有所谓妇女问题。

在以家为本位底社会中,妇女更要"雌伏",但她并不痛苦。其所以不痛苦者,有二方面可说。就一方面说,在以家为本位底社会中,女人除做孝妇良妻贤母外,没有别底希望。没有别底希望,自然亦没有因达不到别底希望而有之痛苦。自又一方面说,在以家为本位底社会中,女人随夫贵,随子贵。如其夫贵或子贵,她都可以得"五花封诰",赞美她能辅助她的夫或教养她的子,替皇家做事。在此意义下,她的功绩,不止限于她的家内。她虽是家里人,但她可以间接地为社会造福利,而社会亦承认之。"五花封诰",即社会承认之表示也。但在以社会为本位底社会中,女人虽亦可随其夫当太太,但社会对此,不能有什么正式底表示。至于其子,于长成后,又须离其家而独立生产,独立生活,纵有成就,社会亦很少念及其"母氏劬劳"。如罗斯福当了美国的大总统,罗斯福的太太固可称为"此土第一太太",但少有人称罗斯福的母亲为"此土第一老太太"。因此在以家为本位底社会里,女人如有事业欲,她尚有机会可以相当地满足之,她可以视其夫的事业,或其子的事业,如她自己的事业。如其夫或其子做了"光禄大夫",她亦自然是"一品夫人"。但在以社会为本位底社会里,女人如有事业欲,她必须自做事业,始能得到满足。我们并不说,在以社会为本位底社会中,女人对于其夫或其子的成就,完全不感兴趣,不过就此种社会的社会制度说,及此种社会中底人的心理说,女人不能以其夫或子为与其自己完全一体,如在以家为本位底社会中底女人然。

清末民初人的见解,以为所谓妇女解放,专凭人的主观底努力,即可做到。清末人说:男女应该是平等底,父母不应该重男轻女,父母应都知道生男生女都是一样。但依当时底社会制度说,男女是不平等底,生男生女,对于父母是不一样。不在社会制度上着想,而只说空洞底"应该",这是不能有什么效果底。

因为清末人只说空洞底"应该",在实际上没有多大用处。于是民初人教女人自动地"反抗"所谓"吃人底礼教"。他们说女人应该学什么娜拉,自动地脱离家庭。他们说:女人脱离了家庭以后,如果她们能"努力",能"奋斗",她们可以得到自由底幸福底生活。他们不知道当时底女人的社会地位,是一种社会制度所规定。要改变当时底女人的社会地位,须先改变当时底社会制度。不求改变社会制度,而只教一个女人或一部分女人枝枝节节地求自由底幸福底生活,无论她们如何"努力"、"奋斗"、"反抗",俱是没有用处的。我们真见许多民初的娜拉,于脱离了家庭以后,不但不能得到自由底幸福底生活,而且有许多简直不能生活。她们有底重回到家庭,有底做了时代的牺牲品。这并不是因为她们不"努力"、不"奋斗",而是因为在这些方面,一个女人或一部分女人的主观底"努力"、"奋斗",是不能有什么效果底。

近数年来,政府制定了许多新法律,专就这些法律的条文看,男女是真正底平等了。女人有参政权,有承继权,有独立财产权,等等。凡男人所有底权,女人都有。专就法律条文上看,我们可以说，除苏联外，中国在世界上，是最尊重女权底了。但是，事实上，女人在法律上虽有这些权，但全国之内，有几个女人能行使、敢行使这些权？这些法律上底条文，只是条文。立法院的人想以法律改革社会制度，但社会制度，并不是法律可以改革底。

我们于前几篇中已经说过许多次，一种社会制度，是跟着一种经济制度来底；一种经济制度，是跟一种生产方法来底。不从根本上着想，不从根本上努力，而只空洞地讲"应该"，讲"奋斗"，讲"法律"，都是无补实际底。我们再可以说，人只有在经济上有权，才是真正地有权。有一个笑话，说：孔子庙前，香火零落，而财神庙、关帝庙前，则香火甚盛。孔子问财神、关帝：这是什么缘故？财神、关帝说："你既没有钱，又没有刀，人为什么给你进香火。"这虽是笑话，而却亦是真理。再进一步说，关帝的刀还要靠财神的钱。他若没有钱发饷，恐怕关平、周仓也要变了。我们现在底法律，规定男女平等，而男女仍不平等者，即因在经济方面，男女的力量不平等。女人在经济上没有力量，叫她与男人平等，她亦不能平等。这并不是她"不识抬举"，而实是因为财神爷不帮她的忙。

女人如要在经济上有力量，非能与男人一样在社会上做事不可。要想女人与男人一样在社会上做事，非先解决儿童问题不可。但儿童问题，在生产社会化而支配家庭化底社会里，是不能解决底，至少是不易解决底。

在现在底世界中，要想解决妇女问题，有两种方法。一种方法，是重新确定女人之家里人的地位。男人可以说：女人应该是家里人，虽在生产社会化底社会里，女人还应该是家里人。德国人所提倡底女人回厨房去的运动，即是重新确定女人是家里人的地位。这种重新确定，如果能使女人死心塌地在家里，则妇女问题，亦可算是解决了。但在生产社会化底社会里，女人已经受了"蛇的诱惑"，她是不是还可以死心塌地在家里呢？

另外一种办法，是根本解决儿童问题，既没有儿童问题，则自然亦没有妇女问题了。我们于上文说，儿童问题，在生产社会化而支配家庭化底社会里，不能解决，因为在此种社会里，各种专门经营某种事业者，皆是以得利赚钱为目的。但在生产社会化而支配亦社会化底社会里，各种事业，皆由社会经营，皆不以得利赚钱为目的。所以在此种社会里，可以有养育儿童底机关，不以得利赚钱为目的。因其不以得利赚钱为目的，所以人愿意将其孩子送入。又因在此种社会里，各种事业不是以得利赚钱为目的，所以对于女人生小孩子之前后，皆可予以特别优待。所以在此种社会里，女人可以不受小孩及生小孩之拖累，而在社会上可以与男人一样做事，因此可以与男人一样得到财神爷的帮助，而立于真正底平等地位。在此种情形下，夫妻在一块，才能共同生活，而谁亦不是谁的附属品。如是，妇女问题自然解决。

我们可以说，在生产家庭化底社会里，没有儿童问题，亦没有妇女问题。在生产社会化而支配家庭化底社会里，有儿童问题，亦有妇女问题。在生产社会化支配亦社会化底社会里，儿童问题解决了，妇女问题亦自然解决了。不从经济制度，社会制度上注意，而只枝枝节节地，要以主观底努力解决妇女问题，是不能成功底。

第七篇　阐教化

我们于第四篇《说家国》中，说：在生产社会化底社会里，各种东西都要由工厂制造。工厂的特点是：集中生产，大量生产，及细密分工。一种工厂只做一种东西，在这一种工厂里底工人又有许多种，一种工人只做一种东西的一小部分，此是所谓细密分工；一种工厂，有它的专门底设备，有它的专门底人才，它虽只做一种东西，而这一种东西，它必须做得很多，方可合算，此即所谓大量生产；有这一种工厂做这一种东西，则全社会用这种东西者，都可取给于这一种工厂，此即所谓集中生产。

我们于本篇所要说者，即在生产社会化底社会里，教育制度亦须工厂化。我们常听见许多人说，现在底教育商业化了。其意以为现在底学校，或办学校底人，都是以赚钱为目的。我们不管实际上是不是如此，但我们完全承认教育商业化是不好底。教育制度工厂化与教育商业化并不是一回事，亦不是一类底事。教育商业化是不好底，但教育制度工厂化则是好底，是生产社会化底社会所必要有底。

说教育制度工厂化，即是说：在生产社会化底社会里，我们对于教育人才，亦要集中生产，大量生产，细密分工。

先就细密分工说。我们常听说：在从前，"一事不知，儒者之耻"。一个有学问底人，要"上知天文，下知地理"，"三教九流"，

"无所不知,无所不晓"。在西洋古代,亦有亚力士多德、圣多玛诸人,对于当时学问的各方面,都有很深底知识,有很多底著述。这些人的聪明才力,固然是有大过人者,但他们的成就,也是他们的时代使然。我们可以说,自今以往,这样底人,是决不能再有底了。这并不是因为,自今以往底人,决不能有像亚力士多德那样底聪明才力,而是因为自今以往,学问界的情形,决不容许有亚力士多德那样底学问家,即使有聪明才力高过亚力士多德十倍八倍者,亦是徒然。自今以往,学问界是专家的学问界,所谓专家者,即对于很少底东西知道很多。因为他知道很多,所以他是个专"家";因为他只对于很少的东西知道很多,所以他是个"专"家。假使现在有一个人,对于现在各种底学问,都自以为很懂,此人准是"十八般武艺件件都通,但是件件稀松"。如此人自命为现在底亚力士多德,此人非疯人即妄人。

此即是学术界的细密分工。因为学术界细密分工,所以教育制度,亦须工厂化。所谓工厂者,即集合许多有专门知识、专门技术底人,在一起合力以制造某种东西。这些专门底人,虽都制造某种东西,而每人所制造者,又却只是某种东西的一部分。所谓教育制度工厂化者,即集合许多有专门知识、专门技术底人在一起,合力以教某种学生,用一句不十分好听底话,即合力以制造某种人才。此话虽不十分好听,然亦是古亦有之底。古人说:"十年树木,百年树人。"人可以说"树",自然亦可说"制造"了。古人又说:"菁莪造士。""造"亦不能不说是"制造"之造。

自今以往,社会上所需要底人才,并不是"无所不知,无所不晓"底"百事通",而是专通一门专精一技底专家。社会既需要这种专家,即需要有制造专家底机关。这些机关即是所谓"专门学校",

或大学的专科。每一个专门学校或专科,专制造某种人才,犹之每一工厂,专制造某种物品。每一个专门学校或专科里,都集合许多专门人才,每一专门人才,对于其学校所制造底人才,只负一部分底责任。此之谓教育制度工厂化。

某种工厂只制造某种东西,某种东西只归某种工厂制造,此是集中生产。在工厂化底教育制度里,制造人才,亦须集中生产。此即是说,某种专门学校或专科只制造某种专门人才;某种专门人才,只归某种专门学校或专科制造。

某种工厂,虽只制造某种东西,但却须制造很多底某种东西。此即所谓大量生产。其所以必须如此者,因它所制造底某种东西,要供全社会之用,不大量生产,即不够分配。它制造某种东西,需要很大底资本,如不大量生产,即不合算、不经济。在工厂化底教育制度里,制造人才,亦须大量生产,不然亦不够分配,不合算、不经济。一个专门学校的书籍仪器,比如一个工厂的机器;一个专门学校的教员,比如一个工厂的工程师。这些设备,这些开支,都用很大底经费。很大底经费,若只用以制造几个人才,自然是不经济底。一个专门学校,或专科,是为全社会制造某种人才,既为全社会制造某种人才,则若只制造几个人才,自然亦是不够分配底。一个工厂,要生产某种东西,就要大量生产。一个专门学校或专科,要制造某种人才,就要大量制造。大量制造并不是"粗制滥造"之谓。一个小铁匠铺,每天打几十个铁钉,不必不粗制滥造。一个铁钉工厂,每天出产几十万铁钉,不必即粗制滥造。

在一个旧式底铁匠铺里,一个铁匠是老板亦是工人,他可以从头到尾,亲手打一个铁钉。他可以指着一个铁钉说:"这是'我'打底。"如果一个铁钉有知,它亦可以说:"我是某某匠人打底。"但一个铁钉厂里的任何工人，都不能指着一个铁钉说："这是'我'打底。"他至多可以说："这是'我们'打底。"而铁钉厂所出底钉子如有知，亦不能说："我是某某匠人打底。"它至多可以说："我是某某厂出底。"它头上顶着一个某某工厂的商标，即是表明它是某某工厂出底，而不是某某匠人打底。

每一个专门学校或专科，既亦有许多专家，制造人才，则自学校出来底每一个人才，亦是许多专家制造出来者。所以每一个专家，亦不能指着每一个学生，说："这是'我'教出来底。"他至多可以说："这是'我们'教出来底。"在一个旧式底私塾里或书院里，先生只有一个，所有底学生都以他为师。他于是可指着任何一个学生，说："这是我的学生，我的门人。"学生亦可以说："某某人是我的先生、老师、业师，或本师。"但学校出来底学生，则不能如此说了。他只可以说："我是某某学校毕业底。"如同一个铁钉说："我是某某工厂制造底。"他拿一个学校的文凭，正如一个铁钉带着一个工厂的仿单。他带着一个学校的徽章，正如一个铁钉顶着一个工厂的商标。在从前，一个人的老师，如果是一名人，他常借他的老师以增高他自己的身价。他开口"吾师"，闭口"先师"，这种风气，似乎渐息了。但如果一个人的学校是有名底时候，他亦忘不了向人表示他的学校的"光荣历史"。

照以上看起来，我们可以说，在生产家庭化底社会里，教育制度是以人为中心；在生产社会化底社会里，教育制度是以机关为中心。

以上专把工厂比学校，或有人以为太机械一点，或有人以为有失教育的尊严。以下我们再从另一方面，看以家为本位底社会里底教育制度，与以社会为本位底社会里底教育制度之不同。

　　我们设想,在一个旧式底铁匠铺子里,有一个铁匠。他是这铺子的主人,亦是这铺子的工头。另外还有几个"学活底"。这些"学活底"一面跟着这铁匠"学活",一面帮助这铁匠"做活"。他们有些即是这个铁匠的儿子,有些是这个铁匠的徒弟。这些徒弟,都是从小"拜师"。在这铺子里,"学活","做活",亦同时在这铺子里生活。他在这铺子里所处底地位,与这个铁匠的儿子,大致是一样底。这个铁匠是他的儿子的父,同时亦是师。这个铁匠是他的徒弟的师,同时亦如父。所谓"师徒如父子",并不是一句空话。这个铁匠的徒弟称这个铁匠为师父,称他的妻为师母,这里父母二字,并不只是一种客气底称呼。

　　这样底一个徒弟,在这样底一个铺子里,学了若干年、做了若干年、生活了若干年以后,他"出师"了。他可另外再开一个铺子了。他可以终身想着:"我的本领,完全是某某人教成底。"他的师父亦可以终身想着:"某某人完全是我教成底。"他们都是这样想着,他们中间自然有一种感情。所以对于他们,"一日为师,终身为父",亦并不只是一句空话。

　　或有人说:这不过是一般"手艺人"所有底师徒关系。"师徒如父子"等话,是不能"登大雅之堂"底。我们再看所谓"读书人"的师徒关系。

　　孔子是"读书人"的老祖宗。据说,他有三千学生,其中程度最好底有七十二位。照《论语》所说,我们可以看出来,孔子的学生对于孔子底关系。孔子的学生,替孔子赶车。孔子有病,子路"使门人为臣"。从这些地方,我们可以看出,孔子的学生,在孔子家中,除了"上学"之外,大概还替他管些杂事。孔子的儿子孔鲤,亦与别底学生一起上学。颜渊死,有棺而无椁。别底学生想把孔子的车卖了，替颜渊买椁。孔子说："鲤也死，有棺而无椁。"在这些地方，我们可以看出，孔子的学生，在孔子家中底地位，与孔子的儿子是大致相同底。孔子的学生亦是不仅跟孔子"学活"，而且跟孔子生活。这些学生，以后"为官做宦"，相当于学手艺底人之"出师"。"出师"以后底学生，还忘不了老师，所以孔子死，还有好些学生回来，庐墓心丧。由此可见，孔子的学生与孔子的关系，亦是"师徒如父子"。

"手艺人"的从师，与"读书人"的从师，在有些时候，有这一点差别：学手艺底人，大概都是穷人多，所以大概都是到老师家里学；读书人则颇有些有钱底，所以很有些有钱底人，替子弟把老师请到自己家里来。一个教书先生，如果在他自己家里"设帐"，来底学生大概都是穷底多。有钱的人大概都有家塾。到别人家里去教书底先生，对于学生在实际上底势力与影响，自然要比较差一点。但在理论上，还是"师徒如父子"。

无论学生到老师家里去受教，或是老师到学生家里去施教，总之这些教育，皆于家中行之。由这一方面说，在生产家庭化底社会里，教育制度，以家为中心；而在生产社会化底社会里，教育制度，则以社会所设底教育机关为中心。

或可以说，在以前也有社会所设底教育机关呀。如孟子所说："夏曰校，殷曰序，周曰庠。"如汉以后之太学、国子监等，都是官学，不过在大多数底时候，这些制度，未能认真实行而已。我们承认在有些人的理想中，在有些时代的政制上，社会所设底教育机关是有底，不过未认真实行而已。但是为什么未认真实行呢？仅只骂人的不努力，并不是这问题的答案。照我们的看法，其所以未认真实行者，因在客观上并非非此不可也。凡客观上非有不可者，人自然不能不认真实行之。

在生产社会化的社会里,没有一个人能在自己家"设帐"。因为一个专家所能教人者,只有一小点,而为教这一小点,学生须先要有许多底准备工作,这些不一定是他所能教底。又要许多图书仪器的设备,这又不是他所能办底。在生产社会化底社会里,也没有一个人能替他的子弟把老师请到家里来。这亦是因为,他的子弟的教育,并不是一个"老师宿儒"、一肩行李、一箱破书,即可以解决底。我们看见,以前底皇帝,专为他的皇子皇孙,设什么"书房",没有看见近代底有冕或无冕底皇帝,专为他的皇子皇孙,设什么大学。在生产社会化底社会里,以家为中心底教育制度,自然不能行了。在生产社会化底社会里,自然要行以社会所设底教育机关为中心底教育制度。我们于上文所说底工厂化底教育制度,即是以社会所设底教育机关为中心底教育制度。

中国原来是生产家庭化底社会,所以原来底教育制度,亦是以人以家为中心者。现在我们要变成生产社会化底社会,所以我们的新教育制度,亦是以社会所设教育机关为中心者。看惯了旧日底教育制度底人,看见现在底新教育制度,不免有许多地方不顺眼。他们不知,两种制度,本来有许多差异。他们只见现在师生的关系,太疏远了。从前是"师徒如父子",现在是"师徒如路人"。他们觉得,这亦是"世风不古,人心日下"的一端。他们又常说:"经师易得,人师难求。"在这种工厂化底学校里,传授知识固然还没有什么困难,但关于道德修养方面底事,这些工厂化底学校,既不能有一个"人师"为中心,则学生在这一方面,完全得不了什么益处。他们因此认为,这种学校仅是一种知识贩卖处,其中的教员都是知识贩子。因此从这种学校毕业出来底学生,只知道要做事,不知道要"做人"。他们看见现在底青年,便觉头痛,以为青年都完全不知道怎样"做人"。他们以为这都完全因为工厂化底学校,只贩卖知识,不讲"做人"之故。

在以社会所设教育机关为中心底教育制度中,学生与先生底关系不能如以家为中心底教育制度中那样密切,这是事实。我们于上文中正是要说明,何以这个事实是不可免底。不过这个事实,并没有什么特别可令人注意之处。在以社会为本位底社会中,父子的关系,兄弟的关系,以至夫妇的关系,都不如以家为本位底社会中那样密切。这不是说,在以社会为本位底社会中,人对于任何人皆没有极密切底关系,不过其密切底关系,不必限于父子兄弟等关系而已。

说到"做人",我们可以说,"做人"并不是可以教底,至少并不是可以专靠教底。一个人所处底社会,对于他的品格,有决定底影响。这种影响我们称之为"化"。一个人的"做人",不靠"教"而靠"化",至少可以说,不大靠"教"而大靠"化"。

家亦是小社会,一家有一家的风尚,即所谓家风是也。一个人可为其家风所化。在以家为本位底社会中,人在"家"里生活,所以其家风对之有很大底影响。但在以社会为本位底社会中,人离开了他的家,所以所谓家风者,在以社会为本位底社会中,对于人的影响,是小得多了。学校亦是一小社会,所以一个学校,亦有其风尚,即所谓校风是也。一个学生的动作言谈,都是受他的学校的校风影响。往往我们不必看见一个学生所带底徽章,而即知其是哪一个学校的学生,或哪一类学校的学生。他的校徽,实在已印在他的脸上了。就这一方面说,工厂化底学校对于学生的"做人",并非无所帮助,至少可以说,并非不能有所帮助。不过我们要特别提明者,即一个人的"做人",并不是他的学校所能完全负责底。因为学校不过是一小社会,在它之外,而又超乎它之上底,还有社会。社会对于人底影响,是更大底。

什么叫"做人",现在好用这个名词底人,并未说清楚。照这个名词的最高底意义说,做人是说人必须有一种道德底品格,可以使他能够"杀身成仁,舍生取义";可以使他能"行一不义,杀一不辜,而得天下,弗为";可以使他"可以托六尺之孤,可以寄百里之命,临大节而不可夺";可以使他"富贵不能淫,贫贱不能移,威武不能屈",如孟子所谓"大丈夫"者。我们可以说,能这样"做人"底人,并不是工厂化底学校所能养成底。因为这种道德底品格,并不是可以"教"成底。这种性格的养成,不靠"教",而靠"化"。

或者说,这正是底呀,所以"人师"是重要底呀。所谓人师者,即自己有这种品格,可以以之感化学生者。工厂化底学校,既不以这种人师为中心,当然学生亦不能"做人"、不知"做人"了。

我们可以说:如果有一种"人师",这种人师,决不只是"师"。专在工厂化底学校里教功课底人,固然不能"教"出这样"做人"底人,在任何时代,任何地方,专门当教书匠底人,亦不能"教"出这样"做人"底人。

人的品格是不可见底,只于其人的行为中见之。若一个人压根没有遇见过了不得底富贵、了不得底贫贱、了不得底威武,我们不能知其必是不可淫、不可移、不可屈。固然一个人如真已遇见威武而不屈,我们可以推知其亦必见富贵而不淫,见贫贱而不移,但若他压根什么都没有遇到,我们即不能知其是否有此种道德品格。若一人没有机会使其品格现于行为,即不能"化"人,即不能成为"人师"。所以"人师"决不只是师,因为是师者,只坐在书房里,坐在讲堂上,能令其表现其品格之机会,绝无仅有也。

孔子为鲁司寇;孟子后车数十乘,从者数百人,传食于诸侯;及以后,程朱陆王等都是一时底政治底社会底领袖。他们在政治上,社会上底出入进退,以及辞受取予,都是可以表现他们的道德品格底行为。他们所以能"化"人者,是他们的这些行为,并不是他们的"语录"。不然,何以于他们死后,流风余韵完了,语录即只成空文了呢?要如果他们只是师,他们又何能有机会,有这些行为,又何能以这些行为化人呢?

一个三家村的教书先生,若自以为是富贵不能淫,别人或以为他不淫是因为他没有见过什么富贵。他若自以为是贫贱不能移,别人或以为他不移是虽欲移而不可少得。但在旧日一个三家村的教书先生,还可以"赶科应举"。他可以"朝为田舍郎,暮登天子堂",于是乎"平地一声雷",飞黄腾达,成为政治上社会上底领袖,尚有机会表现他的品格。但在生产社会化底社会里,因细密分工的结果,在学校当"师"底,恐怕以终身为师者居多。威尔逊以教授而被选为美国总统,乃系不常有底事。大多数底教员,所能表现底道德行为,不过是按时上课、不请假,按时领薪、不预支等类而已。他不能有什么奇节异行,使人可泣可歌。他不能有机会以行为表现他的道德品格。他对学生固然可以讲些圣经贤传上底格言,讲些古圣先贤的行为,但这些都是"教";而人的道德底品格,并不是可以教成底,所以说,"声色之化民末也"。

孔子是一个抱负很大底人,在"畏于匡"的时候,他说:"天之未丧斯文也,匡人其如予何!"这是很大底口气。但"季康子问盗",孔子说:"苟子之不欲,虽赏之不窃。"孔子并不说:"等我的教育办好了,盗贼自然就没有了。"孔子所以不如此说,大概亦是以为"移易

303

风俗"，并不是专靠"教"所能成功底。

贾谊《鹏鸟赋》说："天地为炉兮，造化为工；阴阳为炭兮，万物为铜。"我们可以套他的这几句，说：社会是炉；社会上底领袖们是工；他们的行为是炭，而群众是铜。个人进了社会，大概都为社会所熔化。历史上固然亦有许多反抗社会底活动，但这些活动，确切地说，实则是社会里一种社会反对另一种社会底活动。因此在反对一方面底人，亦是被一种社会所熔化、一种社会所鼓动。如汉之党锢、明之东林，及我们亲眼所见底许多革命党，它们自身亦是一种社会，它们的领袖，领导它们的群众；它们的群众，拥护它们的领袖，如是互相激励，所以能有一种行动。至于一两个人特立独行，举世非之而不悔底人，大概是绝无仅有底。伯夷、叔齐，可以说是特立独行底，然而他们也得了太公的一句话，说："此义士也。"这一句话自然也予了他们以很大底鼓励。

或可说：上边所说底情形，在近代社会中，恐怕是少有底了。因为在近代底社会中，人已发现了"自我"，他有他的自己，他有他的判断，恐怕不是容易受社会上底偶像所影响底。关于这一点，我们说：所谓人的"自我"，即是其所处底社会所造成底。所谓他自己的判断，亦是他所处底社会所形成底。民初人的见解，以为人可以离开社会而凭空地有了个独立底"自己"，正如孙悟空自以为跳出如来佛的手掌，而实在是还在他的掌心里。一时代有一时代精神。所谓时代精神，即是一时代在精神方面底风尚，人不知不觉地随着它走者。就其不知不觉说，这所谓精神及风尚，即是偶像；领导这些精神底人，即是偶像中底偶像。

在以社会为本位底社会中，人更易受所谓风尚的支配。因为交通的方便，所谓"宣传"，更容易达到人人的心中，使人互相刺激。

此人见彼人若何而若何,彼人见此人若何而更若何。如在街上,此人见彼人跑而亦跑,彼人见此人跑而跑得更快。一时之间,可以使满街人都跑。此即是互相刺激,所谓群众心理,即是如此构成底。这些都不是"教",这些都是"化"。在以社会为本位底社会中,"化"的力量比在以家为本位底社会中大得多。所以在以社会为本位底社会中,群众运动可以很多,而且规模也可以很大。

照以上所说,所谓"人师"者,只有政治上社会上底领袖可以当之,而这些领袖实际上亦是各时代各地方的社会的"人师"。或可说,我们正需要一种学校,能教育出来这种领袖。我们可以说,只有柏拉图在他的《理想国》里,说过仿佛这一类底学校;在实际上这一类学校是不能有底。如果有这一类底学校,则须先有这一类底教员,而这一类底教员上哪里去找呢?如果一个学校,可以教育出来一个孙中山,则先须有一个孙中山当他的"师";这是不可能底。

这些领袖哪里来底?我们可以说,领袖亦是社会一时底风尚所养成底。一个社会在某一时候,为适应某种环境,有某种运动。参加这种运动底人,有出乎其类、拔乎其萃者,即是领袖。其余即是群众。群众固不能离开领袖,领袖亦不能离开群众。群众见领袖如此行,而受鼓励;领袖见群众随之而行,亦受鼓励。我们于上文所说,领袖群众,互相激励,正是此意。

旧说:英雄造时势,时势造英雄。英雄是时势造出来底,不是学校造出来底。世界上没有造英雄底学校,也没有造诗人、发明家底学校。这些人可以是学校出身,但他们的成就,却不是靠学校底。

第八篇　评艺文

我们于以上所说,都是就文化类的观点立论。我们不说所谓东方文化、西方文化,而只说生产家庭化底文化、生产社会化底文化。我们是从文化类的观点以看普通所谓东方文化、西方文化。从这一观点以看普通所谓东方文化、西方文化,我们只注意于其同,而不注意于其异。或可问:如有两个或几个民族在同一文化类,就其在同一文化类看,它们当然有其同;但在别底方面看,是否亦有其异? 我们说:当然有其异。正因有其异,所以有两个或几个民族,虽在同一文化类,我们还可以分别出某民族是某民族。正如两个人或几个人,虽同是工程师,就其同是工程师说,他们当然有其同,但在别底方面他们还是有其异。因有其异,虽他们同是工程师,而我们仍能分别出谁是张三,谁是李四。

从类的观点看,事物所有底性质,有主要底,有不主要底。例如张三、李四,同是工程师,当然俱有其所以为工程师者。此其所以为工程师者,从工程师的类的观点看,是是工程师底人的主要底性质,有之方可为工程师,无之即不可为工程师。至于张三是胖子,李四是瘦子,则从工程师的类的观点看,俱是不主要底。一个人的胖瘦,对于他的是工程师,并无关系。此是就类的观点看。若从个体的观点看,则在张三或李四所有底性质中,我们不能分别哪些是主要底,哪些是不主要底。此点我们于第一篇《别共殊》中已曾提及。现在我们可以说,各个体之所以为个体,正因他们所有底许多性质,各不相同。从类的观点看,除了属于其类底一性质外,其余底这些性质,都是不主要底;但自个体的观点看,则其余底这些性质都是重要底。我们能分别张三李四,正因一个是胖工程师,一个是瘦工程师;假使两人都是胖的时候,我们或者说:高而胖底工程师是张三,低而胖底工程师是李四。

　　是高、是胖,对于张三之为工程师,是不主要底。但是高,是胖、是工程师,对于区别张三之为张三,则是重要底。对于区别某类之为某类是主要底者,是有理由可说底;对于区别某个体之为某个体是重要底者,虽重要而没有理由可说。事实上张三已经是高而胖而且是工程师了。是高、是胖、是工程师,对于区别张三之为张三,自然是重要底;但我们没有理由说,张三必须是高而胖,不然即不足为张三。固然我们可以在事实上说明张三何以胖,如说他多吃而不运动等,及张三何以高,如说他的父亲亦是高底等。但这些即令与张三的高而胖有关系,亦只是张三高而胖的原因,并不是他高而胖的理由。此即是说,张三之高而胖是事实。我们不能离开事实,说张三必须高而胖;但我们可以离开事实,说一个工程师必须懂一点算学。我们可举出许多理由,说为什么一个工程师必须懂一点算学,但我们没有理由可以说张三为什么必须高而胖。一个一点算学也不懂底人,决定不能为工程师;但如张三本来即是低而瘦,低而瘦并不妨碍张三之为张三。

　　人必须吃饭,这是有理由可说底。张三是个人,所以他必须吃饭,这亦是有理由可说底。但张三吃饭,有他特别底吃法,譬如说他用左手拿筷子,这是没有理由可说底。虽没有理由可说,但对于区别张三之为张三,却可以是很重要底。我们区别一个民族之为一个民族,亦是在这些方面注意。人必须吃饭,中国人吃饭,西洋人亦吃饭,此是中西之所同。但中国人吃饭,要吃另成一种烹调底饭,如馒头等,用另成一种底吃饭工具,如筷子等;西洋人吃饭,要吃另成一种烹调底饭,如面包等,用另成一种底吃饭工具,如刀叉等。这些另成一种方面,正是中国人与西洋人区别底地方。

当然各民族的中间,有人种上底区别,如所谓黄种白种等。黄种中间,及白种中间,从人种方面说,又可有许多不同底种族。但这些方面,我们不论。我们并不讲人种学,我们现在所要说者,是从文化上来看各民族的异。如有一民族,只人种上与别一民族不同,而在文化上却与别一民族无异,此二民族即是已经同化了。此所谓在文化上与别一民族无异,并不是从文化类的观点看。英国是生产社会化底文化,德国亦是生产社会化底文化,从文化类的观点看,英国德国在此方面是相同底。但我们并不能说德国已为英国所同化了。因为从文化方面看,德国与英国还有其异在,这些异,从生产社会化底文化的类的观点看,是不主要底,而在区别英国之为英国、德国之为德国,却是很重要底。

我们于上文说,人必须吃饭,而各民族吃的方法可有不同。这些不同,从吃饭的观点看,是不主要底,因为吃饭就是吃饭,无论如何吃,吃什么,只要吃饱不饿即可;但于区别各民族,则如何吃及吃什么,却可以是很重要底。又如人必须住房子,而各民族的房子的式样可有不同;人必须穿衣服,而各民族的衣服的式样可有不同;人必须说话,而各民族所说底话,可有不同。这些不同,从住房子、穿衣以及说话的观点看,都不是主要底。但在区别各民族之为各民族,则是重要底。

艺术文学都是与这些不同的方面有关系底。所以各民族有各民族的艺术文学。而从文化方面以区别各民族,则其艺术文学是最需要注意底。我们常听说,英国工业、英国科学、英国文学等。说英国工业、英国科学,只能是说英国"的"工业、英国"的"科学,而不是英国"底"工业、英国"底"科学。英国"的"工业、英国"的"科学,只是说,英国人所有底工业、英国人所有底科学。但说英国"底"工业、英国"底"科学,即是说英国底工业、英国底科学,要与别底国的工业科学,有大不相同底地方。这是不通底。但英国文学,却真正是英国"底"文学,因为它是用英国语言底。它有许多底妙处,是跟着英国语言来底,所以确乎不能翻译。无论哪一民族的文学,都是如此。例如在中国文学中,"对仗"是很重要底。对联、律诗、骈文全靠"对仗",以成其一体。但"对仗"是跟着中国语言来底,别底语言,不能有"对仗"。

艺术亦可是某民族"底",而不止是某民族"的"。我们于上文说,人必须住房子,而各民族的房子的式样可以不同。从房子之为房子的观点看,这些式样不同,是不主要底。但各民族虽同住房子,而却可于这些不主要底方面,玩许多花样。这许多花样,即各民族的建筑艺术。例如有希腊式底建筑,有中国式底建筑。希腊式底建筑是希腊式"底"建筑。中国式底建筑是中国"底"建筑。这些建筑式样的不同,即是希腊底文化,与中国底文化的不同的一部分。

对于有些事物,所谓各民族间的不同,是程度上底不同,而不是花样上底不同。例如就交通工具说,一个民族用牛车,一个民族用火车;就战争工具说,一个民族用弓箭,一个民族用枪炮;此是程度上底不同。交通工具的主要性质是能载重致远,而且快,愈能载重致远且快者,愈是好底,即程度愈高底交通工具。战争工具的重要性质是要能杀敌。愈能杀敌,即愈是好底、愈是程度高底战争工具。火车与枪炮,比之牛车与弓箭,自然更能合乎交通工具及战争工具的要素,所以是更好底、程度更高底交通工具与战争工具。换句话说,自交通工具之为交通工具的观点看,牛车与火车的差别,是程度上底差别;自战争工具之为战争工具的观点看,弓箭与枪炮之差别,亦是程度上底差别。但自房子之为房子的观点看,则希腊式底建筑与中国式底建筑之差别,则是花样上底差别。

一民族所有底事物,与别民族所有底同类事物,如有程度上底不同,则其程度低者应改进为程度高者,不如是不足以保一民族的生存。但这些事物,如只有花样上底不同,则各民族可以各守其旧,不如是不足以保一民族的特色。此点人常弄不清楚。在清末民初,所谓新旧之争中,大部分人都弄不清这一点。所谓新派要用火车代牛车,枪炮代弓箭,同时亦要用洋式房子代中国式房子,洋式衣服代中国式衣服,以为不如此不足以保中国的生存。所谓旧派反对用洋式房子代中国式房子,洋式衣服代中国式衣服,同时亦反对用火车代牛车,枪炮代弓箭(清末确有人如此)。他们以为如果如此,中国虽或能生存,而亦不是中国了。若使他们这两派人,俱能知道牛车与火车、弓箭与枪炮的不同,是交通工具及战争工具的程度上底不同,而中式房子与西式房子、中式衣服与西式衣服的不同,是房子与衣服的花样上底不同。穿中式衣服坐汽车,中式房子里藏枪炮,并没有什么矛盾。他们若如此,他们即可知,我们可以革新而不失其故;他们亦即可知,他们的争执,有许多实在是不必有底。

我们改造中国,差不多同有些工程师改造中国的建筑一样。有些人想着:非西洋式底房子,不能用钢骨洋灰;非西洋式底房子,不能装电灯汽管。所以我们如想用钢骨洋灰,以求房子坚固,想用电灯汽管,以求房子住着舒服,非盖西洋式底房子不可。又有些人想着:中国式底建筑,有一种特别底美,它能使人感觉到端正、庄严、静穆、和平。这是中国的"精神文明"。至于房子的坚固及住着舒适,是属于所谓"物质文明"方面者。若为"物质"而牺牲"精神",则是一种"堕落";"堕落"是不应该底。我们不加入所谓精神及物质,或精神文明及物质文明的争论。我们只要说上面所说两派人的争论,实在是不必有底。用钢骨洋灰造房子,房子内安电灯汽管,是现代的办法,并不是西洋的办法。希腊罗马的房子,亦不用钢筋洋灰,亦不安电灯汽管。至于中国建筑与西方建筑的式样不同,乃是花样上底不同,并不是程度上底不同。我们可用钢骨洋灰建造西洋式底房子,于其中安电灯汽管;我们亦可用钢骨洋灰建造中国式底房子,于其中安电灯汽管。现在中国的建筑已经是照着这种方向进行了。我们还可有中国式底建筑,它还能使人感觉到端正、庄严、静穆、和平,但却是钢骨洋灰造成底,里面有电灯,有汽管。这即是新中国底象征。在新中国里,有铁路,有工厂,有枪炮,但中国人仍穿中国衣服,吃中国饭,说中国话,唱中国歌,画中国画。这些东西,都不止是中国"的",而且是中国"底"。在这些方面,我们看见中国之为中国。

　　清末人常用"体""用"二观念以谈文化。我们于此,可用"文""质"二观念,以说明我们的意思。一个社会的生产方法、经济制度以及社会制度等,是质。它的艺术、文学等,是文。用上所举之例说,一个建筑所用底建筑材料是质,一个建筑所取底式样是文。文是关于花样底不同者。从关于质底类的观点看,文是不主要底。但从一个体、一社会,或一民族的观点看,文却是重要底。

或可说:若果一个国家或民族,照着上所说底办法改革,则这个国家或民族恐怕已是名存实亡了。有些人觉得所谓文质之分,等于所谓名实之分,这是不对底。我们虽不愿用普通人所谓"精神文明"一名词,但我们可以指出,普通人所谓"精神文明"者,一部分实即是我们此所谓文。我们此所谓文,包括普通所谓艺术文学,而普通所谓艺术文学,占普通所谓精神文明的一重要部分。艺术文学,就其本来说,虽不过人的生活中的花样,但人的生活的丰富,有意思,一大部分即靠这些花样。这些花样,能开拓人的心胸,能发抒人的情感,能使人歌,能使人哭,用孔子的话说,"可以兴,可以观,可以群,可以怨"。从这些方面看,即不能不说文是重要底了。因艺术文学只是花样,而即以其为不重要者,正是墨家的"蔽",所谓"蔽于用而不知文"也。据说,有一个美国人,到欧洲去逛,看了罗马的圣保罗教堂(教皇的教堂),他摇头说:"也不见怎样好,还不如纽约的吴尔窝斯大厦高大坚固。"这位先生即是纯从质一方面,以看此教堂。他只看见这个教堂的质,没有看见这个教堂的文。对于此等人我们必须说:他虽到过罗马,而实没有看见罗马。

再就别底艺术说。人于情感激越的时候,常有大喊大叫、乱舞乱跳的情形。所谓"情动于中",则"发于声音,形于动静"。这些都是质(这些对于人的一般生活说,亦可说是文;文质本是相对底)。在这些声音动静上玩些花样,使这些声音不是乱叫乱喊,这些动静不是乱舞乱跳。这些花样,即是唱歌、音乐、跳舞等艺术,简言之,即是歌舞。这些艺术取各种情感所发之声音动静而去其乱。不但去其乱,而且为之节,使听之者、观之者亦能有这种情感,而且感觉一种愉快。这些都是文。

就从情感所直接发出底声音动静说,凡人都是相同底。但就各民族对于这些声音动静所玩底花样说，则可各不相同。所以各民族有各民族的歌舞。一民族的歌舞，不但是一民族的，而且是一民族"底"。在这些上面，我们可以区别一民族之为一民族。

一个民族，只有对于它自己"底"文学艺术才能充分地欣赏。只有从它自己"底"文学艺术里，才能充分地得到愉快。就文学说，一个民族的文学是跟着它的语言来底。一个民族的语言，只有一个民族内底人，才能充分了解。一个民族的语言，是一个民族的整个历史，整个生活所造成。若有一人，对于一个民族语言中底每一个字，皆能知其在各方面底意义，每一个字，皆能用得恰当，此人必须是对于此民族的整个历史、整个生活皆已有充分底了解。说"知"每一个字在各方面底意义，每一字在每一地方底恰当用法，已是比较简单底说法。因为在这些方面，有些是只能感觉，不能"知"底，所谓只可意会，不可言传。一个字的意义，不是全在字典上所能查出底。在这些方面，对于不是生活在某民族的历史底、生活底环境中者，是没有办法底。

就理想底语言标准说，一个字或一个名，应该专指一个观念或概念。但这是不可能底，至少是不易办到底。因为若果如此，则字或名的数目，必定非常底多，在实用方面，要发生极大底困难。所以无论在哪个民族的语言里，一个字或一个名，常指不止一个观念或概念。所以我们于翻译的时候，此语言中的某一个字，有时要翻为彼语言中底某一字，有时则须翻为彼语言中底另一字。若不知此，以为此语言中底某一字，无论在什么地方，皆相当于彼语言中底某一字，则于翻译时，必要闹大笑话。就语言说，这种情形，或是一种缺点；但就文学说，则这种情形，亦是一种方便。在文学作品中，我们所用底字，除传达一个意义外，尚可在读者的心中，引起许多别底意义,使之觉此作品的内容,更加丰富。文学作品所以不能翻译者,因翻译只能翻一字之一意义,而不翻其所附带引起底意义也。

"寒雨连江夜入吴,平明送客楚山孤。洛阳亲友如相问,一片冰心在玉壶。"就这一首一般人所熟读底唐诗说,"吴"及"洛阳"可以使读者有许多历史上底联想。这些联想是不知中国历史底人所不能有者。不过这还可以加注解说明。但"冰心玉壶",对于读者,所能引起底联想,却很难用注解说明。冰玉二字联用,可引起"玉骨冰肌"、"冰清玉洁"等联想。"冰"字可引起"冰雪聪明"等联想;"玉"字能引起"玉润"、"玉颜"、"君子之德"等联想。若翻成别底言语,则冰只是水之成为固体者,玉只是一种矿石。以上底联想俱没有了。如此,这句诗还有什么意味?至于这首诗的音节,不能翻入译文,这是显而易见底。试问不认识中国字底人,如何能欣赏这首诗?认识中国字而不会念中国字音底人(如日本人),如何能欣赏这首诗?认识中国字而不知中国历史底人,如何能了解"吴"及"洛阳"的意义?认识中国字而不是涵泳在中国思想的传统里底人,如何能了解"冰"及"玉"的意义?因此我们可以说:非中国人不能完全欣赏这首诗,非中国人不能从这首诗里得到充分愉快。至于非中国人不能作这首诗,更是不待言底。

音乐、跳舞、图画等艺术,是不受语言的限制底。但一个民族的人初听别底民族的音乐,初看别底民族的跳舞或图画,往往觉得是很可笑底。固然等到习惯以后,他亦渐能知其味,不过他总要等到习惯以后,这是很可注意底。一个人走进有汽管子底房子,他立刻觉得温暖;一个人走进有电灯底房子,他立刻觉得光亮。这并不必等到习惯以后。这可见在这些方面,是没有民族的区别底;而在艺术方面,是有民族的区别底。

人虽必须吃饭,虽必须有饭吃而后可及其他,但并不是饭吃饱了即无事底。不但不是如此,我们并且可以说:人在吃饱了饭以后,他的事更多,所谓"人闲生余事"是也。上文所说种种花样,可以说都是人"吃饱饭,没事干"干出来底。但人生虽必吃饭,而却不是只吃饭即可了事,则这些花样对于人生,亦是极重要底。人必在这些花样中得到愉快,而各民族又必在它自己底文学艺术中,得到充分底愉快,则各民族必须宝贵它自己底文学,自己底艺术。这并不是专为区别它自己,而是因为只有在它自己底文学艺术中,它的生活才能十分地充实,十分地丰富,十分地愉快。

所以一个民族必须宝贵它自己底文学艺术,必须宝贵它自己底这些花样。说要宝贵这些花样,并不是说要对于它"抱残守缺",如清末民初所谓"国粹"派者所主张。把一种东西,当成一种死底东西放在博物院,是一种宝贵的方法,但我们此所谓宝贵,并不是要用这一种宝贵的方法。我们此所谓宝贵,是把一种东西当成活底东西,养育培植,叫它生长发展。我们此所谓宝贵,是如医院保养一个活人,并不是如博物院保存一个"木乃伊"。

从另一方面说:一个民族的本身,若常在生长发展中,则它的文学艺术亦常在生长发展中。有生长发展,即有变化。文学艺术之所以必有变化者,因为人在某种情形下所有底某种情感,在某种文艺中用某种方式,只有一个最好底表示。若此表示已为人所表示,则后人即只可"述而不作"了。例如人在某种情形下所有底某种情感,在用中国言语写成底七律诗中,只有一个最好底表示,即只有一首最好底七律诗。如李白登黄鹤楼诗:"眼前有景道不得,崔颢题诗在上头。"一首最好底登黄鹤楼诗,崔颢已经写了,所以李白即"道不得"了。但李白所说底这个意思,崔颢并没有说,所以李白还可再写,但后如有人再说"眼前有景道不得,李白题诗在上头",那即味同嚼蜡了。用一种言语底一种文体,用得久了,人在所有底可能底环境中所有底可能底情感的最好底表示,都已表示过了。所以后人再用此文体所作底作品,都难免多少有点"味同嚼蜡"。有些人可以用集句的办法作许多诗。这即可见,人在各种情形下所有底各种情感,在前人诗中,都已表示过,后人只可以述而不作了。一种文体若已有这种情形,则文学作家,即非用另一种说法,以说人在某种情形下之某种情感不可。此另一种说法,即是一新文体,文学的一种新花样。

在民初,所谓新文学,即是要立一种新文体,文学的一种新花样。就以上所说看,新花样是必要底。不过民初以来,新文学家的毛病,是专在西洋文学中找新花样。他们不但专在西洋文学中找花样,而且专在西洋文学中找词句。于是有些人以为,所谓新文学,应即是所谓欧化底文学。

有些人以为所谓新文学应即是所谓欧化底文学,这是不对底。在新文学运动中,有些改革,并不是欧化,而只是近代化或现代化。例如用新式标点,并不是欧化,而只是近代化或现代化。在欧洲古代及中古时代,书亦是没有标点底。古代及中古底书,没有标点,亦没有引得(index)。在古代及中古,书少,书是预备人一个字一个字地读底看底,不是预备人走马看花地翻阅底,所以没有标点。在古代及中古,书亦不是预备人查底,所以没有引得。在清朝的四库全书中,每书不但没有引得,而且没有目录。在这一点,它颇有点"古意"。有标点、有引得底书,固然亦可一个字一个字地读,但现代亦不免有些人因有标点,有引得,而只翻阅书、查书者。所谓近代毛病,此是其一。

　　普通所谓文学中底欧化,有一大部分亦不是欧化,而是现代化。在现代,我们有许多新底东西、新底观念,以及新底见解,因此亦有许多新名词、新说法。我们现在底人说底或写底言语中,有新名词、新说法,乃是因为我们是现代底人,并不是因为我们是欧化底人。我们说:坐火车,坐飞机。这些话是从前所没有底,不过这些话,与"坐牛车,坐轿子"等,同是道地底中国话,不是欧化底中国话。我们说:"民主政治是最好底政治。"这话亦是以前所没有底,但这话与"人为万物之灵",同是道地底中国话,不是欧化底中国话。这是就所谓新东西及新观念说。就我们现代人的思想说,我们现代人对于事物,观察较清,分析较细,自然有许多分别,以前人所未看到者,我们现在看到了。我们的言语、我们的说法,因此亦较细密。例如我们说:"所谓中国哲学史是中国哲学的史呢? 还是在中国底哲学史呢? 如果一个人写一本英国物理学史,他所写底实在是在英国底物理学史,而不是英国物理学的史,因为严格地说起来,没有英国物理学。"这一段话,有人或认为是很欧化了。其实这一段话,不过是用一种比较细密底说法,以说一个分别,为普通人所未注意到者。若说这段话是什么化底,我们说它是现代化底。

　　有些现代中国人,并不是因为以上所说底,或类似以上所说底关系,而因为要表示他吃过洋饭底关系,故意将他所说底,或所写底话,弄得特别。例如请人吃饭,他不写"谨订于某月某日某时洁樽候光",而写"某某先生太太有荣幸(或有快乐)请某某先生某某太太吃饭,于某月某日某时"。又如与人写信,他不写"某某先生大鉴",而写"亲爱底某先生"。下款不写"弟某某",而写"你的忠实底朋友",等等。如此完全改了中国言语在这些方面底说法,而此改并没有什么不得已底理由。这些是真正底、单纯底"欧化"。站在言语的立场说,这种"欧化"是不必要底。站在民族的立场说,这种欧化是要不得底。

不幸自民初以来,有些人以为所谓新文学应即是欧化底文学,而且应即是这一种真正底、单纯底欧化文学。他们于是用欧洲文学的花样,用欧洲文学的词藻,写了些作品,这些作品,教人看着,似乎不是他们"作"底,而是他们从别底言语里翻译过来底。不但似乎是翻译,而且是很坏底翻译,非对原文不能看懂者。我们于上文说,文学作品是不能翻译底。隋唐译佛经底人向来即说,翻译的工作,如"嚼饭喂人",是个没有办法底办法。翻译的东西,向来不能教人痛快,这些似乎是翻译底东西,更"令人作三日呕"。

在新文学作品中,新诗的成绩最不见佳。因为诗与语言的关系,最为重要,于上所举例可见。作新诗者,将其诗"欧化"后,令人看着,似乎是一首翻译过来底诗。翻译过来底诗,是最没有意味底。

因为有这种情形,所以所谓新文学运动,并没有完全得到它所期望底结果。新文学运动里底人本来说,旧文学是贵族底文学,而他们的新文学是平民底文学;旧文学是死底文学,而他们的文学是活底文学。一种艺术或文学,若不能使大众得到一种感动,则这种艺术文学是贵族底,是死底。民初新文学家,从这一点批评当时底旧文学,是不错底。几个词人,抱着谱填词,填成以后,他们互相恭维一阵,但与大众毫无关系。这种文学当然是贵族底,是死底。贵族底、死底艺术文学,并不一定即是没有价值底。博物院里有许多东西,都是贵族底、死底,但仍有它的价值。不过专就是贵族底及死底说,如果所谓旧文学是贵族底,是死底,则有些新文学底作品,尤其是有些新诗，实则是更贵族底、更死底。因为有些新文学底作品，非学过欧洲文字底人，不能看懂，而中国学过欧洲文字的人，比念过《唐诗三百首》底人，是少得多了。

近来又有所谓普罗文学。所谓普罗文学可以有两种：一种是鼓吹或宣传无产阶级革命底文学；一种是可以使无产阶级底人可以得到一种感动底文学。前一种文学是"文以载道"者，它的价值或在"道"而不在"文"。后一种文学，始真是文学。就后一种文学说，普罗文学即与平民文学无异。《七侠五义》、《施公案》是中国底平民文学，而满纸"普罗"、"布尔乔奇亚"字眼底文学，并不是中国底平民文学，因为中国的普罗，中国的平民，对于这些文学，并不能得到感动。

无论所谓普罗文学是上所说之哪一种，但既是文学，它总是用言语写底。它既是用言语写底，它必须是用某民族的言语写底。既是用某民族的言语写底，如写得好，即不仅是某民族"的"文学，亦是某民族"底"文学。

中国并不是没有平民文艺。《诗经》、《楚辞》、宋词、元曲，在某一时候，都是能感动大众底文艺，即都是平民文艺。等到这些不是平民文艺的时候，平民不是没有文艺，而是已经不要这种文艺，而已另有一种文艺了。一时代的大作家，即是能将一时代的平民文艺作得最好者，惟因其如此，所以他的作品，才是活底，才是中国底。对于中国人，是中国底文艺，虽不必是活底，但是活底文艺，必须是中国底。只有从中国人的历史、中国人的生活中生出来底文艺，才是中国底，亦惟有这种文艺，对于中国人，才可以是活底。中国人的生活现代化了，所以中国底文艺亦要现代化。现代化并不是欧化。现代化可，欧化不可。

第九篇　判性情

本篇所谓性情,并不是心理学中所谓性情。本篇所讲亦并不是心理学。我们常听说:某社会有封建社会性,或资本主义社会性。我们常听说:某民族有它的特别底民族性,或国民性。我们又常听说:政治上社会上底设施,有些"合国情",有些"不合国情"。本篇所谓性情,即是这些性,这些情。本篇所讨论者,即是关于这些性,这些情底问题。

有逻辑上所谓性。凡是某一类底事物,都必有其所以为某类底事物者。其所有之所以为某类底事物者,即属于此类底事物之某性。例如一桌子,既是桌子,必有其所以为桌子者。其所有之所以为桌子者,即桌子之桌子性。又如桌子是方底,既是方底,必有其所以为方者。其所有之所以为方者,即此方桌子的方性。这些性都是逻辑上所谓性。

说某社会有封建社会性,或有资本主义社会性者,所说之性,亦是逻辑上所谓性。某社会如是封建社会,则必有其所以为封建社会者。其所有之所以为封建社会者,即是其封建社会性。对于什么是封建社会,许多人的说法,虽不一致,但他们所谓社会有封建社会性之性,是逻辑上所谓性,则是显然底。在我们的系统中,我们亦说某社会有某性。照我们的系统,我们可以说,某社会有以家为本位底社会性,某社会有以社会为本位底社会性,此所谓性,均是逻辑上所谓性。

有生物学上所谓性。"生之谓性","食色性也",此所谓性,均指生物所有一种要求或倾向,与生俱来,"不学而能"者。此即我们所谓生物学上所谓性。若用性之此义,则无生物即无性。我们说:桌子有桌子性,与说:"食色性也",此二性字,意义完全不同。

这些分别,说清以后,我们可以看,所谓民族性或国民性之性,究竟是逻辑上所谓性,抑是生物学上所谓性。凡说民族都有民族性,此话若解释为:凡民族既是民族,则必有其所以为民族者,其所有之所以为民族者,即是其民族性。照此解释,则"凡民族必有民族性",正与"凡桌子必有桌子性",是同样底真理。不过主张有民族性者所谓民族性,不是如此底性。这是很显然底。

他们所谓民族性之性,不是逻辑上所谓性,更可从另一方面看出。就逻辑上所谓性说,一个个体可原来无某性而后有,或原来有某性而后无。例如一个黄底桌子,可原来不是黄底而后来是黄底,亦可原来是黄底而后成为黑底。又例如一个民族或国家,可以由以家为本位底社会变为以社会为本位底社会。它可以原来有以家为本位底社会性而后无,亦可以原来无以社会为本位底社会性而后有。但照主张有所谓民族性或国民性底人所说,一个民族的民族性,不是可先有而后无,或先无而后有,至少亦是不能先无而后有。例如有人说,爱好和平是中国人的国民性,有人说蛮干执拗是日本人的国民性。他们说这个话的意思是:中国人生来是爱好和平底,日本人生来都是蛮干执拗底。这些,对于中国人或日本人,都是与生俱有,决不能是先无而后有底。即令有些中国人或日本人可以有与他们的民族性相反底习惯,但他们的本性,是难变的,所谓"山难改,性难移"。我们的头发,生来是直底,太太小姐们虽可以将她们的头发烫成弯弯曲曲底，但这些弯曲是不可久底。无论什么样底理发师，他所烫底头发，如不继续地烫，经过相当时期，总要自己还成直底。照主张有所谓民族性者的意见，一个民族内底人，虽亦时可有与他们的民族性相反底习惯，但这些习惯亦是不可久底，正如我们的头发的弯曲是不可久底。由这方面看，主张有所谓民族性者所说底民族性之性，是生物学上所谓性。

照主张有所谓民族性或国民性底人所说，每一个民族中所有底人，或至少有些民族中所有底人，生来都有些心理上底相同底特点，与别底民族中底人不同。正如他们都有些生理上底相同底特点，如黄发碧眼，或黑发黑眼等。这些都是不可变底。所谓不可变者，即是一个民族中底人，若生来都是黄头发碧眼睛，则他们一辈子都需是黄头发碧眼睛。他们虽可以想法子把他们的头发染黑，但总是不可久底。不但他们一辈子都需是黄头发碧眼睛，他们的儿子孙子，如果他们都是纯粹底"亚利安"，都需是黄头发碧眼睛。黄头发碧眼睛对他们，是"子子孙孙，万世永宝用"。

于普通说到民族时，我们总是把"民族"当成一个集体名词用。例如，于说德国民族时，我们用"德国民族"一名，把所有底德国人当成一堆而指之，并不是把德国的人当成一类而指之。我们说：德国民族战胜了捷克民族。我们意思总是说：德国的那么一堆人，战胜了捷克的那么一堆人。如果就"民族"一名的此义说，则所谓"民族性"恐怕是一不通底名词。因为照说民族性者之所谓性，既是用"生之为性"之义，其所谓性的意义，即是生物学上底，而不是逻辑上底，则照"性"的此义，只有生物始有性。一个民族内底人虽是生物，但民族并不是一生物。犹如一学校虽是人组织底，但学校并不是人。一民族内底人虽可有生物学上所谓性，但一民族则不能有生物学上所谓性。在这一点，我们亦须"明层次"。

　　或可说：所谓民族性者，并不是说一民族的性，而正是说一个民族内底人所皆有底特点。如果如此，则所谓某某民族者，并不是以某某民族为一堆人而说之，而是以某某民族为一类人而说之。所谓某某民族的民族性者，即是说属于某某民族一类底人所皆有之特点，生而即有、不可变者。不过说民族性者所说底某民族的民族性，姑无论其民族内底人是否生而即有，但普通都不是某某民族内底人所皆有底。例如有些人说，德国人好勇斗狠，好勇斗狠是他们的民族性；有些人说，法国人浪漫松懈，浪漫松懈是他们的民族性。有许多人对于每一个民族，都要说出来它的许多底民族性。但事实上无论哪一民族内，都有没有所谓它的民族性底人。有一个人问一个德国人："你赞成共产主义不赞成？"这位德国人说："不赞成。"那个人问："为什么不赞成？"这位德国人说："因为我是德国人。"这一句话，真可以说是所答非所问。他的意思或是说：德国人的民族性，是与共产主义不相容底。但他没有想到，在"集中营"做囚徒底成千上万底政治犯，有大部分也都是百分之百底"亚利安"。不是一类的分子所皆有底特点，决不能是说一类的事物的性。若不是所有底人，都是需要食色，我们即不能说，"食色性也"。

　　由上可见，所谓一个民族的民族性，决不能与一个民族的人的生理上底特点相提并论。一对"亚利安"夫妇，生了一个小孩，忽然是黄皮、黑发、黑眼睛，丈夫必以其妻为不贞。但如他们生了个小孩，不好打架，丈夫或有"生儿不象贤"之感，但决不能因此即指其妻为不贞。

　　或可说，一个民族内底人，虽不必人人皆生而有心理上底某特点，而其多数人则皆生而有心理上底某特点。因此，此民族作整个民族的行动时,必表现特点。所谓民族性者,正就此方面说。例如德国人虽不必人人皆生而好勇斗狠,而大多数底德国人则皆生而好勇斗狠。所以德国民族于作整个民族行动时,亦是好勇斗狠。所谓德国民族的民族性,正是谓此,亦只是谓此。

此虽亦可说,但我们第一须知:此所谓心理底特点,不但须是一民族中大多数底人所生而即有,而且须是别民族中大多数底人所生而皆不能有或少有者,不然,此所谓特点即是一部分底"人"的心理底特点,而不是某民族内底人的心理底特点。事实上有没有如此所说底心理底特点,是尚须证明底。普通所谓一个民族中大多数人的心理底特点,及其于整个民族行动时所表现者,可以随时不同。关于这一点,我们于下文有例说明。若说民族的特点,本来是随时变动底,则这些特点,即不是性,至少不是生物学上所谓性。

照我们的看法,主张有所谓民族性者所说底民族性,实则并不是性而是习,不管在人种学上是属于哪个民族底人,生养在别一个民族内,即有别一个民族的习,而没有他自己的习。正如不管在人种学上是属于哪一个民族底人,生养在别一个民族内,即会说别一民族的语言,而不会说他自己的民族的语言。会说语言,是人的性;会说哪一民族的语言,是人的习。

照我们的看法,不但所谓民族性是习不是性,即普通有些人所常说底人性,亦是习不是性。例如有些人常说,私有财产制度是不能废除底,废除私有财产制度是反乎人性底。事实已证明这是不尽然了。在苏联现行底社会制度里,私有财产制度固然尚未完全废除,但人对于私有财产底观念,已经与我们大不相同了。在我们的现行社会制度里,除少数底例外,每人都觉得必需在银行里有相当底存款,或有些其他财产,然后对于其生活,方有所谓"安全感"。

这种心理是可以了解底。在我们的现行底社会制度里,一个人的
生活的保障,全靠他自己的力量与运气。他固然须有某种底技能,
他固须认真地做事,但对于他的生活的保障,这些不过是必要底条
件,而并不是充足底条件。他很可以因所谓"不景气"而失业,他很
可以因疾病而失业,他更可以因老不能工作而失业。虽然在有些
地方,有所谓失业救济等,但那是不可必得底。就他一个人说,他
对于这些情形,已不能不有所打算,有所准备。假使他再有妻有
子,他更不能不替他们有所打算准备。在这种情形之下,他必须要
准备些财产以为他自己的医药费、养老费,以及子女教育费等。这
是人情之常。在我们的现行社会制度里,一个人若有病而没有钱
上医院,活该他不吃药。若年老而不能做事,活该他不吃饭。若有
儿子而没有钱送他上学,活该他的儿子不识字。人谁愿意这样"活
该"?人不愿意这样"活该",他当然须把持些财产,以为准备。所
以说在我们现行底社会制度里,人重视私有财产,是人情之常。

我们说这是人情之常,而不说这是人性之常,因为这并不是不
可变底。假定在有一种社会里,每一个人,于他能做事底时候,只
要他出力,他都有事可做,有工资可得。于他有病底时候,虽然他
没有钱,他亦有医院可住,有药可吃。他如年老,他即不做事,亦有
人送钱来。他如有子,他即不花钱,亦有人送上学去。在这种情形
之下,他对于私有财产,自然不很重视了。这亦是人情之常。在这
种社会制度之下,人不重视私有财产,并不是因为他们的"性"特别
高尚。在我们的现行社会制度中,人重视私有财产,亦不是因为我
们的"性"特别卑鄙。他们与我们,是"易地则皆然"。

据说有一个美国人到苏联一个小学校里参观。他出一个算学
题考一个小学生。他的题是:一个人按三块钱的价钱,买了许多东

西,按五块钱的价钱,把这些东西卖去,问这个人得了什么? 小学生回答:他得了三个月的监禁。这个小孩的回答,很不犹太;但他的种族,也许正是犹太。无论如何,这个小孩与我们现行社会制度下底小孩的见解及行为,总有不同底地方。这并不是由于他们的性不同,而是由于他们的习不同。

在制度不同底社会内人的习当然不同。即在制度相同底社会内,因某社会某一时底风尚不同,其中底人的习亦可不同。我们于第七篇《阐教化》中说到家风校风等。某一家于某一时有某一种家风。某一学校于某一时有某一种校风,某一社会于某一时有某一种社风,某一国于某一时有某一种国风。家风校风是我们常听说底名词,社风国风则是我们所新杜撰底。虽是新杜撰底,但其所指者则是向来即有底。我们于上文屡次说"某一时",因为一家、一校、一社会或一国等的风是时常变底。我们于上文又屡次说"某一种",因为这一家与那一家、这一国与那一国,虽不是一家、不是一国,而它们于"某一时"可有同一种底家风或国风。例如某一家于某一时有"勤俭家风"或"孝友家风"。一个有这一类家风底家,不见得是常常如此,其如此是于某一时如此。而有这一类家风底,亦不见得只限于这一家。所以这一类家风,是一类底家风,而不是这某一家所专有底家风。就国说,现在德意日三国有相同底国风,它们的国风是一种底。而它们之有这一种底国风,都是于某一时有底。不过这个某一时,对于它们三国有长短不同而已。说有国民性底人或说:这三国的人有相同底国民性;德国人不是说,日本人亦是"亚利安"吗? 但我们知道在法西斯党开往罗马的时候,意大利人亦是以放浪颓唐著称底。在六七十年以前,日本人还是以中国为法底。他们有现在所有底国风,都是近来底事。这些国风都是于"某一时"有底。

照以上所说,我们不承认有所谓民族性或国民性。普通说民族性者所说某民族的特点,有些是某民族于其时所行底社会制度的特点,有些是某民族的特点。所谓某民族某民族的特点,我们亦承认是有底,不过我们不谓之为"性",而谓之为"习"。这并不是专是字面上底争执。照我们的看法,性应该是不变底,但在历史上看来,所谓各民族的特点,没有不变底。就有些历史很短底民族看,它的特点,有些似乎不变,其实并不是不变而是没有变:它还在所谓"某一时"中。就历史长底民族看,所谓它们的特点的变,是很显然底。罗马人初时严肃,后来荒淫。中国人的历史更长,它的特点的变亦特多。我们常听见有些人说,中国人若何若何,但就这许多若何之中,我们很难指一个若何,是历周秦汉唐宋明而不变底。普通人,只看见他所看见底中国人,有一点或数点特别顺眼或不顺眼底地方,便随口说中国人若何若何,而不知纵横数万里,上下数千年,在这个大空间与长时间内底中国人,他所未看见者,还多得很。这些很多底中国人,不见得是他的简单底若何若何所可概括。

有些人说:民族亦有少壮与衰老。上所说一民族的特点之变,可以用此义以说明之。罗马民族于其少壮时严肃,其衰老时荒淫;这是并无不可底。于此我们说:佛家说一切事物,都是无常底,都有成住坏空。此所谓成住坏空的意义是逻辑底。因为它只说成住坏空,而不说哪一种成住坏空。一个人的成住坏空与一个桌子的成住坏空有不同之处,但这些不同,佛家说成住坏空时,是不管底。它只说一切事物均有成住坏空,而不说某一事物于某一时有成住坏空。就各事物说,一个人的成住坏空,与地球的成住坏空所占底时间很有差别,但这些差别,佛说成住坏空时,亦是不管底。它离开了各种差别,而说成住坏空,所以我们说,它所谓成住坏空的意义,是逻辑底。若说民族有少壮衰老者说,凡物皆有成住坏空,民族亦是一物,所以亦有成住坏空。此当然是可说底,不过没有什么特别意义而已。说民族有少壮衰老者,显然不是就此方面说民族有少壮衰老。他们所谓少壮衰老,是生物学上底少壮衰老。他们说一民族有生物学上底少壮衰老,这是不通底。我们于上文已经说过,虽一个民族内底人是生物,而民族不是生物。民族不是生物,当然不会有生物学上底少壮衰老。

就事实方面说,有些人看见上一代底中国人,大概都是走路弯腰、说话哼咳,男人则弱不胜衣,女子则弱不禁风,便以为这是中国民族衰老的证据,其实这些都是习。我们眼看着我们下一代底人,没有旧习者,完全不是这个样子。有人说中国民族是"返老还童"了。但若所谓老是生物学上底老,则所谓返老还童者,只是秦皇汉武的梦想,至少在现在不是可能底。

或说:就个人所有底成就说,其所以有某种成就,一部分是由于才,一部分是由于学。例如一个能吃酒底人,其所以能多吃而不醉者,一部分是由于他的生理方面底特别情形,此是天生底,此是其才;一部分是由于他常常吃酒养成底习惯,此是人为底,此是其学。无论人在何方面底成就,若究其源,都有这两方面可说。无论在何方面,都是有些人的才高,有些人的才低。这是很容易看出底。有些特别才高底人,我们称为天才。无论在何方面都有天才。如吃酒底天才、作诗底天才、军事底天才,等等。而且照遗传学讲起来,天才往往是遗传底。文学史上所谓唐宋八大家,其中三家都姓苏。因血统的关系,天才或才高底人,往往聚于一家,因此亦可说,因血统底关系,天才或才高底人往往聚于一民族。一个民族内底天才或才高底人比较多,此民族即是优秀民族。一民族内天才或才高底人比较少,此民族即是劣等民族。再进一步说,如一民族内某种底天才或才高底人多,则此民族即易于有某种学。其有某种学是习,但使其易于有某种习之天生底本质则是性。此性可以说是民族性。

就个人说,有些人才高,有些人才低,这是事实。在学一种学问或技艺的时候,有些人"一点即破",有些人"劳而无功",这都是事实。不过天才或才高底人,都生在什么家庭中,什么民族内,这是很难说底。于某一时,天才或才高底人,"往往"聚在一家内,或聚在一民族内,但这是不可久底。如这是可久,则孔子的后人,必都是孔子;孟子的后人,必都是孟子;希腊民族必永远出柏拉图;犹太民族必永远出耶稣:这显然是与事实不合底。如这是不可久,则我们不能指定某一家为优秀底家,某一家为劣等底家,某一民族为优秀底民族,某一民族为劣等底民族。既不能指定,则我们不能说某一民族永远能生许多某种天才或才高底人,我们亦不能说某民族有某种民族性。

说某民族是优秀或下劣者,大概都是就某民族于目前底成就说。白人说有色人种是下劣者,不过因目前有色人的成就,在许多方面,不及白人而已。但是离开过去将来,而专说目前,是很不可靠底。在五百年以前,中国人如知有德国人,如亦用现在德国人的逻辑,中国人很可以说,德国人都是天生底野蛮人,永远不配有文明。在这一点上,世界上最有发言资格底人,是中国人。我们的历史指示我们,与我们接触底民族,不管他是南蛮北狄、东夷西戎,我们如与他机会,他可以与我们同样地有成就,有些民族内底人,自己没有历史而又不肯看别人的历史,妄指哪些民族是优秀,哪些民族是下劣，真是信口雌黄，无有是处。若把这些"信口雌黄"作一种偏见看，则"家有敝帚，珍之千金，他人有连尺之璧，而不珍焉"，本亦是人情之常；但若把它当成真理看，则这真理可以说是井蛙的真理。

我们虽不承认有所谓民族性或国民性，但我们却承认有所谓国情。我们试把某一国或某一民族的历史，于某一时截住，它的历史，在此某一时以前者，即是它的国情。例如我们试于清末戊戌年元旦将中国历史截住，则此日以前所有关于中国底事情，都是中国的历史。此日以前底整个中国历史，即是中国于此时底国情。这时底国情是，中国有一个皇帝，有一个异族底皇帝，中国行底是以家为本位底生产制度，中国受了西洋人的压迫，中国打了几回败仗，等等。这些事情，详细写起来，真是"不计其数"，但总起来，即构成当时中国的国情。

一国或一民族于某一时有它的"情"，一家或一人于某一时亦有他的"情"。总之，凡一个体，于某一时都有它的情。它的情都是绝对地特殊底。此即是说，某一个体，不论其为某一国，或某一民族，或某一家，或某一人，或某一桌子、某一椅子，于某一时所有底情，皆是"绝无仅有"底。所谓"绝无仅有"者，即是只有此一，不能重现。民国元年元旦时底中国，是空前绝后底。任何个体于任何某一时所有底情，都是空前绝后底。

就逻辑上所谓性说，一个体如有一新性时，此新性与其个体其时之情，总有不合。例如一个小孩子于其第一次上学之时，即有"是学生"之新性。此小孩于有此新性之时，无论是喜欢或厌恶，他总有些不惯。其所以有些不惯者，即因其新性于其原有底情，有不合也。一国或一民族如在任何方面需有改革，此一国或民族即须有一新性,此新性与其原有底情,亦必有不合。自守旧底观点看,这些改革即是"不合国情"。

照以上所说,对于任何个体,一切底新性,既是"新"性,当然对于"旧"情,均有不合。就一国或一民族说,一切任何底改革,在其初均不合国情。不合乎国情者,在其初行时,一国或一民族的人,自然都觉得不惯。在此方面说,守旧者之反对任何改革并不是没有理由底。

一国或一民族所有底新性,如只是关于一方面者,或对于此国或民族之旧情,尚非十分不合者,则此一国或一民族的人所感觉底不惯,尚不是十分厉害。如其所有,或所将有之新性,是关于一国或一民族的多方面,而且与其旧情十分不合者,则此一国或一民族的人的感觉不惯,必十分厉害。此种改革,如系用暴力以促成者,即所谓革命。

革命是痛苦底,守旧底人反对维新,尤反对革命,并不是没有理由底。不过如一国或一民族在某种情形中必需有某种新性,否则此国或民族即不能存在,而此种新性,又非用革命不能得到,则革命虽痛苦亦是不得不有底。

不过情的力量,亦终是不可侮底。于某一个个体有一某性时,情于某种程度内,对之亦能有影响。例如有伤寒病,必然发热,此是其所有底伤寒病性。凡害伤寒病者均发热,但其发热之程度,或四十度,或三十九度,或四十一度,则可因人而异。其所以异者,即各人的"情"不同也。于此时即需要医生斟酌用药。用药虽大致有一定,而配合可以变化,分量可以加减。医人的医生是如此,医国的医生亦是如此。大政治家所谓斟酌国情,因时制宜者,正是就这些方面说。

　　害同病底人，其病同而病状不必尽同，不过此不尽同之处，自某种病的观点看，不是主要底而已。行同样社会制度底国家民族，其社会制度同，而其表现亦不必尽同，不过此不尽同之处，自某种社会制度的观点看，不是主要底而已。所以同一民治主义底国家，而英法美各不尽同。英国人常说，即使英国行了共产主义，英国亦与苏联不尽同。他们说此话时，意欲表明英国人有特别底地方，其实这是当然如此底。苏联革命所经历过底历程，与其现行底制度，亦不见得与马克思所说全同。这是俄国的国情所决定底。

　　这些不尽相同之处，从类的观点看，虽不是主要底，而从个体的观点看，则却是重要底。例如一个人害伤寒病，发烧到四十一度，又一个人害伤寒病，发烧到三十九度。这些不尽同之处，从伤寒病的观点看，不是主要底，但对于这两个害伤寒病底人，却是重要底。医生用药，正要在这些地方，斟酌如何适应病情。他用底药虽可以是不错底，但也许有时用得太多而致病人吃亏，也许有时用得太少而致病人吃亏。在这些地方，一个好医生与坏医生，即大有分别。一国或一民族的病，亦有这些情形。医国底好医生与坏医生，亦在此等处显出分别。

第十篇　释继开

在上篇《判性情》里，我们说到一个社会的性及情。在上篇我们说，一个社会如有一新性，其有新性可以不合乎其旧情。在本篇里，我们要说：一个社会如有一新性，其有新性，虽在一方面是不合旧情，但在又一方面，亦须根据旧情。若其完全无根据于旧情，则此社会压根即不能有此新性。一社会如有一新性，就其在一方面是不合旧情说，这是"开来"；就其在又一方面须根据旧情说，这是"继往"。

若专就时间方面说，所有历史上底事情，都是在一方面继往，在一方面开来。历史上底一件事情，其前必有事，其后必有事。专就时间方面说，对于其前底事，它都是"继"，对于其后底事，它都是"开"。此即是说，历史上底一件事情，对于其前其后底事，都有时间上底连续。我吃了早饭以后，来了一个客，客走了以后，我动笔写文章。专就时间上底连续说，这三件事情是连续底。专就此方面说，来客是继我吃饭之往，而开我写文章之来。不过我们于此篇所谓继往开来，不是就时间上底连续说，而是就事情间底实质上底连续说。连续既是连续，其间当然免不了时间的成分，不过我们可以不专就时间上底连续说。就实质上底连续说，则我的动笔写文章，如上所说者，不是继客来之往，而是继昨天写了半篇文章之往，亦不是开吃午饭之来，而是开下午再继续写此文章之来。

　　我们说,一个社会如"有"一新性,"有"字须特别注重。我们可以讲许多派别底社会哲学,我们可以讲许多套底社会制度,我们可以想许多底社会改革,但这些哲学等,如在某社会的旧情方面,不能得到相当底根据,则对于某社会都是空谈。如这些哲学等,在所有底社会的旧情方面,都不能得到相当底根据,则对于所有底社会,都是空谈。对于所有底社会都是空谈底社会哲学或社会制度,即是"乌托邦"底社会哲学或社会制度。这些哲学等可以使人讲之,而不能使实际上底社会或某社会"有"之。此即是说,这些哲学等只能是空底理,而不能成为实际上底社会或某社会的性。

　　社会决不是空言所能变革底。它的变革靠实力,改变一个社会底人须在相当底范围内,有一个社会原有底实力。从这些原有底实力,生出新实力。有如此底新旧实力,它方能推动一个社会,使之变革,使之有一新性。就此推动底人说,他必须有藉于此社会原有底实力;就此社会有新性说,有新性必有根据于旧情。有许多人,坐在房里,拿起笔来,写了许多关于政治或社会方面底文章,结尾总是:"愿国人共起图之。"这所谓国人,在逻辑上说,是指一国内底每一个人或所有底人,但在实际上,是一无所指。当然他这"愿"是一定要落空底。他的"愿"落空以后,他又骂大家不努力,不争气。这个"大家"与那个"国人"同是在实际上一无所指。他的这些讲论、这些骂,对实际当然都是无关痛痒的。

　　社会上底变革,其剧烈者我们称之为革命,照上面所说,革命亦须有根据于旧情。就革命的结果说,它能创造出一种新局面。就革命的动力说,它须根据于一种旧实力。就其须根据于一种旧实力说,它是继往。就其能创造出一种新局面说,它是开来。开来的充分底意义,革命最能将其表出。所以普通说到革命,大都注意到它的开来的意义。但若忽视了革命亦是继往,则对于社会上底变革,亦不能不有误解。我们于下文打算就这一方面多说一点。

建立中华民国底辛亥革命,就一方面说,是中国近代化所经底步骤,就又一方面说,是自明末清初以来,汉人恢复运动的继续。就其是中国近代化所经底步骤说,这个革命是开来。就其是自明末清初以来汉人恢复运动的继续说,这个革命是继往。就这个革命对于以后底影响说,这个革命完全可以说是中国现代化的一步骤。就推动这个革命底实力说,这个革命大部分,至少一部分,是明末清初以来汉人恢复运动的继续。

这个革命初起时所用底口号是:驱除鞑虏,恢复中华,建立民国,平均地权。这四句口号以后发展为整个底三民主义。不过以后三民主义中底民族主义是泛说,而当时底民族主义则是确切对满清而发。在清末的时候,卢梭的《民约论》一类底书,固然是为一般人所传诵或所暗中传诵,但更引起人的情感底,是明末遗民的著作。在这一类底著作中,有些兼有所谓提倡民权的意思,如黄梨洲的《明夷待访录》等书。这些书自然更是风行一时,或暗中风行一时。我并不以为,专靠这些书,即能引起清末底革命。不过在这些思想的流行上,我们可以看出当时底革命的方向。思想是行动的自觉。专就这一方面说,思想是行动的反映。但一个行动有自觉以后,它更可以有计划地进行。就这一方面说,思想是行动的指导。

在其"驱除鞑虏,恢复中华"一方面说,辛亥革命有长久底、历史底背景。此即是说:在旧情方面,它有充分底根据。因此在这一方面,它有充分底实力。所以在很短底时间,它即把这方面底问题,完全解决。所谓完全解决者,即自辛亥以后,在中国即没有所谓满汉之争的问题,我们可以说,以后亦永远没有这个问题。

不过在"建立民国"这一方面,辛亥革命在旧情方面,没有充分底根据。辛亥革命后来完全成为政治革命。不过这个政治革命是跟着种族革命来底,是种族革命带进来底。它本身的背后,并没有实力,至少是没有充分底实力。所以在种族革命完全成功以后,单纯底政治革命,不久即站不住了。民国元二年,立了约法,开了国会,但约法国会后面,是没有实力底,至少是没有充分底实力底。没有实力或没有充分底实力者,在政治上不能有什么功用。

普通民主国的议会政治,如英美所行者,是一个社会的经济制度在某一阶段内所能行底一种政治制度。我们于第四篇《说家国》里说,生产社会化底经济制度又有两种:一种是生产社会化而支配家庭化者,一种是生产社会化支配亦社会化者。上所说议会政治,是行生产社会化而支配家庭化底经济制度底社会所能行底政治制度。这种经济制度,虽不是这种制度的实行的充足条件,而却是其必要条件。一个社会行了这一种经济制度,虽不必行这一种政治制度,但如不行这一种经济制度,必不能行这一种政治制度。在不行这种经济制度底社会里,若有人主张行这种政治制度,其主张即真正是不合国情,其言论是空言无补。

所谓民主政治,即是政治的社会化。政治的社会化,必在经济社会化底社会中,才能行。我们于第四篇《说家国》中说,在生产家庭化底社会里,一个人的家是一个人的一切。他的一生底生活,都在他的家里。他若不做皇家的官,他对于政治即"不在其位,不谋其政"。政治完全是皇家的事。即是一个为"臣"底人为皇家做事,亦是替人家做事,而不是替自己做事。这一点我们于第五篇《原忠孝》中,已说清楚。现在我们说,这一套办法,与民主政治是不相容底。在一个行民主政治底社会里,一般人必须看政治是自己的事,而不是大总统家里事。但这种看法，不是人凭空即能有底。人必须在经济方面已与社会融为一体，然后他才可以真切地觉得，替社会做事，并不是替人家做事，而是替自己做事，不是"为人谋"，而是为己谋。必须如此，他才可以看政治是自己的事，而不是大总统家里事。

在民初，中国在经济方面，至少百分之九十九是在生产家庭化底经济制度中。一般人民，都在他家里生活。他还只在他家里过他的自给自足底生活，他当然还只以他的家事为他自己的事，而以政治为大总统的事。在他的心目中，大总统只是皇帝的别名。他对于他底义务，还不过是"完粮纳税"；他所希望于大总统者，还不过是"保境安民"。如大总统不能做到这一点，他除了希望"老天爷有眼"，早叫"真龙天子出世"外，没有别的办法。民初的知识阶级最恨这些"愚民"。其实这些"民"何尝"愚"？照他们的原来那一套，本来是如此底。

那些不"愚"底知识阶级，仿照别底民主国家中底例，亦组织了些政党。但是他们的党，除了政纲不能推行外，只一个党费即成了问题。

在如上所说底普通民主国家里，议会的运用靠政党。所谓政党者，在原则上说，即对于政治上底问题作具体底主张底人所组织之集团也。在所谓民主国家里，若没有政党，则其政治，原则上是人人都管，而实际上对于政治上底问题却不是人人都有办法。我们常看见，在有些"无党无派"底集会里，一提出问题，大家都相顾茫然。有一两个人站起来说了一大篇。主席问："你所说底话是不是提案？"他说："不是提案。我不过发表一点意见，供大家参考而已。"他所说底话在原则上大家都可参考，但实际上是没有人参考。

如是发言人虽多,而决定实少。行议会政治而没有政党,则议会开会,必亦是这种样子。国家大事,都如筑室道谋,必至百兴俱废。政党是不能没有底,但政党的存在,如何维持呢?在原则上说,某一政党的维持,靠赞成某一政党的私人所捐助底经费。最能捐助这些经费底私人,自然是在经济上有实力底人,即所谓资本家了。在生产社会化而支配家庭化底经济制度里,此支配者,即所谓资本家也。某方面资本家,帮助某政党的党费,而同时即为某党后面的实力。某政党不执政底时候,它可以宪法制裁政府,使其不能做非法底事。等到它执政底时候,它的反对党亦可以宪法制裁政府,使其不能做违法底事。如是宪法的背后,亦有了实力。

在民初,生产社会化底经济制度,在中国尚没有萌芽,至多是尚在萌芽。在那时候,虽亦有了政党,但那些政党如何维持呢?没有在经济上有实力底人帮助它们的党费,它们只好向军阀请求党费了。它们用了军阀的钱,它们的地位,即不能不依附于军阀。当时底知识阶级之未当政客者,只知骂当时底政客,何以如是不争气。实则他们亦是没有别底办法。

当时底知识阶级,常希望当时底军阀,拿出良心,遵守约法,服从国会。但政治上底运用,靠底是自己的实力,不是对方的良心。古今中外,无不如此。自己没有实力,而只希望对方发良心,此与他们所谓"愚"民的希望出"真龙天子",同是其"愚"不可及也。果然不久约法成了废纸,国会遭了解散,军阀成了藩镇,政客成了幕僚。"上无天子,下无方伯",中国历史上,于"改朝换帝"、"青黄不接"的时候,所常有底混乱,不能不重复一遍。直到国民政府二次北伐,中国才又渐趋平定。

共产党的暴动,在过去所以能有相当底影响,亦是因他们的这种暴动在中国的旧情上,有相当底根据。中国的农民,能起很大底暴动,这在历史上是常见底。如汉高、明太的起事,以及黄巢、张献忠、李自成之乱,其结果虽殊,然都是这一类底暴动。中国的农民生长在生产家庭化底经济制度里。如有人与他们讲举代表、开国会等事,这些新底名词、新底办法,愈讲得清楚,愈使他们觉得糊涂。但如有人与他们讲"打富济贫","有福同享,有马同骑"等话,如有人与他们说,"如果我们成功以后,你们各人所种底地,即是你们各人的",他们立刻即可了解其意义,而愿意跟着走。共产党所以能引起农民暴动者,即因他们在这一方面,是有旧情为根据底。

不过共产党所与农民讲说者,并不是共产主义。共产主义底经济制度,以及社会制度,均是要高度地社会化底。共产主义所要者,是合而不是分。土地平均分给农民耕种,并不是共产党的农业经济政策。行集体农场,农业工业化,才是共产党的农业经济政策。未曾见过,或未了解生产社会化底经济制度底人,多以为所谓共产者是将一个社会所有底财富,按人口平均分配,一个社会的人每人均有一份。他们的这种想法,是注重在分。其实共产主义所谓共产者,是将一个社会所有底财富,都集中在一起,一个社会所有底人,合则有一切,分则一无所有,或很少所有;合则都是资本家,分则都是劳工。他们的这种办法,是注重在合。有人说,苏联所行底各种经济政策,其目的不过欲使人人都成穷光蛋而已。就"分"的一方面说,这话是不错底。

共产主义或社会主义,或上所说底民治主义,在一个社会内真正实行,都是一个社会已行生产社会化底经济制度以后底事。如一个社会尚未行生产社会化底经济制度,则在这个社会里谈这些主义,都真正是不合国情,都是空谈无补。

中国现在最大底需要,还不是在政治上行什么主义,而是在经济上赶紧使生产社会化。这是一个基本。至于政治上应该实行底主义是跟着经济方面底变动而来底。有许多所谓教育文化方面底事,都是这样底。与其空谈应该统一国语,不如多设几个广播电台;与其空谈应该破除省界,不如多修几条铁路。有了这些东西,"应该底"才会跟着来。没有这些东西,"应该底"是空"应该"。

或可问:中国现在需要生产社会化底经济制度,固然是没有问题,但对于支配社会化或支配家庭化,是不是亦应该有所选择呢?有许多人就道德方面指出资本主义底经济制度的罪恶,以为为免除这些罪恶,我们必须避免资本主义底经济制度。这是就道德方面说应该。我们可以说,专就道德方面说"应该",则所谓应该是空应该。说空应该或空说应该,在实际上是没有效力底。若就经济方面,说中国的经济方面底设施应该若何若何,若不若何若何,则必不能成功,这是就情势方面说应该。这应该不是空应该。不过这些情势,我们于此不能讨论。我们于此只可以说,在近几年来,各方面的情势,已经逼迫我们选择了我们所"应该"选择底了。照着我们现在已经走底路走下去,重要底矿产、重工业,以及重要底交通工具,将来大概都是国营。其余底虽不是国营,而亦在国家统治之下。清末人本来已打算这样办。不过在清末,国营底事业,大概都是效率甚低,赔累不堪。而现在国营底事业,则至少有一部分是有很大底效率,且是很赚钱底。这是中国三十年来底进步,这是中国前途的希望。

或又可问:若一个社会原来行生产家庭化底经济制度,则其所新行,或所拟新行底生产社会化底经济制度,亦是于旧情无所根据也。于旧情无所根据,何以能行?于此我们说,一种新经济制度,在其完全实行以后,虽必引起人的思想以及社会制度的诸种变动,但于其初行时,则并不先需要此种变动。生产社会化的开端,始于工业。工业是一个相当进步底社会中所已有底。新式底工业与旧式底工业,所差在于规模的大小,及技术的优劣。所以所谓生产社会化的开始,不过是生产技术的改良,至于将来所要引起底各方面底变动,则是以后底事。就中国说,在初修铁路的时候,人以为不过是开运河、修长城一类底事而已,就其本身说,亦的确是一类底事。在开矿产的时候,人以为不过是以前开矿的继续而已,就其本身说,亦的确是以前开矿的继续。所以生产社会化的开始,并不是无根据于旧情,不过充其量可以使整个底社会完全有一新性。就其有根据于旧情说是继往,就其使整个底社会有一新性说是开来。

民初又有文学革命。这个革命亦有继往开来两方面。就其继往方面说,中国自唐宋以来,本有所谓语体文,这是有唐僧宋儒的语录,可以证明底。不但本有语体文,而且,至少自宋以来,其语体文与现在底语体文,大体上亦是相同底。明朝人的语体文,更是如此。例如杨椒山教子书,长数万言,几全是我们现在所通行底白话。

至少自唐宋以来,中国本已有语体文。讲学底人写语录用它,文学家写小说词曲用它,普通人写书信用它。这种语体文自唐宋以来,已经为思想家,文学家,以及普通人所普遍地使用。所谓国语底文学,及文学底国语,本来是已有底,而且本来是很普遍流行底。近人虽努力作语体文,而尚没有如《水浒传》、《红楼梦》等伟大纯文学作品出来,很少有如杨椒山教子书等可以感动人底文件出来。就这一方面说,民初的文学革命运动是继往。

或可说:上所说宋明人所用底语体文,恐不过是比较受过教育底人所用者,未必是当时人所皆能了解者。当时人的语体文,亦有为我们现在人所不易了解者,例如明太祖的诏谕,有些即是我们现在人所不易了解底。这是不错底。不过我们现在人所用底语体文亦是比较受过教育底人所用者,亦并不是全国个个人所都能了解者。不但现在中国的语体文是如此,在别国亦有如此底情形。例如在现在流行世界底英文,实即英国比较受过教育底人所说底言语、所写底语体文。伦敦以外底"粗人",所说底言语,即不尽同。英美新出小说中,往往有直写"粗人"所说底言语之处,其不同是很大底。我们以上所说宋明人所用底语体文,是比较受过教育底人所用底。而我们现在所提倡底国语底文学、文学底国语,正是宋明人比较受过教育者,所用底语体文的继续。在这一方面,我们看见中国文化的一脉薪传。

自宋明以来,语体文虽已普遍流行,但一般人总以它为非正式底文体。所谓正式与非正式是相对底。自六朝以来,骈文是正式底文体。到唐宋,韩欧的"古文"虽亦可用于碑板,但朝廷正式底制诰,还要用骈文。直到清末还是如此。凡皇帝用全衔,即"奉天承运皇帝"颁布底文件,例如诰命等,总是骈文。而群臣为正式底礼节所上底文件,例如贺表等,亦总是骈文。我们可以说,自六朝以来,骈文是最正式底文体,普通所谓文言文是次正式底文体,在民初文学革命以前,语体文是非正式底文体。语体文虽是非正式底文体,而却什么人在随便底时候都可以用,例如皇帝的朱谕朱批,是一种便条的性质,亦可用语体文,如"知道了,钦此"等。

民初文学革命的开来的方面,即是它说:语体文亦是正式文体,而且应该是以后惟一底正式文体。在以前语体文是非正式文体,所以可用以写语录,而不可用以写论文;可用以写家书,而不可用以与师友写信。在以前语体文是非正式文体,所以用语体文写底文学作品,都是"闲书",不能入高文典册之列。文学革命以后,语体文成为正式文体,所以在这些方面,都翻案了。就这一方面说,民初的文学革命是开来。

我们这种说法,并不轻视或减低,民初文学革命的意义及影响。在现在看起来,把语体文升为正式文体,为容易而且极应该底事,但在当时确是有革命性底变动。我们往往于事后回看某事前,而觉其甚易,说:"哦,不过如此。"但如将某事与其当时底情形合而观之,则知这一句话是不能随便说底。

此外还有语体文"欧化"一端,似亦可列入民初文学革命的开来方面。不过这一端并不是文学革命开底。我们于第八篇《评艺文》中说,所谓欧化,大部分是现代化。现代人说现代事,其说底方法及形式自不能不有新花样。所以自清末以来,中国的语文,已经开始现代化了。梁启超的文章,固已充分现代化;即严复的文章,亦不是真诸子、真桐城。所以这一端,民初文学革命,虽扬其波,而不是开其源。

于此我们所要注重底,即民初的文学革命运动,若不是有继往这一方面,它不能有它所能有底成功。有许多在文字方面底改革,在旧情方面无所根据者,皆不能或不易实行;行之亦没有或很少有什么效力。例如在汉字旁边加注音字母,在原则上说,这对于初认字底人应该是方便多了。但实际上初认汉字底人还是直接记汉字的音,而不用旁边底注音字母。现在小学国语教科书里,汉字旁都有注音字母,而小学生能用注音字母底却很少,这即是因为这种办法,在旧情方面没有什么根据的缘故。

就以上所说,我们可见,社会上底事情,新底在一方面都是旧底的继续。有继往而不开来者,但没有开来者不在一方面是继往。

第十一篇　论抗建

在第三篇《辨城乡》里，我们说：中国人的城里人底资格，保持了一二千年，不意到了清末，中国人遇见了一个空前底变局。中国人本来是城里人，到此时忽然成为乡下人了。这是一个空前底变局，这是中国人所遇到底一个空前底挫折，一个空前底耻辱。

我们又说，在现在底世界中，英美及西欧等处是城里，这些地方底人是城里人；其余别底地方大部分是乡下，别底地方底人大部分是乡下人。这些乡下地方有些已为某城里人底国家所管。此受某城里人底国家所管底乡下地方，即是某城里人底国家的殖民地。有些乡下地方，虽不特别为某城里人底国家所管，但在经济上是附属于，至少是靠城里人底国家。这些地方即所谓半殖民地，或次殖民地。中国即是这些乡下地方。在现代世界里，中国的地位是半殖民地或次殖民地底地位。这是一个行以家为本位底生产制度底社会与行以社会为本位底生产制度底社会相遇时不可避免底结果。

在《辨城乡》里，我们只在经济方面，说做殖民地底国家与有殖民地底国家的区别及关系。专在经济方面说，做殖民地底国家与有殖民地国家的区别及关系，是如城里与乡下的区别及关系。但若就别方面说，则其区别与关系，又不仅是如此。在一个社会里，有法律道德可讲，城里人虽可在经济上统治乡下人，但他不能用武

力底或政治底方法压迫乡下人，使他永远做乡下人。在中国以前
"天高皇帝远"底地方，有些土豪劣绅，也可做这些事，但这总是例
外。不过这例外在国家与国家之间却是一个原则。因为国之上并
没有一个更高底社会，所以国与国之间亦没有道德法律可讲。所
以城里人底国家不但可在经济上统治乡下人底国家，而且可用武
力底或政治底方法压迫它，使它永远当乡下人底国家。近代城里
人底国家对付它的殖民地，并不要"毁其宗庙，迁其重器"，而还要
使其"钟虡不改，庙貌如故"。还要使其故君，安坐在小朝廷里，依
然"称孤道寡"。它只要抓着它的殖民地底人的矿产工业，叫它的
殖民地底人安于不进步底经济状况，永远一方面为它生产原料，一
方面为它推销货物。这样底福就足够它享了。这样底罪也就足够
它的殖民地底人受了。

中国最早对付西洋经济势力底办法，是所谓闭关政策。这种
政策虽为以后人所讥笑，但专就经济方面说，这政策并不失为一种
政策。在经济方面说，关于衣食住等必需品，中国都是自给自足
底。外洋来底东西，都是些"奇技淫巧"，人有之亦可，无之亦可。
中国只要把那些外国商人，一律驱诸大门之外，噗通一声，把大门
关上，则一切问题不都解决了吗？中国在经济上不与西洋发生关
系，西洋何从在经济上统治中国？在现代我们亦常看见，某国禁止
某国货物或某国某种货物入口，或虽不完全禁止其入口，而提高其
税率，或限制其数量。这些都是一种经济上底自卫办法。中国以
前所谓闭关政策，专就经济方面说，亦是这一种底性质，所以亦不
失为一种政策。不过这种政策虽不失为一种政策，但如何能行呢？
老鼠想在猫项下挂铃，以便于猫来底时候，先得到"警报"。这亦不
失为一种办法，但是这铃如何挂上呢？清朝中叶底人想闭关，虽亦

是一种政策,但这关如何闭上呢?在讲法律道德底社会里,我们可以说:这是我们的大门,我们愿关就关,谁也没奈我何。但国际间是不讲法律道德底。我们的门关一次,人家就派打手来撞开一次。到后来简直不能再关,亦不敢再关了。门既不能关,而我们的生产制度,又是以家为本位底生产制度,因此遂自然地成为半殖民地底国家了。

在现代世界中,中国的地位是半殖民地或次殖民地。这一句话近十几年来大家常说,不过说这句话底人,亦间或不十分明了这一句话的确切意义。亦间或有人以为这一句话未免言之过甚。不过我们若回看清末民初时候底中国,我们知道这一句话是不折不扣底真理。我们须回看清末民初时候底中国,因为自这个时候以后,中国的地位是一天一天在改善之中。现在中国与日本打仗,是中国在近代处境最危底时候,但不是中国在近代地位最劣底时候。中国在近代地位最劣底时候,已经在二十年前过去了。我们的时代是中国中兴的时代,而不是中国衰亡的时代。旧说"否极泰来",在近代,中国否极的时候是在清末民初,现在已是泰来的时候了。这并不是我们强为此说,的确事实如此。

在清末的时候,在政治方面,我们虽说是独立自主,这是我们所以只是半殖民地或次殖民地的缘故,但是这个独立自主亦是很可怜底。几个外国公使的意见可以影响朝政。几个强国如有所要求,只要叫他们的公使,到总理各国事务衙门,拍一拍桌子,发一点脾气,即可如愿以偿。在经济方面,不但铁路邮政等均在外国人手里,而且社会上流通底货币,亦是外国底。上海通用底是墨西哥的鹰洋,北方通用底是俄国的站人洋。到现在还有人不说银几元而说洋几元者。洋者,洋钱也。洋钱者,鹰洋及站人洋也。

在安南旅行，我们看见，坐头二等火车底，大都是法国人，而安南人都挤在四等车上，与猪狗在一起。在河内、海防，我们看见洋式楼房，大都是法国人的住宅。我们看见坐汽车底都是法国人，而安南人顶好亦只坐洋车。我们说，这是殖民地的情形。这真是殖民地的情形。但是在清末民初的时候，中国亦是这样。不过在中国，在那时候，坐头等车、住洋房底人，不必定是法国人而已。

在那时候，中国人的心理，亦是殖民地人的心理。所谓殖民地人的心理者，即殖民地人因为常受压迫，久而久之，即有一种自卑心结，认为自己本来是不行底。如刘姥姥认为贾府的人，天然都是聪明伶俐底，天然都是应该享福底；她自己同板儿，天然都是粗手笨脚底，天然都是应该受罪底。刘姥姥的心理，是乡下人的心理，亦即是殖民地人的心理。有人说：有人以为，美国的月亮也比中国的月亮圆。如真有人如此以为，这人的心理，是十足殖民地人的心理。

在清末民初，中国人的殖民地人的心理，可以从言语里看出来。例如西菜初本称为番菜，到后来则称为大菜。清中叶以前，中国人本以西洋人为夷狄，所以称其菜为番菜。到后来由鄙视西洋人，改为恐惧西洋人，由恐惧西洋人，改为崇拜西洋人。到崇拜西洋人的时候，番菜即成为大菜了。中国人本以西洋人为野蛮，到后来则以西洋人为文明，而自居为野蛮。所以在清末民初，凡西洋底东西，俱可以"文明"二字加之。如话剧称为"文明戏"，手杖称为"文明棍"，行新式婚礼称为"文明结婚"。又如长江及沿海轮船，其头等称"大菜间"，二等称"官舱"，三等称"房舱"。这些名称表示当时"百姓怕官，官怕洋人"的心理。以上所说各名称，所表现底心理，都是殖民地人的心理。

在以前,中国大多数人所认为最有希望底事是晋京赶考,最光荣底成就是状元及第。到清末民初,中国大多数人所认为最有希望底事是出洋留学,最光荣底成就是博士回国。在以前,中国受过教育底人常引"孔子曰",以作为他的言论的根据。凡是只要是孔子所以为是底,一定没错。清末民初,中国受过教育底人常引"某国某教授曰",以为他的言论的根据。凡是只要是某国某教授以为是底,一定也没错。在以前中国受过教育底人,说话总要夹杂些文言,以表示他是"喝过墨水"。在清末民初,受过教育底人,说话总要夹杂些外国语,以表示他"吃过面包"。这些情形所表现底心理,都是殖民地人的心理。

在那时候,固然还有以西洋人为夷狄底人。不过这些人是"外强中干"底。在那时候,有些当时所谓"老顽固"者,终日骇叹"人心不古,世风日下",视所谓欧化为洪水猛兽。不过这些人一听说西洋人亦有称赞孔孟者,亦有将四书五经,译成其国文字者,他们即马上觉得"受宠若惊",见人称道不置。这亦是自卑心结的表现。这心理亦是殖民地人的心理。

还有些人亦常说:我们要发扬我们的民族精神,我们要恢复我们的民族自信力。但一说到此,他即说:我们必须有人学德国的菲喜推。这一句话即表示他自己没有民族自信力。这一句话所表示底心理,亦是殖民地人的心理。

这些情形,近二十年来,渐渐地改变了。我们不说西餐是番菜,也不说它是大菜,我们直说它是西餐而已。我们不说手杖是打狗棍,也不说它是文明棍,我们直说它是手杖而已。这些地方,表现我们对于西洋既不鄙视,亦不崇拜。我们对于西洋的东西,只如其实以称之。我们在国内各地旅行,看见头等车上,满坐些中国人,而这些中国人,昂然坐在沙发上,居之不疑,毫无自惭形秽底样子。这是一个很大底改变。这一方面证明中国人的财力大有增加,一方面证明中国人的心理亦大有改变。

无论在什么方面,近二十年来,中国都有很大底进步。无论在什么方面,我们在现在返看清末民初时候的情形,都有如同隔世之感。关于这些,在我们这篇短文里,我们亦不能一一举例说明。我们只可概括地说:在近代,中国的厄运,至清末民初而极。我们现在底时代,是中国复兴的时代,而不是中国衰落的时代。

有许多人嫌中国进步得太慢。在过去几十年中,如果中国不走些冤枉路,中国的进步还可以快些,这是可以说底。不过我们说这话底时候,我们不可以忘记,中国的改变,是一个旷古未有底艰巨任务。这个任务,是要在短时期之内,把西洋各主要国家于几百年内所做底事,完全做了。而中国的人民,又如此底众多,土地又如此底广大,以前底历史又如此底悠久,行动起来,改变起来,当然特别困难。这种任务,是非常艰巨底。对于如此艰巨底任务,中国的进步不能说是不快。

日本何以进步比中国快呢?这有几个原因可说。就第一点说,日本的人民,比中国少得多。它的土地比中国小得多。所以在行动方面,便利许多。就第二点说,它的历史与中国不同,所以少了一次种族革命。中国的辛亥革命,是以种族革命始,而以政治革命终。我们在现在平心而论,清末当局在政治经济文化各方面所行底政策,并不能说是全盘地不对。若果没有所谓满汉种族问题,如果当时底皇室是姓刘底、姓李底、姓赵底,或姓朱底,辛亥革命,可以没有,国家的组织中心,不致崩坏,则中国的进步,即可少一番迟滞。一个组织的中心,破坏之甚易,而建立之甚难。中国比日本多经了一次革命,自然进步多受了一番迟滞,而让日本占先了。

　　无论如何,中国是进步了。在世界政治说,中国的进步是世界上一个大部分底人要脱离殖民地底生活,是世界上一个大部分底乡下人,对于城里人底反抗。所以说,中国的进步有革命的性质,中国的进步是世界革命的一部分。所谓世界革命者,即全世界被压迫底人要求翻身也。中国是半殖民地底国家,中国人是被压迫底人,所以中国的进步是世界革命的一部分。

　　从这一方面看,中国的进步,是世界上已经是城里人底国家所不喜底。但是这种不喜,若不用力量以表示之,对于中国的进步是不能阻止底。在清末,一个强国对于中国,如有所不喜,只须派几只兵舰开到中国,再叫它的使臣,到总理各国事务衙门拍一拍桌子,即可达到它的目的。但现在底中国,则不是当日底吴下阿蒙了。谁要想压制中国,叫中国永远当乡下人,他非派大量底军队不可。这又不是任何国家所皆能办到底。在现在底局面下,能如此办者只有日本,日本既能如此办,它当然如此办。这就是中日冲突的根本原因。

　　日本与中国的关系,与别底城里人底国家与中国的关系又有不同。对于别底城里人底国家,中国成为城里人的结果,不过是使它们少了一块公共殖民地而已,对于它们本身的地位,并没有什么了不得底威胁。不但如此,而且中国在成为城里人的过程中,于开发资源、建立工业的时候,一定还要用许多机器及其他工业交通用品,它们还可以在相当底时期内,做大批底生意。譬如一个乡下底土财主,如要变为城里人,他必需先进城向城里人买许多东西。其终究将成为城里人,与现有底城里人并驾齐驱,虽为城里人所不喜,但就眼前说,他们亦并非无利可图。中国的成为城里人,对于别底城里人底国家，虽是如此，但对于日本却不是如此。在历史上，在地理上，或在文化上，无论就哪一方面说，中国本来是东亚的主人。因为欧洲早经过产业革命，所以整个底东亚，都一时沦为半殖民地或次殖民地。日本脱离半殖民地或次殖民地的地位较早，欧美国家又都不能在东亚取大规模底军事行动，"强龙不压地头蛇"，所以日本即以"东亚安定力"自命。所谓东亚安定力者，即东亚的主人也。日本之所以能有此地位，是因为中国尚未完全成为城里人的缘故。若中国完全成为城里人，则无论在何方面说，中国天然是东亚的主人。如此即与日本的现在地位不能相容。所以别底城里人底国家，对于中国的完全成为城里人可以放过，而日本则必不能放过。这又是中日冲突的根本原因。

日本当局口口声声说，日本对于中国，并无他求，只是要经济合作而已。所谓经济合作者，即中国为农业国，日本为工业国，中国的资源用日本的资本技术开发，如是互相辅助而已。这的确是日本的真意。这就是说，在东亚以日本为城里，以中国为乡下，日本人为城里人，中国人为乡下人。如此，日本在东亚可以长保其经济上政治上底主人的地位。如中国人承认这一点，随你用五色旗也好，青天白日旗也好，这些对于它都是没有关系底。

但是中国的进步，正是要脱离乡下底地位，脱离殖民地的地位。所以中国的进步与日本起了直接底冲突，而闹到现在底地步。这是历史的"势所必至"，而没有方法可以避免底。有些人以为，两国的交争，如同个人间吵架，只要一方客气一点，让步一点，即可大事化小，小事化无；这是完全错误底。

有人以为日本侵略中国，只是他们的军阀的意思，他们的财阀是不赞成底，或者是反对底。这种说法，亦是完全错误底。无论在何时何地，一个国家打了胜仗，军人所得底是虚荣，财阀所得底是实利。现在日本所占领底地方，跟着就有日本的商人来卖货，日本的工业家来开发资源；可知收"战果"实利者，还是日本的资本家。资本家冒险心不如军人大，所以他们有时不免替军人"捏一把汗"，这是有底。军人叫他们拿钱出来打仗，他们未免"善财难舍"，这也是有底。在战时军人的威权日大，他们恐怕将来"尾大不掉"，这也是有底。但说他们不赞成，或是反对，军人的行为的最后目的，这是没有底，而且不会有底。

有些人以为，中国尚未进步到一个能与日本打仗的地步，不如暂时不打，等到进步到了一个地步再说。这些人不知道，这一次打仗，正是日本怕中国进步到一个地步，不可复制，所以先下手为强，他所谓"制于机先"。有人说：这一次打仗，对日本是迟了五年，对中国是早了五年。对中国早了五年，所以我们不能不忍痛后退。对日本迟了五年，所以它不能速战速决。不过无论如何，在现在底局面下，这个战事是中国进步中间所必经底一个阶段，必过底一关。"道高一尺，魔高一丈"，若怕魔高，即只好不修道了。不修道，魔自然亦没有了。假使中国现在表示愿永远当乡下人底国家，愿意同日本"经济合作"，一切问题自然都没有了，可是中国一切的前途自然亦没有了。

有些人看这次中日战争，总不知不觉地，用看两个平等国家的战争底看法。有些人虽知在这次中日战争中，中日两国的力量是不平等底，但以为所谓不平等者，不过是中国的飞机大炮少，日本的飞机大炮多等等。在这些方面，中日的力量，固然是不平等，但这些不平等，尚是枝节底。中日根本上底不平等，是日本是个城里人底国家，中国是个乡下人底国家。从城里人的观点看来，乡下人想变为城里人，等于想造反。从日本人的观点看来，中国近来底进步，即是中国造反的"逆迹昭著"。它派兵来，只是"扫荡"这些造反底人，而并不是与一敌国作正式底战争。所以它不说这次战争是中日战争或日支战争，而说这是"中国事件"。这固然是日本的狂妄，但这狂妄也是一种事实的反映。我们也常说"抗"战"抗"战，我们常说我们这次"抗"战有革命的性质。这些话也是一种事实的反映。"抗"有以下违上的意思。乡下人与城里人争执起来，在经济上城里人是上，乡下人是下。战而曰抗，则其不是两平等底国家的战争可知矣。革命与造反，本是一件事的两个名字。被压迫者反抗压迫者，自压迫者的观点说，这是造反。自被压迫者的观点说，这是革命。

明白了这次战争的真正性质，我们即可以明白，这次底战争为什么是不可避免底，为什么是中国进步的一个必经底阶段，一个必过底关。知其是必过底关，则即非往前闯不可。闯过也要闯，闯不过也要闯。因为往前闯有闯过底希望，即使万一闯不过，其结果也不过与不闯一样。

在这一点，日本比中国走了好运。它在它将要脱离半殖民地的地位的时候，没有一国非压它不可，所以也没有一国压它。那时候的中国俄国都是腐败不堪，所以日本两战成名，立了成为"东亚安定力"的基础。中国没有这个好运，或者虽亦有这个好运，而自己让它空过了。不过这都是已往底事。空追悔已往，是没有用处底。

我们若知这次中日战事是中国的成为城里人的过程中的一个阶段，我们即可知，所谓抗战与建国，并不是两件事情，而只是一件事情的两方面。在这个阶段中，我们发现了一个真理，此即是：一面抗战,一面建国。从前我们总想着,抗战是抗战,建国是建国,一个是非常时的工作,一个是常时的工作。好像历史上底事情,能够拿钟表上底时间,于某一分某一秒,可以截然划断。好像是可以有一个时候,我们可以坐下,长叹一口气,说:哎呀,抗战完了,现在我们可以做建国的工作了。这一种见解,完全是错误底。我们常说"一劳永逸"。这句话对于一件比较简单底事情,是可以说底。一个人盖了一所钢骨洋灰底房子,一个人盖了一所草棚。钢骨洋灰底房子,可支持百年以上,草棚只可以支持一二年。比较起来,我们说,盖钢骨洋灰房子是一劳永逸,这是可以说底。但如较复杂底事情,其中包罗千头万绪,其错综如一波未平,一波又起,对于这些事,即不能有所谓"一劳永逸"。

办河工底人常用底一个名词是"抢救"。人生里各种事都是以抢救底精神成功底。就一个人的生理方面说,他的身体时时刻刻都在与千百万底病菌争斗中。千百万各色各样底病菌,对于他时时刻刻,轮流攻击,而他的身体亦时时刻刻在那里一面抵抗,一面生长。这两方面,若有一方面有一时一刻底停息,这个人立刻即有性命之忧。这是生理学及医学上底常识,我们都知道底。

有一个人画了一幅讽刺画。画中有一道大河。河上有一条独木桥。桥上有许多人从一边往另一边走。桥下有许多像所谓魔鬼者流,抓着每一个过桥底人的腿,用力往下扯。桥上每一个人,都正在一面过桥,一面努力与魔鬼争斗,同时河里面也漂流些落下桥底人的死尸。这幅画旁边注说:"这就是人生。"这实在就是人生。

一个人就是这样活下去底。一个国家,一个民族,也就是这样活下去底。那个独木桥,总是走不完底。无论是一个人,或一个国家,一个民族,只要是在活底时候,即是在走独木桥与魔鬼争斗的时候。小说上有一句话是："且战且走。"一面与魔鬼争斗，一面过桥底人，亦正是"且战且走"。不过这走不是向后走，而是向前走而已。中国现在一面抗战，一面建国，亦正是这一种底且战且走。

魔鬼固然是可恶底，但独木桥本身也就是不容易过底。即使没有魔鬼，而过桥底人，如果偶一疏忽，也会失脚跌在河里。所以我们先哲常说，人是"生于忧患，死于逸乐"。我们先哲最怕人说"一劳永逸"。我们先哲所常说底，不是永逸，而是"无逸"。

所谓争斗的精神，中国以前是不讲底。中国以前所讲底，是无逸的精神。这与所谓斗争的精神，对于人过独木桥，有同样底功用。中华民族的四千年底生存，就是靠这种精神维持底。

第十二篇　赞中华

在旧时,大部分底中国人好贵古贱今。凡今人做了什么好事,这些人总觉得,无论这事如何好,或做得如何好,但比之古人,总要差一点。古人所做底事,一定更好,或做得更好。如果今人做了什么坏事,这些人便借题发挥,用"人心不古,世风日下"等滥套,将今人骂得"狗血淋头"。

在旧时,除了些庙堂颂圣底作品外,在私家著作里,很少看见称赞他自己的时代底文章。王充《论衡·齐世》篇说:"古有无义之人,今有建节之士,善恶杂厕,何世无有?述事者好高古而下今,贵所闻而贱所见。辩士则谈其久者,文人则著其远者。近有奇而辩不称,今有异而笔不记。"王充看出了大部分人的错误,所以他在他自己的书里有《宣汉》篇。在这篇里,王充指出,汉朝的文治武功,都超越前古。王充感觉到他自己的时代的伟大。这在旧时是很少见底。

在旧时,大部分人所以都贵古贱今者,其原因有两点可说。就第一点说,大部分人本来都是"贵所闻而贱所见"。"今"是一个人之"所见世","古"是一个人之"所闻世",或"所传闻世"。大部分人本来都是"贵所闻而贱所见",所以他们亦是贵古而贱今。《抱朴子》说:"俗世多云:今山不及古山之高,今海不及古海之广,今日不及古日之热,今月不及古月之朗。重所闻,轻所见,非一世之患矣。"正是说此。就第二点说,中国旧时底社会,是农业底社会,在农业底社会里,人所注意底事情,如四时之变化、五谷之种植收获等,大部分都是循环底。对于循环底事情,人靠经验即可以知之、治之。农业社会的人,特别"尊高年"。高年是有经验底人。青年人有什么不了解或不能应付底事,即请教于高年。高年,凭他的经验,可以教训青年,而这些教训,大致都是不错底,因为在农业社会里,新来底事与过去底事,大致都是一类底。在这种情形下,人对于"古"即不知不觉地起了一种尊敬之心。但在工业社会底人,新底事情,时常发生。而其新又不只是个体上底新,而是种类上底新。我们常听见有些高年人说"这种事我没有经过"这一类底话,在农业社会里,是很有意义底,但在工业社会里,则没有什么很大底意义。因为在工业社会里,人所没经过而新有底事,是太多了。对于人所没有经过底事,旧经验的教训即不可用,至少是不一定可用。所以在工业社会里,高年不是一个傲人底性质,而青年反是一个傲人底性质了。青年所以成为一个傲人底性质者,因青年对于种类上的新底事物,可以学习,而高年则不能学习也。在农业社会里,人所以尊高年,一半是由于道德底理由,一半是由于实用底理由。在工业社会里,如果人亦尊高年,其所以尊高年完全是由于道德底理由。

近数十年来,中国自农业社会,渐变为工业社会,所以贵古贱今底人,在现在是很少底了。但有一部分人另外又犯一种毛病,即贵远贱近。凡中国人做了什么好事,这些人总觉得,无论这事如何好,或做得如何好,但比之外国人,总要差一点。他们总想着,外国人所做底事,一定更好,或一定做得更好。如中国人做了什么坏事,这些人一定要借题发挥,用"中国不亡,是无天理"等滥套,把中国人骂得"狗血淋头"。

现在所以有这一部分人,贵远贱近者,其原因亦有两点可说。就第一点说,近是人之所见,远是人之所闻或所传闻。人既易于"贵所闻而贱所见",所以也易于贵远贱近。就第二点说,中国现在一部分人还有殖民地人的心理。在上篇《论抗建》里,我们说到所谓殖民地人的心理。中国人有这种心理,以在清末民初时候为最甚。相传有人以为美国的月亮比中国的月亮圆。这与上《抱朴子》所说,可谓"异曲同工"。实际上或不必真有人如此以为,但有此传说,也就是一个很有意义底事实。此事实使我们知道,当时有许多人盲目地崇拜西洋人。这种殖民地人的心理,在中国到现在还有残余。此即是说,到现在还有一部分中国人多少有殖民地人的心理。贵远贱近,虽亦是人之常情,但他们又并不是仅只贵远贱近,他们对于阿比西尼亚的英勇,总觉得"不过如此",而对于捷克的懦怯,总觉得"没有什么"。在这些方面看,这一部分人的贵远贱近,是由于他们的心理,是殖民地人的心理。

就人之常情说,人贵所闻而贱所见。这并不是人的弱点,而正是人的优点。"人之所以异于禽兽者",其一即是人有理想。我们可以说,人是有理想底动物。就客观方面说,理想是事物的完全底典型。就主观方面说,理想是人对于事物的完全底典型底知识。人有理想,而其所见底事物,都不尽合于他的理想。社会上或历史上底事,都是人做底。人都是人,不是神。此即是说,没有人是绝对完全底,没有人是完全合乎人的定义底。在实际底世界中,无论什么事物,都必多少合乎它的定义,但亦没有一个事物,能完全合乎它的定义。人既是实际底事物,他总有缺点,他所做底事亦总有缺点。在时间上或空间上离我们远底人,亦有他们的缺点,他们所做底事亦有缺点。不过这些缺点，异时异地底人，因为距离远底缘故，不容易看见，因为距离远底缘故，人看异时异地底人或事，都只看见其大体轮廓，其详细则看不清楚。如其大体轮廓无大缺点，人即以为其是完全底。人对于其同时同地底人或事，则是深知其详底。因深知其详底缘故，不但看不见其大体轮廓的无大缺点，如果其大体轮廓是无大缺点，而且简直看不见什么是其大体轮廓，如所谓见树不见林者。在这种情形下，一个人看其同时同地底事，自然只见其是不完全底了。

我们论历史上或社会上底事，必须先就其大体轮廓看。看见了它的大体轮廓，然后可以看见它的主要底趋势，及它的趋势所向底目的。用我们于以上所用底名词说，我们看见了它的大体轮廓，我们才可以于它的许多"情"中，看出它的"性"。

在我们的《新事论》里，我们的意思之一，即是想指出中国在近五十年来底活动的大体轮廓，以及这个活动的"性"。许多谈所谓文化问题者，大概都是想在这方面说一点。

近五十年来中国的活动，其主要底趋势，是从乡下变为城里，从半殖民地的地位，恢复以前东亚主人的地位。就恢复以前东亚主人的地位说，中国近五十年来底活动的"性"是"复兴"。就从乡下变为城里说，中国近五十年来底活动的"性"是"革命"。有些人的看法，注重中国近来底活动的复兴性，常用"民族复兴"、"自力更生"等语。有些人的看法，注重中国近来底活动的革命性，常用"民族革命"、"中国革命是世界革命的一部分"等语，这些看法都不错，这些说法都是可说底。

或可问：就大体轮廓上看，中国近来底活动是不是已有成就？中国人在复兴或革命的方面，是不是已有成绩？我们的回答：中国已有很大底成就,中国人已有很大底成绩。

我们于第七篇《阐教化》里说,一国可有一国的国风,中国自商周以来,有一贯底一种国风。此种国风是:在中国社会里,道德底价值,高于一切。在这种国风里,中国少出了许多大艺术家、大文学家,以及等等底大家。但靠这种国风,中国民族成为世界上最大底民族,而且除几个短时期外,永久是光荣地生存着。在这些方面,世界上没有一个民族,能望及中国的项背。在眼前这个不平等底战争中,我们还靠这种国风支持下去。我们可以说,在过去我们在这种国风里生存,在将来我们还要在这种国风里得救。

我们于《新理学》中说,一社会的分子之行动,其可以直接或间接维持其社会的存在者,是道德底行动;其可以直接或间接阻碍其社会的存在者,是不道德底行动;其亦不维持亦不阻碍其社会的存在者,是非道德底行动。这些话,亦可以反过来说。我们亦可以说,所谓道德底行动者,即人的行动之可以直接或间接维持其社会的存在者;所谓不道德底行动者,即人的行动之可以直接或间接阻碍其社会的存在者;所谓非道德底行动者,即人的行动之亦不维持亦不阻碍其社会的存在者。

道德是所以维持社会存在的规律。在一社会内,人愈遵守道德底规律,则其社会之组织必愈坚固,其存在亦必愈永久。由此我们可以看出,中国尊重道德的传统底国风,与中国社会的组织的坚固,与中国民族的存在的永久,是有密切底关系底。

《左传》说,古有三不朽:太上有立德;其次有立功;其次有立言。这是中国的一个传统底看法。照这个传统底看法,有三种人可以得永久底荣誉。可以得最大底永久底荣誉者是有道德底人,其次是有功底人,其次是有学问底人。在中国历史中,秦皇汉武,功盖中国,但历史家的春秋之笔,对于他们,总是贬多褒少。照传统底看法,他们二位的令闻令誉,不及一个乡下底孝子节妇。在中国历史上,有学问底人的声价,也靠他的德维持。在中国历史上,有学问底人,大部分亦是有德底人,或人以为是有德底人。《宋元学案》、《明儒学案》中的人,百分之九十九是有德底人,或人以为是有德底人。只有学问而无道德底人,不能十分为人所重视。在文学艺术方面,亦有如此底情形。例如人称赞杜甫的诗,必说及其忠爱之忱。颜真卿的字,传统底说法以为比赵子昂的字有价值,因为颜真卿是忠臣,赵子昂是贰臣。有一传说谓,有二人好写字,其一写魏武帝字,其一写颜真卿字,写魏武帝字者以写颜真卿字者之字为不佳。写颜真卿字者说:"我的字虽不佳,然是学忠臣的字。你的字虽佳,然是学奸臣的字。"写魏武帝字者无以对。从所谓为艺术而艺术的观点看,这些话都是"驴唇不对马嘴"。从这观点看,这些话荒谬的程度,不亚于现在德国的物理学家说:爱因斯坦的相对论不对,因为爱因斯坦是犹太人。但若从道德价值高于一切的观点看,则若一个人的"大节有亏,其余皆不足观"。从这观点看,这些话亦不是不可以说底。而在大家都如此说底社会里,其中人的道德底行为,可以得更大底鼓励。其中人的道德底行为,可以得更大底鼓励,则有道德底行为底人必更多,而此社会的组织,必更坚固,其存在亦必更永久。

我们并不以为,别底民族或国家,都不是讲道德底。所谓一个民族或国家不讲道德者,有两个意义。其一个意义是说:一个民族或国家于对外作一整个底行动时,不讲道德。这是有底,是可以有底,不过这些行动本来无所谓是道德底或是不道德底。因为所谓道德本是因一社会之有而有底,而自古迄今,国之上还没有真正底更高底社会组织。此点我们于第二篇《明层次》中，已经说明。所谓民族或国家不讲道德的另一意义是说：一个民族或国家的内部底分子，在其内部都不讲道德。在这一意义下，我们可以说，没有民族或国家，若其还能继续存在，是如此地不讲道德。一个民族或国家的内部底分子，可以于一个时候都不讲道德。如果有这个时候，这即是那个民族或国家土崩瓦解的时候。但若说有一个国家或民族的内部底分子，都从来不讲道德，这是没有底事。因为如果如此，那个国家根本上即不能成立，那个民族根本上即不能存在。

虽是如此，但西洋人对于人底评价，所用底标准，是与中国人的传统底标准，不尽相同。中国人所谓三不朽，西洋人是亦承认底，而且他们亦不能于此三者之外，再说有别种底不朽。不过对于这三种不朽底评价，西洋人与中国人，不尽相同。照中国人的说法，太上有立德，其次有立功，其次有立言。西洋人的说法，大概要是：太上有立功，其次有立言，其次有立德。照西洋人的办法，有大成就底政治家、军事家，以及诗人、戏子，都可以入一个民族或国家的“众神祠”；而照中国的办法，则只有有德底人，可以入圣庙。圣庙中固然亦有些可称为什么家者，但其入圣庙是靠他的德，而不是靠他的是什么家。

自清末以来，因受西洋人的影响，中国人虽仍尊重有德者，而对于有功有言者的崇拜，已比前增高。在清末即有人称赞秦皇汉武的伟大。我们现在以为秦皇汉武当然是伟大。不过这种说法，在清末是翻案文章。民初更有人称赞则天皇后的伟大，这更是翻案中之翻案了。在这些方面，我们虽已受了西洋人的影响，但对于西洋人在这一方面底观点，亦并未完全接受。我们可以了解，英国人为什么崇拜莎士比亚；但我们仍不能了解，美国人为什么崇拜某工业大王,或某电影明星。在这些地方,中国人还是中国人。

在清末民初,有些人以为中国人不知分别公德与私德。中国人所以不崇拜秦皇汉武,以及则天皇后者,因中国人以他们的私德与他们的公德相混也。照我们的说法,凡可称为道德者,都是与社会有关底,即都是公底,纯粹只关系一个人的私底事,都是非道德底,即无所谓是道德底或是不道德底。一个人打死了另一个人,他这行为可以是道德底或是不道德底。但一个人多吃了两杯酒,以致头晕呕吐,我们不能说他这行为是道德底或是不道德底。

或可说:中国人原来所讲底道德是旧道德。中国人只知讲旧道德而不知讲新道德,所以中国几十年来要自强,而还没有强起来。照我们的看法,在有些地方,可以说新道德、旧道德;在有些地方,道德是无所谓新旧底。照我们的看法,有社会,有各种底社会。有些道德,是因某种社会之有而有底,如一民族或国家,自一种社会转入另一种社会,则因原一种社会之有而有底道德,对于此民族或国家,即是旧道德;因另一种社会之有而有底道德,对于此民族或国家,即是新道德。但大部分底道德是因社会之有而有底。只要有社会,就需有这些道德,无论其社会,是哪一种底社会。这种道德中国人名之曰"常",常者,不变也。照中国传统底说法,有五常,即仁、义、礼、智、信。此五者的意义及其所以为常,我们于《新理学》中已说过。此五常是无论什么种底社会都需要底。这是不变底道德,无所谓新旧,无所谓古今,无所谓中外。"天不变,道亦不变",对于"常"仍是可说底。忠孝是因以家为本位底社会之有而有底道德。这一点昔人虽未看清楚,但昔人虽以忠孝为人之大节,但不名之曰常,这是很有意义底。关于忠孝,我们于第五篇《原忠孝》中,已说了很多。忠孝可以说是旧道德。我们现在虽亦仍说忠孝，如现在常有人说，我们要对于国家尽忠，对于民族尽孝，不过此所说忠孝与旧时所谓忠孝，意义不同。此所说忠孝是新道德。我们可以说，对于君尽忠，对于父尽孝，是旧道德；对于国家尽忠，对于民族尽孝，是新道德。在这些方面，道德虽有新旧的不同，但能行不变底道德底人，都自然能行这些道德。一个能行仁义礼智信底人，在以家为本位底社会里，自然能事君以忠，事父以孝；在以社会为本位底社会里，自然能为国家尽忠，为民族尽孝。

无论古今中外，都承认上所说三不朽之为不朽。这是各民族或国家之所同。但各民族或国家对于此三者之相对底重轻，则可有不同底看法，此是各民族或国家之所异，其所以有此异的原因，我们于此不论。我们于此只说，其有此异，是事实。这些异，从某种社会的共相的观点看，不是主要底；但从一民族或国家的殊相的观点看，则是重要底。此点我们于第八篇《评艺文》中已说过。

照中国的传统底评定人的价值底标准，有德为比有功更有价值。因此有许多好大喜功，好冒险进取底人，因得不到鼓励而不能尽其才。在中国历史中，有些好大喜功、冒险进取底人，如有所成就，其成就不是在社会鼓励之下成功底，而是冒社会的大不韪而成功底。在这一方面说，中国在进步方面，受了大影响。但中国重有德的影响，使人人都向有德这一方面走，因此中国的社会组织得以坚固，中国民族的存在得以长久。中国民族，这样地稳扎稳打，才能有如上所说稀有底成就。

说到中国的社会组织坚固，或许有人听见即笑掉了大牙。因为近来骂中国或中国人者，都说中国是无组织底国家，中国人是一盘散沙。这些人的话，我们亦不能说是全无根据。不过这些人都可以说是"只知其一，不知其二"。

　　我们于第四篇《说家国》中说,在生产家庭化底社会中,家是人的一切。中国旧日底社会是生产家庭化底社会。在旧日社会中,家的组织,极其坚固。旧日所以以孝为道德的中心者,即因孝是巩固家的组织底道德也。在旧日凡可以巩固家的组织底行为,或可以延续家的存在底行为,皆是孝的行为。例如旧日兄弟不和,或妯娌不睦,均可称为不孝底行为。因此等行为,足以招致家之分裂也。在旧日,兄弟分居,虽不是不道德底行为,而亦不是光荣底行为。"五世同居"虽不是人所必行底道德底行为,而却是很光荣底行为。娶妻生子,亦是孝的行为,因此等行为,乃所以延续家之存在者也。"不孝有三,无后为大"。照旧日的看法,人人都有为其祖先传嗣续的责任。中国人民的众多,中国人的此等责任心不能不说是其一大原因。

　　在旧日,中国人的组织,虽注重在家,然亦并非只限于家。旧日所谓江湖上底各种组织,其严密坚固,比家的组织,更有过之。试举在欧美各国做卖货小贩底中国人以为例。我们所谓上等人者,如要到外国游历,总先要请教许多人,先看许多指南游记,先学些言语。即令如此,我们还时常感觉困难。在欧洲旅行,火车走不了几个钟点,就要过国境,查护照,验行李,换钱,换言语。这些情形,教我们感觉更大底困难。但是常有一个外国字不识,甚而至于一个中国字也不识底中国人,带一点零碎货物,可以传食于欧洲。这些人能周游列国,全靠他们的帮。他们的帮是一种严密坚固底组织。别底国家向外移民,靠兵船大炮,但中国向外移民,则靠这些民的本身的严密组织。河北山东底人,向东北西北迁移,远及苏联及欧洲各处。广东福建的人向东南西南迁移,远及南洋及美洲各处。他们的成功,没有靠政府的任何帮助,只靠他们自己的严密组织。中国人的组织的坚固，在这些地方是很容易看出底。

常有人说：中国人所有底严密坚固底组织，都是小组织。正因中国人有严密坚固底小组织，所以全国大一统底大组织，反而组织不起来。中国人是只知有家，不知有国底，一说到全国大一统底大组织，中国人不是闹党见，就是闹省见。各小组织的力量，互相摧毁，互相抵消。结果是：关于大组织底事，什么都不能做。这是实在情形。这些批评家所说底并不错误。不过他们没有想到，在旧日以家为本位底社会里，在旧日底交通状况下，所谓全国大一统，本只需要很松底组织，亦只能有很松底组织。在那种社会里，在那种交通状况下，严密底全国大一统底组织，是没有物质底必要，亦没有物质底基础。关于这一点，我们于第四篇《说家国》中已经说明。我们可以说，中国人旧时只有严密坚固底小组织，而没有严密坚固底全国大一统底大组织者，因为照旧时底一套社会制度，本来只需要严密坚固底小组织，亦只需要松懈疏阔底全国大一统底大组织，而其物质基础亦只允许如此。到中国的社会制度一变，及其物质底基础允许的时候，中国的全国大一统底组织亦一天一天地严密坚固起来。二十四个月底伟大底战争，更证明了这一点。

我们看史书，常见上面写"某师与某师战，大破之，某师溃"等语句。我们在现在底实际底经验中，深明白了破字及溃字的意义。破者破其组织，溃者其组织崩坏。打仗并不是要把敌人赶尽杀绝，亦不能如此。打仗的胜利，不是靠敌人的绝灭，而是靠敌人的崩溃。战胜底兵可以用几个人，赶杀败兵几百人。其原因即是，胜兵虽只几个人，而是有组织底，败兵虽有几百人，而其组织是已被击破底。败兵虽有几百人，而此几百人只是几百个一个一个底人。几个人打一个人，当然是很容易底。这次中日战争，是个极不平等底战争，我们于上篇《论抗建》中已经说过。在这个极不平等底战争里，我们虽退而不溃，我们虽有时为敌人所败，而却永未为敌人所破。就军队说是如此，就人民说亦是如此。这样我们表现出很大底组织力，很大底道德力。

以上说了我们的国风的一方面。就这一方面说，这种国风的理论底根据是儒家墨家的学说。更确切地一点说，巩固家的组织底道德的理论根据是儒家的学说。巩固"帮"的组织底道德的理论根据是墨家的学说。此外中国的国风还有另一方面，这另一方面底国风养成中国人的"满不在乎"的态度。就这另一方面说，中国的国风的理论底根据是道家的学说。儒家墨家教人能负责，道家使人能外物。能负责则人严肃，能外物则人超脱。超脱而严肃，使人虽有"满不在乎"的态度，却并不是对于任何事都"满不在乎"。严肃而超脱，使人于尽道德底责任时，对于有些事，可以"满不在乎"。有儒家墨家的严肃，又有道家的超脱，才真正是从中国的国风养出来底人，才真正是"中国人"。

真正底中国人，并不必于"肉食"者中求，在非"肉食"中者，这些人实在多得很。近来有许多报告战地消息底文章，在这些文章里，有许多地方，我们看见真正底"中国人"。有一访员碰见一位军人，自动往河北组织游击队。谈话之间，这位军人表示，对于中国底最后胜利，他是有确信底。这位访员问："中国打胜以后，你打算做什么事情？"这位军人很冷静地说："那时候，我已经死了，在这次战事中，军人大概都要死底。"在徐州撤退的时候，有一部分军队突围而走，敌人发炮追击。在军队出了敌炮射程以外时，有位军人说："日本兵对于中国兵真客气极了。放了这许多礼炮送行。"有一个杭州的老板，于财产完全损失以后，跑到上海，有人问他怎么办，他说："没有什么,再来一回。"这些人都是平常底中国人。他们处大难能如此地严肃,如此地超脱,或如此地严肃又超脱。这都是数千年底国风养出来底真正"中国人"。中国的过去,靠这些真正底"中国人"。中国的将来,也靠这些真正底"中国人"。

我们是提倡所谓现代化底。但在基本道德这一方面是无所谓现代化底,或不现代化底。有些人常把某种社会制度,与基本道德混为一谈,这是很不对底。某种社会制度是可变底,而基本道德则是不可变底。可变者有现代化或不现代化的问题,不可变者则无此问题。有人说:现代化不只指生产技术,如"忠于职务,忠于纪律,忠于法律",就是现代化的精神。这话是不对底。照这种说法,则只有现代人方始"忠于职务,忠于纪律,忠于法律"。如果如此,则古代的人凭什么能有社会组织? 我敢说:如只有所谓现代化的精神者,方始"忠于职务,忠于纪律,忠于法律",则人类灭绝久矣,哪里还会有所谓现代人?

说到此,我们感觉到,清末人所谓"中学为体,西学为用"者,就一面说,是很不通底;但就又一方面说,亦是可以说底。如所谓"中学为体,西学为用"者,是说:我们可以以五经四书为体,以枪炮为用。则这话诚然是不通底。读五经四书,是不会读出枪炮来底。民初人说这种说法是"体用两橛",正是就此话的此方面说。如所谓中学为体,西学为用者,是说:组织社会的道德是中国人所本有底,现在所须添加者是西洋的知识、技术、工业,则此话是可说底。我们的《新事论》的意思,亦正如此。不过我们不说是西洋底知识、技术、工业,而说是某种文化底知识、技术、工业而已。我们所以必需如此说者,其理由已详于第一篇《别共殊》中。清末人没有这样清楚底见解。不过他们总觉得中国是有些不必改变底东西,不过这些东西确切是什么,他们不能明确地看出说出而已。

自清末至今,中国所缺底,是某种文化底知识、技术、工业;所有底,是组织社会的道德。若把中国近五十年底活动,作一整个看,则在道德方面是继往;在知识、技术、工业方面是开来。这本是一件很明显底事实。不过因其太明显了,有些人总想着,问题或别有所在。"道甚易而求诸难",正这些人之谓了。

去年有一位牛津大学的教员,写信来说,英国人对于中国人的抵抗力之强,甚为惊异。不知道中国人有什么精神底力量,能有如此底行动。后来牛津大学全体教授与蒋委员长底新年贺电,亦说:"英国人士,对于中国文化学术之真义与价值,在过去不无怀疑之处。但时在今日,一方鉴于狭义国家主义之横暴相仇,一方鉴于中国反日态度之庄严镇静,究竟谁为世界文化之领导者,吾人当无疑义矣。"若问:什么是中国人的精神力量,能使中国人以庄严静穆底态度抵御大难?我们说:此力量,普通一点说,是上所说底道德力;特别一点说,是墨家儒家的严肃,及道家的超脱;儒家墨家的"在乎",及道家的"满不在乎"。

我们并不以为中国人专靠这种所谓精神力,即可度过大难。现代底知识、技术、工业,亦是我们所特别需要底。不过我们于第七篇《阐教化》中说,使人有知识靠教,使人有道德靠化。两者比较起来,教易而化难。教可以求速而化不可求速。中国所需要补充者是可教者,所以中国的进步,是可以加速进行底。

真正底"中国人"已造成过去底伟大底中国。这些"中国人"将要造成一个新中国,在任何方面,比世界上任何一国,都有过无不及。这是我们所深信,而没有丝毫怀疑底。

新 世 训

（生活方法新论）

自　序

　　承百代之流,而会乎当今之变。好学深思之士,心知其故,乌能已于言哉? 事变以来,已写三书。曰《新理学》,讲纯粹哲学。曰《新事论》,谈文化社会问题。曰《新世训》,论生活方法,即此是也。书虽三分,义则一贯。所谓"天人之际","内圣外王之道"也。合名曰《贞元三书》。贞元者,纪时也。当我国家民族复兴之际,所谓贞下起元之时也。我国家民族方建震古铄今之大业,譬之筑室,此三书者,或能为其壁间之一砖一石欤? 是所望也。民国二十九年二月,旧历元旦,冯友兰序于昆明。

绪　　论

　　我们的这部书一名为:生活方法新论。人都生活,其生活必多少依照一种规律。犹之乎人都思想,其思想必多少依照一种规律。一种规律,为人的思想所必多少依照者,即是逻辑底规律。这规律并不是人所规定,以硬加于人的思想者,而是一种本然底规律,为人的思想所本须多少依照而不可逃者。所以在未有人讲逻辑学之先,人的思想,本来都多少依照逻辑底规律,人的正确底思想,本来都依照逻辑底规律。逻辑学并不能创造逻辑底规律,以使人必从。它不过发现了这些规律,而将其指示出来,叫人于明白了这些规律之后,可以有意地依照着思想,使其思想,本来多少依照这些规律者,现在或能完全依照之。如能完全依照之,则其思想即可完全正确。因此逻辑学可以教人如何思想。就其可以教人如何思想说,它所讲底一部分是所谓思想方法。因其所讲底一部分是所谓思想方法,所以它亦属于所谓方法论。

　　人的生活也有其本然底规律,任何人都必多少依照它,方能够生活。例如在人的生活的物质方面,无论古今中外,人都必须于每日相当时间内吃饭,相当时间内睡觉。在这一方面,有本然底规律,人必多少都依照这些规律。完全不依照之者,必准死无疑。完全依照之者,必有完全的健康底身体。不过人的生活的这方面,并不是我们讨论所及。我们于此所谓生活或人的生活,是就人的生活的精神底或社会底方面说。在这方面，亦有些本然底规律，为人所都多少必依照者。例如"言而有信"，是人的社会底生活所多少必依照底规律。无论古今中外，固然很少人能完全依照此规律，但亦没有人能完全不依照此规律。骗子是最不讲信底了。但他不讲信，只限于他做他的骗子工作的时候。除此之外，他如应许他的房东每月付房租，他亦须付房租；他如应许他的听差每月付工资，他亦须付工资。他的骗子工作，只于某一时为之。如果他于任何时皆骗，他所说底任何话皆不算话，这个人便不能一刻在社会中生活。此即等于说，他不能一刻生活，因为没有人能离开社会生活。

这些本然底规律，是人所都多少依照底，但人不必皆明白这些规律，所以其依照之不必皆是有意底。我们亦须要有一门学问，发现这些规律，将其指示出来，叫人可以有意地依照着生活，使其生活本来多少依照这些规律者，或能完全依照之。这门学问，可以教人如何生活，所以它所讲者可以说是生活方法。我们的这部书即打算讲这门学问。

我们于以上所说关于生活方法底意思，《中庸》已大概说过。我们所说人的生活所依照底本然规律，《中庸》名之曰道。这个道是人本来即多少照着行，而且不得不多少照着行底。所以说："道也者，不可须臾离也，可离非道也。"凡人可以照着行，可以不照着行者，一定不是人的生活所依照底规律。不过人虽都多少照着道行，而却非个个人都知他是照着道行，而道的完全底意义，更非个个人所能皆知，所以《中庸》说："人莫不饮食也，鲜能知味也。"人虽都多少照着道行，但完全照着道行，却不是容易底。人对于道虽多少都有点知识，但对于道底完全底知识，却不是容易得到底。所以说："君子之道，费而隐。夫妇之愚，可以与知焉，及其至也，虽圣人亦有所不知焉；夫妇之不肖，可以能行焉，及其至也，虽圣人亦有所不能焉。"

逻辑学所讲底思想方法，亦是如此。个个人都多少照着逻辑底规律思想，如其不然，他的思想即不能成为思想。但是完全照着逻辑底规律思想，却是很不容易底。个个人对于逻辑底规律，都多少有所知。我们常听人辩论，这个人说："你错了。"那个人说："你错了。"我如说："凡人都有死，我是人，我可以不死"，无论什么人，都知道我是胡说八道。这可见，无论什么人，对于逻辑底规律，都多少有所知。不过对于逻辑规律底完全底知识，却不是容易得到底。在现代哲学里，人对于逻辑规律底知识，进步最大，但我们还不能说，我们对于逻辑底规律，已有完全底知识。

关于生活方法，古人所讲已很多。宋明道学家所讲尤多。我们常说宋明道学家是哲学家，但是，严格地说，宋明道学家所讲大部分不是哲学。他们讲得最多者，是所谓"为学之方"。在有些方面，"为学之方"即是生活方法。关于生活方法，古人所讲，虽已很多，但我们所讲，亦有与古人不尽同之处，因此我们称我们这部书为生活方法"新论"。

所谓新论之新，又在何处呢？这可以分几点说。就第一点说，生活方法，必须是不违反道德底规律底（其所以，我们于以下第一篇另有详说）。道德底规律，有些是随着社会之有而有者，有些是随着某种社会之有而有者。例如所谓五常，仁义礼智信，是随着社会之有而有底道德。这一点我们于《新理学》中已经说过。如忠孝，照其原来底意义，是随着以家为本位底社会之有而有底道德。这一点我们于《新事论》中已经说过。因在道德底规律上，有这些分别，所以一个社会内底人的生活方法，一部分可以随其社会所行底道德规律之变而变。一种社会内底人的生活方法与别种社会内底人的，可以不尽相同。不过这些分别，前人没有看出，所以他们所讲底生活方法，有些是在某种社会内生活底人的生活方法，而不是人的生活方法。现在我们打算讲人的生活方法，所以与他们所讲，有些不同。在这一点，新逻辑学与旧逻辑学的分别，亦可以作一个比喻。亚力士多德的逻辑学所讲底，有些固然是逻辑底规律，但有些只是随着希腊言语而有底命题形式。所以他所讲底，有些不是真正底逻辑底规律。新逻辑学则超出各种言语的范围而讲纯逻辑底规律。不过虽是如此，新逻辑学还是继承旧逻辑学。我们的"新论"，在一方面虽与宋明道学家的"旧论"不同，但一方面亦是继承宋明道学家的"旧论"。

就第二点说，宋明道学家所谓"为学之方"，完全是道德底，而我们所讲底生活方法，则虽不违反道德底规律，而可以是非道德底。在以前底人的许多"讲道德、说仁义"底话里，我们可以看出来，他们所讲所说者，大致可以分为三类。一类是：道德底规律，为任何社会所皆需要者，例如仁义礼智信等。一类是：道德底规律，为某种社会所需要者，如忠孝等。另外一类是：不违反道德底规律底生活方法，如勤俭等。说这些生活方法，是不违反道德底规律底，是说，它虽不必积极地合乎道德底规律，但亦消极地不违反道德底规律。积极地合乎道德底规律者，是道德底；积极地违反道德底规律者，是不道德底；虽不积极地合乎道德底规律，而亦不积极地违反道德底规律者，是非道德底。用这些话说，这些生活方法，虽不违反道德底规律，但不一定是道德底。说它不一定是道德底，并不是说它是不道德底，而是说它是非道德底。

宋明道学家以为人的一举一动，以及一思一念，都必须是道德底或不道德底。从前有些人用宋明道学家所谓工夫者,自立一"功过格"。一行动或是一思念,皆须判定其是道德底或不道德底。是道德底者是功,是不道德底者是过。有一功则于功过格上作一白圈,有一过则于功过格上作一黑点。人于初用此工夫时,每日所记,大概满纸都是黑点,到后来则白圈渐多,而黑点渐少。这亦是个使人迁善改过的法子,不过其弊使人多至于板滞迂阔,不近人情。朱子《小学》谓柳公绰妻韩氏,家法严肃俭约,归柳氏三年,无少长未尝见其启齿。韩氏固尚不知有宋明道学家所谓工夫,但朱子于《小学》"善行"中举此,则亦希望人有此"善行"也。朱子《小学》一书,自谓是个"做人的样子"。其中所举底"样子",全是道德底样子。我们以为人的行为或思念,不一定都可分为是道德底或是不道德底。所以我们所讲底生活方法,在有些方面,亦可以是非道德底。

就第三点说,宋明道学家所讲,有些虽亦是人的生活所依照底规律,人的生活方法,但他们所讲,若不与我们眼前所见底生活中底事联接起来,则在我们的心目中,就成了些死底教训,没有活底意义。因之他们所讲底那些规律,那些方法,在我们心目中,就成了些似乎不能应用底公式。这种情形,可以说是向来即有底,不只现在如此。自宋明以来,当道学家中没有大师,而只有念语录、写功过格底人的时候,这些人即只讲些死底教训,只讲些似乎不能应用底公式。所以这些人常被人称为迂腐。这两个字底考语,加到这些人身上,实是最妥当不过底。他们只讲些死底教训,所以谓之腐;他们只讲些似乎不能应用底公式,所以谓之迂。我们现在底生活环境,与宋明道学家所有者又大不相同。在我们的生活中,新事甚多。所以有些生活方法,虽已是宋明道学家所已讲者,但我们必以眼前所见底事为例证,而与以新底说法。这种新底说法,即是所谓"新论"。

就第四点说,所谓生活方法,如其是生活方法,则必是每个人所本来即多少依照之者,这一点虽古人亦有见到者,但专念语录,写功过格底人,多板起面孔,以希圣希贤自居,好像他们是社会中特别底一种人,他们所做底事,是社会中特别底一种事。邵康节说:"圣人,人之至者也。"一个最完全底人,即是圣人,我们可以说,能完全照着生活方法生活下去底人,即是圣人。所以希圣希贤,亦是我们所主张者。不过学圣人并不是社会中一种特别底职业,天下亦没有职业底圣人。这一点本亦是宋明道学家所主张者,不过他们的语录中,有时不免有与此相反底空气,而念语录底人,更于社会中造成这种空气。所以有些生活方法,虽为宋明道学家所已讲者,但为扫除这种空气起见,我们仍须予以新底说法。这新底说法,即是所谓"新论"。

就第五点说,佛家所谓圣人,是达到一种境界底人。此种底圣人,可以说是静底。如佛像皆是闭目冥想、静坐不动者。宋明道学家本来反对此种静底圣人。他们的圣人,是要于生活中,即所谓人伦日用中成就者。不过他们于说圣人时,亦太注重于圣人所达到底一种境界,所以他们的圣人,亦可以说是静底。他们注重所谓气象。朱子《论语》注引程子曰:"凡看《论语》,非但欲理会文字,须要识得圣贤气象。"朱子《近思录·圣贤》篇引明道云:"仲尼,元气也;颜子,春生也;孟子,并秋杀尽见。仲尼,天地也;颜子,和风庆云也;孟子,泰山岩岩之气象也。观其言皆可见之矣。"这都是注重圣人所到之境界。因为他们所注重者,是最后底一种境界,故他们认为,一人在到此境界以前底活动都是"学",都似乎是一种手段。

《论语》"如有所立卓尔"，朱子《集注》引程子曰："到此地位功夫尤难，直是峻绝，又大段着力不得。"宋明道学家所谓"学"，皆此所谓功夫也。所谓功夫者，即所以达某种地位之手段也。我们于此书说圣人时，我们所注意者，不是一种境界，而是一种生活。换句话说，凡是能完全照生活方法生活者，都是圣人。所以我们所谓圣人的意义是动底，不是静底。我们所注重底是此种生活，此种生活是生活，不是"学"。此种生活的方法是生活方法，不是"为学之方"。

或可说：《论语》"如有所立卓尔"，朱子《集注》引吴氏曰："所谓卓尔，亦在乎日用行事之间，非所谓窈冥昏默者。"对于程子所谓"大段着力不得"，朱子《语录》云："所以着力不得，像圣人不勉而中，不思而得了。贤者若着力要不勉不思，便是思勉了。此所以说大段着力不得。今日勉之，明日勉之，勉而至于不勉。今日思之，明日思之，思而至于不思。自生而至熟。正如写字一般，会写底固是会，初写底须学他写。今日写，明日写，自生而至熟，自然写得。"由此所说，则宋明道学家所谓圣人，正是能照生活方法生活者。所谓日用行事之间，正指日常生活说。照生活方法以生活，有生有熟。生者，须要相当底努力，始能照之生活。如此者谓之贤人。熟者不必用力而自然照之生活，如此者谓之圣人。我们如果常能照生活方法生活，自生至熟，熟则即到宋明道学家所谓圣人的地位矣。由此方面说，则宋明道学家所说为学之方，亦不见得与我们所谓生活方法有大不同处。

照我们的看法，照我们所谓生活方法生活下去，固亦可得到宋明道学家所说底某种熟生活，但我们生活下去是为生活而生活，并不是为某种底熟生活而生活。为某种熟生活而生活，则达到此目的以前底生活，皆成为"学"，皆成为手段。用我们的所谓生活方法而生活下去,虽亦可得到宋明道学家所谓某种底熟生活,但我们既为生活而生活,则在得到某种熟生活以前底生活,仍是生活,不是学,不是手段。以写字为例,我们写字,写得久了,自然由生而熟。但我们如为写熟字而写字,则能写熟字以前底写字,均是"学",均是手段。我们如为写字而写字,则能写熟字以前底写字,亦是写字,不是"学",不是手段。因此我们所讲底生活方法,又有与宋明道学家所讲不同之处,所以我们所讲,可谓为"新论"。

就上所述第一第二点说,我们的新论,如不够新,则必失之拘。就上所述第三第四点说,我们的新论,如不够新,则必失之迂,失之腐,或失之怪。拘、迂、腐、怪,是旧日讲道学者,或行道学家的工夫者,所最易犯底毛病。为去除这些毛病,所以我们于许多旧论之外,要有"新论"。

现在常流行底,还有所谓修养方法一名。关于所谓修养方法,还有许多时论,我们于以下附带论之。

我们常常听人说,现在底青年需要一种青年修养方法。说这话底人,或许心中有一种见解,以为青年需要一种特别底修养方法,与老年中年不同者;或以为只青年特别地需要修养,至于老年中年,则均可不必;或以为现在底青年需要一种现在底修养方法,与旧时底修养方法不同者。从逻辑方面说,"现在底青年需要一种青年修养方法",这一句话,不必涵蕴这些"以为",但说这一句话底人,或许有这些见解,听这一句话底人,也往往不免有这些误会。

这些"以为",我们以为都是错误底。如果所谓修养方法即是我们于以上所说底生活方法,则从以上所说,即可知这些"以为"是错误底。因为我们于以上所说底生活方法是"生活"方法,凡生活底人都必须多少依照之,想求完全底生活底人,都必须完全依照之，不管他是个老年人或少年人、中国人或外国人、古人或今人。犹之逻辑学上所讲底思想方法，凡思想底人都必须多少依照之，想有正确底思想底人，都必须完全依照之，不管他是一个老年人或少年人、中国人或外国人、古人或今人。

或有以为修养方法是一种手段，用之者于达到目的之后，即可以不再要它。譬如说，人须有做事底能力。欲有做事底能力，必须有如何如何底准备。这准备的方法即是所谓修养方法。如所谓修养方法是如此底意义，上所说诸"以为"是不是可通呢？我们以为还是不可通。

一个人如欲成为一个有做事能力底人，他必须有如何如何底准备，这如何如何底准备，不因要准备如何如何者是青年或老年而异。如说青年可用一种特别方法，以求有做事底能力，而中年老年人，则需用另一种方法，这是不通底。这不通正如说，青年人可吃一种特别底食物，以求身体健康，而中年人老年人，则需吃另一种食物。这比喻还不确切，因为在有些情形下，老年人是需要一种食物，与青年人不同。一个人求健康的方法，须看他的生理状况而决定，但求做事底能力的方法，则不因人的生理或心理状况的不同而有异。假使一个人体弱，少做事是他的求健康的方法，但他如欲练习做事底能力，则少做事决不是一个准备的方法。练习做事底能力的方法，是不管一个人体弱体强底。这方法在基本上只有一个。无论用这方法底人是老是少，是强是弱，它总是它。

青年固然不见得都有做事底能力，但中年老年亦何尝不是如此？有许多中年老年，虽比青年多吃了许多年饭，但是他们的做事能力，却不见得比一般青年高多少。这些中年老年如果想要有做事底能力，当然亦需要用所谓修养方法。这个方法在基本上只有一个，如上所说。

　　还有一点我们要说者，所谓修养方法，虽可说是一种手段，但用之者即于达到目的后，仍须常要用它。我们所用以求得做事底能力的方法，是时常要用而不是只于一时用者。在这一方面，所谓修养方法与求健康底方法相同。我们可用一种方法，以求健康，于健康既得之后，这种方法仍然继续要用，以增进，至少是维持我们既得底健康。如其不然，既得底健康，便要失去。在历史上有很多底人，在少壮有为的时候，在道德或事业方面，很有成就，但后来偶一疏忽懈怠，便立时成为道德上底罪人，或事业上底失败者。例如唐玄宗在开元天宝两个时代，几乎完全成为两个人。在开元时代，他的政治，比美贞观，但到天宝时代，他几乎成了个亡国之君。此正如一个人，先用一种方法，以求得健康，但既得健康之后，他抽大烟，吸白面，当然他的身体是马上就要糟糕底。

　　至于是否有一种现在修养方法，特别适合于现在底青年之用呢？我们以为这亦是没有的。以做事底能力为例说，有做事能力底人，其主要底性质，无论古今中外，都是一样底。求得这性质的方法，无论古今中外，亦都是一样底。现在底世界，虽然在物质方面与古代有很多底不同。但人的做事底能力，就其主要性质说，是不变底。例如现在打仗用枪炮，古代打仗用弓箭。就这方面说，古今有很大底不同。但就打仗底人说，古代底军人要眼明手快，现在底军人还是要眼明手快，或可说，更须要眼明手快。眼明手快是当军人的成功的一个主要性质，古今中外无不如此。又例如现代底商业，其组织复杂，范围广大，与从前底商业大不相同。但经营商业底人，如其成功，必是个有信用底人。有信用是商人成功的一个主要性质。这亦是古今中外，无不如此。

　　我们又常听见说：我们需要一种新人生观。所谓修养方法，是否因人的人生观的不同而有异？对于这个问题，我们说，如把修养方法当成一种手段看，则在不同底人生观中，人所要求得底目的不同，因此其修养方法自然亦异。例如一个信佛法底和尚，其人生观与我们不同，所以他们的修养方法，如出家吃斋、打坐参禅等，亦与我们的不同。不过这些方法，亦是不因青年、中年、老年而异。无论什么人当了和尚，他都须吃斋念佛、打坐参禅，不管他的岁数是二十或是八十。

　　所谓修养方法，可随人的人生观不同而异。但我们于此所讲底生活方法，则不随人的人生观的不同而异，因为我们所讲底生活方法是"生活"方法，凡是生活底人都须用之。各种人生观虽不同，而都是人"生"观，不是人"死"观。此即是说，无论人持何种人生观，在他未死的时候，他总是要生底。佛家虽以人生为苦而欲解脱，但在他未解脱之前，他还是要生底。既生即在生活中。既在生活中，还多少要用生活方法。所以我们所讲底生活方法，是不随人的人生观的不同而异底。

　　关于我们所讲底生活方法，现在人还有些别的误会。我们于以下诸篇中，随时论之。

第一篇　尊理性

　　我们于绪论中说,宋明道学家讲得最多者,是所谓"为学之方"。他们以学圣人为为学之目的。朱子《近思录》有"为学"一章,开始即引用濂溪说:"圣希天,贤希圣,士希贤。""志伊尹之所志,学颜子之所学。"颜子之所学是什么? 程伊川有《颜子所好何学论》,说:颜子所好,即"学以至圣人之道"。

　　为什么要为圣为贤呢? 一个说法是:为圣为贤,可得到一种乐。宋明道学家以为孔子称颜渊为好学,又说:"回也不改其乐。"程明道说:"昔受学于周茂叔,每令寻颜子仲尼乐处,所乐何事。"有人说:颜子之乐,是乐其所学。"乐是乐此学,学是学此乐。不乐不是学,不学不是乐。"我们承认在宋明道学家所说底"学"中,是可得到一种乐。但我们不能以此为人所以必须为圣为贤底理由。因为我们如以此为人所以必须为圣为贤底理由,则我们须有理论证明为圣为贤底乐,比普通人在别方面所得底乐更是可乐。虽有许多人作此等底证明,但其理论总不十分地圆满。因为作此等证明须把两种,或几种不同底乐,作一比较,看其中哪一种是更可乐。这种比较若完全是量的比较,则须有一个公同底量的标准。例如此物是一斤重,彼物是二斤重,斤是在此方面底量的公同标准。但于比较乐之量时,则没有公同底标准可用。喝两杯酒所得底乐不见得一定比喝一杯酒所得底乐加倍,亦不见得一定不加倍,亦不见得一定不止加倍。若所谓乐的比较不是量底比较,而是质底比较,则即质底比较亦须有一公同底标准。若没有一个公同底标准,我们很难说,这一种乐比那一种更可乐。所谓更可乐或更不可乐,都是就一公同底标准说,而此标准是没有底,即使有亦是很不容易找到底。譬如读书是一种乐,喝酒亦是一种乐。究竟此二者中,哪一种更可乐,是不容易比较底。有些人可说,如果好喝酒底人深知“读书之乐乐无穷”,他一定以为读书的乐比饮酒的乐更可乐。但有些人亦可说,如果好读书底人深知“饮酒之乐乐无穷”,他一定以为饮酒的乐比读书的乐是更可乐。这二种说法,我们很难确切地说,或充分地证明,哪一种一定是,哪一种一定非。因为在这个比较中,我们没有一个公同底标准。

宋明道学家虽说为圣贤及学圣贤是一种乐,但并不以此为人所以必为圣贤或必学圣贤的理由。这是很有理由底。究竟人为什么要学圣贤呢?孟子于此点,有一较为形式底辩论。宋明道学家亦常用之。照这个辩论的说法,人所以必要学圣贤,因为人必要“做人”。

我们现在常听见有许多人说:“人要做人。”有许多人说,现在底教育,只教学生知识,不教学生“做人”。什么叫“做人”,这些人并没有说,至少是没有说清楚。“做人”亦是宋明道学中底名词。孟子有一句话说:“人之所以异于禽兽者几希,庶民去之,君子存之。”人之所以异于禽兽者,即是人之所以为人者。一个人若照着人之所以为人,人之所以异于禽兽者去做,即是“做人”。若不照着人之所以异于禽兽者去做,而只照着人之所同于禽兽者去做,即不是“做人”,而是做禽兽了。此做字的意义,如“做父亲”、“做儿子”、“做官”之做。是父或子底人,做父或子所应该做底事,即是做父亲或做儿子。是人底人，做人所应该做底事，即是"做人"。如是父或子底人，不做父或子所应该做底事，即是"父不父，子不子"。如是人底人，不做人所应该做底事，即是"人不人"。所谓"人不人"者，即是说一个人不是人。在中国话里，我们骂人，常用"不是人"一语。这一语是有思想上底背景底。在别底言语里，似乎没有与此相当底一句话。美国人常用骂人底一句话，有"天杀底"一语，此一语亦是以一种信仰为背景底。

自另一方面说，是父或子底人，照着父或子所应该底去做，即是父父子子。如人照着人所应该底去做，即是人人。人人之至者是圣人。圣有"完全"的意思。一个人对于某种技能，如可认为已至完全的程度，我们称之为某圣。例如有人称杜甫为诗圣。称之为"诗圣"者，言其对于"作诗"，已可认为达于完全的程度也。一个人如对于"做人"，已可认为至完全的程度，则可称为人圣，人圣即是圣人。邵康节说："圣人，人之至者也。"人人之至，即是人之至。照着人之至去做，即是"学"。

"人之所以异于禽兽者"是什么？我们常听见西洋哲学家关于此问题底各种说法。有些哲学家说：人是政治底动物。有些说：人是理性底动物。有些说：人是有手底动物。有些说：人是能用工具底动物。有些说：人是会笑底动物。孟子等所谓禽兽，即指人以外底别底动物。理性底、有手底等，都是人之所以异于人以外底别底动物者。动物的性质，加上人之所以异于人以外底别底动物的性质，即是人的定义。照着人的定义去做，即是"做人"。

不过照以上所说底，人之所以异于禽兽者，有些是人不必努力地照着做，而自然照着做底。人不必努力地有手而自然有手，人不必努力地会笑而自然会笑。但有些则需人努力地照着做而始照着做。例如对于是理性底及是政治底两方面，人必需努力，然后可以成为完全地或近乎完全地理性底或政治底动物。对于人不必有意地照着做而自然照着做者，不发生照着做或不照着做的问题。对于需人努力地照着做而始照着做者，则有照着做或不照着做的问题。因有这个问题，所以这些方面成为要"做人"底人的努力的对象。

亚力士多德说：人是政治底动物。此话现在人常引用，不过亚力士多德此话的原意，比现在有些人所了解者多得多。亚力士多德说：人是政治底动物，意谓人必在国家的组织中，才能实现人的"形式"。我们现在所谓国家，只有政治底意义，但亚力士多德所谓国家，其伦理底意义，比其政治底意义多得多。他说人是政治底动物，意实说：人是伦理底动物。孟子说："圣人，人伦之至也。"他以为人之所以异于禽兽者，在于其有人伦。他说："人逸居而无教，则近于禽兽。"教是什么呢？即"父子有亲，君臣有义，长幼有序，夫妇有别，朋友有信"。在这些方面均至者，即均能达到完全的程度者，是圣人。孟子这种说法，与亚力士多德的说法，其主要点是相同底。

在此点孟子及亚力士多德所说，我们可以同意。不过我们虽仍可以说，"圣人，人伦之至也"，但我们以为，人伦不限于是旧说中底五伦：君臣，父子，夫妇，兄弟，朋友。此五伦虽亦是人伦，但是某种社会的人伦，而不是社会的人伦。有社会必有人伦，但不必有某种人伦。苏联的人相称为"同志"，同志亦是一伦，此一伦虽非旧说底五伦中所有，然亦是人伦也。在某种社会内底人，尽某种底人伦，即是圣人。用亚力士多德的意思说，人的要素，即在其是伦理底，能尽乎此要素者，即能尽乎人的形式。能尽乎人的形式者，即是圣人。

所谓理性有二义：就其一义说，是理性底者是道德底，就其另一义说，是理性底者是理智底。西洋伦理学家所说与欲望相对的理性，及宋明道学家所谓理欲冲突的理，均是道德底理性。西洋普通所说与情感相对底理性，及道家所谓以理化情的理，均是理智底理性。

说人是理性底动物，此"是理性底"，可以兼此二义。人之所以异于禽兽者，在其有道德底理性，有理智底理性。有道德底理性，所以他能有道德底活动。有理智底理性，所以他能有理智底活动，及理智的活动。所以说人是理性底动物，可以包括人是政治底动物。所以我们于以下专就人是理性底动物说。

理智"底"活动，与理智"的"活动不同。理智底活动，是人的活动受理智的指导者。理智的活动，是理智本身自己的活动。例如人见天阴而出门带伞，是理智底活动。算算学题是理智的活动。理智底活动可以是与一个人的生活全体有关者，而理智的活动则只是人的各官能中底一官能的活动。

人之所以异于禽兽者，即在其是理性底。因其是理性底所以他能有文化，有了文化，人的生活才不只是天然界中底事实。《易传》说："有夫妇然后有父子，有父子然后有君臣，有君臣然后有上下，有上下然后礼义有所措。"禽兽，即人以外底别底动物。禽兽的生活，是天然界中底事实。它的生活，是本能的自然底活动，而不是理性的自觉底，有意底努力。它有天然界中底男女之交，而无文化界中底夫妇关系。它有天然界中底传代生育，而无文化界中底父子关系。有些动物，如蜂蚁等，亦有社会底生活，所以朱子说蜂蚁亦有君臣。但它的社会底生活，亦是本能的自然底活动。它虽有社会底生活，而不自知它有社会底生活。它虽如此如此地生活，而不自知如此如此底生活的意义是什么。所以它的君臣，亦不是文化界中底君臣关系。必有文化界中底夫妇等关系，"然后礼义有所措"。言必有此等关系，然后始有文化可说也。文化出于人的理性的活动。如社会底组织，道德底规律等，出于人的道德底理性。科学技术等出于人的理智底理性。人之有文化，证明人是理性底动物。

或说，无论就理性的哪一义说，人不见得完全是理性底。若人都完全是理性底，则世界上应没有不道德底人，亦没有不聪明底人，但事实上这两种人是很多底。于此，我们说：说人是理性底动物，并不是说人是完全地理性底动物。在实际底世界中，没有完全底东西。说这个东西是方底，并不是说它是完全地方底；说这个东西是圆底，并不是说它是完全地圆底。在实际底世界中，没有方底东西是完全地方，亦没有圆底东西是完全地圆。这都是以绝对地方或圆为标准说。说人的"是理性底"是不完全底，亦是以绝对地"理性底"为标准说。就此标准说，人的"是理性底"当然是不完全底。

并且，人不但是人，而且是动物，是生物。他固然是"理性底"动物，但亦是理性底"动物"。他有一切动物所同有底，生理底心理底要求。而这些要求，在有些时候，不见得不与理性相冲突。人有时为其理性所统治，有时为一切动物所同有底某要求所统治。人虽有理性，而就其本来说，其行为不见得常完全为理性所统治。由此方面看，我们亦可以见人何以不是完全地理性底动物。

但就另一方面说，人虽都不是完全地理性底动物，但亦没有人完全无理性，或完全是非理性底。没有人能离开社会生活。人的生活都多少必须是社会底生活。社会底生活都多少必须是道德底生活。没有完全不道德底人能有社会底生活者。这一点我们于上文绪论中已经证明，下文还要提及。无论我们赞成孟子的或荀子的对于人性底学说，我们都必须承认，个个人都能讲道德、行道德。这个"能"即证明个个人都多少有道德底理性。

就道德底理性说是如此，就理智底理性说亦是如此。人的活动，大部分都是理智底活动。我看见天阴，知道或者要下雨，若于此时出门，我即带伞。这是理智底活动。我上银行取钱，与银行算账，更是理智底活动。一个完全不能有理智底活动底人，若没有别人保护他，是不能生活底。理智的活动，对于人的生活，固然不必有如此密切底关系，亦或许有些人不能有理智的活动，但人皆有理智底活动，这一点即可证明人皆有理智底理性。

无论就理性底的哪一义说，人都是理性底，而不完全是理性底。但完全地是理性底却是人的最高底标准，所以人必自觉地、努力地，向此方面做。自觉地、努力地向此方面做，即是"做人"。

宋明道学家说人之所以异于禽兽者时，他们注重在人的道德方面。而我们说人之所以异于禽兽者时，我们不只注重在人的道德方面，而亦注重在人的理智方面。西洋人说人是理性动物时，他们注重人的理智底理性。我们说人是理性动物时，我们不只注重人的理智底理性，而亦注重人的道德底理性。宋明道学家所谓"人之至者"，是在道德方面完全底人，而我们所谓"人之至者"是在道德方面及理智方面完全底人。

我们所讲底生活方法，注重人的道德底活动，亦注重其理智底活动。或可问：如此二者有冲突时，则将如何解决？于此，我们说，专就人的道德底活动及其理智底活动说，此二者有无冲突，虽是问题,但即令其可有冲突,但在我们所讲底生活方法中,则不会有问题。因为我们所讲底生活方法是不与道德底规律冲突底。我们所讲底生活方法,虽可以是非道德底,而不会是不道德底。所以照我们所讲底生活方法而生活底生活,不能是不道德底。在我们所讲底生活方法内,不能有与道德活动冲突底活动。

我们所讲底生活方法为什么必是不与道德底规律冲突底? 有没有一种生活方法,是与道德底规律冲突底? 如果一种生活方法,是所有底人都用或都可用者,则此生活方法,必是不与道德底规律冲突底。因为道德底规律是社会组织所必需底。有了道德底规律,才能有社会。若果所有底人都打算不照着道德底规律生活,则即没有了道德底规律。没有了道德底规律,即没有社会。没有了社会,人即不能生活。不能所有底人,都不照着道德底规律生活,所以亦没有与道德底规律冲突底生活方法,为所有底人都用或都可用者。我们所讲底生活方法是所有底人都用或都可用者,所以必需是不与道德底规律冲突者。

或可问:盗贼的行为是不道德底,但事实上很少底地方没有盗贼。盗贼岂非是完全不照着道德底规律生活? 盗贼岂非有其完全与道德规律冲突底生活方法? 所谓盗亦有道者,其“道”正是其生活方法也。照我们的看法,盗贼亦是社会中底人,他亦须在社会内生活,因之他的盗贼底行为,虽与道德底规律冲突,而他的生活却并非完全与道德底规律冲突。盗贼,只其偷人或劫人的行为,是与道德底规律冲突底。除此之外,其余底生活,并不都是如此。例如,盗贼所偷来或劫来底东西,必要拿去当卖,得来底钱,必要拿去买米面酒肉,这些都是社会底行为,都是不与道德底规律冲突底行为。一个绑票底土匪,房人勒赎,亦必“言而有信”。不然,以后即没有人去赎票了。所谓"盗亦有道",都是此类。此类底"道"亦是道德底。再从另一方面说,盗贼们亦自有其团体,其团体亦自是一社会。在其社会内,他们的道德底规律,往往更严。他们的生活,更须是与道德底规律不冲突底。

我们所要讲底生活方法,虽其中有些不一定是道德底,但照我们所要讲底生活方法而生活底生活,就其整个说,却是道德底,至少不是不道德底。照我们所讲底生活方法而生活底生活是道德底,亦是理智底。照以上所说,实际上没有人的生活,不多少是道德底,亦是理智底。在道德方面,及理智方面均完全底人,即是圣人。照着圣人的标准"做"者,即是"做人"。

以上所说,是我们在此篇底主要底意思。还有一点,我们于此可附带说及。在现在底时论中,颇有一些人,反对理性。他们以为中国人太尊重理性,所以遇事缺乏一种热情。因为如此,所以中国人不能冒险,不能牺牲。因为做这些事,要靠一种冲动,用旧底说法,要靠一股气。《儿女英雄传》中说,十三妹要自杀,但一把没摸着刀,她的气即泄了,因为自杀,仗个干脆。于此我们说,中国人不能做冒险或牺牲底事,是不是事实,我们于此不论。我们于此只指出,有一种冲动或一股气者,虽能做冒险或牺牲底事,但做冒险或牺牲底事,不必皆须要一种冲动或一股气。此即是说,所谓冲动或一股气,虽是做冒险或牺牲底事的充足条件,而却不是其必要条件。人凭其道德底理性的命令,或理智底理性的判断,亦可做冒险或牺牲底事。而如此做冒险或牺牲底事,是更合乎人之所以为人者,是更可贵底。旧说:"慷慨捐生易,从容就义难。"凭一种冲动或一股气以牺牲者,即所谓慷慨捐生也。凭道德底理性的命令,或理智底理性的判断以牺牲者,即所谓从容就义也。在中国过去及现在底历史中,从容就义底人实在多得很。即在西洋历史中说,如柏拉图所描写底苏格拉底的死,亦是从容就义的极则。这些行为都是理性底行为,而不是只靠所谓热情底冲动底行为。

或可说:这种行为,虽是可能而却是难能底,不是人人皆能行底。于此,我们说:我们所说底生活方法,是求完全底生活所用底方法。完全底生活本来是难能底,但虽是难能底,我们却必须以之为我们的生活的标准。

时论中还有举别底理由,以反对理性者。但我们若了解上述底一点,则这些时论的错误,是不难看出底。

第二篇　行忠恕

"子曰:'参乎,吾道一以贯之。'曾子曰:'唯。'子出,门人问曰:'何谓也?'曾子曰:'夫子之道,忠恕而已矣。'"(《论语·里仁》)朱子《集注》说:"尽己之谓忠,推己之谓恕。……夫子之一理浑然而泛应曲当,譬则天地之至诚无息,而无物各得其所也。……盖至诚无息者,道之体也。万殊之所以一本也。万物各得其所者,道之用也。一本之所以万殊也。由此观之,一以贯之之实可见矣。"照朱子的讲法,有天地的忠恕,有圣人的忠恕,有学者的忠恕。《语录》说:"天地是一个无心底忠恕,圣人是一个无为底忠恕,学者是一个着力底忠恕。学者之忠恕,方正定是忠恕。"

先就天地的忠恕说,照朱子的说法,天地之至诚无息,便是天地的忠;万物各得其所,便是天地的恕。忠是道之体,恕是道之用。朱子《集注》引程子说:"维天之命,於穆不已,忠也;乾道变化,各正性命,恕也。"亦是就天地的忠恕说。朱子《集注》又引程子说:"忠者无妄,恕者所以行乎忠也。忠者体,恕者用,大本达道也。"照宋明道学家的看法,宇宙是一个道德底宇宙。它本身是道德底,没有一点不道德底或非道德底成分在内。因此它是无妄。因其是无妄,所以是诚。《中庸》说:"诚者,天之道也。"周濂溪《通书》亦说:"'大哉乾元,万物资始',诚之源也。'乾道变化,各正性命',诚斯立焉。"此所谓诚亦是宇宙的诚,不是人的诚。程朱所说天地的忠,亦是无妄，亦是诚。从宇宙的忠、诚、无妄底"体"，发出来万事万物；这些万事万物的发出，即是天地的"恕"。恕是推己及人。万物各得其所，似乎是天地的推己及人，所以说是天地的恕。宋明道学家以为宇宙的主动者是道德底理性，所以他们的形上学中多用道德学中底名词。海格尔以为宇宙的主动者是理智底理性，所以他的形上学中多用逻辑学中底名词。宋明道学家的形上学与道德学混。海格尔的形上学与逻辑学混。

就圣人的忠恕说，照朱子的讲法，尽己之谓忠，推己之谓恕。朱子《语录》说："尽己只是尽自己之心，不要有一毫不尽。如为人谋一事，须直与他说，这事合做与否。若不合做，则直与说，这事决然不可为。不可说道，这事恐也不可做，或做也不妨，此便是不尽。"《语录》又说："圣人是因我这里有那意思，便去及人。因我之饥寒，便见得天下之饥寒，自然恁地去及他。贤人以下，知道我是要恁地想人亦要恁地，而今不可不教他恁地，便是推己及物，只是争个自然与不自然。"照朱子的说法，推己及人是恕，推己及人，须尽自己之心是忠。如自己愿吃饱，亦愿别人吃饱是恕。如自己愿吃十分饱，则亦愿别人吃十分饱是忠。圣人由己自然及人，更不必有意地"推"，此是无为底忠恕。学者则须有意地推，此是着力底忠恕。然说及忠恕时，我们所着重者，正是有意地推。所以说："学者之忠恕，才是正定底忠恕。"

我们于以下所讲底，是朱子所谓学者底忠恕一类底。照我们的讲法，忠恕一方面是实行道德的方法，一方面是一种普通"待人接物"的方法。

先说忠恕二字的意义。恕是"己所不欲，勿施于人"。这是《论语》上有明文底。所以对于恕字的意义，不必再有争论。《论语》上虽常说忠,但究竟什么是忠,则并未说明。《论语》上常有人"问仁"、"问孝",但没有人问忠。照朱子的讲法,"推己及人"是恕,竭尽自己的心去及人是忠。照这一方面说,恕是主,忠是所以行乎恕者。但照朱子所谓天地的忠恕类推,则又似乎是:尽己以诚实无妄是忠,推己及人是恕。人必须先有诚实无妄之忠,然后可有推己及人之恕。照这一方面说,忠是主,恕是所以行乎忠者。无论从哪一方面说,忠恕俱不是平等底。他这种说法,是否合乎孔门的忠恕的原意,我们现在不论。我们现在并不打算对于孔门所谓忠恕的原意,作历史底研究。朱子的说法,可以认为是他自己的一种说法。

照我们的看法,在朱子的这种说法里,推己为恕,固然无问题,但尽己为忠,似乎应该补充为:"尽己为人"为忠。若只尽己而不为人,则不是普通所谓忠的意义。曾子说:"为人谋而不忠乎?"尽自己的力量为人谋是忠,否则是不忠。但若为自己谋,则无论尽己与否,俱不发生忠不忠的问题。我们现在说:人必须忠于职守。一个人的职守,都是他为国家、为社会,或为他人,所做底事。对于这些事可有忠或不忠的问题。但一人为他自己所做底事,则不是职守,他对于做这些事,亦不发生忠或不忠的问题。譬如一个人替银行管钱。管钱是他的职守,管得好是忠于职守,管得不好是不忠于职守。但如一个人管他自己的钱,则管钱不是职守,管得好或不好,不发生忠或不忠的问题。所以照普通所谓忠的意义,我们必须说"尽己为人"谓忠。

忠孝之忠,专指尽己以事君说。尽己事君,尽己为君办事,是忠,因事君或为君办事,亦是为人办事。在旧日底社会中,为君办事,是为人办事中之最重要者,所以忠有时专指尽己以事君说。此忠即忠孝之忠。关于此点,我们于《新事论·原忠孝》篇中,有详细底讨论。

怎么样才算是尽己为人呢？为人做事，必须如为自己做事一样，方可算是尽己为人。人为他自己做事，没有不尽心竭力底。他若为别人做事，亦如为他自己做事一样地尽心竭力，他愿意把他自己的一种事，做到怎样，他为别人做一种事，亦做到怎样，这便是尽己为人。

所以忠有照己之所欲以待人的意思。我们可以说：己之所欲，亦施于人，是忠。己所不欲，勿施于人，是恕。忠恕都是推己及人，不过忠是就推己及人的积极方面说，恕是就推己及人的消极方面说。

我们于以下再就忠恕是实行道德的方法说。此所说道德，是指仁说。仁是所谓五常之首，是诸德中底最重要底一德。孔子说："夫仁者，己欲立而立人，己欲达而达人，能近取譬，可谓仁之方也已。"（《论语》）朱子《集注》说："譬，喻也；方，术也。近取诸身，以己所欲，譬之他人，知其所欲，亦犹是也。然后推其所欲，以及于人，则恕之事，而仁之术也。"或问仁恕之别。朱子说："凡己之欲，即以及人，不待推以譬彼而后施之者，仁也。以己之欲，譬之于人，知其亦必欲此，而后施之者，恕也。此其从容勉强，固有浅深之不同，然其实皆不出乎常人一念之间。"朱子此所说恕，兼忠恕说。仁即是上文所说，圣人无为底忠恕。忠恕即是上文所说，学者着力底忠恕。如欲有无为底忠恕，则需从着力底忠恕下手。所以忠恕是"仁之方"，言其为行仁的方法也。

行仁的方法，统言之，即是推己及人；分言之，即是己之所欲，亦施于人，己所不欲，勿施于人。而此所说欲或不欲，即是平常人之欲或不欲，所谓"不出乎常人一念之间"。

孟子对于孔门的这一番意思,有很深底了解。齐宣王说"寡人有疾,寡人好色",所以不能行仁政。孟子说:如果因你自己好色,你知天下人亦皆好色,因而行一种政治,使天下"内无怨女,外无旷夫",这就是仁政。齐宣王又说"寡人有疾,寡人好货",所以不能行仁政。孟子说:如果因你自己好货,你知天下人亦皆好货,因而行一种政治,使天下之人,皆"居者有积仓,行者有裹粮",这就是仁政。孟子这一番话,并不是敷衍齐宣王底话,所谓仁政,真正即是如此。孟子说:"古之人所以大过人者无他焉,善推其所为而已矣。"推即是推己及人,即是行忠恕。不待推而自然及人,即是仁。不待推而自然及人,必须始自推己及人,所以忠恕是仁之方,是行仁的方法。

孔孟所讲忠恕之道,专就人与人底关系说。再进一步说,人不仅是人,而且是社会上某种底人,他是父,是子,是夫,是妇。一个父所希望于他的子者,与他所希望于别人者不同。一个子所希望于他的父者,与他所希望于别人者亦不同。《大学》、《中庸》,更就这些方面讲忠恕之道。《大学》说:"所恶于上,毋以使下。所恶于下,毋以事上。所恶于前,毋以先后。所恶于后,毋以从前。所恶于右,毋以交于左。所恶于左,毋以交于右。此之谓絜矩之道。"一个人在社会中,有一个地位。这个地位,有它的上下左右。他所恶于他的上者,亦必为其下所恶。既知为其下所恶,则即毋以此施于其下。此即是"己所不欲,勿施于人"。此即是恕。从另一方面说,一个人所希望于其上者,亦必为其下所希望。既知为其下所希望,即以此施于其下,此即是己之所欲,亦施于人,此即是忠。

《中庸》说:"《诗》云:'伐柯伐柯,其则不远。'执柯以伐柯,睨而视之,犹以为远。故君子以人治人,改而止,忠恕违道不远,施诸己而不愿,亦勿施于人。君子之道四,丘未能一焉。所求乎子,以事父,未能也。所求乎臣,以事君,未能也。所求乎弟,以事兄,未能也。所求乎朋友,先施之,未能也。"一个人若不知何以事父,则只须问,在事父方面,其自己所希望于其子者是什么。其所希望于其子者,即其父所希望于其自己者。他如以此事其父,一定不错。此即是己之所欲,亦施于人。此即是忠。自另一方面说,在事父方面,一个人若不知他的父所不希望于他自己者是什么,则只须问其自己所不希望于其子者是什么。他如勿以此事其父,一定不错。此即是己所不欲,勿施于人,此即是恕。在各种社会制度内,父子兄弟等所互相希望者不必同。但如此所说底忠恕之道,则总是可行底。

忠恕之道,是以一个人自己的欲或不欲为待人的标准。一个人对于别底事可有不知者,但他自己的欲或不欲,他不能不知。《论语》说:"能近取譬。"一个人的欲或不欲,对于他自己是最近底。譬者,是因此以知彼。我们说:地球的形状,如一鸡蛋。此即是一譬,此譬能使我们因鸡蛋的形状而知地球的形状。一个人因他的自己的欲或不欲,而推知别人的欲或不欲,即是"能近取譬"。

孟子说:"权,然后知轻重;度,然后知长短。物皆然,心为甚。"对于物之轻重长短,必有权度以为标准。对于别人的心,一个人亦有权度。这权度即是一个人的欲或不欲。一个人有某欲,他因此可推知别人亦有某欲。如此,他自己的某欲,即是个权,是个度。他知别人亦有某欲,则于满足他自己的某欲时,他亦设法使别人亦满足某欲,至少亦不妨碍别人满足某欲。此即是推己及人,此即是"善推其所为"。

《大学》所谓"絜矩",亦是这个意思。一个人的欲或不欲,譬如是个矩,"所恶于上,毋以使下"等,即是以自己的矩去度量别人。所以,"所恶于上,毋以使下"等,是絜矩之道。

《中庸》说执柯伐柯,其则不远。一个人以他自己的欲或不欲去度量别人时,他自己的欲或不欲,即是个标准,即是个"则"。朱子《语录》说:"常人责子,必欲其孝于我,然不知我之所以事父者曾孝否。以我责子之心,而反推己之所以事父,此便是则也。常人责臣,必欲其忠于我,然不知我之事君者尽忠否。以我责臣之心而反之于我,则其则在此矣。"一个人若何待人的"则",便在他自己的心中。所以执柯伐柯,虽其则不远,然犹须睨而视之,至于一个人若何待人之则,则更不必睨而视之。所以执柯伐柯之则,犹是远也。

忠恕之道的好处,即行忠恕之道者,其行为的标准,即在一个人的自己的心中,不必外求。猜枚是一种很方便底玩意,因为它所用底工具,即是人的五指。五指是人人有底,随时皆可用。我们下棋须要棋子棋盘,打球须要球场球拍,这都是须要另外找底。猜枚所须要底五指,则不必另外找,所以行之最方便。行忠恕之道者,其行为的标准,亦不必另外找,所以是最容易行底。然真能行忠恕者,即真能实行仁,若推其成就至极,虽圣人亦不能过。所以忠恕之道,是一个彻上彻下底"道"。

有些人要在古圣先贤的教训中求行为的标准。这些标准不如忠恕之道所说底切实合适。因为古圣先贤的教训,不是说及一类底事,即是说及某一件事,如他们的教训是说及某一类事者,则其所说,必是较宽泛底。一个人当前所遇见底事,虽亦可属于某一类,但它总有它的特殊方面,为某一类所不能概括者。关于某一类底事底教训,如适用于某一类中底某一事,则常使人感觉宽泛,不得要领。例如事亲是一类事。事亲须孝,这是尽人皆知底。但对于事亲一类中底每一事,如只以须尽孝为其标准,则行此事者仍觉得无所捉摸。他虽知尽孝是事亲一类底事的标准,但对于这一类事中底每一事,仍不一定能知若何行方合乎此标准。这种宽泛底标准,从实际行为的观点看,是没有大用处底,是不切实底。

如古圣先贤的教训是说及某一件事者,则其所说,必较切实,不宽泛。不过一个人如欲应用此教训于当前底一件事,此当前底一件事必须与原来所说底一件事是一类者。虽是一类,然亦必有许多不同。于此一个人又常觉得古圣先贤关于某一件事底教训,因说得太切实了,如适用之于当前底一件事,又不合适。

但如果一个人于事亲的时候,对于每一事,他只须想他所希望于他的儿子者是如何,则当下即可得一行为的标准,而此标准对于此行为是切实底而又合适底。一个人于待朋友的时候,对于每一事他只须想,他所希望于朋友者是若何,则当下即可得一行为的标准,而此标准对于此行为,亦是切实底而又合适底。

又有人以为人有良知,遇事自然知其应如何办。一个人的良知,自然能告他以任何行为的标准。此说亦以为,一个人如欲知任何行为的标准,不必外求。此说虽与忠恕之道之说同样简单,但不如其平易。因为良知说须有一种形上学为根据,而忠恕之道之说,则无须有此种根据也。己之所欲,亦施于人;己所不欲,勿施于人。此欲或不欲,正是一般人日常所有底欲或不欲,并无特别神秘之处。所以忠恕之道,又是极其平易底。

以上是把忠恕之道作为一种实行道德的方法说。以下我们再把忠恕之道作为一种普通"待人接物"的方法说。

在日常生活中,有许多事情,我们不知应该如何办。此所谓应该,并不是从道德方面说,而是从所谓人情方面说。普通常说人情世故,似乎人情与世故,意义是一样底。实则这两个中间,很有不同。《曲礼》说:"来而不往,非礼也。"一个人来看我,在普通底情形中,我必须回看他。一个人送礼物与我,在普通底情形中,我必回礼与他。这是人情。"匿怨而友其人",一个人与我有怨,但我因特别底原因,虽心中怨他,而仍在表面上与他为友。这是世故。我们说一个人"世故很深",即是说此人是个虚伪底人。所以"世故很深",是对于一个人底很坏底批评。我们说一个人"不通人情",即是说此人对于人与人底关系,一无所知。所以"不通人情",亦是对于一个人底很坏底批评。"不通人情"底人,我们亦常说他是"不通世故"。这是一种客气底说法。"不通世故"可以说是一个人的一种长处,而"不通人情"则是人的一种很大底短处。

"来而不往,非礼也。"若专把来往当成一种礼看,则可令人感觉这是虚伪底空洞底仪式。但如我去看一个人,而此人不来看我,或我与他送礼,而他不与我送礼,或我请他吃饭,而他不请我吃饭,此人又不是我的师长、我的上司,在普通底情形中,我心中必感觉一种不快。因此我们可知,如我们以此待人,人必亦感觉不快。根据己所不欲,勿施于人的原则,我们不必"读礼"而自然可知,"来而不往",是不对底。

一个人对于别人做了某种事,而不知此事是否合乎人情,他只须问,如果别人对于他做了这种事,他心中感觉如何。如果他以为他心中将感觉快乐,则此种事即是合乎人情底;如果他以为他心中将感觉不快,则此种事即是不合乎人情底。

在某种情形下,一个人如不知对于别人做何种事方始合乎人情,他只须问他自己,在此种情形下,别人对于他做何种事,他心中方觉快乐。他以为可以使他心中感觉快乐者,即是合乎人情底;他以为可以使他心中感觉不快者,即是不合乎人情底。

在表面上,礼似乎是些武断底、虚伪底仪式。但若究其究竟,则它是根据于人情底。有些深通人情底人,根据于人情,定出些行为的规矩,使人照着这些规矩去行,免得遇事思索。这是礼之本义。就礼之本义说,礼是社会生活所必须有底。所以无论哪一个社会,或哪一种社会,都须有礼。

但行礼的流弊,可以使人专无意识,无目的底,照着这些规矩行,而完全不理会其所根据底人情。有些人把礼当成一套敷衍面子底虚套,而不把它当成一种行忠恕之道底工具。如此则礼即真成了空洞底虚伪底仪式。如此则通礼者即不是通人情而是通世故。民初人攻击礼及行礼底人,都完全由此方面立论。其实这是礼及行礼的流弊,并不是礼及行礼的本义。民初人所要打倒底孔家店的人,亦反对礼及行礼的这一种底流弊。《论语》说:"子夏问曰:'巧笑倩兮,美目盼兮,素以为绚兮,何谓也?'子曰:'绘事后素。'曰:'礼后乎?'子曰:'起予者,商也。始可与言诗已矣。'"朱子《集注》说:"礼必以忠信为质,犹绘事必以粉素为先。"朱子《集注》又引杨氏曰:"甘受和,白受采,忠信之人,可以学礼。苟无其质,礼不虚行。"此即是说,必老实质朴底人,始能不以礼为空洞底虚套而行之。所以必老实质朴底人始可以行礼。老实质朴底人行礼,是以礼为行忠恕之道底工具而行之。如此底行礼是合乎人情。油滑虚伪底人行礼,是以礼为敷衍面子底虚套而行之。如此底行礼是"老于世故"。

一个主人请客,如某客没有特别底原因,而不去赴会,则为失礼。专把这种事当成一种失礼看,则又可令人感觉,礼是一种虚伪底空洞底套子。但如一个人自做主人,遇见这种情形,他必心感不快。根据已所不欲,勿施于人的原则,他亦不必"读礼",即可知这种行为是不对底。

我住在一个地方,如有朋友来此,立刻即来看我,我心里感觉快乐,他如不来看我,或过许多天才来,我心里即感觉不快。根据己之所欲,亦施于人的原则,我们如到一个地方,先看朋友,是礼,是合乎人情的行为。《孟子》说沈克到一个地方,过三天才去看孟子。孟子问他:何以不早来?沈克说:"馆舍未定。"孟子说:"馆舍定,而后始见长者乎?"沈克说:"克有罪。"沈克对于孟子底行为是失礼。专从失礼看,又不免令人感觉,礼是一种虚伪底空洞底套子。但从忠恕之道看,礼不是套子,礼是有根据于人情底。

或可说:讲忠恕之道者,都以为人的欲恶是相同底。如人的欲恶是不相同底,则此人之所欲,或为别人之所恶。如此人推其所欲,施于别人,则别人适得其所恶,岂不大糟?关于此点,我们说,凡关于人底学问,都是以人的大致相同为出发点。生理学及医学以为人的生理是大致相同底。心理学以为人的心理是大致相同底。若在这些方面,每人各绝不相同,则即不能有生理学、医学,及心理学。孟子说:"口之于味也,有同嗜焉。""目之于色也,有同美焉。"如果人的口无同嗜,则即不能有易牙。如果人的目无同美,则即不能有子都,更不能有美术。《孟子》说:"不知足而为屦,我知其不为蒉也。"鞋店里做鞋,虽不知将来穿鞋者之脚的确切底尺寸,但他决不将鞋做成筐子。因为人的脚的确切底尺寸,虽各不相同,然大致总差不多,所以鞋店里人,虽不必量将来穿鞋者的脚,而他所做底鞋,大致都可以有人穿。由此可见,人在许多方面,都是大致相同底。讲忠恕之道者以为人的欲恶大致相同,是不错底。有一故事说:某人做官,以长于恭维上司著称。一日有新总督到任,此人往接。新总督以不喜恭维著称。此人的同官谓此人：新总督以不喜恭维著称，你还能恭维他吗？此人说：有何不能？及总督到，见众官，即说：本人向不喜恭维，请大家勿以恭维之言进。此人即进曰："如大帅者，当今能有几人？"新总督亦为之色喜。此故事颇可说明，人的欲恶是大致相同底。

或可说：人既皆喜阿谀，则行忠恕之道者，亦必将因自己喜阿谀，而知人亦喜阿谀，因此见人无不阿谀。然阿谀何以有时又是不道德底行为，至少亦常是不高尚底行为？于此我们说，人都喜听好话，这是事实。在相当范围内，对于人说好话，使其听着顺耳，是行忠恕之道，是合乎人情底。我们于见人时所说底所谓"客气话"，如"你好哇"，"你忙哇"，都是这一类底好话。于人结婚时，我们说："百年好合。"于人庆寿时，我们说："寿比南山。"于贺年片上，我们所说底吉祥语，都是这一类的好话。这些话可以使受之者心中快乐，而又于他无害，所以说这些好话是行忠恕之道，是合乎人情底。但如说好话超过相当底范围，则听之者或将因此而受害。受害是己所不欲者。己所不欲，勿施于人。所以不说过分底好话，亦是行忠恕之道，亦是合乎人情底。且见人说过分底好话者，其用心往往是对人别有所图。所以有时是不道德底，至少亦常是不高尚底。所谓阿谀，正是指这种见人说过分底好话的行为而言，所以阿谀有时是不道德底，至少亦是不高尚底。

以上所说底忠恕之道，都是就在平常情形中人与人的关系说。若在特别底情形中，则忠恕之道有时似乎不可行，而实则仍是可行底。例如在平常情形中，我们对于朋友，须说相当底客气话，好听话，但有时对于朋友，须劝善规过，劝善规过底话，未必是朋友所爱听底。如此看，则对于朋友底劝善规过，似乎不合忠恕之道。但这不合不过是表面上底。我们向来说："良药苦口而利于病,忠言逆耳而顺于行。"忠言虽逆耳,而于受之者是有利底。有利是己之所欲。己之所欲,亦施于人,所以向人进忠言,亦是行忠恕之道,是合乎人情底。

又例如,如一人来约我做不道德底行为,我如拒绝,彼必不欲,如此则我亦将因行忠恕之道而从之乎? 关于此点,我们说:如果一人所做底行为是不道德底,则其行为大概亦是不合忠恕之道者。他的行为不合忠恕之道,则我不从之,正是行忠恕之道也。例如一人做偷窃的行为,此行为是不合忠恕之道者,因此人虽偷人,而必不愿人偷他。如此人约我同去偷窃而我不从之,我的理由是:我不愿人偷我,所以我亦不偷人,这正是合乎忠恕之道。如此人是我的朋友,我不但不从之,且须设法使其亦不偷窃。此是"所求乎朋友,先施之"。此亦正是忠恕之道。

我们有时且须帮助别人捕盗。我们于此时不能设想:假如我是贼,我不愿别人来捕我,因此我亦不捕盗。我们不能如此设想,因为做贼根本上即是一种反乎忠恕之道底行为也。但我可想:我如被盗,我愿别人来帮我捕盗。己之所欲,亦施于人。所以帮人捕盗,是合乎忠恕之道底。

这些都是比较容易看见底道理。尚有不十分容易看见者,下略述之。

人的欲恶虽大致相同,但如有许多可欲底事不能俱得,或许多可恶底事不能俱免,则须作选择。此选择可以因人不同。如孟子说:"鱼,我所欲也;熊掌,亦我所欲也。二者不可得兼,舍鱼而取熊掌者也。"孟子舍鱼而取熊掌,但亦未尝不可有人舍熊掌而取鱼。馆子里菜单里有许多菜,这些菜都是好吃底,但每个客人所点底,可以不同，或不尽同。在馆子里，主人有时请客人自己点菜，正是为此。主人可想：我好吃美味，客人亦好吃美味，所以请他下馆子，但我自己所好底美味，不必即是客人所好底美味，所以请他自己点菜，这是不错底。皆好美味，是人的大同；各有所好底美味，是人的小异。

然因有此种情形，则忠恕之道，有时行之，似有困难。例如"所求乎子以事父"，我所求于我的子者及我的父所求于我者，可大同而小异。如我希望我的子上进，我的父亦希望我上进，这是大同。但假如我所谓上进，是就道德学问方面说，我的父所谓上进，是就富贵利达方面说，则我所希望于我的子者及我的父所希望于我者，其间不免有小异。如此，则我如以我所求乎子者以事父，未必即能得我的父的欢心。

在这些情形中，有些时候，大同中底小异是不相冲突底。例如一个人希望他的子以美味养他，他如行忠恕之道，他自亦须以美味养他的父。但他所好底美味是鱼，而他的父所好底美味是鸡。此父子二人所好不同，但其所好并不互相冲突。这一个人可以希望他的子与他鱼，而他自己则与其父鸡。这是没有什么困难底。但如大同中底小异，有冲突的时候，则即有困难发生了。例如一个人希望他的儿子在学问道德方面上进，他如以其所希望于其子者事父，则他自己亦须在学问道德方面上进，然如他的父所希望于他者，是在富贵利达方面上进，则在道德学问与富贵利达不能兼顾的时候，此人即遇一问题：他或者为求得其父的欢心，而牺牲他自己的志愿，或遂行他的志愿，而不顾他的父的希望。于此情形中，忠恕之道，似乎是难行底。

对于这一类的情形，我们应该略其小异而观其大同。如果一个人想着：他希望他的子上进，所以他亦须上进，以期勿负他的父的希望，他即是对于他的父行忠恕之道，虽此人所以为上进者，与其父所以为上进者，不必尽同。向来有孝子而不得其父的欢心者，其原因多由于此。在传说中，舜是一最好底例。

　　本来以忠恕之道待人，在原则上人虽本可以得对方的满意，而事实上却不能必如此。因人之欲恶，有大同亦有小异。在有些时候，别人的欲恶，在其小异方面，我本不知之。所以"有不虞之誉，有求全之毁"。在有些时候，别人的欲恶，在其小异方面，我虽知之，而亦不必特意迎合之。在普通交际中，特意迎合一人的欲恶的小异，则即是，或近于，奉迎谄媚。在普通人与人的关系中，我只须以己度人，而知其好恶的大同，不必曲揣人意，而注意于其好恶的小异。我只行忠恕之道，推己及人，至于人之果满意与否，则不必问。此之谓"直道而事人"。

　　然若一人真行忠恕之道，使对方能知其所以待人者，实亦其所希望人之待己者，则事实上对方对于此人的行为，虽一时因欲恶的小异，或有不满，但久亦必能原谅之。《论语》说："晏平仲善与人交，久而敬之。"晏平仲何以能使人久而敬之，《论语》虽未说，不过人若真能以忠恕之道待人，虽一时或因不合乎别人的欲恶的小异，而致其不满，但久则终可因其合乎别人的欲恶的大同，而得其原谅。行忠恕之道者，确可谓"善与人交，久而敬之"。

　　各种社会的制度不同，所以在一种社会内，某种人之所希望于某另一种人者，与在另一种社会内，某种人之所希望于某另一种人者，可以不同。例如在一种社会内，有君臣。在另一种社会内，则可只有一般底上下而无君臣。君臣虽亦是上下，而是一种特别底上下。譬如说"君要臣死，臣不得不死"等，只可对于君臣说，而不可对一般底上下说。虽亦有人说,君臣一伦,即等于上下,然其实是不相等底。君之所希望于臣者,一般底上不能希望于其下。又如在以家为本位底社会中,兄之所希望于弟,或弟之所希望于兄者,比在以社会为本位底社会中,兄弟所互相希望者,要大得多。在以家为本位底社会中,父之所希望于子,及子之所希望于父者,比在以社会为本位底社会中,父子所互相希望者,亦要大得多。如使父子兄弟均在一种社会内,这些分别,固然不成问题。但如一社会在所谓过渡时代中,由一种社会转入另一种社会,一个父所处是一种社会,一个子所处是另一种社会。在现在中国,这些情形甚多,而且易见。有许多父是生长在以家为本位底社会之内,因之他所希望于其子者,可以甚多。而其子则生长于以社会为本位底社会之内,他所希望于他的子者,可以甚少。他如以他所求于子者事父,他的父必不满意。我们所看见底,有许多家庭问题,大部分都是从此起底。而老年人所以常有"人心不古,世风日下"的感叹者,大部分亦是从此起底。

虽在这些情形中,"所求乎子以事父",还是可行底。一个人所以事父者,如确乎是他所希望于其子者,他的事父,总可以得到他的父的原谅,至少总可以得到一般人的原谅。一个人所希望于别人者,及其所以待人者,有些是随社会制度的变而变底。在这些方面,一个人所希望于别人者,及其所以待别人者,应该根据于同一种社会制度。这一点在普通底情形中,固不大成问题。但在一个所谓过渡时代中,往往有人,其所希望于人者,与其所以待别人者,不根据于同一种社会制度。他的行为,一时取这一种社会制度所规定底办法,一时取那一种社会制度所规定底办法,而其所取,都是合乎他自己的私利底。例如一个人,对于许多事,皆不遵奉他的父的意旨,他以为是照着以社会为本位底社会制度的办法办底,但是对于他父的财产,则丝毫不放松。如果他是长子的时候,他还可以引经据典底证明,他可以独得,或多得他父的财产。于是他的行为又是照着以家为本位底社会制度的办法办底。这种行为,是不合乎忠恕之道底。他如反身自问,他自己决不愿有这种儿子。一个人对于他的上司,不愿行种种礼节,自以为是要废除阶级,实行平等。但他的下属,若对于他不行种种礼节,他又不答应了。此人是不讲忠恕之道底,他的行为是不合乎"所恶于下,毋以事上"的原则底。但一个人所希望于别人及其所以待别人者,皆一致地照着某种社会制度所规定底办法办,则我们虽或不赞成某种社会制度所规定底办法,而对于此人在这些方面底行为,仍不能不说是合乎忠恕之道。

如一个人所希望于别人者,与其所以待别人者,一时取这一种社会制度所规定底办法,一时取那一种社会制度所规定底办法,而其所取,都是牺牲自己,而为别人的便利。这个人的这种行为,是合乎忠恕之道底。因为"为别人便利,而牺牲自己",亦是我所希望于别人者。所求于人者,先施之,是合乎忠恕之道底。我若有个儿子,虽不在与我同一种底社会之内,而仍照我所在底一种社会制度所规定底办法以事我,我是更满意底。因此我知,我若如此事我的父,我的父亦是更满意底。

以上是就这种社会、那种社会说,以下再就这个社会、那个社会说。就某种社会说,与就某个社会说,有很大底分别。例如说资本主义底社会、社会主义底社会,是就这种社会、那种社会说,是就某种社会说。如说中国社会、西洋社会,是就这个社会、那个社会说,是就某个社会说。

这个社会与那个社会的礼,虽俱根据于人情,而可以不同。这是由于他们对于在某方面底人情的注重点不同。例如中国人宴客,如只一桌,主客坐在离主人最远底地方。西洋人宴客,则主客坐在离主人最近底地方。这差异并不是这种社会与那种社会的差异,而是这个社会与那个社会的差异。此差异虽是差异,但均合乎忠恕之道。中国宴客的坐法,使主客高高在上,乃所以尊之也。尊之是主客愿意受底。西洋宴客的坐法,使主客坐在主人旁边,乃所以亲之也。亲之亦是主客愿意受底。我们待人或尊之,或亲之,二者是不容易兼顾到底。所以说,父尊母亲。所以待人或尊之,或亲之,在不能兼顾的时候,二者必选其一。无论所选者为何,若使对方能了解其意,他都是要感觉快乐底。以为招待一社会的人必用其社会底一套礼,是错误底。

大概在西洋人的社会中,人待人是要亲之,而在中国社会中,人待人是要尊之。于上所说者外,在许多别底方面,亦可见此点。例如中国人写信,上款写某某仁兄大人阁下。称阁下者,不敢直斥其人也,此是尊之。西洋人写信,上款称亲爱底某先生,直斥其人而又称之为亲爱底,此是亲之。在中国旧日,一个皇帝的名是圣讳,此是尊之。而西洋人则直呼其君的名,此是亲之。清末人说,中国尚文,西洋尚质。尚文者对于人以尊之为贵,尚质者对于人以亲之为贵。虽有此不同,尊或亲,均是人所愿受底。所以尊人或亲人,俱是合乎忠恕之道底。

由上所说,我们可以知道,忠恕之道,是在任何时代,任何地方,都可以行底。范纯仁说:"吾平生所学,得之忠恕二字,一生用之不尽。"此话是经验之谈,极有道理底。

第三篇　为无为

　　在中国哲学里,无为二字有许多意义。照一个意义讲,无为即是少为或寡为。如先秦的道家,在社会政治方面,主张"返朴还淳",在个人生活方面,主张"少思寡欲"。此所谓无为均是这一意义底无为。人是动物,即"望文生义",我们亦可知人不能免于动,动即是为。至少吃饭睡觉这一种底动,这一种底为,总是有底。人不能完全不动,即不能完全无为,所以这一意义底无为,即是少为或寡为。不曰少为或寡为而曰无为者,不过是有些人欲以这两字的字面底意义,表示少为或寡为之极端底说法而已。

　　照另一意义讲,无为即是率性而为,不有意地为。照道家的说法,万物皆有所可,有所不可,有所能,有所不能。人亦是如此。人若照着他所能去为,即是不有意地为,率性而为。不有意地为,率性而为,即是无为。这一意义底无为,魏晋道家讲得最清楚。照郭象《庄子注》的讲法,一个天才诗人,虽写千万首诗,亦是无为。因为他写诗是他的天才的自然发展,行乎其所不得不行,止乎其所不得不止,不是矫揉造作地要作诗。一个斗方名士,虽写一首诗,亦是有为。因为他写诗是矫揉造作地要写诗。他矫揉造作地要写诗,以求人家称他为诗人,赞他为风雅。魏晋道家仍沿用先秦道家所谓"返朴还淳"等语,不过他们所给与此等语的意义,则与先秦道家不同。一个天才诗人虽写千万首诗,亦是朴,不是文。一个斗方

413

名士,虽只写一首诗,亦是文,不是朴。

照另外又一意义讲,无为即是因势而为。一个人或一个社会,能随着时势走底,即是无为;不随着或逆着时势走底,即是有为。用现在底话说,随着时代潮流走底是无为,不随着或反着时代潮流走底,是有为。我们常说"顺水推舟"及"水到渠成"。顺着时势走,如"顺水推舟",推舟底人是不费力底,所以是无为。不顺着时势或逆着时势走,如"逆水行舟",行舟底人是费力底,所以是有为。顺着时势走,如水到而渠自成,不必特意费力于造渠,所以是无为。不顺着时势走或逆着时势走,如水已到而硬不让其成渠,硬不让是费力底,所以是有为。

照再另外底一意义讲,无为即是顺理而为。这一点《庄子·养生主》有很清楚底说法。《庄子·养生主》说,庖丁的刀,用了十九年,解了数千牛,"而刀刃若新发于硎"。牛身上有天然底腠理,即所谓天理。庖丁始学解牛的时候,他看不见这些天然底腠理,他只看见一个整个底牛。三年之后,他一见牛即见这些腠理,他所看见底是一个浑身都是漏洞底牛,而不是一个整个底牛。于是他解牛,即从这些漏洞处下手,所谓"依乎天理,因其固然"。所以他虽解许多牛,而刀刃不伤。因为漏洞的地方,是"有间",而刀刃是"无厚",以无厚入有间,不费丝毫之力。他这解牛,即是依理而为。如此底为,可以不费丝毫之力,所以是无为。普通底庖人,于解牛之时,并看不见牛身上的漏洞,只看见一个整个底牛。牛对于他是浑然一体,所以他于解牛时,简直不知如何下手。不知如何下手而又不得不下手,只得拿刀乱砍一阵,不是砍着骨,便是砍着筋,所以费力而刀亦吃亏。他解牛不是"依乎天理,因其固然",即不是顺理而为。他因此费力而刀亦吃亏。就其费力而刀亦吃亏说,他的为是有为。《庄子·达生》篇说：吕梁丈人善游水，其方法是"从水之道而不为私焉"。这亦是说顺理而为。我们常说善游水者为精通水性。通水性则能顺水性而游。能顺水性者，不费力而游，其游是无为。不顺水性者，费力而或不能游，其费力是有为。推到别底人事上，亦常有这种情形。有些人办事，事一到手，即看出事的漏洞，不费力即将事解决。有些人办事，只看见一堆事，而看不见漏洞，只见事横在前，而无路可走。无路可走，而又不能不走，于是瞎闯乱撞，费尽气力而仍是走不动。俗语说："会者不难，难者不会。"会者不难，是无为而为；难者不会，是有为而为不成。

照再另外一意义讲，无为即是无为而无不为。先秦道家所讲道的无为，是此意义底无为。道无为而任万物之自为，所以他虽无为而实无不为。法家所说底无为，亦是此意义底无为。君无为而任臣下之自为，所以他亦虽无为而实无不为。

孔子虽说："无为而治者，其舜也欤？"但此后儒家不说无为。以后儒家说："正其谊不谋其利，明其道不计其功。"此话虽是董仲舒说底，比较晚出，但确可表示儒家对于"为"底态度。儒家对于"为"底态度，不是"无为"，而是"无所为而为"。如因一事是对于个人有利，或有功，而为之，则此为是有所为而为。利或功即是此为之所为。如因一事是应该为而为之，则此为是无所为而为。无所为而为，与无为不同。但一个人若真能无所为而为，则亦可以得到一种无为。宋明道学家所说底无为，即是属于这一类底无为。宋明道学家，陆王一派说无为，是就心说。程明道说："天道无心而成化，圣人有心而无为。"又说："君子之学，莫若廓然而大公，物来而顺应。"孟子说："今人乍见孺子将入于井，皆有怵惕恻隐之心，非所以纳交于孺子之父母也，非所以要誉于乡党朋友也，非恶其声而然也。"这一段话是宋明道学家所常引用底。用这一段所说底事作例。一个人乍见孺子将入于井,皆有怵惕恻隐之心。他所以如此,并不是要纳交于孺子之父母等,并不是有所为。于此时他的心是廓然大公底,他的廓然大公底心,感觉到怵惕恻隐,即向前救此孺子。此即所谓物来顺应。有恻隐之心,以及向前救此孺子,皆是无所为而为。如有所为而为,用宋明道学家的话,即是有私意,有私意,则此心即不是廓然大公底了。心不是廓然大公底,则其发出底行为,即不是"顺应",即有私意造作,有私意造作是有为,无私意造作是无为。

宋明道学家中,程朱一派说无为,是就理说。朱子说:"廓然大公,只是除却私意,事物之来,顺他道理应之。"又说:"至于圣人则顺理而已,复何为哉?"此无为是就理说。照朱子的说法,就道德方面说,对于每一种事都有一个最好底,最妥当底办法。此办法即是理,照着理去办是顺理,顺理是无为。若于顺理外另有所为,即是有私意,有私意造作是有为,无私意造作是无为。此所说无为,与道家所说顺理而为底无为,有相似处。

我们于本篇所要多讲者,是无所为而为底无为。道家所说率性而为底无为,实则亦是无所为而为底无为。不过道家所说率性而为底无为,注重在兴趣方面。而儒家,如宋明道学家,所说无所为而为底无为,则注重在道德方面。我们于以下讲无所为而为底无为,亦从两方面说,一方面从兴趣说,一方面从道德说。以下先从兴趣方面,说无所为而为底无为。

小孩子的游戏,最有无所为而为底精神。在游戏中,小孩子做某种事,完全由于他的兴趣。他可以写字,但他并非欲成一书家。他可以画画,但他并非欲成一画家。他更非欲以写字或画画,得到所谓"世间名利恭敬"。他写字或画画,完全是无所为而为。他做某种事,完全是乘兴,他兴来则做,兴尽则止。所谓"行乎其所不得不行,止乎其所不得不止"。他做某种事皆是顺其自然,没有矫揉造作,所以他做某种事,是无所为而为,亦即是无为。

　　当小孩子时候的游戏,是人的生活中底最快乐底一部分。道家的理想底生活,即是这一类底生活。道家以为成人所以不能得到这一类底生活者,乃因受社会中各种制度的束缚。我们若能打破此种束缚,则此种生活即可得到。我们亦以为这种生活,是快乐底,亦可以说是理想底生活,但社会各种制度的束缚,却并不是容易打破者。这些束缚,不容易打破,并不是因为人的革命底勇气不够,而是因为有些社会制度是任何种底社会的存在,所必需底。若打破这些,即取消了社会的存在。社会若不能存在,人亦不能存在。此即是说,若没有社会,人即不能生活,更说不到快乐底生活。道家以为,上所说无为底生活是快乐底,这是不错底。道家又以为,人在社会中,因受社会制度的束缚,以致人不能完全有这种生活,这亦是不错底。但道家因此即以为人可以完全不要社会制度,以求完全有这种生活,这是一种过于简单底办法,是不可行底。

　　照道家的说法,无论任何人总有他所感觉兴趣底事。我们看见有些人,于闲暇时,什么事都不做,而蒙头大睡,或坐在那里胡思乱想,似乎是对于什么事都不感觉兴趣。而实在是他对于蒙头大睡,或胡思乱想,感觉很大底兴趣。既然任何人对于有些事总感觉兴趣,如果任何人都照着他的兴趣去做,则任何人都过着最快乐底生活,"各得其所",真是再好没有底。或者可以问:如果人人都对于蒙头大睡感觉兴趣,如随其兴趣,则都蒙头大睡去了,又有谁去做事呢?人人都不做事,岂不大家都要饿死?道家于此可答:决不会如此底。有许多人对于蒙头大睡,不感觉兴趣,如叫他终日蒙头大睡,他不但不以为乐,而且以为苦。这些人如没有事做,反觉烦闷。所以有些人要"消闲"。所以要消闲者,即有些人有时感到闲得无聊不可耐,故须设法找点事做,将闲消去。忙人找闲,而闲人则找忙,所以虽任何人都随着他的兴趣去做,天下事仍都是有人做底。

这是一个极端底说法。照这个极端底说法,自然有行不通,不可行之处。有些事是显然不容易使人感觉兴趣底,如在矿井里做工等。然而这些事还不能不有人做。在社会里面,至少在有些时候,我们每人都须做些我们所不感觉兴趣底事。这些事大概都是社会所必需底,所以我们对于它虽不感觉兴趣,而亦必须做之。社会是我们的生存所必需底,所以我们对于社会,都有一种起码底责任。这种起码底责任,不见得是每个人所皆感觉兴趣底。所以主张人皆随其兴趣去做的极端说法,如道家所说者,是不可行底。

不过这种说法,如不是极端底,则是可行底。这种说法,在相当范围内,我们不能不说是真理。

在以前底社会制度里,尤其是在以前底教育制度里,人以为,人的兴趣,只有极少数是正当底。在以前底教育制度里,人所应读底所谓"正经书",是很有限底。五经四书是大家所公认底"正经书"。除此之外,学举业者,再加读诗赋八股文;讲道学者,再加读宋明儒语录。此外所有小说词曲等,均以为是"闲书"。看闲书是没出息底事,至于作闲书更是没有出息底事了。在以前底社会制度里,尤其是在以前底教育制度里,人以为,人的兴趣,多数不是"正当底"。因此有多少人不能随着他的兴趣去做,以致他的才不能发展。因此不知压抑埋没了多少天才,这是不必讳言底。

　　说到此，我们须对于才有所说明。与才相对者是学。一个人无论在哪一方面底成就，都靠才与学两方面。才是天授，学是人力。比如一个能吃酒底人，能多吃而不醉。其所以能如此者，一方面是因为他的生理方面有一种特殊底情形，又一方面是因为他常常吃酒，在生理方面，养成一种习惯。前者是他的才，是天授；后者是他的学，是人力。一个在某方面没有才底人，压根不能在某方面有所成就，无论如何用力学，总是徒劳无功。反之，在某方面有才底人，则"一出手便不同"。他虽亦须加上学力，方能有所成就，但他于学时，是"一点即破"。他虽亦用力，但此用力对于他是有兴趣底。此用力对于他不是一种苦事，而是一种乐事。例如学作诗，旧说："酒有别肠"，"诗有别才"。此即是说，吃酒作诗，都靠天生底才，不是仅靠学底。我们看见有些人压根不能作诗。他可以写出许多五个字或七个字底句子，平仄韵脚都不错，他可以学新诗人写出许多短行，但这些句子或短行，可以一点诗味都没有。这些人即是没有诗才底人，他无论怎样学诗，我们可以武断地说，他是一定不能成功底。另外有些人，初学作诗，写出底句子，平仄韵脚都不合，而却诗味盎然。这些人是有诗才底人，他有希望可以成为诗人。

　　一个人必须在某方面有才，然后他在某方面的学，方不至于白费。一个人在某方面的学，只能完成他在某方面的才，而不能于他原有底才上，有所增加。一个有诗才底人，初学作诗时，即有些好句，这是他的才的表现。普通以为于此人学成的时候，他必可以作更好底句。其实这是不对底。他学成时，实亦只能作这样底好句。所差别底是：在他初学的时候，他所作底诗，有好句，却亦有极不好，或极不通底句。在他学成的时候，他所作底好句，虽亦不过是那么好,但却无极不好,或极不通底句。他所作底所有底句,虽不能是都好,但与好句放在一起,却都可以过得去。有好句是他的才的表现,好句以外底别底句,都可以过得去,是他的学的表现。他的学可以使他的所有句子都过得去,这是他的学能完成他的才;他的学不能使他的好句更好,这是他的学不能使他的才有所增益。所谓神童,不见得以后皆能有所成就者,即因他的以后底学,不能使其才有所增加。他于童时所表现底才,与童子比,虽可称为高,但以后若不能增益,则与成人比,或即是普通不足为奇底。

一个人在某方面底才,有大小的不同。"世间才有一石,曹子建独得八斗",此是说,曹子建在文学方面,有很大底才。在某方面有很大底才者,我们称之为某方面底天才,如文学底天才、音乐底天才、军事底天才等。

道家重视人的才,以为只要人在某方面有才,即可以不必学,而自然能在某方面有所成就。不学而自能,即所谓无为。道家这种看法,是不对底。我们承认,人必在某方面有才,始能于某方面有成就。但不承认,人只在某方面有才,即可在某方面有成就。人在某方面有才,是他在某方面有成就的必要条件,而不是其充足条件。例如一个在作诗方面质美而未学底人,虽可以写出些好句,但他所写底别底句,却有极不好或极不通底。他仍是不能成为诗人。凡能在某方面有成就底人,都是在某方面有才又有学底人。其成就愈大,其所需底才愈大,学愈深。

在某方面有才底人,对于某方面底事必感觉兴趣。因此他的学是随着他的兴趣而有底。他的学是随着他的兴趣而有,所以他求学是无所为而为底。他对于他的学,虽用力而可只觉其乐,不觉其苦,所以他虽用力地学,而亦可说是无为。

才是天生底，所以亦可谓之为性。人的兴趣之所在，即其才之所在，亦即普通所谓"性之所近"。人随他的兴趣去做，即是发展其才，亦即是道家所谓率性而行。若一个人对于某方面底事，本不感觉兴趣，或甚感觉无兴趣，但因别底原因，而偏要做此方面底事，此即不是率性而行，是矫揉造作。例如一个人作诗，本不感觉兴趣，或甚感觉无兴趣，但因羡慕别人因作诗而得名誉或富贵，所以亦欲学作诗，要当诗人。其学诗即不是率性而行，而是矫揉造作。他因羡慕诗人之可得名誉或富贵而作诗，所以他作诗是有所为而为。他作诗是矫揉造作，所以他作诗是有为。

或可问：一个人对于某一事虽有兴趣，虽有才，而其才若不甚高，所以他虽随着他的兴趣去做，而不能有很大底成就，不能成一什么家，则将如何？于此，我们可以说，凡做一某事，而必期其一定有大成就，必期其成一什么家者，仍是有所为而为也。一个人若真是专随其兴趣去做，则只感觉其所做者有兴趣，而并不计其他。他做到哪里算哪里，至于其所做如何始为很大底成就，如何始可成为什么家，他是不暇问底。譬如我们吃饭，直是不得不吃耳，至于饭之吃下去如何于身体有益，则吃饭时不暇问也。我们常看见有许多什么"迷"，如"棋迷"、"戏迷"等。棋迷为下棋而下棋，戏迷为唱戏而唱戏，他们对于下棋或唱戏，并不预存一为国手或名角的心；他们的下棋或唱戏，是随着他们的兴趣去做底。他们的下棋或唱戏，是无所为而为。他们对于下棋或唱戏，虽刻苦用功，然亦只觉其乐，不觉其苦，故亦是无为。凡人真能随其兴趣去做者，皆是如此。他们随着他们的兴趣做下去，固然可以有成就，可以成为什么家，但这些对于他们只是一种副产；他们并不是为这些而始做某种事底。

所谓什么家的尊号,是表示社会对于一人在某方面的成就的承认。例如一个人在化学方面做了些工作,如社会认其为有成就,则称之为化学家。所以凡必期为什么家者,推其故,仍是欲求社会上底荣誉。为求社会上底荣誉而做某种事者,其初心即不是从兴趣出发,其做某种事即是有所为而为,其对于某种事所用底工夫,对于他即是苦痛,即是有为。

或可问:一个人的兴趣,可以与他的成就不一致。例如一个大政治家,可以好音乐图画等。就其成为大政治家说,他的才是在政治方面见长底。但他的兴趣,又在于音乐图画,是其兴趣与其才,并不是一致底。关于这一点,我们可以说,有些人的才是一方面底,有些人的才,则是多方面底。一个人是大政治家而又好音乐图画,此可见,他在政治方面及艺术方面均有才。因为有些人的才是多方面底,所以他一生所好底事物,可以随时不同,如一人于幼年时好音乐图画,及壮年又好政治。盖人在各方面的才,有些于其一生中某一时期表现,有些于其一生中另一时期表现。他在某一方面底才,在其一生中某一时期表现,他即于某一时期,对于某种事物,感觉兴趣。

或可问:如果一个人的兴趣,可以随时变动,如果他又专做他所感觉兴趣底事,则他所做底事,岂非须要常变? 如果他所做底事须要常变,则他对于他所做底事,恐怕都不能有所成就。于此点,我们说:凡做什么而期其必有成就者,即是有所为而为,即不是率性而行。率性而行者,对于其所做之事,虽可有成就,但不期其有成就,更不期其必有成就。此点我们于上文已说。

在道家所说底理想底生活中,一个人只做他所感觉有兴趣底事。在道家所说底理想底社会里,所有底人都只做他所感觉有兴趣底事。如果这种生活、这种社会，事实上可以得到，这诚然是最理想底。不过这种生活、这种社会，事实上不是可以完全得到底。其理由有几点可说。就第一点说，在一个人的生活中，有些事在根本上只是一种工具，为人所用以达到某种目的者，其本身是不能使人感觉兴趣底。人做这些事，只能是有所为而为，不能是无所为而为。例如吃药。没有人无所为而吃药，但吃药亦是人生中所不能免者。就第二点说，每一社会中底人，必对于其社会负相当底责任，必于相当范围内，分担社会的事，至少亦应该于相当范围内，分担社会的事。没有人能生存于社会之外。所以没有人能不，或应该不，于相当范围内，分担社会的事。对于此等事，有些人固亦感觉兴趣，但亦有些人不感觉兴趣，或甚感觉无兴趣。不过对于这些事，有些人虽不感觉兴趣，或甚感觉无兴趣，而亦不能不做，亦不应该不做。就第三点说，有些人所感觉兴趣底事，有些是为社会所不能不加以限制底。社会对于这些事，若不加以限制，则必与别人发生冲突。因此有些人对于这些事，虽有很大底兴趣，而不能做，或不能充分随意地做。因以上诸点，所以道家的理想底生活，理想底社会，事实是不能完全得到底，至少是很不容易完全得到底。

这种生活、这种社会，虽不能完全得到，或不容易完全得到，但我们却不能不承认这是合乎我们的理想底。在我们生活中，我们所做底事，其无所为而为者越多，我们的生活即越近乎理想。在我们的社会中，一般人所做底事，其无所为而为者越多，则其社会即越近乎理想。

以上所说由无所为而为而得底无为，是就兴趣方面说，所说大部分是道家的意思。以下再就道德方面说，由无所为而为而得底无为，所说大部分是儒家的意思。

　　道家与儒家都说，人做事要无所为而为。这一点是道家与儒家之所同。不过道家说无所为而为，是就兴趣方面说，儒家则是就道德方面说。此是道家与儒家之所异。《论语》载有子路与隐者荷蓧丈人一段谈话。荷蓧丈人为什么要隐，我们虽不清楚，不过他很可以说，因为他对于政治不发生兴趣，所以他不"仕"。子路却完全不从兴趣方面讲。他说："君子之仕也，行其义也；道之不行，已知之矣。"他说：君子要仕，因为他以为君臣大伦是不可废底，所以应该仕，并不是因为他的兴趣在于仕，亦不是因为他以为仕了一定有什么成功。我们现在亦有些所谓消极分子者，他们常说，他们对于社会上政治上底事，不发生兴趣，所以不管社会上政治上底事。但所谓积极分子者则可说：我们对于社会上政治上底事，亦不见得有兴趣，不过因为我们以为这是我们应该管底，所以我们不能不管。这种说法，即是儒家的说法。因应该为而为某事，此为亦是无所为而为。此为亦是一直做去，只管应该为不应该为，而不计其他。所谓"正其谊不谋其利，明其道不计其功"，正说此义。

　　说到此，我们必须注意，一个个人及一个国家，是不在一个层次之内底，所以无所为而为，只可对于个人说，而不可对于国家说。国家并不是一个生物，对于任何事物，我们并不能真正地、严格地，说它感觉兴趣或不感觉兴趣。它不能随其兴趣而无所为而为。在国家以上，并没有更高底社会组织，它对于什么事，亦无所谓应该为或不应该为。所以它亦不能在道德方面无所为而为。国家的行为，都是有所为而为，在这一方面说，它的行为都是有为。虽然在别底方面说，它的行为亦可是无为，如它可少为或寡为，可因势而为，顺理而为等。

　　因为有如此底分别，所以一个人的谋国，与他的自谋，必须用完全不相同底看法,用完全不相同底精神。一个人做事,可以只问事应该做或不应该做,应该做即做,不应该做即不做,不必计较他自己是将因做此事或不做此事而得利或受害。他只问应该做不应该做,不计较利害,此即是无所为而为。但一个人谋国,对于一个关系国家底事,却须要问此事是于国家有利或有害。关系国家的事,所谓应该做不应该做,实即是有利或有害的别一种说法。一国的行为,完全是趋利避害,完全计较利害,所以其为皆是有所为而为。诸葛亮《出师表》说:"汉贼不两立,王业不偏安。"所以要伐魏,至于其结果,则"成败利钝,非所逆睹"。他的谋国,似乎是只问应该不应该,不计较利害。但他所以冒此险者,乃因他看清偏安是没有出路底。战亦亡,不战亦亡,所谓与其"坐而待亡,孰与伐之"。所以他的谋国,亦是纯从利害方面着眼底。

这一点人常弄不清,所以常有些混乱底言论。例如关于现在底战争,有些人常说人有人格,国有"国格",我们受了侮辱,不抵抗即失了"国格"。我们抵抗为底是争国格。又有些人常用"宁为玉碎,不为瓦全"等话,说我们应该抗战。其实这些话,都只对于个人可以说,而对于国家不可以说。我们的抗战,实在是我们权衡利害的结果,并不是为争什么"国格"。我们宁愿玉碎,实在因为我们知道,没有可以瓦全之道。

关于所谓义利之辨,昔人常有些不必要底辩论。这亦是由于他们对于这一点弄不清楚之故。例如:"孟子见梁惠王,王曰:'叟,不远千里而来,亦将有以利吾国乎?'孟子曰:'王何必曰利,亦有仁义而已矣。'"孟子与梁惠王讲了许多仁政,其中有一大部分是关于现在所谓经济方面者。有些人说,这不是讲利吗?为什么孟子只许他自己讲利,而不许梁惠王讲利呢?于此点我们说:孟子所以不许梁惠王讲利者,因为梁惠王讲利是自谋。孟子说:"王曰:'何以利吾国。'大夫曰:'何以利吾家。'士庶人曰:'何以利吾身。'上下交征利,而国危矣。"这样底讲利是自谋。至于孟子讲利,则是谋国。一个人专求国家的利,他的行为是义底行为。求国家的利,对于国家是利,但对于个人,则是义不是利。专就这一方面说,墨家"义,利也"之说,儒家是亦承认底。《易·文言》说:"利者,义之和也。"亦是就利的此方面说。

就一个人说,他做事应该只问其是否应该做,而不计较其个人的利害,亦不必计较其事的可能底成败。此即是无所为而为。若做事常计较个人的利害,计较其事的可能底成败,即是有所为而为。有所为而为者,于其所为未得到之时,常恐怕其得不到,恐怕是痛苦底;于其所为决定不能得到之时,他感觉失望,失望是痛苦底;于其所为既得到之后,他又常忧虑其失去,忧虑亦是痛苦底;所谓患得患失,正是说这种痛苦。但对于事无所为而为者,则可免去这种痛苦。孔子说:"君子坦荡荡,小人常戚戚。"君子对于事无所为而为,没有患得患失的痛苦,所以坦荡荡;小人有所为而为,有患得患失的痛苦,所以常戚戚。

坦荡荡有直率空阔的意味。君子做事,乃因其应该做而做之,成败利害,均所不计较。所以他的气概是一往直前底,他的心境是空阔无沾滞底。所谓胸怀洒落者,即是指此种心境说。就其一往直前及其心境空阔无沾滞说,他的为是无为。戚戚有畏缩、勉强、委曲不舒展的意味。小人做事,专注意于计较成败利害,所以他的气概是畏缩勉强底,他的心境是委曲不舒展底。就其畏缩勉强及其心境委曲不舒展说,他的为是有为。

我们说:一个人对于做某事不必计较成败,并不包含说,一个人对于做某事，并不必细心计划，认真去做。对于做某事，一个人仍须细心计划，认真去做，不过对于成功，不必预为期望，对于失败，不必预为忧虑而已。事实上对于成功预期过甚者，往往反不能成功；对于失败忧虑过甚者，往往反致失败。不常写字底人，若送一把扇子叫他写，他写得一定比平常坏。这就是因为预期成功、忧虑失败过甚的缘故。《庄子·达生》篇说："以瓦注者巧，以钩注者惮，以黄金注者惽。其巧一也，而有所矜，则重外也。凡外重者内拙。"有所为而为者，所重正是在外。无所为而为者，所重正是在内。

　　一个人一生中所做底事，大概可以分为两部分。一部分是他所愿意做者，一部分是他所应该做者。合乎他的兴趣者，是他所愿意做者；由于他的义务者，是他所应该做者。道家讲无所为而为，是就一个人所愿意做底事说。儒家讲无所为而为，是就一个人所应该做底事说。道家以为，人只须做他所愿意做底事，这在事实上是不可能底。儒家以为，人只应该做他所应该做底事，这在心理上是过于严肃底。我们必须将道家在这一方面所讲底道理，及儒家在这一方面所讲底道理，合而行之，然后可以得一个整个底无所为而为底人生，一个在这方面是无为底人生。

第四篇　道中庸

孔子曰:"中庸之为德也,其至矣乎,民鲜久矣。"朱子《集注》说:"中者,无过不及之名也。庸,平常也。"中庸两个字,以及孔子朱子这几句话,在现在有些人的心目中,是非常迂腐可厌底,不过这些人大概皆未了解所谓中庸的本义。固然旧日自号为行中庸之道者,亦未见得尽能了解中庸的本义,因之他们的行为,或有可批评之处,但这与中庸之道的本身之无可批评并没有关系。

有一部分误会"中"的本义底人以为,"中"即是不彻底。譬如一事有十成,用"中"底人,做这个事,大概只做五成,若做四成,即为不及;若做六成,即为太过。所以照这一部分人的看法,用"中"底人做事只做五成。所谓"适可而止","不为已甚",都是表示不彻底的意思。这些人说,中国人做事不彻底,都是吃了儒家教人用"中"的亏。我们于此可以说,中国人是不是都做事不彻底,我们于此不论。不过即使中国人做事都不彻底,或有些中国人做事不彻底,他们至多亦是吃了误解儒家教人用"中"的亏,而不是吃了儒家教人用"中"的亏。因为照"中"的本义,"中"并没有不彻底的意思。

一部分误解"中"的本义底人,又以为"中"有模棱两可的意思。譬如对于某事有两种相反底意见,用"中"底人,一定以为这两种意见都对也都不对。他把两方面的意见,先都打个对折,然后参酌两方面的意见,而立一个第三意见。所谓"执两用中",即是谓此。所谓"折中",亦是谓此。这一部分人说,中国人好模棱两可,"两面讨好",都是中了儒家教人用"中"的毒。我们于此还是说,中国人是不是都好模棱两可,"两面讨好",我们不论。不过即使中国人都是如此,或有些中国人是如此,他们亦是中了误解儒家教人用"中"的毒,而不是中了儒家教人用"中"的毒。因为照"中"的本义,"中"并没有模棱两可的意思。

有一部分误解"庸"的本义底人,以为"庸"即是庸碌的意思。这一部分人以为儒家教人行庸道,是叫人都成为庸庸碌碌,不敢有所作为底人,凡事"不求有功,只求无过"。与其"画虎不成反类狗",不如"刻鹄不成尚类鹜"。这一部分人以为中国人之所以缺乏进取冒险、敢作敢为的精神,都是吃了儒家教人行庸道的亏。中国人是否都缺乏进取冒险、敢作敢为的精神,我们不论。不过如果中国人都缺乏这种精神,或有些人缺乏这种精神,他们亦是吃了误解儒家教人行庸道的亏,而不是吃了儒家教人行庸道的亏,因为照"庸"的本义,"庸"并没有庸碌的意思。

有一部分误解"庸"的本义底人,以为"庸"即是庸俗的意思。关于艺术方面底创作或鉴赏,是所谓雅事。行庸道底人多以为这些雅事为"雕虫小技",做这些雅事为"玩物丧志"。他们所做底事,或所认为应该做底事,往高处说,不过只是些"伦常日用";往低处说,简直都是些"柴米油盐"。有些人说,中国人都俗,不如西洋人之每人都会唱几句歌,又不如西洋人之每家都有钢琴。中国人之所以都俗,都是中了儒家教人行庸道的毒。中国人是不是都俗,我们亦不论。不过即使中国人都俗,或有些中国人俗,他们亦是中了误解儒家教人行庸道的毒,而不是中了儒家教人行庸道的毒。

因为照"庸"的本义,"庸"并没有俗的意思。

在误解中庸之道底人的心目中,所谓行中庸之道底人,都是些做事不彻底,遇事模棱两可,庸碌无能,俗而不堪底人物。他们以为这种人物正是儒家的理想人物,其实这以为是大错底。这种人物不但不是儒家的理想人物,而且是儒家所最痛恨底人物。这种人正是儒家所谓乡愿。孔子曰:"过我门而不入我室,我不憾焉者,其惟乡愿乎?乡愿,德之贼也。"什么是乡愿呢?孟子说:"非之无举也,刺之无刺也,同乎流俗,合乎污世,居之似忠信,行之似廉洁,众皆悦之,自以为是,而不可与入尧舜之道,故曰德之贼也。"古之所谓乡愿,即今之所谓好人或老好人。一个庸碌无能底人,既不敢为大恶,亦不能行大善。不敢为大恶,所以"居之似忠信,行之似廉洁"。不能行大善,所以"同乎流俗,合乎污世"。遇事人云亦云,模棱两可,所以"众皆悦之"。惟其众皆悦之,所以大家皆称之曰好人,或老好人。这种人正是儒家所称为德之贼者。为什么是德之贼呢?因为这种人的行为,与所谓中庸之道,有点相似,很能"鱼目混珠",以伪乱真。所以孔子曰:"恶似而非者。恶莠,恐其乱苗也;恶紫,恐其乱朱也;恶乡愿,恐其乱德也。"我们以上所说误解中庸之道底人,以为做事不彻底,模棱两可,俗而不堪底人,即是行中庸之道底人,或以为人若行中庸之道,其结果必成为做事不彻底,模棱两可,俗而不堪底人。这正是"乡愿乱德"的一个好例。

儒家所说"中"的本义是什么呢?"中"是无过不及,即是恰好或恰到好处的意思。有过或不及,都不是恰到好处。例如炒菜,炒得过了则太老,炒得不及则太生。惟是不老不生,恰到好处,此菜方好吃。宋玉《登徒子好色赋》说:"东家之子,增之一分则太长,减之一分则太短;着粉则太白,施朱则太赤。"这就是说,此人的高低颜色,均是恰到好处。恰到好处,即是"中"。做事亦有恰到好处的一点,此一点即是"中"。

或可问:我们说,做菜有恰到好处的一点,过此或不及此即不好吃。此所谓好,是就吃说。东家子之高低颜色亦有恰到好处之一点,过此即不好看。此所谓好,是就看说。做事亦有恰到好处的一点,此所谓好,是就什么说?

做事恰到好处之好,可就两方面说:一方面就道德说,一方面就利害说。就道德方面说,所谓做事恰到好处者,即谓某事必须如此做,做事者方可在道德方面得到最大底完全。就利害方面说,所谓做事恰到好处者,即谓某事必须如此做,做事者方能在事业方面得到最大底利益。所以就道德方面说,对于做某事有"中"。就利害方面说,对于做某事亦有"中"。儒家讲用中,做事不可过或不及,是就道德方面说"中"。道家讲守中,凡事都要"去甚,去奢,去泰",是就利害方面说"中"。

无论就道德方面说"中",或就利害方面说"中","中"均没有不彻底的意思。我们先问:什么叫做彻底? 若所谓彻底者,就道德方面说,是说,我们做事,必须做到我们应该做到的地步,此应该做到的地步,正是讲中道者所谓恰到好处之点。我们不可过此点再求彻底。于彻底之外,再求彻底,即所谓"贤者过之"了。若所谓彻底者,就利害方面说,是说,我们做一事,须将其做到完全成功的地步,此完全成功的地步,亦正即是讲中道者所谓恰到好处之点。我们决不可过此点再求彻底。若过此点而再求彻底,则可致"前功尽弃",不惟不能成功,而且还要失败。若所谓不彻底者,是说,我们做事,未做至恰好之点,而即停止。如此则所谓不彻底者,正是讲中道者所说之不及,亦正是讲中道者所反对者。例如我们做饭,以做熟为其恰好之点。饭未做熟而停止不做,诚为不彻底,然此正是不及也。若饭已熟而仍求彻底,则饭将糊不可食,恐无人需要此种彻底也。

"中"亦没有模棱两可的意思。譬如某人对于做某事有一意见,另外一人对于做此事,另有一意见。如某人之所见,正是做此事之恰好底办法,则此人之意见,即是合乎"中",不必亦不可将其打对折,将其"折中"。其另一人之意见,不合乎"中",即打对折,亦不可用。模棱两可者,多系乡愿敷衍人,以求两面讨好者之所为。无论从何方面讲"中",皆不是如此。

讲中道者所说"贤者过之"之一点,最不易得人了解。我们于上文说,在道德方面,所谓做事恰到好处者,即谓某事必须如此做,做事者方可在道德方面,得到最大底完全。有些人多以为,如果某事如此做,是道德底,则于如此做更进一步,当然是更道德底。在历史或小说中,有圣贤及侠义两种人。有些人以为圣贤的行为,是道德底,而侠义的行为则是更道德底。《儿女英雄传》中,安水心说,侠义行事,"要比圣贤都高一层"。比圣贤都高一层者,即其行为是更道德底也。

如所谓道德底者,只是在道德方面,勉强及格,如学校中普通考绩之六十分然,则所谓更道德底者,即如学校中普通考绩之七十分或八十分。有些人持如此底看法。照他们的看法,圣贤所讲底中庸之道,都是些"卑之无甚高论"底话。圣贤的行中庸之道底行为,都是"比上不足,比下有余"。照他们的看法,圣贤所讲底中庸之道,都是仅为一般普通人而设,有特殊聪明才力底人,是不为此所限制底。

　　这一种看法,讲中庸之道者,当然不能赞成。我们亦不赞成这种看法。我们说,在道德方面,所谓做事恰到好处者,即谓某事必须如此做,做事者方可在道德方面,得到最大底完全。既是必须如此做方能得最大底完全,则不如此做,即不能得最大底完全。不但不及此者不能得最大底完全,即过此者亦不能得最大底完全。所谓"过犹不及"也。我们说,圣贤的行为是道德底,意思不是说,它是勉强及格,而是说它是最道德底。最道德底之上,不能有更道德底。

　　《后汉书·独行传叙》说:独行底人,"盖失于周全之道,而取诸偏至之端"。这两句话很可说明圣贤的行为,与侠义的行为的性质的不同。侠义的行为,在有些方面,是比中道又进一步。就此方面说,他的行为,可以说是比圣贤都高一层,不过这高一层,只是一方面底。就一方面看,他的行为比中道又进一步,但在别底方面,则必有不及中道者。他于此方面过之,于别方面必有不及。他只顾到此方面,而不顾到别底方面,所以他的行为不是"周全之道",而只是"偏至之端"。圣贤所行底是中道,单在一方面看,其行为似乎是没有什么特别出众之处,但他却是各方面都顾到底。所以他的行为不是"偏至之端",而是"周全之道"。所以圣贤的行为,可以成为社会上底公律,而侠义的行为,则不可成为社会上底公律。因此在道德方面侠义的行为,不能比圣贤高一层。

　　《吕氏春秋》说,有二侠士,相偕出游。至一处饮酒,有酒无肴。此二人说,吾二人身皆有肉,何必再求肴。遂各割其身之肉,烤熟请别一人吃,吃毕,两人皆死。此二人各割其身之肉,以奉其友。专就待朋友这一方面看,可以说是"仁至义尽"了。专就此方面说,他们的行为是"至",但此二人各有其在别方面应做底事,应负底责

433

任,他们均不顾及。兼就别方面说,他们的行为是"偏"。所以他们的行为,不是"周全之道",而是"偏至之端",不可成为社会上底公律,不可为法,不可为训。此所引固然是一极端底例。然在此极端底例中,我们可以看出侠义的行为,与圣贤的行为的性质的不同。一行为是不是超过中道,在大部分情形中,是不很容易决定底。所以我们必须在这些极端底例中,方可以看出侠义的行为,与圣贤的行为的性质的不同。

"言必信,行必果",是侠义的信条。"言不必信,行不必果,惟义所在",是圣贤的信条。此所谓义,即"义者,宜也"之义。所谓宜者即合适于某事及某情形之谓。做事必须做到恰好处。但所谓恰好者,可随事随情形而不同。就道德方面说,言固须信,但在有些情形中,对于某事,守信不是恰好底办法。此亦即说,在有些情形中,对于某事,守信是不合乎中道底。例如所谓"尾生之信"是。尾生与一女子约,期相遇于桥下。及期,尾生至,而女子不至。桥下水涨,尾生仍守桥下不去,遂至溺死。我们可以说,在此情形下,尾生未免太守信了。守信而可以说是"太",即其守信不是在此情形下做此事的恰好底办法也。其不恰好是由于太过,而不是由于不及,所以说是"太"。一个人在社会里有许多责任,有许多应做底事。尾生因与一女子相期,专顾及守信,而不顾及他在别方面底责任。其行为,专就守信方面说,真算是彻底了。专就此方面说,他的行为是"至"。但就别底方面说,则他所顾不到底很多。就别底方面说,他的行为是"偏"。所以其行为不是"周全之道",而是"偏至之端",不可成为社会上底公律,不足为法,不可为训。

我们说,对于某事,在某情形下的恰好办法。因为所谓恰好办法是不能离开事及情形而空洞说底。例如尾生在桥下候其相期之人,若无桥下水至之情形,则在道德方面说,其守信是恰好底办法,是中道,其不守信则是不及。此是就情形说。若就事说,对于有些事虽死亦守信是恰好底办法,是中道,其不守信则是不及。例如一军人奉命于某时炸毁一桥,其开放炸药之机关,正在桥下,所以他非在桥下守候不可。桥下虽水至,但他总希望在他未溺死以前,能执行他的职务。如是为这种事,则他守信而死,是合乎中道底,如他不守信,则是不及。孟子说:"言不必信,行不必果,惟义所在。"正是说,言之是否必信,要看事看情形而定。

尾生之信,不足为法,更可于其不合乎忠恕之道见之。我们对于朋友有约会,我们固希望他准时赴约,但在普通情形中,我们并不希望他死亦守约。例如我们与一朋友约在某茶馆喝茶,我们并不希望他,虽有了空袭紧急警报,仍坐在那里不动。若他于这种情形下仍端坐不动,以至于有危险,则他的行为超过我们所希望于他底,照人同此心的说法,他所做亦超过他所希望于我们底。照如此看法,则他的行为,即不合乎忠,其不合是过之。如我们与朋友约,到时我们不到,朋友负气,无论如何,必在那里守候。但这种负气,亦不是我们所希望于朋友者。照人同此心的说法,这亦不是朋友所希望于我们者。他若照着他所不希望于我们者做去,则他的行为即是不合乎恕,其不合是不及。尾生的行为,不是过忠即是不及恕,总之是不合乎忠恕之道底,因此我们亦可知其不是恰好底办法。

假如一个军人奉命在一桥下守候,俟听见某种信号,则将桥炸毁,信号尚未到而水到。他不能断定他是不是能在被淹死以前接到信号。在这种情形下,他可以想,若是我派人在这里做这个事,我必希望他在死以前总守在桥下,而不希望他见水到即跑。因此他亦可知,他的长官,派他做这个事的时候,亦希望他在死以前总守在桥下而不希望他见水即跑。于是他就死守在桥下。就他死守在桥下说,他的行为是忠,就其不跑开说,他的行为是恕。他的行为是合乎忠恕之道底。因此我们亦可知他的行为是恰好底办法。

侠义的奇节异行,能引起我们的赞美,这亦是我们所承认底。不过我们以奇节异行的价值,在于其"奇"、"异"。这一种价值,也许是美学底而不是道德学底。

或可问:若一军人因预备炸桥而死于桥下,其身既死,则其对于别方面底责任,亦是不能顾到,所谓忠孝不能两全者是也。何以此军人的行为,又不是"偏至之端"呢?于此我们说,事有重轻的不同。此军人所做炸桥的事,可以关系全军的胜败,而全军的胜败,可以关系国家的存亡,其事重。若尾生与一女子相期,则只与他个人的生活的一方面有关,其事轻。且此军人炸桥的事,是事机一失不可复得。而尾生与女子的相约,或是虽不遇而"后会有期"。有这些不同,所以此军人的死,是"取义成仁";而尾生的死,则是"匹夫匹妇之为谅也"。一个是"死有重于泰山",一个是"死有轻于鸿毛"。两个人虽俱不能顾到对于别方面底责任,但一个是应该底,一个是不应该底。

以上是就道德方面说"中"。若就别底方面说,则无论对于任何事,都有个"中"。例如上所说,炒菜不可太生,亦不可太熟。生熟恰到好处,菜才好吃。此恰到好处,即是其中。又如商人卖东西,要价太多,则人不买。要价太少,又不能赚钱。必须要价不多不少,恰到好处。此恰到好处,即是其中。

无论就道德方面,或就利害方面说"中",所谓"中"都是相对于某事及某情形说底。例如我们说,人不可吃得太多,太多则胃不消化;亦不可太少,太少则营养不足。最好是吃得不多不少,但如何是不多不少,则须视一个人的身体情形而定。我们不能说,人吃十碗饭太多,一碗饭太少,无论什么人,都须吃五碗饭,这是不通底。对于有些人,吃五碗饭即为太多,对于有些人,吃五碗饭还是太少。

"中"是相对于事及情形说者,所以"中"是随时变易,不可执定底。"中"是随时变易底,所以儒家说"时中"。时中者,即随时变易之中也。孟子说:"执中无权,犹执一也。"所谓执一者,即执定一办法以之应用于各情形中之各事也。

或可问:如果如此,则我们做事,岂非完全无一定底规律可循?我们说:所谓"中"者,虽是相对于事及情形说者,然就事说,不仅有事,而且有某类底事,就情形说,不仅有情形,而且有某类底情形。对于某事在某情形下之中,对于其同类底事,在其同类底情形下,亦是"中"。例如尾生的行为,是不合乎"中"底,则如有人对于与此同类底事,在与此同类底情形下,有与此同类底行为,其行为亦是不合乎"中"底。上所说军人的行为是合乎"中"底,则如有人对于与此同类底事,在与此同类底情形下,有与此同类底行为,其行为亦是合乎"中"底。对于某种事在某种情形下底"中",与对于别种事在别种情形下底"中"不同。就此方面说,"中"是多底,是变底。但对于某种事在某种情形下底"中",则是永远相同底。就此方面说,"中"是一底,是不变底。

我们于上文说,合乎中道底行为,是可以成为社会上底公律底。所谓社会上底公律者,是在原则上,人皆应该完全照着行,在事实上,人皆多少照着行者。社会上底公律,大概都是道德底规律。道德底规律,必都是社会上底公律。我们常说,某行为可以为法,可以为训,或不足为法,不足为训。可以为法,可以为训者,是可以成为社会上底公律者；不足为法，不足为训者，是不可以成为社会上底公律者。

于此我们可知，中道亦即是庸道。程子说："庸者，天下之定理。"定理者，即一定不可移之理也。所谓公式公律等，都是一定不可移之理，都是定理。康德说：凡是道德底行为，都是可以成为公律底行为。例如"己所不欲，勿施于人"的行为，是可以成为公律底。若果社会上个个人都如此行，则社会上自然没有冲突。好像在大路上走路，无论人向何方向走，但只要都靠左边走，或都靠右边走，自然都不会碰着。但己所不欲、亦施于人的行为，则不可成为公律，因为社会上如果人人如此，则立刻各处都是冲突，而社会亦即不成其为社会了。又如盗贼底行为，是不道德底行为，此于其不能成为公律可以见之。盗贼自己不生产，而专盗窃或抢夺别人的生产。如果社会上个个人都不生产而专盗窃或抢夺别人的生产，则即无人生产。如果人人皆不生产，则盗贼亦无以自存。社会上决不能人人皆为盗贼，所以盗贼的行为是不可以为公律底。就这一方面看，我们可知盗贼的行为是不道德底行为。

盗贼的行为是不道德底行为，是"不肖者不及也"。其不可为公律，是显然底。若上所说底侠义的行为，所谓"贤者过之"者，亦是不可以为公律底。所谓可以为公律者，即人人皆可依之而行也。侠义的行为不是人人皆可行者，所以亦不可以为公律。所谓不是人人皆可行者，不是说，人不是皆努力向上，所以不可行，而是说，若人人若此行，则其间有矛盾。例如《吕氏春秋》所说二侠士的行为，就一方面说，是"至"。但如人人都如此行，于招待朋友的时候，都割自己底肉，请朋友吃，则恐怕社会上底人，不久都要死绝了。尾生的行为，如人人皆仿行，恐亦有同样底结果。所以这些行为,在一方面说,虽是高不可攀,但不是人人皆可行,所以亦是不可以为公律底,不足为法,不足为训。就此方面看,我们虽不能说,他们的行为是不道德底,但可以说,他们的行为不是完全地道德底。其价值大部分在于其是"奇"是"异",如以上所说。

程子又说:"不易之谓庸。"不易即是不可改易。所谓社会上底公律者,即原则上人人所皆应该完全照着行,事实上人人所皆多少照着行者,所以公律是不可改易底。事实上无论什么人都多少照着行,都多少须这样办,所以这样办即成为平常底了。旧说常以"菽粟布帛"作为庸之例。菽粟布帛,是人日用所不可缺者。因其是日用不可缺,所以即为人所习见,而成为所谓庸了。

从此观点看,所谓贤者过之的行为,都如些奇花异草,其本身亦有可爱之处。但其实用底价值,是不及菽粟布帛底。社会上可以无奇花异草,而不可以无菽粟布帛。社会上人人都种菽粟,不种奇花,是可以底。但社会上人人都种奇花,不种菽粟,是不可以底。菽粟是平常底,但是不可缺底;奇花是非常底,但是可缺底。中道底行为是平常底,但是可以为公律底;"贤者过之"底行为,是非常底,但是不可以为公律底。就其是平常说,所以谓之庸;就其为公律说,所以谓之不易,所以谓之定理。

程子又说:"中者,天下之正道。"他所说底这个道字,或许有别底意义,不过我们可以把这个道字作路字解。对于任何事,都有一条合乎中道底路可走。这条路是人人都可走底,所以谓之正路,亦可谓之大路。不走这条大路,而好走小路者,《中庸》谓之"索隐行怪","行险徼幸"。小路虽亦有人走,走小路或亦有时有特别底方便,但走小路总亦有特别底不方便,而其不方便总较其方便为大,不然,即人人皆走小路,而此小路即不是小路,而是大路矣。大路似曲而实直。《老子》说："大直若屈。"可用以说此义。

以上是专从道德方面说庸。从功利方面说，凡是能使某种事最成功底办法，亦是最平常底办法。例如一个人如想发财，最平常底办法，是竭力去经营工业或商业。《大学》说："生财有大道，生之者众，食之者寡，则财恒足矣。"就一个社会说是如此，就一个人说亦是如此。这是大道，亦即上所说大路。这是人人所都知道底，亦是人人所都能行底。如有人嫌此大路太迂曲，嫌此办法太拙笨，而求另外直捷底路，巧妙底办法，则即是所谓"行险徼幸"。例如有人因急于发财而大买彩票，希望能得一头彩，可以一步登天。在几万或几十万买彩票底人中间，自然有一个人可得头彩。如果有一个人得了头彩，他的特别底幸运很可使人羡慕，但他的行为，则不足为法，不可成为公律。他得头彩的机会，只有几万分或几十万分之一，而他失败的机会，则比得头彩的机会要多几万或几十万倍。所以，他的行为是"行险"，而其得头彩是"徼幸"。辛苦经营工业或商业以求发财底人，固然亦有失败的机会，实际上亦常有失败者，但他的失败的机会与他的成功的机会，在普通底情形下，差不多是均等底。一个人照着这个平易底大路走，即使失败，而他的行为是可以为法底，可以成为公律底。一个人应该努力地照着这个大路走，至于成功失败，则"听天由命"，此之谓"君子居易以俟命"。如上所说买彩票的行为，则是所谓"小人行险以徼幸"。

又如人欲求学问，无论所求者是何种底学问，最平常底办法，是对于那一种底学问努力用功。大部分人于初学一种语言时，总觉其纯靠死记，毫无兴趣。有些人往往于此要寻捷径。有些卖书的人，迎合这种人的心理，印些"某种言语易通"等类底书，大登广告说，用他这书，可以于短时期内，不费力而学会某种言语，其实这都是欺人底。要想学某种言语，是要靠死记底。这是平常底办法，除此之外，没有别底办法。

又如用兵虽说是诡道，但取胜的平常底办法，还是努力充实自己的实力，使其胜过敌人，及努力消耗敌人的实力，使其劣于自己。所谓实力，军事方面底设备，经济方面底资源，政治方面底组织等，均包括在内。两个力争夺，力大者胜，这是人人所知底。这虽亦似乎是迂曲底路，拙笨底办法，但除此之外，没有别底办法，如有办法，亦是买彩票希望得头彩底办法。例如现在底战事，正在进行，日本或许有一大地震，将其工业区覆灭。如果如此，则战事不了自了。这当然不是不可能底事。但我们如希望以此为解决中日战事底办法，则其希望的达到，比得头彩还难得多。如有人只靠这种希望，以解决中日战事，他亦可以说是"行险以徼幸"。

我们可以说，凡是能使某种事最成功底办法，都是人人可行底办法，因为是人人可行底办法，所以是平常底办法。照所谓聪明人看起来，这些办法，都是迂曲拙笨底。他们都好求直捷巧妙底办法。但是所谓直捷巧妙底办法，大概多是"行险徼幸"底办法。其办法虽似巧而却不能成事。用不能成事底办法办事，必致弄巧反拙。而似乎是拙笨底平常办法，虽似拙而却能成事。《老子》说"大巧若拙"，可用以说此义。小聪明人好用巧办法，往往因此误事。所谓"聪明反被聪明误"者，正是说此。《老子》说"大智若愚"，大智不用小聪明，所以若愚。

科学似乎是与人以许多巧妙底方法，以统治天然，以处理人事。清末人说到科学，都似乎以为科学是魔术一类底东西。科学中底公式，好像是魔术中底咒语符箓，科学家把它用出来，即可以"役使万物"。即现在不深了解科学底人，亦以为科学是很神秘底东西,所谓"科学方法"者,亦是很巧妙底方法。这是完全错误底。科学是最平常底东西,科学方法是最平常底方法。科学中底公律等,都是以一般人日常所经验底平常底事实为根据,一步一步推出来底。就其所根据底平常底事实说,是"匹夫之愚,可以与知"。但"及其至也,虽圣人亦有所不知焉"。但此亦是从愚夫愚妇所知者推出来底,并不是另有何神妙。从平常底事实一步一步地推,并不是一种直捷巧妙底方法,而实是一种迂曲拙笨底方法。聪明人或许不耐烦一步一步地推,但如他不耐烦,他即不能用科学方法。

有一笑话,谓有一人卖治臭虫方者,方写于纸上,用信封封固,买者须交价后,方可开视。一人买此方,交价后开视,则纸上写二字曰:"勤捉。"此虽是笑话,然此治臭虫方实亦代表一真理。此真理即是:凡做某种事最成功底办法,亦即是最平常底办法。

第五篇　守冲谦

假使一个美国人,因有某种成绩,受了别人的夸奖,照美国人的规矩,他对于夸奖他底人底答复,应该是:"多谢你的夸奖。"或:"多承夸奖,感激不尽。"假使一个中国人,因有某种成绩,受了别人的夸奖,照中国人的规矩,他对于夸奖他底人底答复,应该是:"不敢当。"或:"毫无成绩,谬承过奖。"在这种情形下,美国人的答复,是承认自己有成绩;而中国人的答复,是否认自己有成绩。自己有成绩,而不以为自己有成绩,此即所谓谦虚。虚并不是虚假的意思。《论语》说:"有若无,实若虚。"虚者对实而言。真正谦虚底人,自己有成绩,而不以为自己有成绩;此不以为并不是仅只对人说,而是其衷心真觉得如此,即所谓"有若无,实若虚"。

"自卑而尊人,先彼而后己。"这本是社会所需要底一种道德。社会上底礼,大概都是根据这种道德而有底。无论哪一国家或民族的礼,或哪一种社会的礼,其详细节目或有不同,但其主要底意思,总不离乎"自卑而尊人,先彼而后己"。一个美国人对于夸奖他底人的答复,虽不是自卑,而却是尊人。因为照他的看法,若否认自己有成绩,即是直斥夸奖他底人的错误。直斥人的错误,是无礼底。中国人对于夸奖他底人的答复,虽不是尊人,而却是自卑。所谓"谬承过奖",即是说:"你对于我夸奖太过,你错了。"照美国人的看法,这是很不客气底话。照中国人的看法,这不客气,是为自卑而起,所以虽不客气,而决不会引起对方的误会。

我们常听说,人须有"自尊心"。上所谓自卑,并不是有自尊心的反面。孟子说:"人有不为也,而可以有为。"一个人在消极方面,有有不为之志,在积极方面,有有为之志,这种人谓之有自尊心。无自尊心底人,认为自己不足以有为,遂自居于下流,这亦可说是自卑。不过此自卑不是上所谓自卑。此自卑我们普通称之为自暴自弃。孟子说:"舜何人也? 予何人也? 有为者亦若是。"有这一类底志趣者,谓之有自尊心。在行这一类底志趣的时候,完全用不着与人客气,用不着让。所谓"当仁不让"是也。但在人与人底普通关系中,则彼此之间,需要互让。让是礼的一要素。所谓客气,所谓礼貌,都有让的成分在内,所以我们常说"礼让"。上所谓自卑,是让的表现,并不是自暴自弃。

有些人认为,有自尊心,即是在人与人底普通关系中,以自己为高于一切,这是错误底。有自尊心是就一个人的志趣说。上所谓自卑,是就人与人间底礼让说。二者中间,并没有什么关系。

说到让,或者有人以为与所谓斗争,或奋斗等精神不合。这以为又是错误底。所谓斗争,可以提倡者,只能是团体与团体间底斗争,不能是一个团体内底人与人底斗争。有提倡民族斗争者,亦有提倡阶级斗争者,但是没有人提倡,亦没有人能提倡,人与人斗争。这是不能提倡底。所谓不能提倡者,即谓:如有提倡者,其说一定是讲不通底。无论我们赞成民族斗争或阶级斗争之说与否,其说是讲得通底。但如有提倡人与人斗争者,其说是讲不通底。如有人以为,提倡民族斗争或阶级斗争者,必亦提倡人与人斗争,此以为亦是错误底。持此等以为底人可以说是"不明层次"。因为所谓民族或阶级,不是与人在一层次之内底。

所谓奋斗者,不过是说,一个人应该努力去做他所应该做底事,或他所愿意做底事。斗字在此,只是一种比喻,并不含有侵害别人底意思,与斗争之斗不同。一个人于不侵害别人的范围内,当然可以,而且应该,努力做他自己所应该做底事,或他所愿意做底事。这里用不着让,亦实在不发生让或不让的问题。一个人读书,求学问,用不着让别人占先,并且还可以争着占先。但他若因此,而于与别人共饭时,亦抢着吃菜而不让人,则他可说是"不知类"。因为求学问与吃饭,在这一方面,并不是一类底事。

以上所说,是普通所谓谦虚,但就中国的传统思想说,谦虚并不仅只是如此。就中国的传统思想说,谦虚是一种人生态度,其背后有很深底哲学底根据。此哲学根据,一部分即是《老子》及《易传》中所讲底道理。

老子对于人生,有很深底了解。他观察人生,研究人生,发现了许多道理或原则。这些道理或原则,他名之曰"常"。他以为人若知道了这"常",而遵照之以行,则即可以得利免害。若不知这些常而随便乱作,则将失败受害。他说:"知常曰明。不知常,妄作,凶。"

在这一点,老子很有科学底精神。科学的目的,或其目的之一,亦是欲发现宇宙间底许多道理而使人遵照之而行。人若遵照这些道理而行,他可以得到许多利益。我们常说:"科学能战胜自然。"就一方面说,它是能战胜自然;就又一方面说,它之所以能战胜自然,正因它能服从自然。

老子所说底话,有许多对于道德是中立底。在这一点,他亦与一般科学家相似。科学家所讲底道理,对于道德是中立底。有些人可以应用科学家所讲底道理做道德底事,有些人亦可以应用科学家所讲底道理，做不道德底事。但对于这些，科学家都是不负责任，亦不能负责任底。在有些地方，老子亦只说出他所发现底道理，至于人将应用这些道理做些什么事，老子是不负责任，亦不能负责任底。例如老子说："将欲歙之，必固张之；将欲弱之，必固强之；将欲废之，必固兴之；将欲取之，必固与之。"有人因此说，老子讲阴谋。其实老子并不是讲阴谋，不过阴谋家可应用这些道理，以遂其阴谋而已。

老子说："反者，道之动。"照老子的看法，一某事物，若发展至其极，则即变为其反面，此所谓"物极必反"。《易传》中亦讲这个道理。旧说《易》、《老》相通。其相通的主要底一点，即是《易》、《老》皆持"物极必反"之说。

海格尔亦说：事物皆含有其自己的否定。若一某事物发展至极，则即为其自己所含有之否定所否定。所以一切事物的发展，都是所谓自掘坟墓。马克思的历史哲学，亦用海格尔此说，不过他不以心或观念为历史的主动力，而以经济底力量为历史的主动力。所以他的历史哲学称为物质史观或经济史观。

一某事物的发展，如何是已至其极？有些事物，其极是对于客观底环境说，有些则是对于主观底心理说。例如马克思说，一个资本主义底社会，若发展至其极，则即为其自身所含有之否定所否定，资本主义底社会的发展是"自掘坟墓"。资本主义底社会之极，是对于客观底环境说。所谓客观底环境，亦是一种事物自身所造成底。每一种事物，在其发展的过程中，自身造成一种环境。如这种环境，使此种事物不能继续存在，则此种事物的发展，即已至其极。因为这种环境是这种事物自身所造成底，所以这种环境即是这种事物自身所掘之坟墓，亦即其自身所含有底否定之表现。

　　就资本主义底社会的发展说,其极是对于其自身所造成底环境说。但就一个资本家的财产的发展说,其极是可对于一个资本家的主观心理说。假使有一个国家的法律,规定一个资本家的财产,不能超过一百万元,则此国内底资本家的财产,如到一百万元,即已至其极,就此方面说,或就类乎此底方面说,一个资本家的财产的发展,亦是对于客观底环境说。不过这一种极是人为底,不是自然底,所以这一种极不必引起反。但假如虽没有这些限制,而一个资本家发财至一百万元时,此人即已志骄意满,以为他已是天下第一富人,而再不努力经营他的工业或商业,如此,则一百万元对于此人,即是其财产之极。到了此极,此人的工业或商业,即只会退步,不会进步,而其财产亦只会减少,不会增加了。

　　又譬如一个人有很大底学问,但他总觉得他的学问不够,此人的学问,对于此人,即尚未至其极。此人的学问,即还有进步的希望。另外有一人,虽只读过几本教科书,但自以为已无所不知,无所不晓,此人的学问,对于此人,即已至其极。此人的学问,不但没有进步的希望,而且一定要退步。旧说所谓"器小易盈"即是指这一类底人说。小碗只须装一点水,即至其容量之极。再加水,即要溢出来,此所谓"易盈"也。《易》《老》所谓极,大概都是就这些方面说。

　　如欲使一某事物的发展,不至乎其极,最好底办法,是使其中先包括些近乎是它的反面的成分。例如一个资本主义的社会,如发展至一相当程度,而仍欲使其制度继续存在,最好的办法,是于其社会中,先行一些近乎是社会主义底政策。如有人问一马克思的信徒,英美等国的资本主义已经很发展了,何以在这些国内,还没有社会革命发生呢?最好底答案是,因为英美等国的资本家,在有些地方,采用了近乎是社会主义底政策,例如工会组织、社会保

险、失业救济等，以缓和阶级斗争。英美等国的资本家，与他们的
工人的关系，已不是如马克思等所说底那样单纯了。这些资本家，
于其资本主义底社会内，先容纳些近乎是社会主义的成分，所以他
们可以使他们的制度继续存在，而不至于造成一种环境，使其不能
继续存在。这种办法，最为反对他们底人所厌恶，因为这是维持他
们的制度的最好办法。共产党人最恨温和底社会主义。因为共产
党人主张推翻资本主义底社会，而温和底社会主义反可使资本主
义底社会继续存在。

就社会说是如此，就个人说亦是如此。如一个人想教他的事
业或学问继续发展进步，他须常有戒慎恐惧之心。人于做事将成
功时，往往有志得意满的心；于做事将失败时，往往有戒慎恐惧的
心。戒慎恐惧近乎是志得意满的反面。我们说近乎是，因为志得
意满的真正反面，是颓丧忧闷。人若常存戒慎恐惧的心，则是常存
一近乎是志得意满的反面的心。所以他的事业，无论如何成功，如
何进展，都不是其极。所以他的事业，可以继续发展进步。《易传》
说："危者，安其位者也；亡者，保其存者也；乱者，有其治者也。是
以君子安而不忘危，存而不忘亡，治而不忘乱，是以身安而国家可
保也。《易》曰：'其亡其亡，系于苞桑。'"若一国之人，常恐其国要
亡，则其国即安如磐石。正说此义。我们可以说：一个人做事，如
常恐失败，他大概可以成功；如常自以为要成功，他大概必要失败。

一个人的这种戒慎恐惧的心理，在态度上表现出来，即是谦
虚。真正谦虚底人，并不是在表面上装出谦虚底样子，而是心中真
有自觉不足的意思。他有这种心，他的事业，自然可以继续发展进
步，无有止境。所以《易》谦卦彖辞说："天道亏盈而益谦，地道变盈
而流谦，鬼神害盈而福谦，人道恶盈而好谦。谦尊而光，卑而不可

逾,君子之终也。"旧说,谓谦卦六爻皆吉,表示人能谦则无往不利的意思。

谦卦象辞以谦与盈相对而言。旧说亦多以为与谦相对者是盈或满。一个人对某一种事觉得满了,即是此种事的发展对于他已至其极了。已至其极,即不能再有发展进步。所以说:"满招损,谦受益。"严格地说,与盈或满相对者是冲或虚。老子说:"道冲而用之或不盈。"冲是与盈相对者。我们常说,冲谦、谦虚。冲或虚是就一个人的心理状态说。谦是就此种心理状态之表现于外者说。盈或满亦是就一个人的心理状态说。此种心理状态之表现于外者是骄。骄是与谦相对者。骄盈是与谦虚相对者。

以上说,一个人对于他的事业,如常有自觉不足的意思,他的事业即可继续发展进步,无有止境。所以说:"高而不危,所以长守贵也;满而不溢,所以长守富也。""高而不危",即是说,一人之贵,对于他尚不是其极。"满而不溢",即是说,一人之富,对于他尚不是其极。如一人之富贵,对于他不至其极,他即可以继续富贵。又如说:"学如不及,犹恐失之。"一个人如果常能学如不及,他的学问,自然可以继续进步。反之,如一个人对于他的事业或学问,有了志得意满的心,他的事业或学问,对于他即已至其极,已至其极,即不能再有发展进步了。

以上是就一个人及其事业说。就人与人的关系说,谦亦是一种待人自处之道。人都有嫉妒心,我在事业,或学问等方面,如有过人之处,别人心中,本已于不知不觉中,有嫉妒之意。如我更以此过人之处,表示骄傲,则使别人的嫉妒心愈盛,引起他的反感。大之可以招致祸害,小之亦可使他不愿意承认我的过人之处。所谓名誉者,本是众人对于我的过人之处之承认。我有过人之处,众人亦承认我有过人之处,此承认即构成我的名誉。若我虽有过人之处,而众人不愿意承认之,则我虽有过人之处,而名亦不立。老子说:"富贵而骄,自遗其咎。"以富贵骄人,或以学问骄人,或以才能骄人,如所谓恃才傲物者,大概都没有好结果。若我虽有过人之处,而并不以此骄人,不但不以此骄人,而且常示人以谦,则人反极愿意承认我的过人之处,而我的名誉,可立可保。老子说:"不自见故明,不自是故彰,不自伐故有功,不自矜故长。夫惟不争,故天下莫能与之争。"正是说上所说底道理。

所以古人以玉比君子之德。所谓"温其如玉"。玉有光华而不外露,有含蓄的意思。我们的先贤,重含蓄而不重发扬。含蓄近乎谦,而发扬则易流为骄。

朱子《周易本义》谦卦卦辞注云:"谦者,有而不居之意。"有而不居,本是老子所常说底话。老子说:"生而不有,为而不恃,功成而弗居。夫惟弗居,是以不去。""夫惟不居"下又说"是以不去"。"是以不去"是说"有而不居"的好处。此是就利害方面说。我们以上说谦虚的好处,及骄盈的坏处,亦是就利害方面说。若就另一方面说,一个人可以有一种知识或修养,有此种知识或修养者,可以无意于求谦虚而自然谦虚,无意于戒骄盈而自然不骄盈。

有此种知识或修养的方法有三种。一种是重客观,一种是高见识,一种是放眼界。

先就重客观说。我们知道,某一种事,必须在某一种情形下,方能做成。此某一种情形,我们名之曰势。一时有一时的势,所以势有时称为时势,有时亦称为时。例如飞机的发明,必须在物理学、气象学、机械学已进步到相当程度的时候。在这时候,人对于此各方面底知识,以及各种材料上底准备,构成一种势,在此种势下,人才可以发明飞机。一个人发明了飞机,即又构成了一种势。就此方面说,这是英雄造时势。但他必须在某种势下,才能发明飞机,就此方面说,这是时势造英雄。一个英雄,若能知道,他亦是时势所造,他对于他的事业,即可以有"有而弗居"的心。有"有而弗居"的心,他当然无意于求谦虚,而自然谦虚,无意于戒骄盈,而自然不骄盈。

我们现在的人,可以有许多知识,为前人所未有者。但我们决不能因此即自以为,我们个人的聪明才力,是超乎古人底。我们所以能如此者,完全因我们的凭藉,比古人多,比古人好。譬如我们现在能飞行,古人不能飞行,这完全因古人无飞机,我们有飞机之故,并不是我们的身体,与古人有何不同。有许多事情的成功,是时为之,或势为之,不过时或势总要借一些人,把这些事做了。这一些人,对于做这些事,固然不能说是没有贡献,但若他们竟以为这些事的成功,完全是他们自己的功劳,此即是"贪天之功以为己力"。所谓"功成弗居",实即是不"贪天之功"而已。不贪天之功者,无意于求谦虚,而自然谦虚,无意于戒骄盈,而自然不骄盈。

再就高见识说,一个人少有所得即志得意满者,往往由于见识不高。一个学生在学校里考试,得了一百分,或是在榜上名列第一。这不过表示,在某种标准下,他算是程度好底。但是,这种标准,并不是最高底标准。若从较高底标准看,他的这一百分,或第一名,或可以是一文不值。明儒罗念庵于嘉靖八年中了状元。他的岳父喜曰:"幸吾婿建此大事。"罗念庵说:"丈夫事业,更有许大在。此等三年递一人,何足为大事也。"一个人对于他自己的成就,若均从较高底标准看,则必常觉其不及标准,而自感不足。所谓见识高底人,即有见于此所谓较高底标准,而不屑于以较低底标准,衡量其自己的成就者。旧说,人须"抗志希古",此即谓,凡做事均须以较高底标准为标准。

凡是古底,都是好底,这固然是旧日底人的一种错误底见解,但旧日底人持这一种见解,也不能说是完全没有根据。以文艺作品为例说,现存底古代文艺作品,实在都是好底。不过这并不是因为古人"得天独厚",如旧日底人所说者,而是因为这些作品都已经过时间的选择。古代并非没有坏底文艺作品,我们可以说,其坏底作品,至少与现在一样多。不过那些作品,都经不起时间淘汰,而早已到了它们应该到底地方,那即是字纸篓。时间是一位最公平底大选家,经过它的法眼以后,未经它淘汰底,都是好底作品。所以现在留下底古代文艺作品,都是好底,没有坏底。所谓"抗志希古"者,就文艺方面说,即是我们写作,须以经过时间选择底作品为法,我们衡量我们的作品,亦须以这些作品为标准。如果一个人能以韩退之的或苏东坡的作品,为衡量他的作品底标准,他即可见,他的作品,如不能达到此标准,即使能在某学校内得到一百分,这一百分实在是不算什么底。如果他有如此底见识,即在某学校内得了一百分,他也决不会志得意满。

即使一个人已能做出如韩退之的,或苏东坡的文艺作品,他还可见,于这些作品之上,还有文艺作品的理想标准,以此标准为标准,即历史上大作家的作品,也还不能都是尽善尽美。大作家于创作时,往往因为一两字的修改,弄得神魂颠倒。可见文艺作品的理想标准,如非不可及,亦是极不易及底。

以上虽只举文艺作品为例,但我们可以说,在人事的各方面,都有如以上所说底情形。旧说:"取法乎上,仅得其中;取法乎中,仅得其下。"仍就文艺方面说,以文艺作品的理想底标准为法者,可以成为大作家，如韩苏等。但如以韩苏为法者，则对于韩苏只有不及，不能超过。至于以未经时间淘汰底作品为法者，则其成就，必定是"每况愈下"。

有高见识者，凡事均取法乎上。既均取法乎上，所以他对于他自己的成就，常觉得不及标准，而自感不足。程伊川说："人量随识长。亦有人识高而量不长者，是识实未至也。"以上文之例说之，知学校内定分数的标准，不过是一种标准，是识长也。因此即不以一百分自满，是量长也。所谓量即是容量的意思。器小易盈即是量小。量随识长者，无意于求谦虚，而自然谦虚；无意于戒骄盈，而自然不骄盈。

再就放眼界说。人之所以少有所得，即志得意满者，往往亦由于眼界不阔，胸襟不广。一个三家村里底教书匠，在他村里，在知识方面，坐第一把交椅，他即自命不凡，自以为不可一世。这是由于他的眼界只拘于他的一村以内的缘故。他的眼界既窄，胸襟自然亦狭，所以亦是"器小易盈"。他若能将他的眼界放至他的村外，以及于一乡、一县，他即可知，他的知识，实在有限，而在三家村里坐第一把交椅，实在不算什么了不得底事。若一个人能将他眼界放至与宇宙一样大，他即可见，虽有盖世功名，亦不过如太空中一点微尘。他若有这等眼界，他自然不期谦虚，而自然谦虚，不戒骄盈，而自然不骄盈。

《庄子·秋水》篇说："计四海之在天地之间也，不似礨空之在大泽乎？计中国之在海内，不似稊米之在大仓乎？号物之数谓之万，人处一焉，人卒九州，谷食之所生，舟车之所通，人处一焉。此其比万物也，不似毫末之在于马体乎？五帝之所连，三王之所争，仁人之所忧，任士之所劳，尽此矣。"《庄子·则阳》篇说："游心于无穷。"宇宙是无穷,把自己的眼界推到与宇宙同大,亦是一种"游心于无穷"。在这样大底眼界中,无论怎么大底事业学问,都成为渺小无足道底东西了。这些渺小无足道底东西,自然不足介于胸中。胸中无足介者,即所谓胸怀洒落。有如此底眼界,如此底胸襟者,不但自然谦虚,自然不骄盈,而实在是对于如此底人,骄盈谦虚,都不必说了。

《庄子·逍遥游》说:"尧治天下之民,平海内之政,往见四子藐姑射之山,汾水之阳,窅然丧其天下焉。"《庄子·大宗师》说:"夫无庄之失其美,据梁之失其力,黄帝之亡其知,皆在炉捶之间耳。"为什么尧一见四子,即丧其天下呢? 为什么许由炉捶之间,可使无庄失其美,据梁失其力,黄帝亡其知呢? 因为四子许由,有一种最大底眼界,最阔底胸襟,使见他们底人,马上觉得自己的渺小,自己的所有底过人之处的渺小。尧本可以平治天下自鸣得意,无庄等本可以其美力等自鸣得意,但于他们的眼界扩大以后,他们即可知他们所有底过人之处,实在是不足道底。

这是庄学的最高义中的一点。宋明儒亦有此类底说法。程明道说:"泰山为高矣,然泰山顶上,亦不属泰山。虽尧舜之事,亦只如太虚中一点浮云过目。"象山《语录》中谓:象山"一夕步月,喟然而叹。包敏道侍,问曰:'先生何叹?'曰:'朱元晦泰山乔岳,可惜学不见道,枉费精神,奈何?'包曰:'势既如此,莫若各自著书,以待天下后世之自择。'忽正色厉声曰:'敏道,敏道,怎地没长进,乃作这般见解。且道天地间有个朱元晦陆子静,便添得些子? 无了后便减得些子?'"有了朱元晦陆子静,天地不添得些子,无了亦不减得些子,则朱元晦陆子静之泰山乔岳,亦不过如太空中一点浮云,又有何骄盈之可言?

　　或可问：若凡事都从与宇宙同大底眼界看，则人生中底事，岂不是皆不值一做了？关于这一点，我们可以说，我们于上文"为无为"中说，我们做事，有些事是无所为而为，有些事是有所为而为。就无所为而为底事说，有些事是我们的兴趣之所在。我们做这些事，是随着我们的兴趣，至于这些事是值得做或不值得做，对于我们，本来是不成问题底。譬如小孩骑竹马，他只是愿骑则骑而已，他不问竹马值得骑或不值得骑，实亦不必问值得骑或不值得骑也。有些事是我们的义务之所在。我们做这些事，是实践我们的义务。每个人皆要生活，要生活则不得不尽生活中底义务。若问生活中底义务值得尽或不值得尽，则须先问，生活是值得生活或不值得生活。有些人或以为生活不值得生活，但在他未死以前，他总是要生活底。他既要生活，他即须尽其在生活中底义务。这都是就无所为而为底事说。至于就有所为而为底事说，有些人做事的所为是权利，有些人做事的所为是名誉。如他们因放大了眼界，而觉得这些所为是不值得要底，他尽可不要这些所为，不做这些事，而专做他的兴趣所在及义务所在底事。这对于他，或对于社会，均只有益处，没有坏处。

　　孔子说："巍巍乎舜禹之有天下也，而不与焉。"朱子注说："不与犹言不相关。"朱子《语录》说："不与只是不相干之义。言天下自是天下，我事自是我事，不被那天下来移着。"又《语录》中论谦卦云："太极中本无物，若事业功劳，又于我何有？观天地生万物而不言所利可见矣。"有些事是我们的兴趣所在，或义务所在者，这些事我们自要做之。但做之而并不介意于因此而来之荣誉或富贵，此即是有天下而不与底胸襟。这种胸襟，亦惟有大眼界者，始能有之。对于有这种胸襟底人，自然亦无须说什么谦虚或骄盈的问题。

第六篇　调情理

旧说常以理与情相提并论。如说某人说话,说得合情理、在情理,或不合情理、不在情理;某人说话,说得入情入理。此所谓情,大概是我们现在所谓情形之情,亦正是我们在《新理学》中所谓势。此所谓理,是客观底情或势中所表现底道理或原则。话说得合情理,或在情理,或入情入理者,这话可以是真底。但其不合情理,或不在情理者,一定是假底。合情理或在情理底事,可以有而不必有。但不合情理,或不在情理底事,一定不能有。

我们于本篇所谓理,虽亦有上所说底理的意义,但所谓情,则不是上所说底情。道家常说以理化情,或以情从理。本篇所谓情理,是此所谓情理。本篇所讨论底问题,亦正是这一类底问题。

此所谓情,即我们现在所谓情感之情。此所谓理,则意义比较复杂。此所谓理,有时指上文所说情或势中所表现底道理,有时指对于此等道理底知识或了解,有时指我们能有此等知识或了解底官能,即我们所谓理智。照道家的说法,我们如能以理化情,或以情从理,则我们自己即可以无情。我们如能循理而动,则别人对于我们的行动,亦可以无情。后者所谓理,是指上文所说情或势中所表现底道理。前者所谓理,是指我们对于此等道理底知识或了解。

先就以理化情或以情从理说。照道家的说法,情起于人对于事物底不了解。例如一小儿走路,为一石所绊倒,此小儿必大怒而恨此石。但一成人为一石所绊倒,则并不怒,不恨此石,或虽略有怒,但并不恨此石。其所以如此者,因小儿对于此石无了解,以为此石有意和他捣乱,所以恨之。而成人对石有了解,知石是无知之物,决不会有意与他捣乱,所以并不恨之。不恨石则其怒亦减,或即可无怒。

成人对于事物底了解,虽比小儿高,但其了解仍是部分底,所以仍有时不能无情。对于宇宙及其间底事物,有完全底了解者,则即可完全底无情。其所以无情者,并不是冥顽不灵,如所谓槁木死灰,或土块然,而是其情为其了解所化,即所谓以理化情也。此所谓化,如冰雪融化之化。情与理遇,即如冰雪与日光遇,不期融化而自然融化。《世说新语》谓王戎说:"太上忘情,其下不及情,情之所钟,正在吾辈。"冥顽不灵,如槁木死灰或土块者,是亦无情也。不过其无情是不及情。若圣人之无情,是其情为理所化,是超过情而非不及。此即所谓太上忘情。

庄子常举死为例,以见圣人之忘情。因为死是最能使人动情底,如对于死不动情,则对于别事,自亦可不动情。《庄子·大宗师》说,子舆有病,子祀往问之,子祀说:"且夫得者时也,失者顺也,安时而处顺,哀乐不能入也。此古之所谓悬解也。"生为得而死为失。在某情形下,一个人可有生,此某种情形,只于一时有,所以称为时。由生而之死,此时顺乎自然,所以称为顺。了解"生者时也"则无乐,了解"死者顺也"则无哀。有此了解,即无哀乐,所谓"哀乐不能入也",亦即所谓无情也。有情者为情所苦,如被悬吊起来。有情者为情所苦,得到解放,如悬解然。所以说:"此古之所谓悬解也。"小说中侠义之流亦常说:"大丈夫生而何欢,死而何惧。"不过侠义之流之为此言,似出于意气,而非出于了解。出于意气者,其解放是暂时底；出于了解者，其解放是永久底。

《庄子·至乐》篇说：庄子于其妻始死之时，亦觉慨然，后则鼓盆而歌。郭象注云："未明而慨，已达而止。斯所以诲有情者，将令推至理以遣累也。"此所谓明、所谓达，都是我们上所谓了解之义。对于死所有底悲哀，即是累，亦即《养生主》所说遁天之刑。天是天然。由生而之死，是顺自然，亦即是顺天然。有生而不愿死，是欲自天然中逃出，此即所谓遁天。遁天者必受刑，即其于悲哀时所受之痛苦是也。郭象说："驰骛于忧乐之境，虽楚戮未加，而性情已困，庸非刑哉？"悲哀时所有底痛苦，亦即是累。若了解生必有死的道理，则即可以无累。此所谓"明至理以遣累"也。

对于理有了解者，则对于事不起情感。对于事不起情感，即不为事所累。对于某事不起情感，即不为某事所累。例如我们于空袭时，虽处很安全底地方，而总不免于怕。此即为空袭所累。确切地说，我们不是为空袭所累，而是为怕空袭所累也。更有人于无警报时，亦常忧虑警报之将来，他的累即更大。他的累不是警报，而是忧虑警报。对于忧虑警报底人，我们可以说，虽警报不来，而"性情已困"矣。

对于理有了解，而不为事所累者，普通谓之"看得破"。对于某理有了解，而不为某事所累者，普通谓之对于某事看得破。对于事看得破，普通谓之达观；能对于事看得破者，普通谓之达人。此所谓达，均是了解之义。

照道家的说法，能对于所有底事都看得破，则即可以完全无情。《庄子·德充符》说："圣人有人之形，无人之情。""所谓无情者，不以好恶内伤其身。"好恶可以内伤其身，此即所谓刑也，亦即所谓累也。何晏谓"圣人无喜怒哀乐"，大概即就道家的圣人的此方面说。我们所须注意者，即此所谓无情，皆是太上忘情，不是其下不及情。

《庄子·应帝王》说："圣人之用心若镜，不将不迎，应而不藏，故能胜物而不伤。"郭象说，用心若镜，是"鉴物而无情"。普通人对于事未免有情，故有将有迎，而为其所累。为其所累，即为其所伤，如所谓"黯然神伤"是也。例如一个人怕空袭，于未有警报时，常忧虑警报之将至。这种忧虑，即所谓迎。迎者，事未到而预先忧虑也。及警报已解除，而惊魂未定，闻汽车喇叭声，即以为警报又至，此即所谓将。将，送也，事已去而恐惧之心未去，如送已去之事然。此亦即是所谓藏，藏者留于中也。若对于事有如此底将迎，则必为事所累，所伤。若能用心如镜，即可如郭象所说："物来乃鉴，鉴不以心。故虽天下之广，而无劳神之累。"鉴不以心，即是说鉴物而无情。

不为事所累者，并不是不做事，只是做事而不起情感。我们说不怕空袭，不是说，于空袭时，不尽可能躲避。亦不是说，对于避空袭，不尽可能作准备。只是说，既已尽可能作准备了，既已尽可能躲避了，不必再有无益底恐惧。这无益底恐惧，是最能伤人底。有人说，空袭不要紧，但是怕空袭的怕，叫人受不了。普通人所受底情之累，都是这些怕之类。

道家的圣人，完全无情，所以无入而不自得。《庄子·齐物论》说："至人神矣，大泽焚而不能热，河汉沍而不能寒，疾雷破山，飘风振海，而不能惊。"正是说此境。郭象以为，能至此境界底人，可以"应物而不伤"。所以可以"终日挥形，而神气无变；俯仰万机，而淡然自若"。此虽或是一不可及底理想，但一个人若能没有无益底情感，则可少受许多累，多做许多事，这是真底。

我们常说，一个人"沉着气"或"沉不着气"。所谓沉不着气，即其人为一时的情感所制也。如一个人闻警报而张皇失措，我们说他沉不着气，此即其为恐惧之情所制也。如一人闻一可喜底事，而手舞足蹈，我们说他沉不着气，此即其为喜之情所制也。公孙丑问孟子："夫子加齐之卿相，得行道焉，如此则动心否乎?"此即是问，你那时是不是可以沉着气? 孟子说："我四十不动心。"此即是说，我于四十岁时，即对事能沉着气了。人如沉不着气，即不能做事。如沉不着气，而勉强做事，必出岔子。

郭象说："终日挥形，而神气无变; 俯仰万机，而淡然自若。"这是晋人的一个理想。在晋人中，最近于此理想者，是谢安。史说：符坚伐晋，"是时秦兵既盛，都下震恐。谢玄入问计于谢安。安夷然答曰：'已别有旨。'既而寂然。玄不敢复言，乃令张玄重请。安遂命驾出游山墅。亲朋毕集，与玄围棋赌墅。安棋常劣于玄，是日玄惧，便为敌手，而又不胜"。及淝水战胜，"谢安得驿书，时方与客围棋，摄书置床上，了无喜色，围棋如故。客问之，徐答曰：'小儿辈遂已破贼。'既罢，过户限，不觉屐齿之折"。谢安处理大事，没有无益底喜惧。他很能沉着气，不过"不觉屐齿之折"，也就有点沉不着气了。

对于事物有了解者，能宽容。老子说："知常容，容乃公。"常者，事物变化所遵循之理也。知常底人，知事物之变化，系遵循一定底理，其如此系不得不然，故对于顺我底事物，不特别喜爱，对于逆我底事物，不特别怨恨。此即所谓知常容也。对于顺我或逆我底事物，皆无特别底情感，此即所谓容乃公也。人虽是人，而其行为亦系受一定底规律所支配。如环境遗传等，皆对于一个人的性格行为，有很大底影响。如知一个人的性格行为，系受其环境遗传等的影响，则对于人可以有很大底宽容。对于顺我或逆我底人，皆可无特别底喜爱或怨恨。如此对于任何人、任何事，皆可一秉大公，对于任何人、任何事，皆无所私。此所谓大公无私。大公无私，是王者对于万民底态度，是天地对于万物底态度，是道对于天地底态度。所以说："知常容，容乃公，公乃天，天乃道。"此道理可以终身行之，所以老子又说："道乃久，没身不殆。"

老子又说："是以圣人常善救人，故无弃人，常善救物，故无弃物，是谓袭明。"老子说："知常曰明。"袭明者，即知常而依照此知以行也。知常底人，对于人既皆能容而公，则对于善人固救之，对于不善人亦救之，故无弃人。对于善物固救之，对于不善物亦救之，故无弃物。在旧日社会中，人对于犯罪底人，皆特别地怨恨。旧日的刑法，对罪人取报复主义，"以眼还眼，以牙还牙"。但现代的法律，则不对于罪人取报复主义。依照现代法律的最高理想，社会应设法感化罪人，使亦归于善。此即是"善救人"。依旧日底刑法，"刑人于市，与众弃之"。依现代法律的最高理想，不但不"与众弃之"，而且简直不弃之。此即所谓"无弃人"。

老子又说："报怨以德。"在表面上看，此与耶教所谓"爱你的仇敌"者，意义相同。不过老子这一句话的理论底根据，与耶教不同。知常底人，对于逆我底人，并无特别怨恨，所以待之与顺我底人，并无分别。这并不是所谓弱者的道德，这是对于事物有了解者的道德。老子并不主张："如有人打你左颊，你把右颊送上去。"老子并不主张这种"不抵抗主义"。如有人打老子，老子亦当加以抵抗，不过虽抵抗之而并不恨之。在现代战争中，优待俘虏，正与老子"报怨以德"之义相合。

真正了解物质史观或经济史观底人，亦可有如此所说底老子的见解。照他们的看法，人的行为，是为他的经济底环境所决定底。一个人若是一个资本家，他为他自己的利益，必须剥削劳工。一个人若是一个工人，他为他自己的利益，必须反抗资本家。正如"矢人惟恐不伤人，函人惟恐伤人"。矢人并不是生来即比函人坏，函人亦并不是生来即比矢人好。他们的所见所行不同，完全是由于他的经济环境使然。他们都是人。就其是人说，他们都是一样底人。他们的所见所行不同，是因为他们是"什么样底人"不同。管家底太太们在一起，都以她们的老妈子不好为谈资。老妈子在一起，都以她们的太太不好为谈资。这都是因为当太太底，与当老妈子底，利益冲突的关系。矢人与函人、资本家与工人、太太与老妈子，都是"易地则皆然"。明白了这个道理，则当太太底，虽仍可以监察她的老妈子，但可以不恨之。当工人底，虽仍可以反抗他们的雇主，但亦可以不恨之。有人说，人必须对于他们的敌人有恨有怒，然后可以打击他们的敌人。事实上虽或是如此，但不是必须如此。我们于修路底时候，有大石当路，则移去之，或打碎之，并不必要先恨大石。小儿或先恨大石，而后移去之，或打碎之。这是由于他对于大石不了解。成人对于人之不了解，诚亦有如小儿之不了解大石。所以对于不了解人底人，往往亦须先引起其对于敌人底恨，然后可使之打击敌人。共产党所以鼓吹阶级间底恨者，他们不是不了解物质史观或经济史观，即是他们欲以此鼓动不了解底群众。照他们的物质史观或经济史观说，他们对付资本家，亦应如修路工人之对付大石，虽必打碎之，但不必恨之。

以上说，对于事物有了解底人，应付事物，可以自己无情。此即所谓以理化情，或以情从理。从另一方面说，一个人若能循理而动，则别人对之，亦可无情。所谓循理而动者，即是循客观底道理以做事，而不参以自己的私心。一个人如能如此做事，则别人对之，亦可无情。《庄子·大宗师》说："故圣人之用兵也，亡国而不失人心。利泽施乎万世，不为爱人。"郭象注说："夫白日登天，六合俱照，非爱人而照之也。故圣人之在天下，暖焉若春阳之自和，故蒙泽者不谢；凄乎若秋霜之自降，故凋落者不怨也。"不谢不怨，即别人对之无情也。《庄子·达生》又说："复仇者不折镆干。虽有忮心者，不怨飘瓦。"郭象注说："干将莫邪，虽与仇为用，然报仇者不事折之，以其无心。飘落之瓦，虽复中人，人莫之怨者，以其无情。"无心及无情，在这里意思是一样。如一个人对于某人做某事，其做某事并不是特意对某人如此，而只是"循理而行"，则此一个人的行为，即是无心无情底行为。此某人对于此一个人，亦不起情感。例如一个法官，一生可以判处许多人以死刑。如他所判，都是依照法律，不得不然底，则被判死刑底人，对于他并不起怨恨之情。但如一个法官，因受贿而判处一人死刑，或此法官向来判处从宽，而独对此一人从严，则此法官对于此人，即是有心置之死地，此法官的行为，即是有心有情底行为，而此人对于此法官，一定要起情感，一定要怨恨之。

　　以上所说道家的意思，晋人常用之以讲佛学。僧肇有《般若无知论》。般若译言智。僧肇以为圣人"终日知而未尝知"。"智有穷幽之鉴，而无知焉；神有应会之用，而无虑焉。神无虑，故能独王于世表；智无知，故能玄照于事外。智虽事外，未始无事；神虽世表，终日域中。所以俯仰顺化，应接无穷。无幽不察，而无照功。""斯则不知而自知，不为而自为矣。复何知哉？复何为哉？"不知而自知，不为而自为，即是知而无心无情，为而无心无情。此即所谓"寂而恒照，照而恒寂"。

　　慧远作《明报应论》，亦云："若彼我同得，心无两对，游刃则泯一玄观,交兵则莫逆相遇,伤之岂惟无害于神,固亦无生可杀。此则文殊按剑,迹逆而道顺。虽复终日挥戈,措刃无地矣。若然者,方将托鼓舞以尽神,运干钺而成化,虽功被犹无赏,何罪罚之有邪?"照佛家的说法,一切事物,皆由心造。如一人常杀生,或常有杀生之心,则此人将来,必将转生为好杀生底畜生,如豺虎狼豹之属。这并不是有阎王主宰判罚,而实是他的心思行为所自然引起的结果。他的心思行为名曰业。心思是意业,行为是身业,还有口说是口业。不仅只杀生的行为是业,即口说要杀生,心想要杀生,亦即是业了。业所引起的结果,名曰报,或报应。有业必有报,这是佛家的定律。但照慧远所说,则无心无情的行为,可以不招报应。如一法官,虽判了许多死刑,如一大将,虽杀了许多敌人,但他们并不是有意于杀生,更不是有意于杀某人的生。所以他们是虽杀而无杀。所谓"伤之岂惟无害于神,固亦无生可杀"。既是虽杀而无杀,所以虽杀亦无罪罚。

这是把上所说道家的意思,推广到极端。庄子及郭象说,无情者无论做何事,皆可以无累。此无累只是就个人的心理情形,或其行为之社会结果说。例如庄子丧妻之"未明而慨,已达而止",止则无累。此无累是就个人的心理情形说。如飘瓦不为人所怨,不为人所怨则无累。此无累是就其行为之社会结果说。但慧远所说无报应,则是就宇宙论方面说,所以慧远所说,是上所说道家的意思的极端底推广。

以上说道家关于这方面底学说。在这学说中,有些意思,是人人都可以实行底。不过关于圣人完全无情一点,尚有二问题。第一问题是:圣人的完全无情,是不是好底?此所谓好即是可欲的意思。圣人的完全无情,是不是可欲底?我们于上文说,道家的圣人，并不是如槁木死灰。此是说，圣人的无情，是忘情，而不是不及情。这是就其所以无情说。就无情的结果说，圣人的完全无情，亦与槁木死灰不同。圣人于完全无情时，其心理底状态，庄子以恬愉二字形容之。《庄子·在宥》篇说："昔尧之治天下也，使天下欣欣焉人乐其性，是不恬也。桀之治天下也，使天下瘁瘁焉人苦其性，是不愉也。人大喜耶？毗于阳；大怒耶？毗于阴。""使人喜怒失位，居处无常，思虑不自得，中道不成章。"此所谓乐与苦、喜与怒，都是情，而恬愉不是情，或不是道家所谓情。成玄英说："恬，静也；愉，乐也。"愉虽亦可训为乐，但此乐与与苦相对之乐不同。苦乐喜怒，在我们心中，都是一种强烈底动荡。在这种动荡之中，人不能思想，也不能做事。所谓"思虑不自得，中道不成章"。但恬愉则不是一种动荡，而是一种静底状态。有情底人，心中常如波浪起伏。而圣人无情，其心中如无波浪底水。程子说："圣人心如止水。"正是说此状态。此状态是静底，可以说是恬。此状态使人有一种静底乐。此静底乐即所谓愉。恬愉是可欲底。所以圣人的完全无情，是可欲底。

或可说：有些人喜欢有激烈底情感，喜欢心中有特别底动荡。所以有些人特意找强烈底刺激，如开快车、喝烈酒之类。他们都是想在强烈底刺激中，得些强烈底情感。这些人是有底。不过他们的这一种行为，并不能说是合理性的行为。吸鸦片、打吗啡，都是这一类底行为，其不合理性是显而易见底。

或又可说：喜欢有太激烈底情感，固然是不合理性底，但有情感亦是使人生丰富的一端，恬愉虽亦是可欲底，但人若一生中只是恬愉，则其一生，亦未免太觉单调。譬如清茶，有与烈酒不同底味，其味亦是可欲底，这是不错底。但人若一生中只饮清茶，则亦未免太觉清淡。有人因此,对于人生抱悲观。因为人如有情,则不免为情所累,人若无情,其生活又似乎没有多大底意味,这一点似乎是一问题。不过如照下文所说,宋明道学家所说底办法,则此问题即不成问题。

第二问题是:完全无情,在事实上是否可能?在中国哲学史中王弼以为是不可能。裴松之《三国志注》谓:"何晏以为圣人无喜怒哀乐,其论甚精。钟会等述之,弼与不同。"王弼说:"夫明足以寻幽极微,而不能去自然之性。颜子之量,孔父之所预在。然遇之不能无乐,丧之不能无哀。又常狭斯人,以为未能以情从理者也。而今乃知自然之不可革。""以情从理",是上所述道家的学说。王弼初亦以为然,后乃以为,情系出于自然之性,是不能完全没有底,所以虽圣人亦不能无情。不过照王弼的看法,"圣人之情,应物而无累于物"。圣人不是无情,而是有情而不为情所累。道家以有情为累,以无情为无累。王弼以有情而为情所累为累,以有情而不为情所累为无累。这是王弼与原来底道家的大不同处。王弼对于圣人无情底批评,是很有力底。人之有情,确是出于自然之性。要想完全无情,虽不敢说是一定不能做到,但不是人人皆能做到,这是可以说底。

宋明道学家都主张,圣人有情而不为情所累之说。他们虽不见得是取此说于王弼,其持此说与王弼同,则系事实。照此说,人可以有情而同时不为情所累。此说有道家所说"以理化情"的好处,但没有上述二问题的困难。

程明道《定性书》说:"天地之常,以其心普万物而无心;圣人之常,以其情顺万物而无情。故君子之学,莫若廓然而大公,物来而顺应。"此亦说无情,不过此所谓无情,并不是道家所说底无情。此所谓无情，是有情而无"我"。亦可说是，虽有情而情非"我"有。

　　王阳明《传习录》云："问有所忿懥一条。先生曰：'忿懥几件，人心怎能无得？只是不可有耳。凡人忿懥，着了一分意思，便怒得过当，非廓然大公之体了。故有所忿懥，便不得其正也。如今于凡忿懥等件，只是个物来顺应，不要着一分意思，便心体廓然大公，得其本体之正了。且如出外见人相斗，其不是底，我心亦怒。然虽怒，却此心廓然，不曾动些子气。如今怒人，亦得如此，方才是正。'"阳明此所举之例甚好。我若见一人无缘无故，打别人一个嘴巴，我心中必因此人之恃强欺人而怒。不过此怒，没有"我"的成分在内，是没有私意底。因此我的心是廓然大公底。其有怒是"物来顺应"，其有情是"情顺万物"。我们说，有情而无"我"，正是说此。这样底怒，是很容易消释底。于见此事时有怒，但此事已过，我心中即复归于平静。如太空中虽一时有浮云，但浮云一过，太空仍是空空洞洞底。此即所谓情顺万物"而无情"。如此则虽有情而不为情所累。但如一人无缘无故，打我一个嘴巴，我不但因此人之恃强欺人而怒，而且因为他是打"我"，因此我不但于当时怒，而且对于此人，时常"怀恨在心"，无论什么时候，想起此人，总想打他一个嘴巴。如此，则我即有"所"怒。"所"怒即打我之人。我所以有"所"怒，即因我于此底怒，有"我"的成分在内，是有私意底。有"我"的成分在内时，我的心即不是廓然大公，而应物亦不是物来顺应了。我因时常对于此人，"怀恨在心"，想起即怒。此即是不能情顺万物而无情，即有情而为情所累了。如有人打我一个嘴巴，而我的心境，亦能如看此人打别人时所有底心境，则当时虽有怒，当时虽亦可还他一个嘴巴，但事后，我的心即仍归平静。如此则虽有怒而不为怒所累。

　　《定性书》又说:"圣人之喜,以物之当喜。圣人之怒,以物之当怒。是圣人之喜怒,不系于心而系于物也。"如见一人,无缘无故,打别人一嘴巴,而我怒,此怒之有,是因物之当怒,此怒是系于物。但如别人打我一嘴巴,我时常怀恨在心,此恨即是系于心了。圣人之喜怒,不系于心而系于物,所以圣人不迁怒。迁怒者,即因怒此物而及彼物。如一人因一事发怒,而摔茶碗,骂听差,即是迁怒。孔子说:颜回"不迁怒,不贰过"。宋儒认为,不迁怒是颜回几于圣人的表现。伊川《语录》云:"问:'不迁怒,不贰过,何也?《语录》有怒甲不迁乙之说,是否?'曰:'是。'曰:'若此则甚易,何待颜氏而后能?'曰:'只被说得粗了,诸君便道易。此莫是最难?须是理会得因何不迁怒。如舜之诛四凶,怒在四凶,舜何与焉?盖因是人有可怒之事而怒之,圣人之心,本无怒也。譬如明镜,好物来时,便见是好;恶物来时,便见是恶;镜何尝有好恶也?世之人固有怒于室而色于市。且如怒一人,对那人说话,能无怒色否?有能怒一人而不怒别人者,能忍得如此,已是煞知义理。若圣人因物而未尝有怒,此莫是甚难?君子役物,小人役于物。今人见有可喜可怒之事,自家着一分陪奉他,此亦劳矣。圣人心如止水。'"若能因物之可怒而怒之,可以不迁怒,这是不错底。但如谓,因能因物之可怒而怒之,则虽有怒,而无怒,则其说恐有困难。阳明亦说,忿懥等不能无,而却不可有;亦是伊川此说。此说虽用明镜之喻,但其喻是不恰当底。因明镜本身不能有喜怒,而人则能有喜怒,所以不可相提并论。如说,见四凶之可怒而"去"之,圣人本无怒,此是可说底,而亦即是道家所说者。如说,见四凶之可怒而"怒"之,圣人本无怒,此本无怒,如无别底意思,则这一句话恐怕是不通底。若欲这一句话讲得通,此无怒须解为无"所"怒。朱子《语录》云:"问:'圣人恐无怒容否？'曰：'怎生无怒容？合当怒时，必亦形于色。如要去治那人之罪，自为笑容，则不可。'曰：'如此则恐涉及忿怒之气否。'曰：'天之怒，雷霆亦震。舜诛四凶，当其时亦须怒。但当怒而怒，便中节，事过便消了，更不积。'"黄榦云："未怒之前，鉴空衡平。既怒之后，冰消雾释。"如此底怒，正是有怒而无"所"怒。

有怒而无"所"怒，则其怒即无所着。如一人无缘无故打我一嘴巴，我因而怒，并时常对此人怀恨。此即有"所"怒，此怒即有所着。此人打我一嘴巴之事，是随时即成过去，而此人则不能随时即成过去。所以此人如成为我之"所"怒，我之怒如着在此人身上，则此事虽过，而我心中亦常留一怒，如此则我的怒即不能"冰消雾释"，而我的心亦不能如"鉴空衡平"矣。伊川说："罪己责躬不可无，但亦不当长在心胸为悔。"朱子亦说："既知悔时，第二次莫恁地便了。不消得常常放在心下。"悔过本是好事，但既悔过，改之可矣。若心中长存一悔，即是有"所"悔，其悔即是有所着。有所着之悔亦是累。

照以上所说，可知如能有情而无"我"，则虽有情而不为情所累。程子说："人能放这一个身，公共放在天地万物中，一般看。则有甚妨碍？"能把自己放在天地万物中，与万物一般看，则"我"的成分，可以去掉。一人打我一嘴巴时，我的心境，正如我看此人打别人一嘴巴。如此则我虽有怒，而不为怒所累。

伊川又说："忿懥，怒也。治怒为难，治惧亦难。克己所以治怒，明理所以治惧。"克己即去所谓"我"的成分也。其实明理亦可以治怒，克己亦可以治惧。此于上所说道家学说中可见之。"知常容。"此明理可以治怒也。"天下之大患，为吾有身，及吾无身，吾有何患？"此克己可以治惧也。

无"我"的成分之怒，不至于使人心理上起非常剧烈底变化。有些人于生气时，可以气得浑身打战，满脸发青。这怒总是有"我"的成分在内。一个人在街上，看见不平底事，虽亦怒，但"事不干己"，决不至于怒到这种地步。"事不干己"底怒，并不使一个人，在整个底心理及生理方面，有非常剧烈底变化。程子所谓无情，所谓圣人心如止水，大概是就此点说。情之使人在整个底心理及生理方面，起非常剧烈底变化者，如把一池清水，从底搅起。不如此剧烈底情，则对于人心，如水上起了些波纹。在这种情形下，人还是能沉着气底。阳明所说"不动些子气"，大概亦是就沉着气说。在这种情形下，有情虽亦是动，而仍不害心如止水。由此方面，程明道说："动亦定，静亦定。"

心不可有所着，对事说亦是如此。朱子《语录》谓："李德之问：'明道因修桥寻长梁，后每见林木之佳者，必起计度之心。因语学者，心不可有一事。某窃谓：凡事须思而后通，安可谓心不可有一事?'曰：'事如何不思？但事过则不留于心可也。明道肚里有一条梁。不知今人有几条梁柱在肚里。佛家有留注想。水本流将去，有些渗漏处便留滞。'"事过而不留，即是心对于事无所着。心中之事，过而不留，所以心常能如鉴之空。大概能担当大事底人，都必需能如此。例如一个当大首领底人，每天不知要办多少事。如事已过者，都还要留在心里，他即没有余力去办方来底事了。有些人因为对于有些未来底事，放心不下，或对于过去底事，追悔不已，以致寝食不安。若当大首领底人，亦是如此，他不但不能办事，恐怕他的性命，亦不能长保。所以即就做事方面说，心对于事亦须无所着。

第七篇　致中和

"致中和"三个字出于《中庸》。《中庸》说："喜怒哀乐之未发，谓之中；发而皆中节，谓之和。致中和，天地位焉，万物育焉。"在宋明道学中，这几句《中庸》引起了很大底讨论。程明道说："天地之常，以其心普万物而无心；圣人之常，以其情顺万物而无情。故君子之学，莫若廓然而大公，物来而顺应。"圣人的心，如明镜，如止水，是廓然大公底。因为它是廓然大公底，所以亦无所偏倚，无所偏倚谓之中。因为它无所偏倚，所以遇到事物，当喜即喜，当怒即怒，当哀即哀，当乐即乐。此即所谓发而皆中节，此即谓之和。朱子说："喜怒哀乐，各有攸当，方其未发，浑然在中，无所偏倚，故谓之中。及其发而皆得其当，无所乖戾，故谓之和。"此所谓中的意义，是无所偏倚，不是无过不及。已发底喜怒哀乐，可有过或不及，而此所谓中，是"未发"，所以不但无过不及，且亦无无过不及可说。未发已发，后亦成为宋明道学家所常用底名词。他们又常引《易·系辞》"寂然不动，感而遂通"之语。圣人的心，未发时如明镜止水，是"寂然不动"；已发时，喜怒哀乐，各得其当，是"感而遂通"。

以上是宋明道学家对于《中庸》里"中和"二字底解释。我们于此篇所说底中和，与宋明道学家所说者不同，或与《中庸》所说者亦不尽同，不过我们于此篇所说底中和，确是中国思想中两个重要底观念。

　　和与同不同。《国语·郑语》引史伯云：“夫和实生物，同则不继。以他平他谓之和，故能丰长而物归之。若以同裨同，尽乃弃矣。”“以他平他谓之和”，如以咸味加酸味，即另得一味。酸为咸之“他”，咸为酸之“他”，以“他”平“他”，即能另得一味，此所谓“和实生物”。咸与咸是同，若以咸味加咸味，则所得仍是咸味。此所谓“以同裨同”，“同则不继”也。推之，若只一种声音，则无论如何重复之，亦不能成音乐；若只一种颜色，则无论如何重复之，亦不能成文采。必以其“他”济之，方能有成。

　　《左传》昭公二十年亦引齐侯问晏子云：“和与同异乎？”晏子对曰：“异。和如羹焉。水、火、醯、醢、盐、梅，以烹鱼肉，燀之以薪，宰夫和之，齐之以味，济其不及，以泄其过。……若以水济水，谁能食之？若琴瑟之专壹，谁能听之？同之不可也如是。”此又提出过、不及二观念。不同底原素，合在一起，可以另成一物。但合成此物之不同底原素，必须各恰如其分量，不可太多，亦不可太少。若太多或太少，则即不能成为此物。不太多，不太少，即是无过不及。无过不及即是中。所以说和必须兼说中。此所说或不是晏子的本意，但说和必须兼说中，这是一定底。

　　以上所说，可以说是有现在所谓辩证法的意思。甲的“他”是非甲。甲与非甲合，能成为乙。此可以说是相反相成，由矛盾到统一。成为乙之甲与非甲，必各恰如其分量，不多不少。甲或非甲，若有一太少，则不成为乙，若有一太多，亦不能成为乙。甲及非甲的量变，可以造成其所成底物的质变。此可以说是由量变到质变。

　　一个人的生理底心理底要求，是多方面底。这各方面底要求，都要于相当程度内得到满足，然后一个人才能保持一个健全底身体，健全底人格。有许多生理底或心理底疾病，都是由于人的某方面底生理底或心理底要求,太被压抑所致。这是我们所都知道底。人的生理底或心理底要求,怎样算是"于相当程度内,得到满足"呢? 怎样底满足,算是在相当程度内? 又怎样底满足,算是超过相当程度呢? 一种生理底或心理底要求的满足,若达到一种程度,以致与别种生理底或心理底要求发生冲突,此即是此种要求的满足,超过相当程度。超过相当程度,即是太过。若此种要求的满足,尚未达到此程度,而即受压抑,或此种要求,根本即未得任何满足,此即是此种要求的满足,未达到相当程度。未达到相当程度,即是不及。此种要求的满足,若到一恰好底程度,既不与别种要求冲突,亦不受不必要底压抑,无太过亦无不及,则其满足即是得中,即是中节。

例如,对于有些人,喝酒是一个很强烈底要求。在普通底情形中,一个人喝酒,若至一种程度,以致其身体的健康,大受妨碍,则其喝酒即为太过。若其喝酒,有一定底限度,并不妨碍其身体的健康,而却因别种关系(例如美国政府行禁酒律之类),而不喝酒,则其喝酒的要求,即受到不必要底压抑。如此则其喝酒的要求的满足,即是不及。此所谓不必要,是对于此人的本身说;此所谓不及,亦是对于此人的本身说。喝酒的过或不及,本都是因人而异的。若一个人喝酒,只喝到恰好底程度,既不妨碍他的身体的健康,亦不使其喝酒的要求,受不必要的压抑,则其满足即是得中,即是中节。

若一个人的各方面底生理底及心理底要求,都是这样中节,都各得到相当底满足,而又都各不相冲突,这种状态,即谓之和。一个人在生理方面,若得到和,则即可有一健康底身体;在心理方面,若得到和,则即可有一健全底人格。旧日谓人有病,为"身体违和"。这句话是很有道理底。

一个健康底身体,健全底人格,都可以说一个和。这和中有许多不同底原素。这些原素,在其适当底分量下,是"相成"底。但若一过了适当底分量,则即"相反"了。若其相反,则和即没有了。例如在普通情形下,一个人一顿吃三碗饭,是有益于他的健康底,但若他一顿吃十碗饭,则不但不能有益于他的健康,而且有害于他底健康了。饭的增加,对于他的健康说,是由量变到质变。各种要求的满足,在恰好处是中,不到恰好处,或超过恰好处,是过或不及。这其间亦有由量变到质变的情形。

或可问:本书第一篇说尊理性,岂非教人使理性压抑其他各方面底生理底、心理底要求? 于此我们说:理性的功用,并不是压抑其他各方面底生理底、心理底要求,而是指导,或节制那些要求,使其满足,无过不及。我们说,有道德底理性,有理智底理性。先就理智底理性说,其功用是如上所说,是显而易见底。一个人要喝酒,到哪里去喝酒,用什么方法去买酒,这都是要靠理性的指导。喝多少不至于妨害身体,妨害事业,这亦要靠理性的节制。如果一个人喝十杯酒,可以得到快乐,而不至于妨害身体,妨害事业,理性对于这种满足,只有赞助,决不禁止。所以孔夫子亦说:"惟酒无量,不及乱。"

我们于以上说人的生理底心理底要求的冲突,只是就一个人的本身说。就社会方面说,一个人的生理底或心理底要求,亦可以与别人的生理底或心理底要求相冲突。道德底规律,对于人的要求,制定一个界限,使人与人不相冲突。就这一方面说,则人的生理底心理底要求,合乎此界限者,是合乎中,是中节。其超乎此界限者,是太过,不及此界限者,是不及。《诗序》有几句话,说:"发乎情,止乎礼义。发乎情,人之性也;止乎礼义,先王之泽也。""发乎情"是就人的各方面底生理底心理底要求说,"止乎礼义"是就道德底规律说。发乎情是人之性，止乎礼义是社会的制裁。社会中底人，每人都多少如此行，每人都应该完全如此行。所谓道德底理性的功用，即在于使人知道这些界限，使人的各方面底生理底心理底要求，都合乎这方面的中。

一个社会中底人的各方面底生理底、心理底要求，如皆合乎这方面底中，则这个社会，即是一个健全底社会。一个健全底社会，亦可以说是一个和。在这一方面，各人的各方面底生理底、心理底要求，亦有相反相成，由量变到质变的情形。

人的生理底、心理底要求的满足，在其本身看，是合乎中者，但在社会方面看，不一定是合乎中，而或者是太过，或者是不及。如其是太过，则社会必须制裁之，其个人的道德底理性，亦应制裁之。因此，常有些人的生理底或心理底要求，受到压抑。这压抑，就这些人的本身方面看，是不必要底。但在社会方面看，则是必要底。这一点常引起许多思想上底混乱。有些人常把这两方面的必要或不必要弄混，以为在一方面是必要或不必要者，在其他方面，亦是必要或不必要。这"以为"是完全错误底。

例如一个人的所谓领袖欲特别强，但他的才能，都很不配当领袖。就他本身方面看，他的这欲若得不到相当底满足，他或者要疯。在其个人方面看，他的领袖欲的相当满足是合乎中，但在社会方面看，他的领袖欲的相当满足是太过。在这种情形下，社会只能向他说：你的才能，不能当领袖，你若因不能当领袖而疯，我们只好把你送入疯人院。社会的这种办法，我们不能说它有什么错误。

在社会方面看，"发乎情"而不能"止乎礼义"底要求，是应该制裁底。这种要求，宋明道学家谓之欲，或私欲，或人欲。他们说欲是恶底。这是一定不错底，因为所谓欲者，照定义是超过道德底规律底要求,照定义它即是恶底。所以说欲是恶,实等于说,凡是不道德底是不道德底。但后来反道学底人,如戴东原等,常说:人的生理底、心理底要求是不可,亦不应该压抑底,而宋明道学家却专爱压抑之。所以宋明道学家是"以理杀人",太不讲人道。这种辩论,不是误解了宋明道学家所谓欲的意义,即是陷入上所说思想上底混乱。

我们于以上说中和,是就一个人的本身说,或是就一个社会中底各个人对于社会及别个人底关系说。若就一个社会中底各种人对于社会及别种人底关系说,则亦有中和可说。此所说社会中底各种人,指社会中底操各种职业底人说。例如当学校教员底人、做生意底人,等等,皆此所谓各种人。旧说"七十二行,行行出状元"。各行底人,即此所谓各种人。此各种人中,每种人皆有他们对于社会底权利及职分,及对于别种人底权利及职分。在普通底情形中,人对于求权利,总易偏于太过,而对于尽职分,则总易偏于不及。社会中底各种人亦是如此。他们对于要权利总易偏于太过,对于尽职分,总易偏于不及。此所谓过或不及,又是以什么为标准呢?各种人要他们的权利,有一个界限,过了这界限即与社会中底别种人的权利,发生冲突或妨碍。这个限度,即是中,合乎这个限度底,即是得中,即是中节,超乎这个限度底,即是太过。每种人尽他们的职分,亦有一个界限,如不到这个界限,则即不能满足社会对于这一种事底需要。这个限度即是中,合乎这个限度底即是得中,即是中节,不及这个限度底,即是不及。如果一个社会中底各种人,要权利、尽职分,皆合乎中,则此社会,即得到和。一个社会,不是只一种人所能组织成底。它需要许多种不同底人。它需要"异"。这些异,就其是异说,是"相反"。但他们都合在一起,方能组织成社会。就其合在一起说,是"相成"。他们的相成,靠他们的要权利、尽职分,都合乎中,以构成一个和。

或可说,这一种说法,是社会上统治阶级所用以压制被压迫阶级者。照资本家底说法,资本阶级及劳工阶级,都是社会,至少是社会的经济方面所必需底。这两个阶级,应该互相帮助,而不应互相仇视。从前亚力士多德,对于希腊的奴隶制度,亦有类此底辩护。他说:有些人是天生只能做工具底,有些人是天生能用工具底。能用工具底做主人,只能做工具底做奴隶,这是最合乎天然底。在中国,孟子对于当时底贵族政治,亦有类此底辩论。孟子说:"有大人之事,有小人之事。""或劳心,或劳力。劳心者治人,劳力者治于人。治于人者食人,治人者食于人。天下之通义也。"照这个"通义"推下去,则社会中有一类底人永远是"治于人"而"食人"者,有一类底人永远是"治人"而"食于人"者。前者是被统治阶级,后者是统治阶级。统治阶级,永远用这一套理论,麻醉被统治者,使他们于被统治外,还要心悦诚服地赞颂统治者的圣德神功。现在我们讲这一套理论,恐怕对于统治阶级,有"助桀为虐"的嫌疑。

于此我们说,我们所谓各种人,并不是指阶级说。在有阶级底社会制度里,其政治底或经济底制度,使有些人,子子孙孙都在某阶级里,使又有些人,子子孙孙都在另一阶级里。在奴隶社会中奴隶世代是奴隶,主人世代是主人。在贵族政治里,平民世代是平民,贵族世代是贵族。即在资本主义底社会里,在政治法律方面看,对于劳工之成为资本家,固然没有限制,但在经济方面看,则劳工之成为资本家,若不是完全地不可能,亦是仅次于不可能。一个人当了劳工,他子孙还是当劳工的机会,不是百分之百亦是百分之九十九。但我们于上文所说,社会上底各种人,则不是如此。一个人如已当了三十年底教员,大概他不大容易改行。但是他的儿子则是可以随便入别底什么行底。对于一个社会说，这些各种人必需有。一个社会必须这些各种人构成。这些各种人，要权利、尽职分，都必需合乎中，以得到和。任何社会都多少是如此，都应该完全如此，不管一个社会是什么种底社会。有阶级底社会是如此，无阶级底社会亦是如此。

因为中和的道理是通用于任何种底社会，所以有阶级底社会亦引用它以维持其阶级制度。但这引用是错误底。因照这个道理，社会所必需要底是各种人，而不是各阶级。一个社会之是有阶级底社会，是客观底"势"所决定。在此种势下，有些种人，固必须成为某阶级，但如此种势已去，一个社会可以成为无阶级底社会时，而为某阶级之某种人，仍欲维持其阶级，则此种人所要之权利，即是太过，不合乎中。他们要权利太过，超过了中，则不但不能得到和，而且有害于和。

例如执掌政权底人，本亦是社会上底一种人。但在某种"势"下，这种人成了世袭底，因此即成了一种阶级。在这种势下，这种制度，是一个社会所必需底。但如此种势已去，一个社会可以不需要世袭底政治上底统治阶级，而在此阶级里底人，仍要维持他们的权利，则他们的要权利即为太过。社会中底别种人，对于他们的太过底要求，当然可以，而且应该制裁。这种制裁，如果是以暴力出之，即所谓革命。

照以上所说，我们可知，我们于此篇所说底道理，不能为所谓统治阶级所引用，以麻醉被统治底阶级。事实上确有人如此地引用，但如此底引用是错误底。

"致中和"应用在政治社会哲学方面，即是民治主义。《中庸》说："万物并育而不相害，道并行而不相悖。小德川流，大德敦化，此天地之所以为大也。"在一个民治主义底社会里,人的生活,即有这种情形。我们可以说:"此民治主义之所以为大也。"在民治主义底社会里,在不妨碍别人的自由的范围里,一个人的生活,可以完全地自由。这个范围的界限,即是我们于上文所说中的界限。不到这个界限者谓之不及,超过这个界限者谓之太过,合乎这个界限者谓之得中,谓之中节。就社会中底各种人说,亦是如此。社会中各个人,及各种人,行为俱各中节,则社会即是一大和。大和即是旧说所谓太和。这种社会所宝贵底是异而不是同。合许多中节底异,以成一大和。这个大和,是社会的理想底境界,人类的社会,是向着这个理想改进底。

还有所谓国际主义与民族主义的问题。有些人以为,如果国际主义成功了,则各民族的特色,必定都不能存在。这"以为"是错误底。如果真正底国际主义成功了,在所谓大同世界中,各民族的异,不但依旧存在,而且大家还要特别尊重其存在。在所谓大同世界中,各个人的异、各民族的异,都存在,而且大家都还特别尊重其存在。不过这许多的异,都是中节底异。合这许多中节底异,以成一大和。这大和即所谓大同世界。大同并不是同,而是所谓太和。

这已是一很高底境界了。但于此境界之上,还有宋明道学家所谓"万物各得其所"或"无一物不得其所"的境界。此境界亦是一太和。不过此太和不仅包括所有底人,而且包括所有底物。物得其所是幸福底。例如一人有快乐幸福,我们说他是"得其所哉"。这是"得其所"的确切意义。万物"各"得"其"所,"各"字"其"字表示出"万物并育而不相害,道并行而不相悖","和而不同"的意思。这种境界,是"致中和"的极则。所以说:"致中和,天地位焉,万物育焉。"

第八篇　励勤俭

一般人说到勤俭，大概都是就一个人的生活的经济方面说。《大学》说："生财有大道。生之者众，食之者寡，为之者疾，用之者舒，则财恒足矣。"就一个社会的生财之道说，是如此。就一个人的生财之道说，亦是如此。就一个人的生财之道说，"为之疾"是勤，"用之舒"是俭。一个人能发大财与否，一部分是靠运气，但一个人若能勤俭，则成一个小康之家，大概是不成问题底。

一般人对于勤俭底了解，虽是如此，但勤俭的意义则不仅止于此。例如我们常听说："勤能补拙，俭以养廉。"这两句话中，所谓俭，虽亦可说是就人的生活的经济方面说，但此说俭注重在"养廉"，所以"俭以养廉"这一句话所注重者，是人的生活的道德方面。此句话所注重者是一个人的"廉"，并不是一个人的温饱。至于这两句话中所谓勤，不是就人的生活的经济方面说，至少不是专就此方面说，则是显然底。

这两句话，是旧说底老格言，又是现在底新标语。勤怎么能补拙呢？西洋寓言里说：有一兔子与乌龟竞走。兔子先走一程，回头见乌龟落后很远，以为断赶不上，遂睡了一觉。及醒，则乌龟已先到目的地了。乌龟走路的速度，比兔子差得很远，就这方面说，乌龟是拙。但它虽拙，而仍能走过兔子者，因兔子走路，中途休息，而乌龟则不休息也。此即是"勤能补拙"。《中庸》说："人一能之，己

480

百之;人十能之,己千之。果能此道矣,虽愚必明,虽柔必强。"此所说,亦是"勤能补拙"的意思。这当然不是就人的生活的经济方面说,至少不是专就此方面说。我们于第三篇《为无为》中,说到才与学的分别。就"学"说,勤确是可以补拙底。

就俭以养廉说,我们常看见有许多人,平日异常奢侈,一旦钱不够用,便以饥寒所迫为辞,做不道德底事。专从道德的观点看,"饿死事小,失节事大","饥寒所迫"并不能作为做不道德底事的藉口。但事实上,经济上底压迫,常是一个使人做不道德底事的原因。不取不义之财谓之廉。人受经济压迫底时候,最容易不廉。一个人能俭,则可使其生活不易于受经济底压迫。生活不受经济底压迫者,虽不必即能廉,但在他的生活中,使他可以不廉的原因,至少少了一个。所以说:俭可以养廉。朱子说:"吕舍人诗云:'逢人即有求,所以百事非。'某观今人不能咬菜根,而至于违其本心者众矣,可不戒哉。"俭以养廉,正是朱子此所说之意。

由上所说,可知这两句老格言、新标语,是有道理底。不过勤俭的意义,还不止于此。我们于本篇所讲底勤俭是勤俭的进一步底意义。此进一步底意义,亦是古人所常说底,并不是我们所新发现底。

在说此进一步底意义以前,我们对于勤能补拙这一句话,还想作一点补充底说明。勤能补拙这一句话虽好,但它有时或可使人误会,以为只拙者需勤以补其拙,如巧者则无需乎此。不管说这一句话者的原意如何,事实上没有人不勤而能成大功、立大名底。无论古今中外,凡在某一方面成大功,立大名底人,都是在某一方面勤于工作底人。一个在某方面勤于工作底人,不一定在某方面即有成,但不在某方面勤于工作底人,决不能在某方面有成。此即是

481

说,在某方面勤于工作,虽不是在某方面有成的充足条件,而却是其必要条件。有人说:一个人的成功,要靠"九分汗下,一分神来"。九分汗下即指勤说。

我们于以上说"某方面",因为往往一个人可以于某方面勤,而于别方面不勤。一个诗人往往蓬头垢面,人皆以他为懒,但他于作诗必须甚勤。李长吉作诗,"呕出心肝"。杜工部作诗,"语不惊人死不休"。他们都是勤于作诗者。勤于作诗者,不必能成为大诗人,但不勤于作诗者,必不能成为大诗人。

对于某方面底工作不勤者,不能成为在某方面有成就底人。对于人的整个底生活不勤者,不能有完全底生活。所谓完全底生活者,即最合乎理性底生活,如我们于绪论中所说者。用勤以得到完全底生活;我们所谓勤的进一步底意义,即是指此。

古人说:"民生在勤。"又说:"户枢不蠹,流水不腐。"现在我们亦都知道,人身体的器官,若经过相当时间不用,会失去它原有底功用。一个健康底人,有一月完全不用他的腿,他走路便会发生问题。维持一个人的身体的健康,他每日必须有相当底运动。这是卫生的常识。所谓"民生在勤"的话,以及"户枢不蠹,流水不腐"的比喻,应用在这方面,是很恰当底。

我们可以从身体方面说勤,亦可从精神方面说勤。《易》乾卦象辞说:"天行健,君子以自强不息。"《中庸》说:"至诚无息。"又说:"诚者,天之道也;诚之者,人之道也。"天之道是"至诚无息",人之道是"自强不息"。这些话可以说是,从精神方面说勤。无息或不息是勤之至。关于这一点,我们于此只说这几句话,其详俟于下篇《存诚敬》中细说。

就人的精神方面说,勤能使人的生活的内容更丰富,更充实。

什么是人的生活的内容？人的生活的内容是活动。譬如一个人有百万之富，这一百万只是一百万金钱、银钱，或铜钱，并不能成为这一个人的生活的内容。若何得来这些钱，若何用这些钱，这些活动，方是这一个人的生活的内容。又如一个人有一百万册书。这一百万册书，只是一百万册书，并不能成为这一个人的生活的内容。若何得这些书，若何读这些书，这些活动，方是这一个人的生活的内容。我们可以说，只有是一个人的生活的内容者，才真正是他自己的。一个守财奴，只把钱存在地窖里或银行里，而不用它；一个藏书家，只把书放在书库里，而不读它；这些钱，这些书，与这些人，"尔为尔，我为我"，实在是没有多大底关系。有一笑话谓：一穷人向一富人说：我们二人是一样底穷。富人惊问何故。穷人说，我一个钱不用，你亦一个钱不用，岂非一样？此虽笑谈，亦有至理。

　　人的生活的内容既是人的活动，则人的一生中，活动愈多者，其生活即愈丰富、愈充实。勤人的活动比懒人多，故勤人的生活内容，比懒人的易于丰富、充实。《易传》说："天行健。"又说："富有之谓大业，日新之谓盛德。""富有"及"日新"，都是"不息"的成就。一个人若"自强不息"，则不断地有新活动。"不断地"有新活动，即是其"富有"；不断地有"新"活动，即是其"日新"。有人说，我们算人的寿命，不应该专在时间方面注意。譬如有一个人，活了一百岁，但每日，除了吃饭睡觉外，不做一事。一个人做了许多事，但只活了五十岁。若专就时间算，活一百岁者，比活五十岁者，其寿命长了一倍。但若把他们的一生的事业，排列起来，以其排列的长短，作为其寿命的长短，则此活五十岁者的寿命，比活一百岁者的寿命长得多。我们读历史，或小说，有时连读数十页，而就时间说，则只是数日或数小时之事。有时，"一夕无话"，只四字便把一夜过去。"有话即长,无话即短。"小说家所常用底这一句话,我们可用以说人的寿命。

对于寿命的这种看法,在人的主观感觉方面,亦是有根据底。在很短底时间内,如有很多底事,我们往往觉其似乎是很长。譬如自"七七事变"以来,我们经过了许多大事,再想起"七七"以前底事,往往有"恍如隔世"之感,但就时间说,不过是二年余而已。数年前,我在北平,被逮押赴保定,次日即回北平。家人友人,奔走营救者,二日间经事甚多,皆云,仿佛若过一年。我对他们说,"洞中方七日,世上几千年。"此虽一时隽语,然亦有至理。所谓神仙者,如其有之,深处洞中,不与人事,虽过了许多年,但在事实上及他的主观感觉上,都是"一夕无话",所以世上虽有千年,而对于他只是七日。作这两句诗者,本欲就时间方面,以说仙家的日月之长,但我们却可以此就生活的内容方面,以说仙家的日月之短。就此方面看,一个人若遁迹岩穴,不闻问世事,以求长生,即使其可得长生,这种长生亦是没有多大意思底。

普通所谓俭,是就人的用度方面说。于此有一点我们须特别注意底,即是俭的相对性。在有些情形下,勤当然亦有相对性。譬如大病初愈底人,虽能做事,但仍需要相当休息。在别人,每天做八个钟头的事算是勤,但对于他,则或者只做六个钟头已算是勤了。不过在普通情形下,我们所谓勤的标准,是相当一定底。但所谓俭的标准,虽在普通情形下,亦是很不一定。一个富人,照新生活的规定,用十二元一桌底酒席请客,是俭,但对于一个穷人,这已经是奢了。又譬如国家有正式底宴会,款待外宾,若只用十二元一桌底酒席,则又是啬了。由此可见,所谓俭的标准,是因人因事而异底。所以照旧说,俭必需中礼,在每一种情形下,我们用钱,都有一个适当底标准。合乎这个标准，不多不少，是俭。超乎这个标准是奢，是侈，不及这个标准是啬，是吝，是悭。不及标准底俭，即所谓"俭不中礼"。不中礼底俭，严格地说，即不是俭，而是啬了。不过怎么样才算"中礼"，才算合乎标准，在有些情形下，是很不容易决定底。在这些情形下，我们用钱，宁可使其不及，不可使其太过。因为一般人的在这方面底天然底趋向，大概是易于偏向太过的方面，而我们的生活，"由俭趋奢易，由奢入俭难。"失之于不及方面，尚容易改正。失之于太过方面，若成习惯，即不容易改正了。所以孔子说："礼与其奢也，宁俭。"此所谓俭，是不及标准底俭。

俭固然是以节省为主，但并不是不适当底节省。一个国家用钱，尤不能为节省而节省。我们经过安南，看见他们的旧文庙，其狭隘卑小，使我们回想我们的北平，愈见其伟大宏丽。汉人的《两都赋》、《二京赋》一类底作品，盛夸当时底宫室，以为可以"隆上都而观万国"。唐诗又说："不睹皇居壮，安知天子尊。"这些话都是很有道理底。不明白这些道理，而专以土阶茅茨为俭者，都是"俭不中礼"。

人不但须知如何能有钱，而并且须知如何能用钱。有钱底人，有钱而不用谓之吝，大量用钱而不得其当谓之奢，大量用钱而得其当谓之豪。我们常说豪奢，豪与奢连文则一义，但如分别说，则豪与奢不同。我们于上文说，用钱超过适当底标准，谓之奢；用钱合乎适当底标准，谓之俭。不过普通说俭，总有节省的意思，所以如有大量底用钱，虽合乎适当底标准，而在一般人的眼光中，又似乎是不节省者，则谓之豪。奢是与俭相冲突底，而豪则不是。奢底人必不能节省，但豪底人则并不必不能节省。史说：范纯仁往姑苏取麦五百斛。路遇石曼卿，三丧未葬，无法可施，范纯仁即以麦舟与之。这可以说是豪举。但范纯仁却是很能俭底人。史称其布衣至宰相,廉俭如一。他又告人:"惟俭可以养廉,惟恕可以成德。"这可见俭与豪是不冲突底。

以上说俭,是就用度方面说。此虽是普通所谓俭的意义,但我们于本篇所谓俭,则并不限于此。我们于以下,再说俭的进一步底意义。

《老子》说:"吾有三宝,持而宝之。一曰慈,二曰俭,三曰不敢为天下先。慈故能勇,俭故能广,不敢为天下先,故能成器长。"《老子》又说:"治人事天莫如啬。夫惟啬是以早服,早服是谓重积德。重积德则无不克。无不克则莫知其极。莫知其极,可以有国。有国之母,可以长久。是谓深根固柢,长生久视之道。"朱子说:"老子之学,谦冲俭啬,全不肯役精神。早服是谓重积德者,言早已有所积,复养以啬,是又加积之也。若待其已损而后养,则养之方足以补其所损,不得谓之重积矣。所以贵早服者,早觉其未损而啬之也。"此所谓俭,所谓啬,当然不是普通所谓俭,所谓啬。然亦非全不是普通所谓俭,所谓啬。

普通所谓俭,是节省的意思,所谓啬,是过于节省的意思。在养生方面,我们用我们的身体或精神,总要叫它有个"有余不尽"之意。这并不是"全不肯役精神",不过不用之太过而已。道家以为"神太劳则竭,形太劳则弊"。神是精神,形是身体。我们用身体或精神太过,则至于"难乎为继"的地步。所以我们做事要尽力,但不可尽到"力竭声嘶"的地步。这样底尽力是不可以长久底。《老子》所讲底做事方法,都是可以长久底,所以《老子》常说"可以长久"。《老子》说:"企者不立,跨者不行。"又说:"飘风不终朝,骤雨不终日。孰为此者?天地。天地尚不能久,而况于人乎?"一个人用脚尖站地,固然是可以看得远些;开跑步走,固然是可以走得快些,但这是不可久底。其不可久正如"天地"的飘风骤雨,虽来势凶猛,但亦是不能持久底。

《老子》所讲底做事方法,都是所谓"细水长流"底方法。会上山底人,在上山的时候,总是一步一步地,慢慢走上去,如是他可常走不觉累。不会上山底人,初上山时走得很快,但是不久即"气喘如牛",不能行动了。又如我们在学校里用功,不会用功底人,平日不预备功课,到考时格外加紧预备,或至终夜不睡,而得不到好成绩。会用功底人,在平时每日将功课办好,到考时并不必格外努力,而自然得到很好底成绩。不会上山底人的上山法,不会用功底人的用功法,都不是所谓"细水长流",都不是可以长久底办法。不论做何事,凡是可以长久底办法,总是西洋人所谓"慢而靠得住"底办法,亦即是所谓"细水长流"底办法。诸葛亮说:"淡泊以明志,宁静以致远。"淡泊是俭,宁静是所谓"细水长流"底办法。

老子很喜欢水。他说:"上善莫若水。"又说:"天下莫柔弱于水,而攻坚,强者莫之能胜。"屋檐滴下来底水,一点一滴,似乎没有多大力量。但久之它能将檐下底石滴成小窝。这即所谓"细水长流"的力量。

于此我们可以看出,在这一方面,勤与俭底关系。会上山底人,慢慢地走,不肯一下用尽他的力量,这是俭。但他又是一步一步,不断地走,这是勤。会用功底人,每天用相当时间底功,不"开夜车",这是俭。但是"每天"必用相当时候底功,这是勤。不会上山底人,开始即快走,不肯留"有余不尽"底力量,这是不俭。及至气喘如牛,即又坐下不动,这是不勤。不会用功底人,开夜车,终夜不睡,这是不俭。考试一过,又束书不观,这是不勤。照这两个例看起来,勤与俭,在此方面,是很有关系底。所谓"细水长流"底办法,是勤而且俭底办法。

人的身体,如一副机器。一副机器,如放在那里,永不开动它,必然要锈坏。但如开动过了它的力量,它亦很易炸裂。一副机器的寿命的长短,与用之者用得得当与否,有很大底关系。人的"形""神",亦是如此。我们的生活,如能勤而且俭,如上所说者,则我们可以"尽其天年而不中道夭"。道家养生的秘诀,说穿了不过是如此。这亦即所谓事天。我们的"生"是自然,是天然,所以养生亦是事天。

治一个国家,亦是如此。用一个国家底力量,亦须要使之有"有余不尽"之意。不然,亦是不可以长久底。治国养生,是一个道理。所以说:"治人事天莫如啬。"用一个国家的力量或用一个人的力量,都要使之有"有余不尽"之意,如此则可以不伤及它的根本。所以"啬"是"深根固柢"之道。有了根深柢固底力量,然后能长久地生存、长久地做事,所以说:"俭故能广。"

第九篇　存诚敬

　　诚敬二字,宋明道学家讲得很多。这两个字的解释,可从两方面说。就一方面说,诚敬是一种立身处世的方法。就又一方面说,诚敬是一种超凡入圣的途径。我们于以下先就诚敬是一种立身处世的方法说。

　　就这一方面说,诚的一意义是不欺。刘安世说:"某之学初无多言,旧所学于老先生者,只云由诚入。某平生所受用处,但是不欺耳。"此所谓老先生即司马光。刘安世《元城道护录》说:"安世从温公学,凡五年,得一语曰诚。安世问其目。公喜曰:'此问甚善。当自不妄语入。'予初甚易之,及退而櫽栝日之所行,与凡所言,自相掣肘矛盾者多矣。力行七年而成。自此言行一致,表里相应。遇事坦然,常有余裕。"诚是司马光一生得力底一个字。刘漫堂《麻城学记》说:"温公之学,始于不妄语,而成于脚踏实地。"不欺有两方面,一是不欺人,一是不自欺。我们常说:"自欺欺人。"自欺欺人,都是不诚。所谓"不妄语",即是不欺人;所谓"脚踏实地",即是不自欺。例如一个人学外国文字,明知有些地方,非死记熟背不可,但往往又自宽解,以为记得差不多亦可。这即是自欺,亦即是不脚踏实地。朱子说:"做一件事,直是做到十分,便是诚。若只做得两三分,说道:今且慢恁地做。恁地做也得,不恁地做也得,便是不诚。"明知须如此做,而却又以为如此做亦可,不如此做亦可,此即是自欺,亦即不是脚踏实地。刘安世力行不妄语七年,始得"言行一致,表里相应",此即是自不欺人,进至不自欺。言行一致,表里相应,可以是不欺人,亦可以是不自欺。例如一个人高谈于国难时须俭约,但是他自己却时常看电影、吃馆子。他于看电影、吃馆子时,他的心理若是:得乐且乐,我说应该节约,不过是面子话,哪能认真?他的心理若果是如此,他的高谈即是欺人底妄语。于看电影、吃馆子时,他的心理若是:虽然于国难时应该节约,但偶然一两人奢侈,于大局亦不致即有妨碍。他若以此自宽解,他即以此自欺。真正言行一致、表里相应底人,可以没有如此底欺人自欺。所谓真正言行一致、表里相应者,即不但人以为他是言行一致,表里相应,而且他自己亦确知他自己是言行一致,表里相应。一个人的言,是否与他的行完全一致,一个人的"里",是否与他的"表"完全相应,只有他自己能完全知之。所以只有于他自己确知他自己是言行一致表里相应时,始是真正完全地言行一致,表里相应。朱子说:"人固有终身为善而自欺者,不特外面如此,而里面不如此者,方为自欺。盖中心愿为善,而常有个不肯底意思,便是自欺也。须是打叠得尽。"真正言行一致,表里如一底人,即是外不欺人,内不自欺底人。

程伊川说:"无妄之谓诚,不欺其次矣。"无妄即是没有虚妄,没有虚假。此所谓不欺,似是专就不欺人说。照我们以上底说法,不自欺即是没有虚妄,没有虚假。《大学》说:"所谓诚其意者,毋自欺也。如恶恶臭,如好好色。"恶恶臭底人,实在是恶;好好色底人,实在是好。他的好恶,一点没有虚假的成分。如一个人看见一张名人的画,他并不知其好处何在,但他可心里想,既然大家都说好,必定是好,他因此亦以此画为好。他以此画为好,即是虚假底,至少有虚假的成分。又如一人对于一道理,自觉不十分懂,但可心里想,或者所谓懂者亦不过如此,于是遂自以为懂。他自以为懂,即是虚假底,至少有虚假的成分。这种心理都是自欺,都不是无妄。如上所说看画底人,不但自以此画为好,而且或更以为须向人称赞此画,不然,恐怕他人笑他不能赏鉴此画。此其向人称赞,即是欺人。如上所说,自以为懂某道理底人,不但自以为懂,或且更以为须向人说他自己已懂,不然,恐怕他人笑他不能了解此道理。此其向人所说,即是欺人。凡是谬托风雅,强不知以为知底人,都是自欺或欺人底人。不自欺比不欺人更根本些。不自欺底人,一定可以不欺人,但不欺人底人,不见得个个皆能不自欺。所以程伊川说:"无妄之谓诚,不欺其次矣。"

诚与信有密切底关系。我们常说诚信。信与诚都有实的性质,我们说信实,又说诚实。所谓实者,即是没有虚假,即是无妄。若对于信与诚作分别,说信则注重不欺人,说诚则注重不自欺。不欺都是实,所以信曰信实,诚曰诚实。若对于信与诚不作分别,则诚可兼包不欺人、不自欺,信亦可兼包不欺人、不自欺。例如孟子说:"仁之实,事亲是也;义之实,从兄是也;智之实,知斯二者弗去是也;礼之实,节文斯二者是也。"笃行即是实实在在地去行,即是于行时没有一点自欺。由这一方面说,信与诚二字可以互用。不过信的意思,终是对人的成分多,而诚的意思,则是对己的成分多。

从社会的观点看,信是一个重要底道德。在中国底道德哲学中,信是五常之一。所谓常者,即谓永久不变底道德也。一个社会之能以成立,全靠其中底分子的互助。各分子要互助,须先能互信。例如我们不必自己做饭,而即可有饭吃。乃因有厨子替我们做饭也。在此方面说,是厨子助我们。就另一方面说,我们给厨子工资,使其能养身养家,是我们亦助厨子。此即是互助。有此互助,必先有互信。我们在此工作,而不忧虑午饭之有无,因为我们相信,我们的厨子必已为我们预备也。我们的厨子为我们预备午饭,因他相信,我们于月终必给他工资也。此即是互信。若我们与厨子中间,没有此互信,若我们是无信底人,厨子于月终,或不能得到工资,则厨子必不干;若厨子是无信底人,午饭应预备时不预备,则我们必不敢用厨子。互信不立,则互助即不可能,这是显而易见底。

从个人成功的观点看,有信亦是个人成功的一个必要条件。设想一个人,说话向来不当话,向来欺人。他说要赴一约会,但是到时一定不赴。他说要还一笔账,但是到时一定不还。如果他是如此底无信,社会上即没有人敢与他来往、共事,亦没有人能与他来往、共事。如果社会上没有人敢与他来往、共事,没有人能与他来往、共事,他即不能在社会内立足,不能在社会上混了。反过来说,如一个人说话,向来当话,向来不欺人,他说要赴一约会,到时一定到。他说要还一笔账,到时一定还。如果如此,社会上底人一定都愿意同他来往、共事。这就是他做事成功的一个必要底条件。譬如许多商店都要虚价,在这许多商店中,如有一家,真正是"货真价实,童叟无欺",这一家虽有时不能占小便宜,但愿到他家买东西底人,必较别家多。往长处看,他还是合算底。所以西洋人常说:"诚实是最好底政策。"

诚的另外一个意思,即是真,所谓真诚是也。刘蕺山说:"古人一言一动,凡可信之当时,传之后世者,莫不有一段真至精神在内。此一段精神,所谓诚也。惟诚故能建立,故足不朽。稍涉名心,便是虚假,便是不诚。不诚则无物,何从生出事业来?"这一段话,是不错底。以文艺作品为例,有些作品,令人百看不厌。有些作品,令人看一回即永远不想再看。为什么有些作品,能令人百看不厌呢? 即因其中有作者的"一段真至精神"在内。所以人无论读它多少遍,但是每次读它底时候,总觉得它是新底。凡是一个著作,能永远传世者,就是因为,无论什么人,于什么时候读它,总觉得它是新底。此所谓新,有鲜义。或者我们简直用鲜字,更为妥当。例如我们看《论语》、《孟子》、《老子》、《庄子》等,其中底话,不少不合乎现在底情形者。就此方面说,我们可以说,这些话是旧了。但是无论如何,他的话有一种鲜味。这一种鲜味,是专门以摹仿为事底作品所不能有底。

下等文艺作品,不是从作者心里出来底,而是从套子套下来底。例如有些侠义小说,描写两人打架,常用底套子是:某甲抡刀就砍,某乙举刀相迎,走了十几个照面,某甲气力不加,只累得浑身是汗,遍体生津,只有招架之工,并无还刀之力,等等。千篇一律,都是这一类底套子。写这些书底人,既只照套子抄写,并没有费他自己的精神,他的所谓作品当然不能动人,此正是"不诚无物"。

又有同样一句话,若说底人是真正自己见到者,自能使人觉有一种上所谓鲜味。若说底人不是真正自己见到,而只是道听途说者,则虽是同样一句话,而听者常觉味同嚼蜡。海格尔说:"老年人可以与小孩说同样底话,但他的话是有他的一生经验在内底。"小孩说大人的话,往往令人发笑,因其说此话,只是道听途说,其中并没有真实内容也。

就别方面说,一个大政治家的政策政绩,一个大军事家的军略战绩,我们无论于什么时候去看,总觉得有一种力量,所谓"虎虎有生气"。以至大工业家或大商业家，凡能自己创业，而不是因人成事者，他的生平及事业，我们无论于什么时候去看，亦觉得有一种力量，"虎虎有生气"。他们都有"一段真至精神"，贯注在他们的全副事业内。如同一个大作家，有"一段真至精神"，贯注在他的整个作品内。如同一个人的身体，遍身皆是他的血气所贯注。就一个人的身体说，若有一点为其人的血气所不贯注，则此部分即死了。就一个作家的作品说，若有一点为其作家的精神所不贯注，则此一点即是所谓"败笔"。大政治家等的事业，亦是如此。这种全副精神贯注，即所谓诚。精神稍有不贯注，则即有"败笔"等，此正是"不诚无物"。

有真至精神是诚，常提起精神是敬。粗浅一点说，敬即是上海话所谓"当心"。《论语》说："执事敬。"我们做一件事，"当心"去做，把那一件事"当成一件事"做，认真做，即是"执事敬"。譬如一个人正在读书，而其心不在书上，"一心以为鸿鹄将至，思援弓缴而射之"。这个人即是读书不敬。读书不敬者，决不能了解他所读底书。

程伊川说："诚然后敬，未及诚时，却须敬而后诚。"此所谓诚，即是我们于上文所说，真诚或无妄之诚。一个人对于他所做底事，如有"一段真至精神"，他当然能专心致志、聚精会神于那一件事上。所以如对一事有诚，即对于一事自然能敬。譬如一个母亲，看她自己的孩子，很少使孩子摔倒，或出别底意外。但一个奶妈看主人的孩子，则往往使孩子摔倒，或出别底意外。其所以如此者，因一个母亲对于看她自己的孩子，是用全副精神贯注底。她用全副精神贯注，她自然是专心致志，聚精会神，极端地当心看孩子，把看孩子"当成一件事"做。就其用全副精神贯注说，这是诚；就其专心致志,聚精会神,把看孩子当成是一件事,认真去做说,这是敬。有诚自然能敬,所以说诚然后敬。但如一个奶妈看人家的孩子,本来即未用全副精神贯注,所以她有时亦不把看孩子当成一件事,认真去做。就其不用全副精神贯注说,这是不诚;就其不把看孩子当成一件事,认真去做说,这是不敬。她不诚,如何教她敬呢? 这须先让她敬,让她先提起精神,把看孩子当成一件事,认真去做。先敬而后可希望有诚。所以说:"未及诚时,则须敬而后诚。"程伊川的此话,可以如此讲,但还有一种比较深底讲法,下文再说。

照以上所说,敬字有专一的意思。程伊川说:"主一之谓敬,无适之谓一。"朱子说:"主一只是心专一,不以他念乱之。"又曰:"了这一事,又做一事。今人一事未了,又要做一事,心下千头万绪。"又曰:"若动时收敛心神在一事上,不胡乱思想,便是主一。"朱子又说:"凡人立身行己,应事接物,莫大乎诚敬。诚者何? 不自欺,不妄之谓也。敬者何? 不怠慢,不放荡之谓也。"我们做事,必须全副精神贯注,"当心"去做。做大事如此,做小事亦须如此。所谓"狮子搏兔亦用全力"是也。人常有"大江大海都过去,小小阴沟把船翻"者,即吃对小事不诚敬的亏也。

我们于第八篇《励勤俭》中说,我们可以从人的精神方面说勤。敬即是人的精神方面的勤。勤的反面是怠,敬的反面亦是怠。勤的反面是惰,敬的反面亦是惰。勤的反面是安逸,敬的反面亦是安逸。古人说:"无逸。"无逸可以说是勤,亦可以说是敬。人做了一事,又做一事,不要不必需底休息,此是普通所谓做事勤。人于做某事时,提起全副精神,专一做某事。此是孔子所谓"执事敬"。于无事时,亦常提起全副精神如准备做事然。此即宋明道学家所谓"居敬"。朱子说:"主一又是敬字注解,要之事无小无大,常令自家思虑精神尽在此。遇事时如此,无事时亦如此。"又说:"今人将敬来别做一事,所以有厌倦,为思虑引去。敬是自家本心常惺惺便是。又岂可指擎跽曲拳,块然在此,而后可以为敬?"又说:"敬却不是将来做一个事。今人多先安一个敬字在这里,如何做得? 敬只是提起这心,不教放散。"宋明道学家所谓"求放心",所谓"操存",所谓"心要在腔子里",都是说此。简言之,居敬或用敬,即是提起精神,"令自家思虑精神尽在此"。

我们现在常听说:人必须有朝气。所谓有朝气底人,是提起精神,奋发有为底人。若提不起精神,萎靡不振底人,谓之有暮气。我们可以说,能敬底人自然有朝气,而怠惰底人都是有暮气。

敬可以说是一个人的"精神总动员"。由此方面说,敬对于人的做事的效率及成功,有与现在普通所谓奋斗、努力等同样底功用。

以上是将敬作为一种立身处世的方法说。以下再将敬作为一种超凡入圣的途径说。凡者对圣而言。圣是什么? 我们于《新理学》中已经说过。我们本书的性质,不容我们现再详说。但为读者方便起见,于下粗略言之。

一般底宗教家及一部分底哲学家,都以为人可以到一种境界,在其中所谓人己内外的界限,都不存在。所谓人己内外,略当于西洋哲学中所谓主观客观。主观是己,是内;客观是人,是外。在普通人的经验中,这个界限是非常分明底。但人可到一种境界,可有一种经验,在其中这些界限都泯没了。这种境界,即所谓万物一体的境界。这种境界,即宋明道学家所谓圣域。能到这种境界,能入圣域底人,即宋明道学家所谓圣人。

宗教家所说,入圣域底方法,即所谓修行方法,虽有多端,但其主要点皆不离乎精神上底勤。如耶教佛教之念经打坐，皆所以"令自家思虑精神，尽在此"也。用此念经打坐等方法，"令自家思虑精神，尽在此"，是于日用活动之外，另有修行方法。这种方法，可以说是主静。静者对于活动而言，宋明道学家有讲主静者，有教人静坐者。朱子说："明道在扶沟，谢游诸公，皆在彼问学。明道一日曰：'诸公在此，只是学某说话，何不去力行？'二公曰：'某等无可行者。'明道曰：'无可行时，且去静坐。盖静坐时便涵养得本原稍定。虽是不免逐物，及自觉而收敛归来，也有个着落。'"所谓"涵养得本原稍定"，及"收敛归来，也有个着落"者，即是"令自家思虑精神，尽在此"也。凡此大概都是受佛家的影响。

伊川虽亦说，"涵养须用敬"，但他亦"见人静坐，便叹其善学，曰：'这却是一个总要处。'"至朱子始完全以主敬代主静。这是宋明道学的一个很重要底进展。盖主敬亦是"令自家思虑精神尽在此"，但主静则须于日用活动之外，另有修行工夫，而主敬则可随时随事用修行工夫也。朱子说："濂溪言主静"，"正是要人静定其心，自作主宰。程子又恐只管静去，遂与事物不相涉，却说个敬"。正说此意。

常"令自家思虑精神，尽在此"，如何可以达到所谓万物一体的境界？若欲答此问题，非将主有此境界底宗教家与哲学家所根据底形上学，略说不可。但此非本书的性质及范围所可容许者。如欲于此点，多得知识者，可看《新理学》。

现所需略再附加者，即在中国哲学中，诚字有时亦指此内外合一的境界。程伊川说："诚然后敬，未及诚时，却须敬而后诚。"其所谓诚，或指此所说境界；其所谓敬，或指此所说达此境界底方法。上文说：伊川此言，或有较深底意义。其较深底意义，大约是如此。

敬的功用如此之大,所以朱子说:"敬之一字,圣学所以成始而成终者也。"又说:"敬字真是学问始终,日用亲切之妙。"立身处世,是圣学之始;超凡入圣,是圣学之终。二者均须用敬。所以敬字真是学问始终。

如此以敬求诚,是宋明道学家所说诚敬的最高义。

第十篇　应帝王

本篇所讲底，是做首领的方法。我们于绪论中说，本书所讲生活方法，是人人都可以用，并且是事实上人人都多少已用者。照这方面说，我们于本书中，似乎不必讲做首领的方法，因为不能人人都做首领。但从另一方面说，有做首领的方法，凡做首领底人，都可以用，而且事实上都多少已用。此即是说，有做首领的方法，人人都可以用，而且事实上都多少已用，只要他做首领。所以我们于本篇所讲底做首领的方法，亦可说是人人都可用而且是事实上都多少已用者。

本篇标题为"应帝王"，因为帝王是人中最大底首领。此所谓大首领者，并不是说，为帝为王底人，都必有伟大底人格、超越底能力，而是说，为帝为王底人，是统率最大底人群底人。我们于此所说首领的小大，只是就其所统率底人群的小大说。由此方面说，一个首领愈大，愈须用我们于此篇所讲底做首领的方法。我们所讲底方法，对于愈大底首领，愈是有用。所以本篇，借用《庄子》中底一个标题，标题为"应帝王"。

当首领，尤其是当大首领的方法，第一要无为。我们常听说，某人勤于治公，"事必躬亲"。对于一般底办公底人说，"事必躬亲"，是一种很大底长处。但对于当首领，尤其是当大首领底人说，则事必躬亲，不仅不是一种很大底长处，而且是一种很大底短处。

做首领者,当然亦有须其躬亲之事,但不可凡事皆躬亲。凡事皆躬亲是有为,有为不是做首领的方法。

《庄子·天道》篇说:"帝王之德……以无为为常。无为也,则用天下而有余。有为也,则为天下用而不足。……上无为也,下亦无为也,是下与上同德,下与上同德则不臣;下有为也,上亦有为也,是上与下同道,上与下同道则不主。上必无为而用天下,下必有为为天下用,此不易之道也。"《庄子》说这是"用人群之道"。"用人群之道",正是做首领的方法。

假定我们所说底大首领,是一个国的王,或总统,或总理等。一国的事,真是千头万绪,而一个人的精力、时间,则都是很有限底。若一国的事,无论大小,都要他亲自经手,则势必只有很小底一部分事能办,其余大部分底事皆不能办了。这就叫做"有为则有不为"。在这种情形下,做首领者,即是"为天下用"。他"为天下用",而尚不足以尽办天下之事,此即是"有为也,则为天下用而不足"。

善于做首领底人,将一国之事,皆分配于他的下属,责成他们为之;而他自己,只高坐在上,考核他们的"为"的成绩。如此他不必亲手多办事,而事无不办。这叫做"无为而无不为"。在这种情况下,做首领者,即是"用天下"。他不必亲手多办事,而事无不办。此即是"无为也,则用天下而有为"。

做下属底人,应该有为;做首领底人,应该无为。若首领无为,下属亦无为,则下属不合乎为下属之道,所以说是"不臣"。若下属有为,首领亦有为,则首领不合乎为首领之道,所以说是"不主"。不过所谓上下,大部分是相对底。就我们现在所有底政治制度说,例如一部的部长,在他的部内,他是首领,他应当无为。他应当将部内底事,分配于各司,而责成各司长去办。但对于行政院院长说,他又是下属,他应当有为。他必须拟定关于他的部底事底大政方针及一般底政策等。惟一国的最高底首领,则只是上而不是下,所以他只须无为,而不须有为。所以从前道家法家说无为,都是就帝王说。

我们常听说,现在底政治不上轨道。其一端即是上有为而下无为。做首领底人,往往都以察察为明,以事必躬亲为负责任。他的全副精神,往往用在很琐碎底事上,而一般底政策,反而无暇顾及。琐碎底事是多得很,他虽疲精劳神,而仍顾不过来。但因为他要事必躬亲,所以他虽顾不到底事,他的下属,亦不敢办。在很多机关里,首领忙得马不停蹄,而下级人员,却在办公室里,除吸烟、看报、闲谈外,没有事可办。于是上有为而下无为,上"为天下用而不足"。结果是,上的精神于某一时顾到某一部分,此一部分即马上百废俱兴。等到他的精神,于另一时转移到另一部分,这一部分又马上百兴俱废。无论哪一部分,首领的精神,总是顾到底时候少,而顾不到底时候多。所以无论哪一部分,都是百废俱兴的时候少,而百兴俱废的时候多。

做首领底人,能够无为,因为他有一种方法,以统治其下,一切事都使其下为之。照《庄子·天道》篇所说,这种方法,包涵有分守、形名、因任、原省、是非、赏罚等步骤。譬如一个首领,组织一个什么机关。头一件事要做底,是制定这个机关的组织章程,规定这个机关里应该设些什么职员,什么职员做什么事。此即是所谓分守。分守既定,则派定某人做什么职员。某人是形,什么职员是名。此即是所谓形名。既已派定某人做什么职员,则什么职员所应做之什么事,即由某人完全负责做去,首领不加干涉,此即所谓因任。做什么职员之某人，如何做什么事，首领不干涉，首领只在后考核其做什么事的成绩。此即所谓原省。省者，省察也。首领考核职员的成绩，其成绩好者为是，否者为非。此即所谓是非。是非既定，首领即赏其是者，而罚其非者。此即所谓赏罚。此数步骤若都能认真做到，则一切事情，不必首领自己去办，而都自然完全办了。此即是所谓"用天下而有余"。

此所说步骤，包括法家所谓综核名实。例如一个首领派某人为什么职员，此某人即是实，什么职员即是名。此首领既已派某人为什么职员，则此什么职员所应做底什么事，为法律所规定者，此某人必都须做之，而且都要做得好。法律规定，什么职员必须做什么事，首领即将此什么事责成做什么职员的某人去办，此即是控名责实。如某人将此什么事办得很好，即是实合乎名，不然即是实不合乎名。这种办法即是综核名实。

孙中山先生说，在政治里，权能要分开。有权者用有能者，命其做事。其如何做，有权者可以不问，而只看其成绩如何。譬如坐汽车者是有权者，开汽车者是有能者。坐汽车者欲往何处去，只须说一句话，开汽车者自会开去。开车者怎样开，及走什么路，坐车者不问，而只看其是否能开到坐车者所欲往之地，并且是否开得迅速，稳妥。中山先生所说，正是以上所说底意思。做首领底人是有权者，他的下属是有能者。做首领底人如坐汽车底，他的下属如开汽车底。他欲做什么事，只须说一句话，至于如何做，则可由其下属负责为之。照道家法家所说，做首领底人，不但可以无能，而且即有能亦不可用。《庄子·天道》说："故古之王天下者，知虽落（络）天地，不自虑也；辩虽彫（雕）万物，不自说也；能虽穷海内，不自为也。"为什么他不为呢？因为他如有为，他必有不为。他必须无为,他才能无不为。

首领是有权者,权之表现为赏罚。法家谓赏罚为二柄。这是当首领底人驱使群伦底两个工具,亦可以说是一个工具的两方面。做首领底人,譬如一个赶西洋式马车底人。他高高地坐在车上,让马拉车走。他看那马走得慢,就打它一鞭。看见那马走得快,晚上就多与它一点草料。他所做底事,只是如此。他用不着下车来帮马拉车。他若下车来帮马拉车,所加底力量有限,而拉车底几个马,反因没人指导,而走乱了步骤,拉错了方向。中国旧日称皇帝治天下为御天下。因此凡皇帝的一切举动,皆称为"御"。御者,赶车也。可见上所说比喻,是很合适底。就拉车说,马是有为,赶车底人是无为。赶车底人坐在车上赶马,是"用天下而有余"。他下车来帮马拉车,是"为天下用而不足"。

当首领底人,最困难底事是用人。我们常说"为事择人",这是不错底。但是有个什么方法,可以择出适当底人呢?儒家的人向来认为这是一个很困难底问题。所以说:"知人则哲。"孟子亦说:"以天下与人,易;为天下得人,难。"但是,照法家的看法,"为事择人",并不是困难底事。当首领底人,只要能综核名实,信赏必罚,这种似乎是困难底事,自然不困难。譬如一个当首领底人,要找一个人做某事。他只须说:我现在要一个人做某事,你们自觉有办这种事底能力底人,都可以来试一试。不过我预先声明,试的结果,成绩不好底,我一定砍他的头。如果真是这样做了几次,没有办某事底能底人,自然不敢冒充有能,而真有办某事底能底人,自然有机会办某事了。《庄子·天道》篇亦如此说。《天道》篇说:"赏罚已明,而愚知处宜,贵贱履位,仁贤不肖袭情。"在赏罚不明的地方,做事成绩好者,不必得赏;成绩坏者,不必得罚。于是不能做事者,可以随便混充;能做事者,亦无以自见。但在赏罚分明的地方,这种情形,自然没有。能大底人,自然有机会办大事;能小底人,自然只办小事。当首领底人,不必用别底方法,"为事择人",而各种事已自然为其自己择人了。法家及一部分底道家的这种看法,虽或者过于简单,我们虽或可以对这一班人说,问题没有这么简单,但他们的这种说法,是有一大部分底真理,他们的这种办法,在大多数情形下可以适用,这是我们所必须承认底。

赏罚的最大底功用,并不仅在于鼓励或警戒当事底人,而且在于使一般人知所鼓励,知所警戒。当首领底人,必须使其所统率底人,皆知如何如何必得赏,皆对于如何如何必得赏,没有一点怀疑底心;必须使其所统率底人,皆知如何如何必受罚,皆对于如何如何必受罚,没有一点侥幸底心。如此则赏罚的功用,始能充分显著。所以当首领底人,如欲以赏罚为"二柄",则必须信赏必罚。赏而不信,罚而不必,其鼓励或警戒,是不会有很大底效果底。

以上所说,大致是法家及一部分道家的意思。上无为而下有为,即所谓"主逸臣劳"。这个逸应该只是"无为"的意思,而"无为"的意思,又应该是如以上所说者。有一部分底法家,以为如果当帝王底人,能够用他们所说底这种办法,则即可以终日享乐而治天下。既然什么事都由臣下办了,则为君者,声色游田,皆可随便。他们这种说法,不是为奉迎当时国君的喜好,即是把人与人底关系,把当首领底方法,看得太机械了。把人与人底关系,看得太机械了,是不对底。把当首领底方法,看得太机械了,亦是不对底。所以我们讲当首领底方法,除了说无为一点外,还要再加上三点,即无私、存诚,与居敬。

我们于上文说到信赏必罚。信赏必罚,需要当首领底人的大公无私。

当首领底,对于他的下属,要真正底"鉴空衡平"。对于他的下属,他所要底,是他们的做事成绩。成绩好底,虽仇必赏;成绩坏底,虽亲必罚。赏不避仇,罚不避亲,这样才可以使赏罚有最大底功用。这一点本是法家及一部分道家所亦常说底。朱子说:"前辈言,做宰相只要办一片心,与一双眼。心公则能进贤退不肖。眼明则能识得哪个是贤,哪个是不肖。此两言说尽做宰相之道。"做宰相"只要"此,其余皆可"无为"也。心公即此所说之无私也。

当首领底人用人,除了以其能为标准外,不应该有别底标准,现在有些做大官底人,专用他的亲戚,或专用他的同乡。这些人都是做官,不是做事。他们的错误,是不待言底。还有些首领,是真心要做事,但却于其下属中,分别谁是他的嫡派,是真心拥护他底,谁不是他的嫡派,不是真心拥护他底。这亦是有私。他既有这种私,他的心即不能如鉴之空,于执行赏罚的时候,自然亦不能如衡之平。如此则赏罚的功用,即不能显著了。如此,则事不能为其自己择人,而为首领者不免为人择事。如此,则此首领的大事,必要失败。例如明朝的皇帝,总以为他的宦官是真心拥护他底,重要底事,都交宦官办。崇祯皇帝,鉴于魏忠贤之祸,原是下决心不用宦官底。但不久即又变卦,末了还是吃宦官的亏,弄得国破家亡。这都是由于有私的缘故。

有人说《水浒传》写宋江,是借宋江以骂历朝的太祖高皇帝。这话不必是。宋江的行为,很有些与历朝的太祖高皇帝相同。但这不必是施耐庵有意如此写。宋江的行为,有些是当首领底人的行为;历朝的太祖高皇帝的行为,有些亦是当首领底人的行为。既都有些是当首领底人的行为,则其有些相同,是当然底。《水浒传》

又写一个王伦。王伦是个失败底首领,宋江是个成功底首领。《水浒传》说,林冲要杀王伦,"王伦见势头不好,口里叫道,我的心腹都在哪里",他要把山寨里人分为心腹与非心腹,这就证明他不能为全山寨的首领了。他既然把山寨里人分为心腹与非心腹,他对待非心腹底人,当然不免歧视。所以林冲骂他,说:"这梁山泊便是你的?你这嫉贤妒能底贼,不杀了要你何用?你也无大量大才,做不得山寨之主。"到这时候,王伦"虽有几个身边知心腹底人",又有什么用处呢?宋江便不是如此。宋江无论见什么人,总叫他觉得宋江以他为心腹。他看见人,总先上去拉着手。金圣叹说:"宋江一生,以携手为第一要务。"他能叫人都觉得,宋江以他为心腹,他即可叫人做他的心腹。他若能叫全山寨的人都是他的心腹,他即可稳坐山寨的第一把交椅。

王伦与晁盖等七条好汉送行,只拿出五锭大银(金圣叹批说:"丑!")。而宋江见人,动手即拿出大把银子。这亦是一个失败底首领与一个成功底首领的不同之处。就历史上底人物说,这亦是项羽与汉高的一个不同之处。人有功,当封爵者,项羽"印刓敝,忍不能予"。这心理,正是王伦拿出五锭大银的心理。汉高对于功臣,则封爵裂土,毫不在乎。这心理,正是宋江见人即拿出大把银子的心理。王伦与宋江、项羽与汉高的这种分别,亦是有私与无私的分别。

有私底首领,如王伦项羽之流,因有私,坏了自己的大事。无私底首领,如宋江汉高之流,因无私,一个得了梁山,一个创了帝业。王伦常使人觉得,他以梁山泊是他的,结果梁山泊不是他的。宋江常使人觉得,他不以梁山泊是他的,结果梁山泊却是他的。这证明了《老子》的话:"非以其无私耶?故能成其私。"

《老子》又说:"圣人后其身而身先。"又说:"欲上民,必以言下之;欲先民,必以身后之。"又说:"不敢为天下先,故能成器长。"先民、上民、为长,都是做首领。宋江见人即携手,送银子,说好话,使人觉得,他以为什么人都比他自己重要,都比他自己强。普通人都要使人觉得,无论什么人都没有他自己重要,都没有他自己强。宋江能反乎众人之所为,这就是他超乎众人的地方。这亦是他所以能坐第一把交椅的原因。坐第一把交椅,居众人之上,本是惹人反感底事。宋江能使人常觉得他以为什么人都比他自己重要,都比他自己强,则可使人乐于推戴。《老子》说:"是以圣人处上而民不重,处前而民不害。是以天下乐推而不厌。以其不争,故天下莫能与之争。"处上而能不使人有反感,则可以处上而民不重,处前而民不害了。如果大家都以他为厌物,他如何能坐第一把交椅呢?九天玄女与宋江底天书上,未必讲这些道理,不过宋江所行,很有些合乎这些道理。

林冲骂王伦说:"你也无大量大才,做不得山寨之主。"有大量,亦是做首领的必要条件之一。俗语说,"宰相肚里撑下船",言其度量之大也。一个做首领底人,赏不能避仇,罚不能避亲,又要如宋江之流,见人说好话,送银子。行事如不得人的谅解,则毁谤集于一身。凡当大首领底人,当他的生时,都是"誉满天下,谤亦随之"。如不是一个大量底人,恐怕随时都可气死。俗语说:"当家人是污水缸。"《老子》说:"能受国之垢,是为社稷主。"污水缸正是"受国之垢"者。能受国之垢者,始可为社稷主;受国之垢,非大量人不能。

我们以上引宋江作例,或未免似乎可笑,或将以为我们意存讽刺。其实我们并没有这个意思。以宋江为例之所以似乎可笑者,因照施耐庵所描写,更加以金圣叹所批评,宋江的行为,显然是造作底、虚伪底。而历史上真底大首领的行为,或不必全是造作底、虚伪底;或其是造作底、虚伪底,未必如此显然可见。做首领底人,如欲免除宋江之似乎可笑,则须使其这一类底行为,都是真底。此即我们所谓存诚。所谓都是真底者,即于其不分派别,不用私人时,并非以为,如此乃可以得全体下属的拥护;而乃"有天下而不与",视第一把交椅的得失,为无足轻重,故不必自养心腹,以拥护自己。其拿大把银子,并非以为,如此乃可以收买人心;而乃出于怜才好士,不能自已。其使人觉得,他以为什么人都比他自己重要,都比他自己强,并非以为,如此乃可以减少人的反感,而是确实自然谦冲,如我们于第五篇所说者。他的大量,并不是他勉强容忍,而是实在觉得,些须小节,无足计较。这是真底无私、真底善下、真底大量。《老子》所讲底,都是这些真底。真地无私者,才能真成其私。真地善下者,才能真居人上。真地不争者,才能真使人莫能与之争。所以于这些都是真底者,才能当真底大首领。

于这些都是造作底、虚伪底者,是宋江。于这些有些是真底,有些是造作底、虚伪底者,是汉高、唐太。于这些都是真底者,是道家儒家所谓圣王。

一个首领须要无为。不过所谓无为者,是总揽大纲,不亲细务。细务固不须亲,亦不可亲。但大纲却是要总揽底。对于总揽大纲,他亦须专心一意,以全副精神贯注。一个赶马车底人,固然不须下车来代马拉车,亦不可如此。但他对于他的整个底车马,若不时时刻刻,留意当心,他的车或会翻入沟中。一个做首领底人,对于他所统率底人群,亦是如此。他必须对于他所总揽底大纲,以全副精神贯注,专心致志,时时刻刻,留意当心。此即所谓居敬。

我们于上文说,首领要无为,下属要有为。做首领底方法,与做下属底方法不同。但我们于第九篇所说居敬,则是首领下属,所皆需要底。

或可问:如一个首领,能将上文所说者,皆完全做到,岂不是一个圣王了吗? 我们说:当然是的。圣王未必在实际上实有,但实际上底首领,如果不是完全失败,必多少做到如上所说者,而欲为完全底首领者,必都须以圣王为其理想底标准。这是可以确实说底。